백점

BOOK 1 개념북

국어 **3·2**

구성과 특징

BOOK 1 개념북 '개념 + 어휘·문법 + 독해'로 국어 학습을 완벽하게!

1 교과서 개념 학습

단원 학습 목표 익히기

쉽고 빠르게 교과서 핵심 개념을 익히고 개념 확인 문제로 바로 확인할 수 있습니다. QR을 통한 개념 강의로 개념을 탄탄히 하세요.

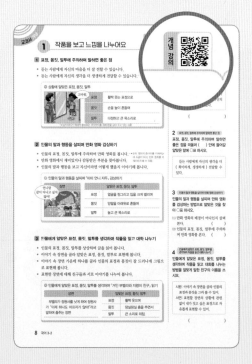

2 교과서 어휘·문법 학습

국어 지식 넓히기

어휘와 문법은 국어의 중요 영역입니다. 핵심 개념 어휘와 작품 속 어휘, 초등 필수 문법으로 국어의 기초를 다집니다. QR을 통한 어휘·문법 강의로 국어의 기초를 다지세요.

백점 국어는 교과서에 있는 **개념, 어휘, 문법, 읽기, 쓰기, 듣기 · 말하기** 등 다양한 학습 요소를 정리하여 개념 학습, 어휘 · 문법 학습, 독해 학습을 쉽고 알차게 할 수 있도록 구성하였습니다.

3 교과서 독해 학습

교과서 지문 완벽 소화하기

국어 교과서에서 가장 중요한 것은 지문입니다. 다양한 유형의 문제를 제시하고 지문의 내용을 표 형태로 정리하여 학습 목표 이해는 물론 지문 독해 실력을 향상시킬 수 있습니다.

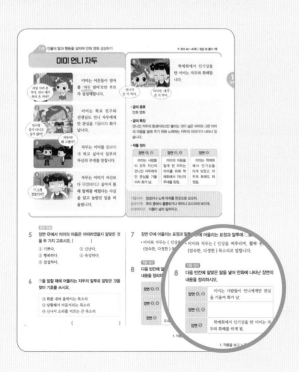

BOOK ❷ 평가북

4 학교 평가 대비

단원 평가와 수행 평가

단원에서 꼭 나오는 중요한 문제만 엄선한 단원 평가로 수시 단원 평가에 대비하고, 학교에서 제시하는 실제 수행 평가과 유사한 형태의 문제로 수행 평가에 대비합니다.

➕ 단원 평가

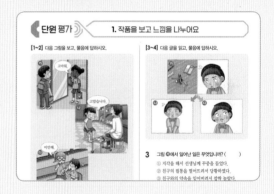

➕ 수행 평가

단원	교과서	제재 이름	지은이	나온 곳	백점 쪽수
1단원	국어	「나도 말을 잘하고 싶다」	한국교육방송공사	「EBS 다큐 프라임: 언어 발달의 수수께끼」 제3부, 한국교육방송공사, 2011.	2쪽(평가북)
		「장금이의 꿈」	희원 엔터테인먼트	「장금이의 꿈 1기」 제1화, (주)문화방송, 2005.	10쪽
		「미미 언니 자두」	아툰즈	「안녕 자두야 4: 자두와 친구들」 제11회, (주)SBS, 2018.	11쪽
		「거인 부벨라와 지렁이 친구」	조 프리드먼 글, 지혜연 옮김	「거인 부벨라와 지렁이 친구」, 주니어RHK, 2016.	12~15쪽
3단원	국어	「꼬마야 꼬마야, 줄넘기」	서해경	「들썩들썩 우리 놀이 한마당」, (주)현암사, 2012.	26쪽
	국어 활동	「과일, 알고 먹으면 더 좋아요」 (원제목: 「우리는 어떤 과일을 먹을까요?」)	윤구병 기획, 보리 글	「가자, 달팽이 과학관」, (주)도서출판 보리, 2002.	35쪽
		「축복을 전해 주는 참새」	고연희	「꽃과 새, 선비의 마음」, (주)보림출판사, 2014.	10쪽(평가북)
		「참새 무리」		국립중앙박물관	10쪽(평가북)
4단원	국어	「감기」	정유경	「까불고 싶은 날」, (주)창비, 2010.	58쪽
		「지구도 대답해 주는구나」	박행신	「눈 코 귀 입 손」, 위즈덤북, 2009.	59쪽
		「진짜 투명 인간」	레미 쿠르종 글, 이정주 옮김	「진짜 투명 인간」, 씨드북, 2015.	60~63쪽
		「천둥소리」	유강희	「지렁이 일기 예보」, ㈜비룡소, 2013.	65쪽
	국어 활동	「별난 양반 이 선달 표류기」	김기정	「별난 양반 이 선달 표류기 1」, 웅진주니어, 2008.	23쪽(평가북)

단원	교과서	제재 이름	지은이	나온 곳	백점 쪽수
6단원	국어	「꼴찌라도 괜찮아!」	유계영	『꼴찌라도 괜찮아!』, 휴이넘, 2010.	93~95쪽
	국어 활동	「화해하기」	한국교육방송공사	「스쿨랜드 초등 생활 매너 백서: 화해하기」, 한국교육방송공사, 2017.	96쪽
7단원	국어	「온 세상 국기가 펄럭펄럭」	서정훈	『온 세상 국기가 펄럭펄럭』, 웅진주니어, 2010.	109~111쪽
	국어 활동	「산꼭대기에 열차가?」	김대조	『아인슈타인 아저씨네 탐정 사무소』, 주니어 김영사, 2015.	117쪽
8단원	국어	「베짱베짱 베 짜는 베짱이」	임혜령	『이야기 할아버지의 이상한 밤』, 한림출판사, 2012.	124~126쪽
		지도		서울대공원 누리집 (http://grandpark.seoul.go.kr)	133쪽
	국어 활동	「숨 쉬는 도시 쿠리치바」 (원제목: 「숨 쉬는 도시 꾸리찌바」)	안순해	『숨 쉬는 도시 꾸리찌바』, 파란자전거, 2004.	140쪽
9단원	국어	「대단한 줄다리기」	베벌리 나이두 글, 강미라 옮김	『무툴라는 못 말려!』, 국민서관(주), 2008.	146~148쪽
		「토끼의 재판」	방정환	『어린이』 제1권 제10호, 1923.	149~152쪽
	국어 활동	「눈」	박웅현	『눈』, ㈜베틀북, 2001.	153쪽

차례

작품을 보고
느낌을 나누어요

▶ 학습을 완료하면 V표를 하면서 학습 진도를 체크해요.

	학습 내용	백점 쪽수	확인
개념	인물에게 알맞은 표정, 몸짓, 말투를 생각하며 작품을 감상하기	8쪽	☐
어휘 + 문법	핵심 개념 어휘: 표정, 몸짓, 말투 작품 속 어휘: 예외, 초조하다, 물끄러미, 잠기다, 보답, 호탕하다 문법: 앞말의 받침 'ㅍ', 'ㅋ', 'ㅊ'이 모음으로 시작하는 말과 만날 때 발음	9쪽	☐
독해	만화 영화를 보고 표정, 몸짓, 말투의 특징 알기:「장금이의 꿈」	10쪽	☐
	인물의 말과 행동을 살피며 만화 영화 감상하기:「미미 언니 자두」	11쪽	☐
	인물에게 알맞은 표정, 몸짓, 말투를 생각하며 작품을 읽고 대화 나누기 :「거인 부벨라와 지렁이 친구」	12~15쪽	☐
평가	단원 평가 1회, 2회	16~20쪽	☐
	수행 평가	21쪽	☐

1 작품을 보고 느낌을 나누어요

● 정답 및 풀이 1쪽

1 표정, 몸짓, 말투에 주의하며 말하면 좋은 점

- 듣는 사람에게 자신의 마음을 더 잘 전할 수 있습니다.
- 듣는 사람에게 자신의 생각을 더 생생하게 전달할 수 있습니다.

> 같은 말을 해도 표정, 몸짓, 말투에 따라 뜻이 다르게 전달될 수 있음.

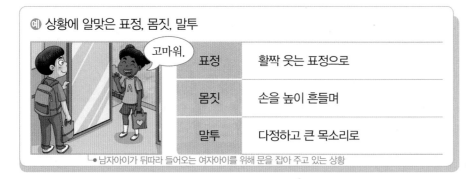

<예> 상황에 알맞은 표정, 몸짓, 말투

고마워.

표정	활짝 웃는 표정으로
몸짓	손을 높이 흔들며
말투	다정하고 큰 목소리로

↳ 남자아이가 뒤따라 들어오는 여자아이를 위해 문을 잡아 주고 있는 상황

2 인물의 말과 행동을 살피며 만화 영화 감상하기

- 인물의 표정, 몸짓, 말투에 주의하며 만화 영화를 봅니다.
- 만화 영화에서 재미있거나 감동받은 부분을 찾아봅니다.
- 인물의 말과 행동을 보고 자신이라면 어떻게 했을지 이야기해 봅니다.

> 만화 영화의 줄거리를 이해하는 데 도움이 되고, 만화 영화를 더 재미있게 볼 수 있음.

<예> 인물의 말과 행동을 살피며 「미미 언니 자두」 감상하기

언니랑 같이 다니고 싶지 않아!

장면

	알맞은 표정, 몸짓, 말투
표정	얼굴을 찡그리고 입을 크게 벌리며
몸짓	양팔을 아래위로 흔들며
말투	높고 큰 목소리로

3 인물에게 알맞은 표정, 몸짓, 말투를 생각하며 작품을 읽고 대화 나누기

- 인물의 표정, 몸짓, 말투를 상상하며 글을 읽어 봅니다.
- 이야기 속 장면을 골라 알맞은 표정, 몸짓, 말투로 표현해 봅니다.
- 이야기 속 장면 가운데 하나를 골라 인물의 표정과 몸짓이 잘 드러나게 그림으로 표현해 봅니다.
- 표현한 장면에 대해 친구들과 서로 이야기를 나누어 봅니다.

<예> 인물에게 알맞은 표정, 몸짓, 말투를 생각하며 「거인 부벨라와 지렁이 친구」 읽기

장면	알맞은 표정, 몸짓, 말투	
부벨라가 정원사를 낫게 하여 정원사가 "이제 하나도 아프지가 않아!"라고 말하며 춤추는 장면	표정	활짝 웃으며
	몸짓	덩실덩실 춤을 추면서
	말투	큰 소리로 외침.

개념 확인 문제

1 표정, 몸짓, 말투에 주의하며 말하면 좋은 점

다음 빈칸에 들어갈 알맞은 말을 두 글자로 쓰시오.

> 표정, ☐☐, 말투에 주의하며 말하면 듣는 사람에게 자신의 마음을 더 잘 전할 수 있다.

( )

2 표정, 몸짓, 말투에 주의하며 말하면 좋은 점

표정, 몸짓, 말투에 주의하며 말하면 좋은 점을 떠올려 ( ) 안에 들어갈 알맞은 말에 ○표 하시오.

> 듣는 사람에게 자신의 생각을 더 (희미하게, 생생하게) 전달할 수 있다.

3 인물의 말과 행동을 살피며 만화 영화 감상하기

인물의 말과 행동을 살피며 만화 영화를 감상하는 방법으로 알맞은 것을 찾아 ○표 하시오.

(1) 만화 영화의 배경이 어디인지 살펴본다. ( )

(2) 인물의 표정, 몸짓, 말투에 주의하며 만화 영화를 본다. ( )

4 인물에게 알맞은 표정, 몸짓, 말투를 생각하며 작품을 읽고 대화 나누기

인물에게 알맞은 표정, 몸짓, 말투를 생각하며 작품을 읽고 대화를 나누는 방법을 알맞게 말한 친구의 이름을 쓰시오.

> 시완: 이야기 속 장면을 골라 인물의 표정과 몸짓을 그려 볼 수 있어.
> 서연: 표현할 장면의 상황에 관련 없이 내가 짓고 싶은 표정으로 자유롭게 표현할 수 있어.

( )

1 작품을 보고 느낌을 나누어요

● 정답 및 풀이 1쪽

어휘

1. 핵심 개념 어휘: 표정, 몸짓, 말투

表 겉 표
情 뜻 정
뜻 마음속에 품은 감정이나 정서 따위의 심리 상태가 겉으로 드러남. 또는 그런 모습.

뜻 몸을 놀리는 모양.

뜻 말을 하는 버릇이나 본새.

표정 + 몸짓 + 말투

➡ 표정, 몸짓, 말투를 통해 마음이나 생각을 더 잘 전달할 수 있습니다.

2. 작품 속 어휘

낱말	뜻	예시
예외	일반적 규칙이나 정례에서 벗어나는 일.	우리 동네는 올해 여름에도 예외 없이 축제를 열었습니다.
초조하다	애가 타서 마음이 조마조마하다.	나는 시험 결과가 나오기를 초조하게 기다렸습니다.
물끄러미	우두커니 한곳만 바라보는 모양.	친구는 물끄러미 우리가 노는 모습을 지켜보고만 있었습니다.
잠기다	어떤 한 가지 일이나 생각에 집중하다.	선생님께서는 책을 덮고 생각에 잠기셨습니다.
보답(報答) 報 갚을 보 答 대답 답	남의 호의나 은혜를 갚음.	선생님께서는 아무런 보답도 바라지 않으시고 나에게 도움을 주셨습니다.
호탕하다	씩씩하고 호방한 기상이 있고 걸걸하다.	내 동생은 용맹스럽고 호탕한 성격이어서 인기가 많습니다.

문법

앞말의 받침 'ㅍ', 'ㅋ', 'ㅊ'이 모음으로 시작하는 말과 만날 때 발음

무릎에 모래가 묻었구나.

밖에 나가서 무릎에 묻은 모래를 털고 오렴.

[무르베]?

[무르페]?

◆ 앞말의 받침 'ㅍ', 'ㅋ', 'ㅊ'이 'ㅣ', 'ㅔ'와 같은 모음으로 시작하는 말과 만나면 [피], [페], [키], [케], [치], [체]처럼 이어서 발음되어요. 예를 들어 '늪이'는 '늪'의 받침 'ㅍ' + 모음 'ㅣ' = [피]이므로 [느피]가 바른 발음이고, '무릎에'는 '무릎'의 받침 'ㅍ' + 모음 'ㅔ' = [페]이므로 [무르페]가 바른 발음이에요.

어휘·문법 확인 문제

1 핵심 개념 어휘

다음 낱말의 뜻으로 알맞은 것을 찾아 선으로 이으시오.

(1) 표정 · · ㉮ 몸을 놀리는 모양.

(2) 몸짓 · · ㉯ 말을 하는 버릇이나 본새.

(3) 말투 · · ㉰ 감정이나 정서 따위의 심리 상태가 겉으로 드러남.

2 작품 속 어휘

다음 뜻에 알맞은 낱말에 ○표 하시오.

우두커니 한곳만 바라보는 모양

(물그스름, 물끄러미)

3 작품 속 어휘

다음 ( )에 들어갈 말로 알맞은 것을 찾아 ○표 하시오.

(1) 환경 문제는 선진국이나 후진국이나 (예외, 보답)이/가 있을 수 없다.

(2) 내 친구는 무대 뒤쪽의 대기실에서 자기 순서를 (풍부하게, 초조하게) 기다렸다.

4 문법

다음 문장에서 밑줄 친 말의 발음을 알맞게 쓰시오.

"밖에 나가서 무릎에 묻은 모래를 털고 오렴."

[   ]

장금이의 꿈

우아, 대단해!

장금아, 멋져!

동이가 넘어지면서 공중에 날린 음식 재료를 장금이가 멋지게 뛰어올라 소쿠리에 담아냅니다.

수라간에서 오신 분들이다.

수라간요?

장금이와 동이가 처음으로 수라간 상궁을 보게 됩니다.

죄송합니다.

장금이는 강아지 때문에 국수를 쏟아 꾸중을 들었습니다.

엄마, 궁에 갈 수 있게 됐어요.

생각시 시험을 볼 수 있다는 소식을 들은 장금이는 뒷산에 홀로 올라갔습니다.

- **글의 종류**
  만화 영화

- **글의 특징**
  온 세상 사람들이 맛있는 것을 먹고 행복해지는 것이 꿈인 소녀 장금이가 수라간에서 일하며 겪는 이야기가 나타나 있습니다.

- **작품 정리**

장금이의 마음
- 장면 ❷ 놀라움과 호기심을 느낌.
- 장면 ❸ 죄송함과 속상함을 느낌.
- 장면 ❹ 궁으로 가게 된 것이 기쁨.

수라간 예전에 궁중에서 임금의 진지를 짓는 부엌을 이르는 말.
상궁 조선 시대에 궁궐에서 일하던 지위가 높은 궁녀.
생각시 조선 시대에 궁궐에 소속된 궁녀 중, 관례를 치르지 않은 어린 궁녀를 가리키던 말.

---

1 장면 ❸에서 장금이가 처한 상황에 알맞은 표정을 찾아 ○표 하시오.

(1) 죄송하다는 표정 ( )

(2) 재미있고 즐겁다는 표정 ( )

2 장면 ❹에 어울리는 장금이의 말투를 알맞게 말한 친구의 이름을 쓰시오.

하율: 슬퍼서 눈물을 흘리는 상황이므로 화난 목소리로 소리를 지르며 말하는 것이 알맞아.
이안: 기쁜 마음에 뒷산에 홀로 올라가서 눈물을 글썽이며 혼잣말을 하는 상황이므로 가늘고 떨리는 목소리로 말하는 것이 알맞아.

( )

어휘

3 다음 뜻을 가진 낱말을 장면 ❹에서 찾아 쓰시오.

조선 시대에 궁궐에 소속된 궁녀 중, 관례를 치르지 않은 어린 궁녀를 가리키던 말.

( )

작품 정리

4 다음 빈칸에 알맞은 말을 넣어 각 장면에 나타난 장금이의 마음에 알맞은 몸짓을 정리하시오.

장면	❷	❸	❹
마음	놀라움	죄송함.	기쁨
몸짓	몸을 앞으로 기울이며		두 손에 힘을 꼭 주며

미미 언니 자두

과일 사러 온 거야, 언니 얘기 하러 온 거야?

미미의 언니

미미는 어른들이 엄마를 '자두 엄마'로만 부르자 섭섭합니다.

언니랑 같이 다니고 싶지 않아!

자두야! 왜 그랬어?

미미는 학교 친구와 선생님도 언니 자두에게만 관심을 기울이자 화가 납니다.

자두는 미미를 돋보이게 하고 싶어서 일부러 자신의 무대를 망칩니다.

㉠그게 정말이야?

자두는 미미가 자신보다 유명해지고 싶어서 몰래 발레를 배웠다는 사실을 알고 놀랐던 일을 떠올립니다.

학예회에서 인기상을 탄 미미는 자두와 화해합니다.

언니가 큰 거 먹어.

아니야, 네가 큰 거 먹어.

- **글의 종류**
  만화 영화

- **글의 특징**
  언니인 자두의 동생이라고만 불리는 것이 싫은 미미와 그런 미미의 마음을 달래 주기 위해 노력하는 자두의 이야기가 나타나 있습니다.

- **작품 정리**

장면 ❶, ❷	장면 ❸, ❹	장면 ❺
미미는 사람들이 모두 자신의 언니인 자두에게만 관심을 기울이자 화가 남.	미미의 마음을 알게 된 자두는 미미를 위해 학예회에서 자신의 무대를 망침.	미미는 학예회에서 인기상을 타게 되었고, 자두와 화해도 하였음.

기울이자 정성이나 노력 따위를 한곳으로 모으자.
돋보이게 무리 중에서 훌륭하거나 뛰어나 도드라져 보이게.
유명해지고 이름이 널리 알려지고.

중요 독해

5 장면 ❶에서 미미의 마음은 어떠하였을지 알맞은 것을 두 가지 고르시오. ( )

① 기쁘다.　　② 신난다.
③ 행복하다.　④ 속상하다.
⑤ 섭섭하다.

6 ㉠을 말할 때에 어울리는 자두의 말투로 알맞은 것을 찾아 기호를 쓰시오.

㉮ 화를 내며 울먹이는 목소리
㉯ 당황해서 더듬거리는 목소리
㉰ 신나서 소리를 지르는 큰 목소리

( )

7 장면 ❺에 어울리는 표정과 말투에 ○표 하시오.

- 미미와 자두는 (인상을 찌푸리며, 활짝 웃으며) (엄숙한, 다정한) 목소리로 말합니다.

작품 정리

8 다음 빈칸에 알맞은 말을 넣어 만화에 나타난 장면의 내용을 정리하시오.

장면 ❶, ❷	미미는 사람들이 언니에게만 관심을 기울여 화가 남.
장면 ❸, ❹	
장면 ❺	학예회에서 인기상을 탄 미미는 자두와 화해를 하게 됨.

거인 부벨라와 지렁이 친구

글: 조 프리드먼
옮김: 지혜연

❶ 부벨라는 거인이에요. 모든 사람이 부벨라를 무서워했는데 이 자그마한 목소리의 주인공만은 예외였어요.

부벨라는 발 근처 땅바닥을 자세히 들여다보았어요. 땅속에서 지렁이 한 마리가 고개만 빠끔히 내밀고는 말을 하고 있었어요.

이번에는 부벨라가 말을 시작했어요.

"난 부벨라야. 네 이름은 뭐니?"

"이제야 뭔가 제대로 되네. 나는 지렁이라고 해."

"아니, 네 이름 말이야. 제이미나 다니엘 같은."

지렁이는 온몸이 흔들릴 정도로 고개를 가로저었어요.

"지렁이 이름이 제이미라고?"

지렁이는 그렇게 되묻더니 요란하게 웃으며 말을 잇지 못했답니다.

"정말 웃기지도 않네. 우리 지렁이들은 젠체하고 살지 않아. 우리는 그냥 지렁이야."
잘난 체하고.

㉠"너는 내가 무섭지 않니?"

"왜 너를 무서워해야 하는데?"

"내가 너보다 훨씬 덩치가 크니까."
부벨라가 지렁이가 자신을 무서워할 것이라고 생각한 까닭

부벨라는 당연하다는 듯이 대답했어요.

"무슨 그런 말도 안 되는 소리가 다 있어? 이 세상 모든 것이 다 나보다 커. 만약 나보다 큰 것들에게 말 붙이기를 겁냈다면 난 계속 입을 다물고 살아야 했을걸."

중심 내용 | 거인인 부벨라는 자신을 보고도 무서워하지 않는 지렁이를 만났습니다.

❷ 부벨라는 숨을 깊이 들이마시고 난 뒤 조심스럽게 물었어요.

"우리 집에 차 마시러 올래?"

"좋아. 내일 갈게. 네 시에 여기서 만나자."

「그날 밤부터 그다음 날까지 부벨라는 정신없이 움직였어요. 집 안 곳곳을 닦고 정리했을 뿐 아니라 자신도 머리부터 발까지, 특히 발가락은 몇 번이나 씻고 또 씻었어요. 부벨라는 정원의 잔디를 깎고, 낡은 종이들과 깡통도 치웠어요.」『 』: 부벨라가 지렁이를 맞이하기 위해 준비한 일 ①

예외 일반적 규칙이나 정례에서 벗어나는 일.

---

9 모든 사람이 부벨라를 무서워한 까닭은 무엇인지 쓰시오.

( )

중요 독해

10 ㉠을 말할 때 부벨라의 표정이나 말투로 알맞은 것을 두 가지 고르시오. ( )

① 놀란 표정으로

② 높은 목소리로

③ 울먹이는 표정으로

④ 느리고 아주 작은 목소리로

⑤ 눈을 찡그리며 화난 표정으로

11 부벨라와 지렁이가 대화를 나누는 장면에서 부벨라의 몸짓으로 알맞은 것을 찾아 ○표 하시오.

⑴ 쪼그리고 앉아서 ( )

⑵ 선 채로 위를 올려다보며 ( )

서술형

12 지렁이는 자신이 부벨라를 무서워하지 않는 까닭을 어떻게 설명했는지 쓰시오.

_____

_____

_____

거인 부벨라와 지렁이 친구

집을 다 치운 다음, 부벨라는 차와 함께 먹으려고 자신이 가장 좋아하는 바나나케이크를 구웠어요. 그러고는 가장 예쁜 옷을 꺼내 입었지요. 무지개 그림이 그려진 티셔츠에, 구멍이 하나밖에 나지 않은 청바지를 입고 제일 아끼는 야구 모자를 썼어요. 이것저것 준비를 끝낸 다음 부벨라는 잠시 앉아서 쉬었어요.

부벨라가 지렁이를 맞이하기 위해 준비한 일 ②
부벨라가 지렁이를 맞이하기 위해 준비한 일 ③

그러다 문득 지렁이가 바나나케이크를 싫어할지도 모른다는 생각이 들었어요. 그러자 ㉠초조하고 당황스러웠어요.

'그럼 차 마실 때 무엇을 내놓아야 할까? 누구에게 물어보지?'

부벨라는 예전에 보았던 아름다운 정원이 생각났어요. ┌ 어쩌면 그곳에서 일하는 정원사는 지렁이가 무엇을 먹고 사는지 알고 있을지도 몰라요. 부벨라는 서둘러 그 ㉡ 정원으로 갔어요. 그런데 정원사는 거인 부벨라가 오는데도 놀라지 않고 그저 물끄러미 바라보기만 했어요.

"아저씨는 도망을 가지 않네요."

"나는 이제 도망 다닐 나이가 아니야, 거인 아가씨."

정원사가 부벨라를 보고 도망을 가지 않은 까닭
㉢정원사는 어쩐지 아파 보였어요.

"그런데 무슨 걱정거리라도 있니?"

부벨라는 정원사에게 걱정거리를 솔직히 털어놓았어요.

"지렁이가 저희 집에 차를 마시러 오기로 했어요. 그런데 저는 지렁이가 무얼 먹고 사는지, 무슨 음식을 좋아하는지 모르겠어요. 바나나케이크를 좋아할 것 같지는 않은데……."

정원사는 가만히 생각에 잠겼어요.

중심 내용 | 지렁이를 집으로 초대한 부벨라는 깨끗이 씻고, 집을 치우고, 바나나 케이크도 구웠지만 지렁이가 어떤 음식을 좋아할지 몰라서 걱정이 되었고, 정원사 아저씨께 자신의 고민을 털어놓았습니다.

초조하고 애가 타서 마음이 조마조마하고.
물끄러미 우두커니 한곳만 바라보는 모양.
털어놓았어요 마음속에 품고 있는 사실을 숨김없이 말했어요.
잠겼어요 어떤 한 가지 일이나 생각에 열중했어요.

13 ㉠의 까닭으로 알맞은 것을 찾아 ○표 하시오.

(1) 지렁이가 좋아하는 바나나케이크를 준비하지 못해서 ( )

(2) 지렁이가 바나나케이크를 싫어할지도 모른다는 생각이 들어서 ( )

[어휘]

14 다음 문장의 빈칸에 공통으로 들어갈 말을 ㉡에서 찾아 네 글자로 쓰시오.

• 선생님께서는 반 아이들의 얼굴을 [ ] 바라보셨다.
• 내 말을 들은 친구는 나를 [ ] 쳐다만 보고 대답을 하지 않았다.

( )

15 ㉢에서 정원사에게 어울리는 표정과 몸짓을 알맞게 말한 친구의 이름을 쓰시오.

만세: 웃는 얼굴로 부벨라 쪽을 바라보며 손을 흔들어야 해.
재경: 얼굴을 찌푸리는 표정을 지으며 아픈 곳을 손으로 짚어야 해.

( )

16 부벨라는 정원사에게 무엇을 몰라서 걱정이라고 하였는지 두 가지 고르시오. ( )

① 지렁이가 사는 곳
② 지렁이의 걱정거리
③ 지렁이가 먹고 사는 것
④ 지렁이가 좋아하는 친구
⑤ 지렁이가 좋아하는 음식

거인 부벨라와 지렁이 친구

❸ "지렁이들은 멀리 다니지 않으니까 어쩌면 다른 집 정원의 흙을 좋아할 것 같구나. 진흙파이를 만들어 주면 어떻겠니?"

"아, 그게 좋겠네요! 하지만 어디에서 흙을 구하죠?"

"잠깐 여기서 기다려 봐라."

그러더니 정원사는 돌아서서 집 안으로 들어갔어요.

정원사는 허리가 굽어서 아주 천천히 움직였는데, 움직이는 게 무척이나 힘들어 보였어요.

정원사는 접시를 들고 다시 집 밖으로 나왔어요. 그러고는 천천히 움직이며 정원 세 곳에서 각기 다른 종류의 흙을 접시에 담은 뒤, 접시를 부벨라에게 건네주었어요.

_{정원사 아저씨께서 부벨라에게 건네준 것}

"지렁이 친구가 정말 좋아할 거야."

"고맙습니다, 고맙습니다."

㉠부벨라는 얼마나 기쁜지 눈물이 나올 것만 같았어요.

정말 오랜만에 누군가가 부벨라에게 친절을 베풀어 주었거든요.

중심 내용 | 정원사 아저씨께서는 지렁이에게 진흙파이를 만들어 주라며 정원 세 곳에서 각기 다른 종류의 흙을 담아 부벨라에게 주셨습니다.

❹ 부벨라는 친절한 정원사에게 어떻게든 꼭 보답을 하고 싶었어요. 그때 갑자기 부벨라의 손이 간지러워지기 시작하더니 아주 따뜻해졌어요. 무슨 일이 벌어지고 있는지는 정확히 알 수가 없었지요.

부벨라는 손을 들어 정원사를 가리켰어요. 그러자 손이 점점 더 간지러워지고 따뜻해졌어요. 그리고 깜짝 놀랄 만한 일이 벌어졌어요. 갑자기 정원사가 허리를 꼿꼿하게 펴더니 똑바로 선 거예요. 정원사는 한 발자국 한

_{정원사의 허리가 꼿꼿하게 펴져 똑바로 서게 된 일}

발자국 내디뎌 보다가 덩실덩실 춤을 추었어요.

_{밖이나 앞쪽으로 발을 옮겨 현재의 위치에서 다른 장소로 이동해.}

정원사가 웃으며 큰 소리로 외쳤어요.

㉡"이제 하나도 아프지가 않아!"

부벨라는 자신의 손을 쳐다보았어요. 무슨 일인지는 모르겠지만 분명 좋은 일임엔 틀림없었어요.

중심 내용 | 정원사께 고마운 마음에 부벨라가 손을 들어 정원사를 가리켰고, 정원사의 허리가 꼿꼿하게 펴졌습니다.

❺ 집으로 돌아오면서 부벨라의 머릿속은 많은 생각으로 가득 찼어요. 지렁이를 만난 순간부터 모든 것이 변한 것 같았어요. 게다가 아주 특별한 일까지 일어났잖아요. '어쩌면 나에게 마법의 힘이 생긴 것은 아닐까' 하는 생각이 들었어요.

보답(報 갚을 보, 答 대답 답) 남의 호의나 은혜를 갚음.

---

17 정원사가 부벨라에게 추천한 요리는 무엇입니까?

( )

① 풀파이　　　　　② 꽃파이
③ 흙케이크　　　　④ 진흙파이
⑤ 바나나케이크

중요 독해

18 ㉠의 까닭은 무엇입니까? ( )

① 자신에게 마법의 힘이 생긴 것 같아서
② 자신이 누군가에게 도움이 될 수 있어서
③ 정원사 아저씨께 음식을 대접할 수 있어서
④ 지렁이가 바나나케이크를 좋아할 것 같아서
⑤ 오랜만에 누군가가 자신에게 친절을 베풀어 주어서

19 부벨라가 손을 들어 정원사를 가리켰을 때 일어난 일로 알맞은 것을 두 가지 찾아 기호를 쓰시오.

> ㉮ 정원사가 똑바로 서게 되었다.
> ㉯ 정원사가 허리를 꼿꼿하게 폈다.
> ㉰ 정원사가 정원에서 흙을 가져다주었다.

( )

20 ㉡을 말할 때 정원사의 표정, 몸짓, 말투로 알맞은 것을 두 가지 찾아 ○표 하시오.

(1) 활짝 웃는다. ( )

(2) 덩실덩실 춤을 춘다. ( )

(3) 조그맣고 느리게 속삭인다. ( )

거인 부벨라와 지렁이 친구

부벨라는 부엌에 들어가서 정원사가 준 흙으로 아주 근사한 진흙파이를 만들었어요. 그런 다음 파이를 뚜껑으로 덮어 식탁 위에 놓은 뒤 손을 씻었답니다. 그것도 두 번이나 말이죠.

부벨라는 지렁이를 데리러 갔어요. 지렁이는 정확히 네 시 정각에 땅 위로 고개를 내밀었어요. 지렁이가 정원을 둘러보며 만족스러운 표정으로 말했어요.

매우 마음에 흡족할 만한 데가 있는.
"아주 바빴겠구나."

부벨라는 조심스럽게 지렁이와 그 주변의 흙까지 한 움큼을 퍼서 집 안으로 데리고 들어갔어요.

부벨라가 지렁이를 식탁에 내려놓자, 지렁이는 이리저리 기어 다니다가 바나나케이크를 보았어요. 그러고는 식탁을 마저 둘러본 후 물었어요.

"이 안에는 뭐가 들어 있니?"

"물어보지 않으면 어쩌나 했어!"

부벨라는 그렇게 말하고는 과장된 몸짓으로 뚜껑을 들어 올렸어요. 지렁이는 신이 나서 진흙파이 속으로 파고들어 갔어요. 지렁이가 다시 위로 올라왔을 때에는 머리 위에 나뭇잎 조각이 얹어져 있었어요. 마치 모자를 쓴 듯 말이에요.

부벨라가 물었어요.

"특별한 대접을 받았으면 고맙다고 해야 정상 아니니?"

㉠지렁이는 부벨라를 뚫어져라 쳐다보다가 온몸이 흔들릴 정도로 호탕하게 웃으며 말했어요.

"어쩐지 네가 좋아질 것 같아." / 부벨라와 지렁이는 차를 마시면서 즐거운 시간을 보냈어요. 두 친구는 시간 가는 줄 모르고 이야기꽃을 피웠답니다.

중심 내용 | 부벨라가 만든 진흙파이를 본 지렁이는 무척 좋아하였고, 부벨라와 지렁이는 즐거운 시간을 나누었습니다.

- 글의 종류
  이야기

- 글의 특징
  거인 부벨라와 지렁이가 서로에게 친구가 되어 주는 과정이 담긴 이야기입니다.

- 작품 정리

지렁이를 기다리는 동안	지렁이가 집에 온 후
부벨라는 집 안 곳곳을 청소하고, 예쁜 옷을 입고, 진흙파이를 만듦.	부벨라는 지렁이와 함께 즐거운 시간을 보내며 이야기꽃을 피움.

호탕하게 씩씩하고 호방한 기상이 있고 걸걸하게.

21 부벨라의 정원을 둘러본 지렁이의 마음으로 알맞은 것은 무엇입니까? (　　　)

① 슬픔.　② 화남.
③ 우울함.　④ 짜증이 남.
⑤ 만족스러움.

서술형

22 ㉠에 알맞은 지렁이의 몸짓과 표정을 생각하여 각각 쓰시오.

(1) 몸짓: _____

(2) 표정: _____

어휘

23 다음 뜻을 가진 낱말로 알맞은 것을 찾아 ○표 하시오.

사실보다 지나치게 불려서 나타낸.

(축소된, 과장된)

작품 정리

24 다음은 이 글의 내용을 정리한 표입니다. 빈칸에 들어갈 알맞은 말을 쓰시오.

지렁이를 기다리는 동안	부벨라는 집을 청소하고, 예쁜 옷을 입고, (1)(　　　)을/를 만듦.
지렁이가 집에 온 후	부벨라는 지렁이와 함께 즐거운 시간을 보내며 (2)(　　　)을/를 피움.

1. 작품을 보고 느낌을 나누어요

● 정답 및 풀이 2쪽

[1~3] 다음 그림을 보고, 물음에 답하시오.

1 그림을 보고 ㉠~㉣에 들어갈 알맞은 말을 찾아 각각 선으로 이으시오.

(1) [㉠] •

(2) [㉡] •

(3) [㉢] •

(4) [㉣] •

• ㉮ [고마워.]

• ㉯ [미안해.]

• ㉰ [고맙습니다.]

2 그림 ㉮에서 여자아이가 말할 때의 표정으로 알맞은 것을 찾아 ○표 하시오.

(1) 우울하고 슬픈 표정 ( )

(2) 활짝 웃으며 기쁜 표정 ( )

(3) 인상을 쓰며 화가 난 표정 ( )

3 다음 친구들은 그림 ㉮~㉭ 중 어떤 그림에 알맞은 표정, 몸짓, 말투를 말하고 있는지 찾아 그림의 기호를 쓰시오.

서연: 웃지 말고, 진지한 표정으로 말해야 해.
용휘: 진심으로 미안해하는 말투로 말해야 해.
가윤: 발을 빨리 떼고 아프지 않은지 물어봐야 해.

• 그림 ( )

4 다음 대화에서 준서가 말할 때의 표정으로 알맞은 것은 무엇입니까? ( )

예온: 네 필통을 떨어뜨려서 정말 미안해.
준서: 아니야. 일부러 그런 것도 아닌데, 뭘.

① 다정하게 웃으며
② 빈정거리듯이 웃으며
③ 눈을 흘기고 인상을 쓰며
④ 눈을 흘기고 입을 삐죽이며
⑤ 입을 삐죽이고 울상을 지으며

5 다음 장면에서 장금이가 말할 때의 표정과 말투로 알맞은 것을 두 가지 고르시오. ( )

수라간에서 오신 분들이다.

수라간요?

장금이와 동이가 처음으로 수라간 상궁을 보게 됩니다.

① 눈물을 글썽이며
② 높고 빠른 목소리로
③ 죄송하다는 표정으로
④ 가늘고 떨리는 목소리로
⑤ 눈을 크게 뜨고 입을 벌리며

6 다음 장면에서 미미의 말투로 알맞은 것을 두 가지 고르시오. (   )

미미는 학교 친구와 선생님도 언니 자두에게만 관심을 기울이자 화가 납니다.

언니랑 같이 다니고 싶지 않아!

① 높고 큰 목소리로
② 작고 낮은 목소리로
③ 느리고 작은 목소리로
④ 속삭이듯이 작은 목소리로
⑤ 화를 내며 울먹이는 목소리로

[7~8] 다음 글을 읽고, 물음에 답하시오.

부벨라는 부엌에 들어가서 정원사가 준 흙으로 아주 근사한 진흙파이를 만들었어요. 그런 다음 파이를 뚜껑으로 덮어 식탁 위에 놓은 뒤 손을 씻었답니다. 그것도 두 번이나 말이죠.

부벨라는 지렁이를 데리러 갔어요. 지렁이는 정확히 네 시 정각에 땅 위로 고개를 내밀었어요. 지렁이가 정원을 둘러보며 만족스러운 표정으로 말했어요.

"아주 바빴겠구나."

부벨라는 조심스럽게 지렁이와 그 주변의 흙까지 한 움큼을 퍼서 집 안으로 데리고 들어갔어요.

부벨라가 지렁이를 식탁에 내려놓자, 지렁이는 이리저리 기어 다니다가 바나나케이크를 보았어요. 그러고는 식탁을 마저 둘러본 후 물었어요.

"이 안에는 뭐가 들어 있니?"

⊙ "물어보지 않으면 어쩌나 했어!"

부벨라는 그렇게 말하고는 과장된 몸짓으로 뚜껑을 들어 올렸어요. 지렁이는 신이 나서 진흙파이 속으로 파고들어 갔어요.

7 부벨라는 정원사가 준 흙으로 무엇을 만들었는지 쓰시오.

(   )

---

8 ⊙에 나타난 부벨라의 말과 행동으로 보아 부벨라의 마음이 어떠할지 알맞은 것을 두 가지 고르시오.

(   )

① 기쁜 마음
② 미안한 마음
③ 억울한 마음
④ 신이 난 마음
⑤ 부끄러운 마음

문법

9 다음 그림에서 '늪이'의 발음을 알맞게 한 친구는 누구인지 쓰시오.

저 숲에는 늪이 있대.

[느비]?

늪이 있는 곳은 조심해야 해.

[느피]?

준상   민아

(   )

문법

10 다음 문장에서 밑줄 친 낱말이 어떻게 발음되는지 쓰시오.

⑴ 등대에서 밝은 빛이 나왔다.

[   ]

⑵ 서녘에 노을이 아름답게 진다.

[   ]

⑶ 그는 숲을 헤매다가 발을 헛디뎌 늪에 빠졌다.

[   ]

⑷ 오랫동안 앉아 있다 일어서려니 무릎이 우두둑거렸다.

[   ]

[1~3] 다음 그림을 보고, 물음에 답하시오.

1 ㉠과 ㉡에 들어갈 알맞은 말을 보기 에서 찾아 기호를 각각 쓰시오.

> 보기
> ㉮ 미안해.   ㉯ 축하해.
> ㉰ 고마워.   ㉱ 좀 비켜 줄래?

(1) ㉠: (   )

(2) ㉡: (   )

2 그림 ㉯에서 여자아이가 남자아이에게 말할 때의 표정, 몸짓, 말투로 알맞지 <u>않은</u> 것은 무엇입니까?

(   )

① 웃지 않아야 한다.
② 진지한 말투로 말해야 한다.
③ 진심을 담아서 말해야 한다.
④ 장난치듯 가볍게 말해야 한다.
⑤ 걱정스러운 표정으로 말해야 한다.

3 다음은 표정, 몸짓, 말투에 주의하며 말하면 좋은 점입니다. 빈칸에 들어갈 말로 알맞지 <u>않은</u> 것은 무엇입니까? (   )

> 듣는 사람에게 자신의 생각을 더 [   ] 전달할 수 있다.

① 생생하게   ② 정확하게   ③ 분명하게
④ 애매하게   ⑤ 실감 나게

[4~5] 다음 그림을 보고, 물음에 답하시오.

> 수라간에서 오신 분들이다.
> 수라간요?

장금이와 동이가 처음으로 수라간 상궁을 보게 됩니다.

> 엄마, 궁에 갈 수 있게 됐어요.

생각시 시험을 볼 수 있다는 소식을 들은 장금이는 뒷산에 홀로 올라갔습니다.

4 장면 ㉮에 나타난 장금이의 몸짓으로 알맞은 것은 무엇입니까? (   )

① 뒷짐을 지며
② 고개를 숙이며
③ 두 팔을 벌리며
④ 바닥에 주저앉으며
⑤ 몸을 앞으로 기울이며

서술형

5 장면 ㉯의 상황에 어울리는 장금이의 표정과 말투를 생각하여 쓰시오.

_____

_____

[6~7] 다음 그림을 보고, 물음에 답하시오.

미미는 학교 친구와 선생님도 언니 자두에게만 관심을 기울이자 화가 납니다.

언니랑 같이 다니고 싶지 않아!

자두야! 왜 그랬어?

자두는 미미를 돋보이게 하고 싶어서 일부러 자신의 무대를 망칩니다.

그게 정말이야?

자두는 미미가 자신보다 유명해지고 싶어서 몰래 발레를 배웠다는 사실을 알고 놀랐던 일을 떠올립니다.

[8~10] 다음 글을 읽고, 물음에 답하시오.

❶ 부벨라는 거인이에요. 모든 사람이 부벨라를 무서워했는데 이 자그마한 목소리의 주인공만은 예외였어요.

부벨라는 발 근처 땅바닥을 자세히 들여다보았어요. 땅속에서 지렁이 한 마리가 고개만 빠끔히 내밀고는 말을 하고 있었어요.

이번에는 부벨라가 말을 시작했어요.

㉠"난 부벨라야. 네 이름은 뭐니?"

"이제야 뭔가 제대로 되네. 나는 지렁이라고 해."

❷ ㉡"너는 내가 무섭지 않니?"

"왜 너를 무서워해야 하는데?"

"내가 너보다 훨씬 덩치가 크니까."

부벨라는 당연하다는 듯이 대답했어요.

"무슨 그런 말도 안 되는 소리가 다 있어? 이 세상 모든 것이 다 나보다 커. 만약 나보다 큰 것들에게 말 붙이기를 겁냈다면 난 계속 입을 다물고 살아야 했을걸."

---

6 장면 ㉮에서 미미의 표정으로 알맞은 것을 모두 고르시오. (   )

① 인상을 쓴다.　　　② 미소를 띤다.
③ 밝게 웃는다.　　　④ 얼굴을 찡그린다.
⑤ 입을 크게 벌린다.

8 모든 사람이 부벨라를 무서워한 까닭이 무엇인지 빈칸에 들어갈 말을 쓰시오.

• 부벨라가 [　][　] 이기 때문이다.

7 장면 ㉯를 본 친구들이 자신이 자두라면 어떻게 행동했을지 이야기를 나누었습니다. 잘못 이야기한 친구의 이름을 쓰시오.

내가 언니니까 나였어도 동생을 위해서 양보했을 것 같아.
서연

자두는 대단해. 나라면 양보하기 위해 내 것을 망치기 쉽지 않았을 것 같아.
하준

아무리 자신이 돋보이고 싶어도 동생의 무대를 망치다니, 나라면 그러지 않았을 거야.
다온

(   )

9 ㉠을 말할 때 부벨라의 말투로 알맞은 것을 찾아 ○표 하시오.

⑴ 다정하고 따뜻한 목소리로　　　(   )
⑵ 화가 난 듯한 빠르고 큰 목소리로　　(   )

서술형

10 ㉡을 말할 때 어울리는 부벨라의 표정과 몸짓을 생각하여 쓰시오.

_____

_____

[11~15] 다음 글을 읽고, 물음에 답하시오.

가 부벨라는 정원사에게 걱정거리를 솔직히 털어놓았어요.

"지렁이가 저희 집에 차를 마시러 오기로 했어요. 그런데 저는 지렁이가 무얼 먹고 사는지, 무슨 음식을 좋아하는지 모르겠어요. 바나나케이크를 좋아할 것 같지는 않은데……."

정원사는 가만히 생각에 잠겼어요.

"지렁이들은 멀리 다니지 않으니까 어쩌면 다른 집 정원의 흙을 좋아할 것 같구나. 진흙파이를 만들어 주면 어떻겠니?"

나 정원사는 접시를 들고 다시 집 밖으로 나왔어요. 그러고는 천천히 움직이며 정원 세 곳에서 각기 다른 종류의 흙을 접시에 담은 뒤, 접시를 부벨라에게 건네주었어요.

"지렁이 친구가 정말 좋아할 거야."

㉠"고맙습니다, 고맙습니다."

다 지렁이는 신이 나서 진흙파이 속으로 파고들어 갔어요. 지렁이가 다시 위로 올라왔을 때에는 머리 위에 나뭇잎 조각이 얹어져 있었어요.

라 "네가 내 친구가 되어 준다면 어디든지 데리고 다닐게. 그러면 가는 곳마다 맛있는 흙으로 만든 훌륭한 파이를 맛보게 될 거야."

지렁이는 생각만 해도 군침이 돌았어요.

"그러면 너에게 좋은 점은 뭐야?"

"나를 무서워하지 않고 늘 진실을 말해 줄 수 있는 좋은 친구가 생기는 거지. 너를 만난 이후로 하루하루가 더없이 즐거워. 난 너와 헤어지고 싶지 않아."

지렁이는 잠시 생각을 해 보더니 미소를 지으며 말했어요.

"그건 나도 마찬가지야."

마 "널 처음 보았을 때, 발에서 이렇게 지독한 냄새가 나는 사람은 정말 이기적일 거라고 생각했었어."

부벨라가 뿌듯해하며 대답했어요.

㉡"지금껏 내게 관심을 보인 친구는 단 한 명도 없었는데……. 이제는 네가 있구나."

11 부벨라에게 지렁이를 위해 진흙파이를 만들어 주면 어떻겠냐고 추천한 인물은 누구인지 쓰시오.

(   )

12 ㉠을 말할 때 어울리는 부벨라의 표정, 몸짓, 말투로 알맞은 것을 두 가지 고르시오.

> ㉮ 밝은 표정과 큰 목소리로
> ㉯ 얼굴을 찌푸리고 손을 내저으며
> ㉰ 활짝 웃는 표정으로 여러 번 허리를 굽히며

(   )

13 글 **다**에서 지렁이의 마음은 어떠하였을지 알맞은 것을 모두 고르시오. (   )

① 기쁨.   ② 신남.   ③ 즐거움.
④ 무서움.   ⑤ 우울함.

14 ㉡을 말할 때 부벨라의 표정과 말투로 알맞은 것을 모두 고르시오. (   )

① 놀란 표정을 짓는다.
② 뿌듯한 표정을 짓는다.
③ 부드러운 목소리를 낸다.
④ 활짝 웃는 표정을 짓는다.
⑤ 높고 빠른 목소리로 소리친다.

서술형
15 이 글의 내용 중 그림으로 표현하고 싶은 장면을 고르고, 그 장면을 고른 까닭을 쓰시오.

장면	(1)
까닭	(2)

1. 작품을 보고 느낌을 나누어요

 수행평가

● 정답 및 풀이 4쪽

1 단원

평가 주제	인물에게 알맞은 표정, 몸짓, 말투를 생각하며 작품을 감상하기
평가 목표	인물에게 알맞은 표정, 몸짓, 말투를 생각하며 작품을 감상할 수 있다.

> **가** 정원사는 허리가 굽어서 아주 천천히 움직였는데, 움직이는 게 무척이나 힘들어 보였어요.
> 정원사는 접시를 들고 다시 집 밖으로 나왔어요. 그러고는 천천히 움직이며 정원 세 곳에서 각기 다른 종류의 흙을 접시에 담은 뒤, 접시를 부벨라에게 건네주었어요.
> "지렁이 친구가 정말 좋아할 거야."
> "고맙습니다, 고맙습니다."
> 부벨라는 얼마나 기쁜지 눈물이 나올 것만 같았어요. 정말 오랜만에 누군가가 부벨라에게 친절을 베풀어 주었거든요.
> 부벨라는 친절한 정원사에게 어떻게든 꼭 보답을 하고 싶었어요.
> **나** 부벨라는 손을 들어 정원사를 가리켰어요. 그러자 손이 점점 더 간지러워지고 따뜻해졌어요. 그리고 깜짝 놀랄 만한 일이 벌어졌어요. 갑자기 정원사가 허리를 꼿꼿하게 펴더니 똑바로 선 거예요. 정원사는 한 발자국 한 발자국 내디디며 보다가 덩실덩실 춤을 추었어요.
> 정원사가 웃으며 큰 소리로 외쳤어요.
> ㉠"이제 하나도 아프지가 않아!"

1 부벨라가 손을 들어 정원사를 가리켰을 때 어떤 일이 벌어졌는지 쓰시오.

2 글 **나** 에서 알 수 있는 정원사의 마음으로 알맞은 것을 찾아 ○표 하시오.

무섭고 두려운 마음,	기쁘고 행복한 마음,	짜증나고 화나는 마음

3 ㉠을 말할 때 알맞은 정원사의 표정, 몸짓, 말투를 생각하여 조건 에 알맞게 쓰시오.

> **조건**
> 문제 **2**번에서 답한 정원사의 마음에 어울리는 표정, 몸짓, 말투를 생각하여 쓴다.

표정	(1)
몸짓	(2)
말투	(3)

미로를 따라 길을 찾아보세요.

● 정답 및 풀이 4쪽

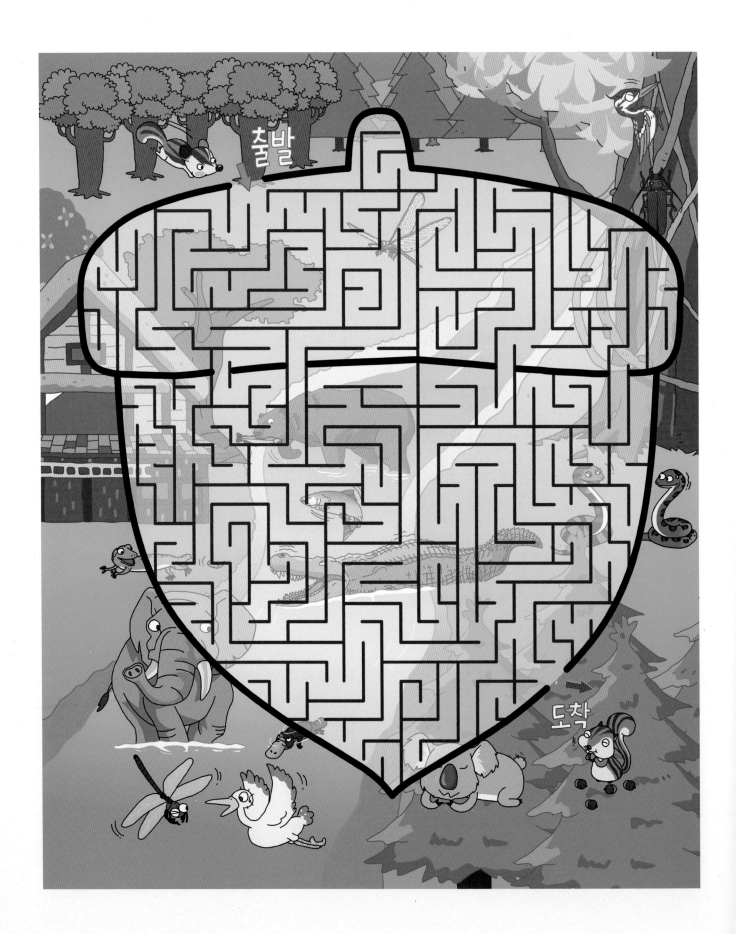

2 중심 생각을 찾아요

▶ 학습을 완료하면 V표를 하면서 학습 진도를 체크해요.

	학습 내용	백점 쪽수	확인
개념	글을 읽고 중심 생각을 말하기	24쪽	☐
어휘 + 문법	핵심 개념 어휘: 중심, 생각 작품 속 어휘: 고정되다, 겨루다, 균형, 끈끈하다, 일찍, 고유하다, 유행 문법: '알려 주어'를 준말로 표현하기	25쪽	☐
독해	아는 내용이나 겪은 일과 관련지어 글을 이해하면 좋은 점 알기 : 「줄넘기」, 「닭싸움 놀이」	26~27쪽	☐
	아는 내용이나 겪은 일과 관련지어 글 읽기: 「안전하게 과학 실험을 해요」	28쪽	☐
	글을 읽고 중심 생각을 찾는 방법 알기: 「갯벌을 보존해야 하는 까닭」	29쪽	☐
	글을 읽고 중심 생각 찾기: 「날씨를 나타내는 토박이말」	30~31쪽	☐
	알고 싶은 내용이 담긴 글을 읽고 간추려 발표하기: 「옷차림이 바뀌었어요」	32~33쪽	☐
평가	단원 평가 1회, 2회	34~38쪽	☐
	수행 평가	39쪽	☐

2 중심 생각을 찾아요

개념 강의

● 정답 및 풀이 4쪽

1 아는 내용이나 겪은 일과 관련지어 글을 읽으면 좋은 점

- 글 내용이 쉽게 기억에 남습니다.
- 글 내용을 더 쉽게 이해할 수 있습니다.
- 글 내용에 더 흥미를 느낄 수 있습니다.
- 글을 읽으면서 그 모습을 잘 상상할 수 있습니다.

2 아는 내용이나 겪은 일과 관련지어 글을 읽는 방법

- 이미 알고 있는 내용이나 겪은 일과 글의 내용을 비교하며 읽습니다.
- 새롭게 안 내용이 무엇인지 찾아봅니다.
- 더 알고 싶은 내용을 생각해 봅니다.

예 「안전하게 과학 실험을 해요」를 아는 내용이나 겪은 일과 관련지어 읽기

알고 있는 내용	• 선생님께서 계시지 않을 때에는 과학 실험을 하지 않아야 한다는 것을 알고 있습니다. • 과학실에는 깨지기 쉽거나 위험한 실험 기구가 많으므로 과학실에서 절대 장난을 치면 안 된다는 것을 알고 있습니다.
새롭게 안 내용	• 과학 실험 안전 수칙이 많다는 것을 알게 되었습니다. • 실험을 할 때에는 책상에 바짝 다가가지 않고 실험 기구와 어느 정도 거리를 유지해야 한다는 것을 알게 되었습니다.
더 알고 싶은 내용	• 여러 가지 실험 기구를 안전하게 다루는 방법을 알고 싶습니다. • 화상 같은 안전사고가 났을 때 어떻게 해야 하는지를 알고 싶습니다.

3 글을 읽고 중심 생각을 찾는 방법
└─ 글쓴이가 글 전체에서 말하고 싶은 생각

- 문단의 중심 문장을 찾아보고 중심 생각을 간추립니다.
- 글의 제목을 보고 무엇에 대해 쓴 글인지 생각합니다.
- 글에 있는 사진이나 그림을 보고 글쓴이의 중심 생각을 찾습니다.

예 「갯벌을 보존해야 하는 까닭」의 제목을 보고 알 수 있는 글쓴이의 생각

갯벌을 보존해야 하는 까닭을 강조하기 위해 쓴 글인 것 같아.

갯벌을 잘 보존하면 우리에게 어떤 좋은 점이 있는지 알려 주려는 것 같아.

개념 확인 문제

1 아는 내용이나 겪은 일과 관련지어 글을 읽으면 좋은 점

아는 내용이나 겪은 일과 관련지어 글을 읽으면 좋은 점으로 알맞지 않은 것은 무엇입니까? (　　　)

① 글 내용이 쉽게 기억에 남는다.
② 글 내용을 더 빨리 바꿀 수 있다.
③ 글 내용을 더 쉽게 이해할 수 있다.
④ 글 내용에 더 흥미를 느낄 수 있다.
⑤ 글을 읽으면서 그 모습을 잘 상상할 수 있다.

2 아는 내용이나 겪은 일과 관련지어 글을 읽는 방법

아는 내용이나 겪은 일과 관련지어 글을 읽는 방법을 떠올려 (　　) 안의 알맞은 말에 ○표 하시오.

(1) (쉬운 내용, 더 알고 싶은 내용)을 생각해 본다.
(2) (새롭게 안 내용, 재미없는 내용)이 무엇인지 찾아본다.
(3) 이미 알고 있는 내용이나 겪은 일과 (글의 내용, 상상한 내용)을 비교하며 읽는다.

3 글을 읽고 중심 생각을 찾는 방법

글을 읽고 중심 생각을 찾을 때에 살펴보아야 하는 것을 두 가지 찾아 기호를 쓰시오.

㉮ 글의 제목
㉯ 글의 길이
㉰ 글을 쓴 사람
㉱ 글에 있는 사진

(　　　　　　)

2 중심 생각을 찾아요

어휘·문법

● 정답 및 풀이 4쪽

어휘

1. 핵심 개념 어휘: 중심, 생각

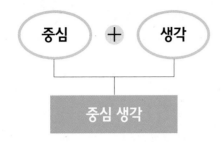

中 가운데 중
心 마음 심
뜻 사물이나 행동에서 매우 중요하고 기본이 되는 부분.

뜻 사물을 헤아리고 판단하는 작용.

중심 + 생각

중심 생각

➡ 글쓴이가 글 전체에서 말하고자 하는 생각을 '중심 생각'이라고 합니다.

2. 작품 속 어휘

낱말	뜻	예시
고정되다	한곳에 꼭 붙어 있거나 붙어 있게 되다.	지진으로 인해 벽에 고정되어 있던 액자가 흔들렸습니다.
겨루다	서로 버티어 승부를 다투다.	상대 선수와 실력을 겨루었습니다.
균형(均衡) 均 고를 균 衡 저울대 형	어느 한쪽으로 기울거나 치우치지 아니하고 고른 상태.	체조를 할 때에는 균형을 유지하는 것이 중요합니다.
끈끈하다	습기가 어느 정도 있어서 산뜻하지 못하다.	그해 여름에는 끈끈하고 불쾌한 더위가 계속되었습니다.
일찍	일정한 시간보다 이르게.	내 짝꿍은 늘 학교에 일찍 와서 청소를 합니다.
고유하다	본래부터 가지고 있어 특유하다.	고유한 글을 가진 민족은 세계에서 얼마 안 됩니다.
유행(流行) 流 흐를 유 行 다닐 행	특정한 행동 양식이나 사상 따위가 일시적으로 많은 사람의 추종을 받아서 널리 퍼짐.	최근에 청소년들 사이에서는 빠른 박자의 노래가 유행처럼 퍼지고 있습니다.

문법 '알려 주어'를 준말로 표현하기

◆ 'ㅜ'와 'ㅓ'를 준말로 표현할 때에는 'ㅝ'라고 쓰는 것이 바른 표기입니다. 따라서 '알려 주어'를 준말로 표현할 때에는 '알려 줘'라고 써야 합니다. 또 다른 예로 '추었다니'를 준말로 표현할 때에는 '췄다니'라고 써야 합니다.

준말

어휘·문법 확인 문제

1 핵심 개념 어휘

다음 낱말의 뜻으로 알맞은 것을 찾아 각각 선으로 이으시오.

(1) 중심 •
(2) 생각 •

• ㉮ 사물을 헤아리고 판단하는 작용.

• ㉯ 사물이나 행동에서 매우 중요하고 기본이 되는 부분.

2 작품 속 어휘

다음 보기 에서 알맞은 낱말을 골라 문장을 완성하시오.

보기
균형, 유행

(1) 요즘 초등학생들 사이에 (   ) 하는 놀이는 딱지치기이다.
(2) 도현이는 철봉 위에 올라갔다가 (   )을/를 잃고 떨어질 뻔하였다.

3 작품 속 어휘

다음 (   ) 안에 들어갈 낱말로 알맞은 것을 찾아 ○표 하시오.

• 우리 팀은 옆 반과 우승을 (겨루게, 고유하게) 되었다.

4 문법

다음 문장의 밑줄 친 낱말을 준말로 쓰시오.

"네가 장기 자랑에서 춤을 추었다니 정말 놀랍다."

(   )

준비 아는 내용이나 겪은 일과 관련지어 글을 이해하면 좋은 점 알기

● 국어 69쪽 / 정답 및 풀이 4쪽

줄넘기

❶ 전통 놀이 가운데에서 지금까지도 잘 보존된 놀이가 줄넘기입니다. 지금도 체육 시간이나 운동 경기로 줄넘기 놀이를 자주 합니다. 언제부터 줄넘기를 했는지는 정확하게 알 수 없습니다. 다만 아주 오래전부터 줄을 사용했고, 전국의 어린이들이 줄넘기를 해 온 것으로 보아 오래된 놀이임을 짐작할 수 있을 뿐입니다. 예전에는 칡 줄기나 새끼줄로 줄넘기를 했다는 기록이 남아 있습니다.

잘 보호되고 간수되어 남겨진
이 글에서 설명하는 놀이
내용 듣기

중심 내용 | 줄넘기는 전통 놀이 가운데에서 지금까지도 잘 보존된 놀이입니다.

❷ 줄넘기에는 혼자 하는 줄넘기, 두 사람이 긴 줄 끝을 잡고 돌리면 다른 사람이 그 줄을 넘는 긴 줄 넘기, 줄 양 끝을 두 사람이 잡고 있으면 다른 사람이 줄을 뛰어넘는 놀이가 있습니다. 『♪ 줄넘기 놀이를 하는 다양한 방법

중심 내용 | 줄넘기에는 혼자 하는 줄넘기, 긴 줄 넘기, 줄 뛰어넘는 놀이가 있습니다.

❸ 고정된 줄을 뛰어넘는 줄넘기는 발목 높이에서 시작해 만세를 하듯 두 팔을 든 높이까지 합니다. 누가 더 높은 줄을 넘을 수 있는지 겨루는 놀이랍니다. 혼자서 줄 넘기를 할 때에는 앞으로 뛰기, 손 엇걸어 뛰기, 이단 뛰기 같은 여러 놀이 방법이 있습니다. 긴 줄 넘기도 다양한 방법으로 할 수 있는데, 노래에 맞추어 놀이를 하는 특징이 있습니다.

중심 내용 | 다양한 방법으로 줄넘기를 할 수 있습니다.

• 글의 종류
  설명하는 글

• 글의 특징
  전통 놀이인 줄넘기의 다양한 놀이 방법에 대해 설명하는 글입니다.

• 글의 구조

```
            줄넘기
  ┌───────────┼───────────┐
혼자 하는 줄넘기   긴 줄 넘기      줄 뛰어 넘기
앞으로 뛰기,    다양한 방법으   발목 높이에서
손 엇걸어 뛰기,  로 할 수 있으며   시작해 만세를
이단 뛰기 등이   노래에 맞추어   하듯 두 팔을 든
있음.          함.           높이까지 함.
```

고정된 한곳에 꼭 붙어 있거나 붙어 있게 된.
겨루는 서로 버티어 승부를 다투는.

---

1 다음 빈칸에 들어갈 알맞은 말을 글에서 찾아 쓰시오.

> 줄넘기는 [   ] 가운데에서 지금까지도 잘 보존된 놀이이다.

(   )

중요 독해

2 줄넘기에 대한 설명으로 알맞지 <u>않은</u> 것은 무엇입니까? (   )

① 혼자서만 할 수 있는 놀이이다.
② 다양한 방법으로 놀이를 할 수 있다.
③ 노래에 맞추어 할 수도 있는 놀이이다.
④ 예전에는 칡 줄기나 새끼줄로 하기도 하였다.
⑤ 체육 시간이나 운동 경기로 자주 하는 놀이이다.

서술형

3 이 글을 읽고 줄넘기에 대해 새롭게 안 내용이 무엇인지 쓰시오.

_____

_____

글의 구조

4 다음 빈칸에 알맞은 말을 넣어 이 글의 내용을 정리하시오.

	혼자 하는 줄넘기	(1)
줄넘기의 종류	긴 줄 넘기	다양한 방법으로 하며, 노래에 맞추어 함.
	(2)	발목 높이에서 시작해 두 팔을 든 높이까지 함.

닭싸움 놀이

❶ 닭싸움 놀이는 한쪽 다리를 들어 올려 두 손으로 잡
고, 다른 다리로 균형을 잡아 깨금발로 뛰면서 상대를
밀어 넘어뜨리는 놀이입니다. 준비물이 필요하지 않고
놀이 방법이 간단해 요즘도 어린이는 물론 ◯㉠ ◯
와/과 어른도 즐기는 놀이입니다.

중심 내용 | 닭싸움 놀이는 한쪽 다리를 들어 올려 두 손으로 잡고, 다른 다
리로 균형을 잡아 깨금발로 뛰면서 상대를 밀어 넘어뜨리는 놀이입니다.

❷ '닭싸움'은 두 사람이 겨루는 모습이 닭이 싸우는 것
과 비슷하다고 해서 지어진 이름입니다. 닭싸움 놀이는
한 발로 서서 하므로 '외발 싸움', '깨금발 싸움'이라고도
부르고, 무릎을 부딪쳐 싸운다고 해서 '무릎 싸움'이라
고도 부릅니다. 닭싸움 놀이는 두 명이 할 수도 있고 여
러 명이 할 수도 있습니다.

중심 내용 | 닭싸움 놀이는 다양한 이름으로 불리며, 두 명이 할 수도 있고
여러 명이 할 수도 있습니다.

• 글의 종류
  설명하는 글

• 글의 특징
  닭싸움 놀이의 놀이 방법과 이름에 대해 설명하는 글입니다.

• 글의 구조

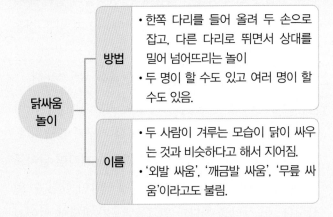

균형   어느 한쪽으로 기울거나 치우치지 아니하고 고른 상태.
깨금발   한 발을 들고 한 발로 섬. 또는 그런 자세.
간단해   단순하고 간략해.

2 단원

중요 독해

5 이 글에서 알 수 있는 닭싸움 놀이에 대한 설명으로
알맞지 않은 것은 무엇입니까? (   )

① 여러 가지 준비물이 필요하다.
② 한쪽 다리로 균형을 잡아 깨금발로 뛴다.
③ 한쪽 다리를 들어 올려 두 손으로 잡는다.
④ 어린이는 물론 청소년과 어른도 즐길 수 있다.
⑤ 들어 올린 다리로 상대를 밀어 넘어뜨리는 놀이
이다.

6 '닭싸움'이라는 이름이 지어진 까닭은 무엇입니까?
(   )

① 무릎을 부딪쳐 겨뤄서
② 손을 사용하지 않고 겨뤄서
③ 겨루는 시간이 너무 짧아서
④ 두 사람이 각자 닭을 데리고 겨루는 경기여서
⑤ 두 사람이 겨루는 모습이 닭이 싸우는 것과 비슷
해서

어휘

7 ㉠에 들어갈 다음 뜻을 가진 낱말을 쓰시오.

청년과 소년을 아울러 이르는 말.

(   )

글의 구조

8 다음 빈칸에 알맞은 말을 넣어 이 글의 내용을 정리
하시오.

닭싸움 놀이

방법	이름
한쪽 다리를 들어 올려 두 손으로 잡고, 다른 다리로 뛰면서 상대를 밀어 (1)( ) 놀이	두 사람이 겨루는 모습이 (2)( )이/가 싸우는 것과 비슷하다고 해서 지어짐.

2. 중심 생각을 찾아요   **27**

안전하게 과학 실험을 해요

⑦ 첫째, 선생님께서 계시지 않을 때에는 과학 실험을 하지 않습니다. 과학실에는 조심히 다루어야 할 실험 기구와 위험한 화학 약품이 많습니다. 선생님의 말씀에 따라 실험 기구나 화학 약품을 다루어야 사고가 나는 것을 예방할 수 있습니다.

중심 내용 | 선생님께서 계시지 않을 때에는 과학 실험을 하지 않습니다.

⑭ 둘째, 과학실에서는 절대 장난을 치면 안 됩니다. 과학실에는 깨지기 쉽거나 위험한 실험 기구가 많습니다. 장난을 치다가 유리로 만든 실험 기구가 깨지면 날카로운 유리 조각이 생겨 이 유리 조각에 사람이 다칠 수 있습니다. 또 장난을 치다가 알코올램프가 바닥에 떨어지면 과학실에 화재가 발생할 수도 있습니다.

중심 내용 | 과학실에서는 절대 장난을 치면 안 됩니다.

⑭ 셋째, ㉠실험할 때 책상에 바짝 다가가지 않습니다. 실험하다가 만약 실험 기구가 넘어지면 깨진 기구의 조각이나 기구 속 화학 약품이 주변에 튈 수 있습니다. 이

때 책상에 바짝 다가가 앉아 있으면 다칠 수가 있습니다. 그러므로 실험을 할 때에는 책상에 너무 바짝 다가가 앉지 않고 실험 기구와 어느 정도 거리를 유지하는 것이 안전합니다.
어떤 상태나 상황을 그대로 보존하거나 변함없이 계속하여 지탱하는.

중심 내용 | 실험할 때 책상에 바짝 다가가지 않습니다.

- **글의 종류**
  설명하는 글

- **글의 특징**
  안전하게 과학 실험을 하기 위해 지켜야 할 안전 수칙을 설명하는 글입니다.

- **글의 구조**

  과학 실험을 할 때 지켜야 할 안전 수칙
  - 선생님께서 계시지 않을 때 과학 실험 하지 않기
  - 과학실에서는 절대 장난을 치지 않기
  - 실험할 때 책상에 바짝 다가가지 않기

화학 자연 과학의 한 분야. 물질의 조성과 구조, 성질 및 변화, 제법, 응용 따위를 연구함.

---

9 이 글을 읽을 때 관련지어 떠올리면 좋을 경험으로 알맞지 않은 것은 무엇입니까? (   )

① 과학 실험을 했던 경험
② 책에서 실험 안전에 대해 읽은 경험
③ 과학 실험 안전사고를 목격했던 경험
④ 친구들과 함께 수학 여행을 갔던 경험
⑤ 실험 안전사고가 나는 동영상을 본 경험

10 ㉠의 까닭으로 알맞은 것을 찾아 ○표 하시오.

(1) 실험을 하다가 책상에 부딪칠 수 있기 때문에
(   )

(2) 여러 명이 함께 실험을 관찰할 수 없기 때문에
(   )

(3) 실험 기구가 넘어지면 깨진 기구의 조각이 튀어 다칠 수 있기 때문에 (   )

서술형

11 이 글을 읽고, 글의 내용과 관련하여 더 알고 싶은 내용을 생각하여 간단히 쓰시오.

_____

_____

글의 구조

12 다음 빈칸에 알맞은 말을 넣어 과학 실험을 할 때 지켜야 할 안전 수칙을 정리하시오.

과학 실험을 할 때 지켜야 할 안전 수칙
• (1)(   )께서 계시지 않을 때에는 과학 실험을 하지 않아야 함.
• 과학실에서는 절대 (2)(   )을/를 치지 않아야 함.
• 실험할 때에는 책상에 바짝 다가가지 않아야 함.

갯벌을 보존해야 하는 까닭

가 첫째, 갯벌은 다양한 생물이 살 수 있는 장소입니다. 갯벌에 물이 들어오기도 하고 빠지기도 하면서 생물이 살기에 　　⊙　　 환경을 만듭니다. 그래서 게, 조개, 갯지렁이, 불가사리, 물고기 같은 여러 가지 생명체가 삽니다.

생명이 있는 물체.

중심 내용 | 갯벌은 다양한 생물이 살 수 있는 장소입니다.

나 둘째, 어민들은 갯벌에서 수산물을 키우고 거두어 돈을 법니다. 어민들은 갯벌에서 조개나 물고기, 낙지 따위를 잡아 팝니다. 또 갯벌은 생물이 살기에 좋은 환경이므로 어민들이 바다 생물들을 직접 키우기도 합니다. 이것을 양식이라고 하는데, 양식은 농민들이 밭이나 논에서 농작물을 키워 파는 것과 비슷합니다.

중심 내용 | 어민들은 갯벌에서 수산물을 키우고 거두어 돈을 법니다.

다 셋째, 갯벌은 육지에서 나오는 오염 물질을 분해해 좋은 환경을 만듭니다. 갯벌은 겉으로는 그냥 진흙탕처럼 보이지만 작은 생물이 갯벌에 많이 살고 있습니다. 이 생물들은 오염 물질 분해가 잘 이루어지게 합니다.

중심 내용 | 갯벌은 육지에서 나오는 오염 물질을 분해해 좋은 환경을 만듭니다.

라 넷째, 갯벌은 기후를 조절하고 홍수를 줄여 주는 역할을 합니다. 갯벌 흙은 물을 많이 흡수해 저장했다가 내보내는 기능을 합니다.

균형이 맞게 바로잡고.

갯벌 안의 흙의 기능

중심 내용 | 갯벌은 기후를 조절하고 홍수를 줄여 주는 역할을 합니다.

- **글의 종류**
  설명하는 글

- **글의 특징**
  갯벌을 보존해야 하는 까닭을 설명하는 글입니다.

- **글의 구조**

갯벌을 보존해야 하는 까닭	다양한 생물이 살 수 있는 장소이기 때문임.
	어민들이 수산물을 키우고 거두어 돈을 버는 곳이기 때문임.
	육지에서 나오는 오염 물질을 분해해 좋은 환경을 만들기 때문임.
	기후를 조절하고 홍수를 줄여 주는 역할을 하기 때문임.

분해해 한 종류의 화합물이 두 가지 이상의 간단한 화합물로 변화해.

중요 독해

13 갯벌에 대한 설명으로 알맞지 <u>않은</u> 것은 무엇입니까? (　　　)

① 기후를 조절한다.
② 홍수를 줄여 준다.
③ 다양한 생물이 살 수 있는 장소이다.
④ 바다 생물들을 키울 수 없는 곳이다.
⑤ 육지에서 나오는 오염 물질을 분해한다.

14 다음 중 문단 **다**의 중심 문장으로 알맞은 것을 찾아 ○표 하시오.

(1) 이 생물들은 오염 물질 분해가 잘 이루어지게 합니다. (　　　)

(2) 갯벌은 육지에서 나오는 오염 물질을 분해해 좋은 환경을 만듭니다. (　　　)

어휘

15 ⊙에 들어갈 낱말로 알맞은 것을 두 가지 찾아 ○표 하시오.

적합한,	알맞은,	부족한

글의 구조

16 다음 빈칸에 알맞은 말을 넣어 갯벌을 보존해야 하는 까닭을 정리하시오.

갯벌을 보존해야 하는 까닭

- 다양한 (1)(　　　)이/가 살 수 있는 장소이기 때문임.
- (2)(　　　)들이 돈을 벌 수 있는 곳이기 때문임.
- 오염 물질을 분해해 좋은 환경을 만들기 때문임.
- (3)(　　　)을/를 조절하고 홍수를 줄여 주는 역할을 하기 때문임.

날씨를 나타내는 토박이말

❶ 계절별로 날씨와 관련이 있는 토박이말을 알아보자. 토박이말은 우리말에 본디부터 있던 말이나 그것에 더해 새로 만들어진 말이다. 다른 말로 순우리말, 고유어라고도 한다. 옛날부터 우리 할아버지, 할머니께서 만들어 써 오신 말이 토박이말이다. 이 가운데에는 봄, 여름, 가을, 겨울의 날씨를 나타내는 말도 많은데 어떤 말들이 있는지 알아보자.

중심 내용 | 계절별로 날씨와 관련이 있는 토박이말을 알아보겠습니다.

❷ 봄 날씨를 나타내는 토박이말에는 '꽃샘추위', '꽃샘바람', '소소리바람' 같은 말이 있다. 이른 봄, 꽃이 필 무렵에 찾아오는 추위를 '꽃샘추위'라고 한다. 여기서 '샘'은 시기, 질투라는 뜻이다. 그래서 '꽃샘추위'는 꽃이 피는 것을 시샘하듯 몰아닥친 추위라는 뜻이 된다. 꽃샘추위 때 부는 바람은 '꽃샘바람'인데, 이보다 차고 매서운 바람은 '소소리바람'이다. 이 바람은 이른 봄에 살 속으로 스며드는 듯한 차고 매서운 바람을 일컫는다.

중심 내용 | 봄 날씨를 나타내는 토박이말에는 '꽃샘추위', '꽃샘바람', '소소리바람' 같은 말이 있습니다.

❸ 여름 날씨를 나타내는 토박이말에는 '마른장마', '무더위', '불볕더위' 같은 말이 있다. 여름이면 어김없이 장마와 더위가 찾아온다. 장마 때에는 비가 많이 오는데, 장마인데도 비가 오지 않거나 적게 오면 '마른장마'라고 한다. 더위는 크게 '무더위'와 '불볕더위'로 나눌 수 있다. '무더위'는 '물+더위'로 물기를 잔뜩 머금은 ⑦ 더위를 뜻하고, '불볕더위'는 '불볕+더위'로 볕이 불덩이처럼 뜨거운 더위를 뜻한다. 장마철에 비가 오거나 날씨가 흐리면서 끈끈하게 더울 때에는 '무더위'라는 말이 어울리고, 장마가 지난 한여름에 물기도 없이 뜨거운 햇볕이 쨍쨍 내리쬘 때에는 '불볕더위'라는 말이 어울린다.

중심 내용 | 여름 날씨를 나타내는 토박이말에는 '마른장마', '무더위', '불볕더위' 같은 말이 있습니다.

본디   사물이 전하여 내려온 그 처음.
시샘하듯   자기보다 잘되거나 나은 사람을 공연히 미워하고 싫어하듯.
몰아닥친   한꺼번에 세게 들이닥친.
㉠ 추위가 느닷없이 한반도를 몰아닥쳤습니다.
매서운   정도가 매우 심한.
㉠ 초겨울인데도 한겨울같이 바람이 매섭습니다.
어김없이   어기는 일이 없이.

---

17 다음 계절과 관련 있는 낱말을 보기 에서 찾아 각각 쓰시오.

> **보기**
> 꽃샘추위, 마른장마, 소소리바람, 무더위

봄	(1)
여름	(2)

서술형

18 문단 ❷과 ❸의 중심 문장을 찾아 각각 쓰시오.

문단 ❷	(1)
문단 ❸	(2)

어휘

19 ⑦에 들어갈 다음과 같은 뜻을 가진 낱말로 알맞은 것에 ○표 하시오.

> 습기가 어느 정도 있어서 산뜻하지 못한.

(푹신한, 끈끈한, 메마른)

20 다음 여름 날씨를 나타내는 토박이말은 어떤 낱말로 나눌 수 있는지 쓰시오.

(1) 무더위 = [ ] + [ ]

(2) 불볕더위 = [ ] + [ ]

날씨를 나타내는 토박이말

➍ 가을 날씨를 나타내는 토박이말에는 '건들바람', '건들장마', '무서리', '올서리', '된서리' 같은 말이 있다. 여름이 지나고 가을이 되면 서늘한 바람이 불고 늦가을이 되면 서리가 내린다. _{물체의 온도나 기온이 꽤 찬 느낌이 있는.} 이른 가을날, 가볍고 부드럽게 건들건들 부는 서늘한 바람을 '건들바람'이라고 한다. 이 무렵, 비가 쏟아져 내리다가 번쩍 개고 또 오다가 개는 장마를 '건들장마'라고 한다. 늦가을, 수증기가 땅이나 물체 표면에 얼어붙은 것을 '서리'라고 한다. 처음 생기는 묽은 서리를 '무서리'라고 하는데, '물+서리'로 무더위와 같은 짜임이다. 다른 해보다 ㉮일찍 생기는 서리를 '올서리'라고 하고, 늦가을에 아주 되게 생기는 서리를 '된서리'라고 한다.

중심 내용 | 가을 날씨를 나타내는 토박이말에는 '건들바람', '건들장마', '무서리', '올서리', '된서리' 같은 말이 있습니다.

➎ ㉠겨울 날씨를 나타내는 토박이말에는 '가랑눈', '진눈깨비', '함박눈', '도둑눈' 같은 말이 있다. ㉡겨울에는 눈이 와야 겨울답다고 한다. 같은 눈이라도 눈의 생김새나 크기에 따라 그 이름이 다르다. ㉢'가랑눈'은 조금씩 잘게 부서져서 내리는 눈을 말한다. ㉣가늘게 가루처럼

내리는 비를 '가랑비'라고 하는 것과 같다. 비가 섞여 내리는 눈은 '진눈깨비', 굵고 탐스럽게 내리는 눈은 '함박눈', 밤에 사람들이 모르게 내린 눈은 '도둑눈'이라고 한다.

중심 내용 | 겨울 날씨를 나타내는 토박이말에는 '가랑눈', '진눈깨비', '함박눈', '도둑눈' 같은 말이 있습니다.

- **글의 종류**
  설명하는 글

- **글의 특징**
  계절별로 날씨와 관련이 있는 다양한 토박이말을 설명하는 글입니다.

- **글의 구조**

	날씨를 나타내는 토박이말		
봄	**여름**	**가을**	**겨울**
・꽃샘추위 ・꽃샘바람 ・소소리바람	・마른장마 ・무더위 ・불볕더위	・건들바람 ・건들장마 ・무서리 ・올서리 ・된서리	・가랑눈 ・진눈깨비 ・함박눈 ・도둑눈

일찍 일정한 시간보다 이르게.

---

21 다음 중 날씨를 나타내는 토박이말에 대한 설명으로 알맞지 <u>않은</u> 것은 무엇입니까? (　　　)

① 비가 섞여 내리는 눈은 '진눈깨비'이다.
② 처음 생기는 묽은 서리는 '올서리'이다.
③ 밤에 사람들이 모르게 내린 눈은 '도둑눈'이다.
④ 늦가을에 아주 되게 생기는 서리는 '된서리'이다.
⑤ 조금씩 잘게 부서져서 내리는 눈은 '가랑눈'이다.

[어휘]

22 다음 중 ㉮와 뜻이 통하는 낱말을 모두 고르시오.
(　　　)

① 진작　　　　② 일찍이
③ 느직이　　　④ 느지막이
⑤ 일찌감치

23 ㉠~㉣ 중 문단 ➎의 중심 문장으로 알맞은 것을 찾아 기호를 쓰시오.

(　　　　　　　)

[글의 구조]

24 다음 빈칸에 계절별 날씨를 나타내는 토박이말을 각각 한 가지 이상 넣어 이 글의 내용을 정리하시오.

날씨를 나타내는 토박이말	봄	(1)
	여름	(2)
	가을	(3)
	겨울	(4)

옷차림이 바뀌었어요

❶ 옛날과 오늘날 사람들의 옷차림에는 차이가 많이 있다. 사람들은 옛날에 우리나라 고유한 옷인 한복을 입었다. 오늘날에는 서양 사람들이 입던 차림의 옷인 양복을 주로 입는다. 그리고 명절이나 결혼식 같이 특별한 행사가 있을 때에만 한복을 입는 경우가 많다. 지금부터 사람들이 입는 옷차림이 옛날과 오늘날에 어떻게 다른지 신분과 성별, 옷감 종류에 따라 나누어 알아보자.

중심 내용 | 사람들이 입는 옷차림이 옛날과 오늘날에 어떻게 다른지 신분과 성별, 옷감 종류에 따라 나누어 알아보겠습니다.

❷ 먼저, 옛날에는 신분에 따라 옷차림이 달랐지만 오늘날에는 직업이나 유행에 따라 다른 경우가 많다. 옛날에는 양반과 평민의 신분에 따라 옷차림이 달랐다. 양반 가운데에서 남자는 소매가 넓은 저고리와 폭이 큰 바지

를 입었고, 여자는 폭이 넓고 긴 치마를 입었다. 평민 가운데에서 남자는 비교적 폭이 좁은 저고리와 바지를 입었고, 여자는 폭이 좁은 치마를 입었다. 그리고 평민이 입는 치마 길이는 양반보다 짧은 편이었다. 하지만 오늘날에는 직업이나 유행에 따라 옷을 입는 경우가 많다.
오늘날 옷차림의 특징 ①
또 사람들이 입는 옷 종류도 옛날보다 더 다양해졌다.
오늘날 옷차림의 특징 ②
중심 내용 | 옛날에는 신분에 따라 옷차림이 달랐지만 오늘날에는 직업이나 유행에 따라 다른 경우가 많습니다.

고유한 본래부터 가지고 있어 특유한.
예 한복은 우리나라의 고유한 전통문화입니다.
신분 개인의 사회적인 위치나 계급.
예 조선 시대에는 신분의 구별이 엄격하였습니다.
유행 특정한 행동 양식이나 사상 따위가 일시적으로 많은 사람의 추종을 받아서 널리 퍼짐. 또는 그런 사회적 동조 현상이나 경향.
예 올해에는 짧은 머리가 유행하고 있습니다.
비교적 다른 것과 견주어서 판단하는.

---

25 글 ❶에서는 옛날과 오늘날 사람들이 주로 어떤 옷을 입는다고 하였는지 각각 쓰시오.

옛날	(1)
오늘날	(2)

26 문단 ❷의 중심 문장으로 알맞은 것을 찾아 ○표 하시오.

(1) 옛날에는 양반과 평민의 신분에 따라 옷차림이 달랐다. ( )

(2) 오늘날에는 직업이나 유행에 따라 옷을 입는 경우가 많다. ( )

(3) 옛날에는 신분에 따라 옷차림이 달랐지만 오늘날에는 직업이나 유행에 따라 다른 경우가 많다. ( )

중요 독해

27 옛날 양반과 평민의 옷차림에 대한 설명으로 알맞지 않은 것은 무엇입니까? ( )

① 양반 남자는 폭이 큰 바지를 입었다.
② 양반 여자는 폭이 넓은 치마를 입었다.
③ 양반 남자는 소매가 넓은 저고리를 입었다.
④ 평민 남자는 비교적 폭이 좁은 바지를 입었다.
⑤ 평민 여자는 양반보다 긴 길이의 치마를 입었다.

서술형

28 글쓴이가 제목을 「옷차림이 바뀌었어요」라고 한 까닭이 무엇일지 생각하여 쓰시오.

_____

_____

옷차림이 바뀌었어요

❸ 다음으로, 옛날에는 사람들이 성별에 따라 다른 옷을 입었지만 오늘날에는 자신이 좋아하는 옷을 입는다. 옛날에 남자는 아래에 바지를 입고 위에는 저고리와 조끼, 마고자를 입었다. 그리고 ㉠춥거나 나들이를 갈 때
_{저고리 위에 덧입는 웃옷.}
에는 겉에 두루마기를 입었다. 여자는 아래에 속바지와
_{우리나라 고유의 옷옷. 주로 외출할 때 입음.}
치마를 입고 위에는 저고리를 입었다. 여자도 두루마기를 입지만 남자가 입는 두루마기와 모양이 달랐다. 오늘날에는 남자와 여자의 옷차림을 엄격하게 구분하지 않
_{오늘날 옷차림의 특징 ③}
는다. 대신 각자 좋아하는 옷을 입기 때문에 옷차림이 사람에 따라 다르다.

중심 내용 | 옛날에는 사람들이 성별에 따라 다른 옷을 입었지만 오늘날에는 자신이 좋아하는 옷을 입습니다.

❹ 마지막으로, 옛날에는 자연에서 얻은 실로 짠 옷감으로 옷을 만들었지만 오늘날에는 합성 섬유로 옷을 만드는 경우가 많다. 우리 조상은 식물이나 누에고치에서 실을 뽑아 옷감을 얻었다. 식물에서 뽑은 실로 짠 옷감
_{목화솜에서 뽑은 무명실로 짠 옷감.}
으로는 삼베·모시·무명 따위가 있고, 누에고치에서 뽑
_{모시풀 껍질의 섬유로 짠 옷감.}
은 실로 짠 옷감으로는 비단이 있다. 오늘날에는 옛날처

럼 자연에서 얻은 실로 옷감을 짜기도 하지만 공장에서
_{오늘날 옷차림의 특징 ④}
만든 합성 섬유에서 옷감을 더 많이 얻는다.

중심 내용 | 옛날에는 자연에서 얻은 실로 짠 옷감으로 옷을 만들었지만 오늘날에는 합성 섬유로 옷을 만드는 경우가 많습니다.

• **글의 종류**
설명하는 글

• **글의 특징**
옛날과 오늘날 사람들의 옷차림이 어떻게 바뀌었는지에 대해 설명하는 글입니다.

• **글의 구조**

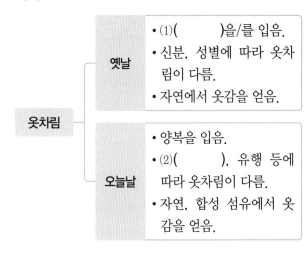

옛날		오늘날
• 한복을 입음. • 신분, 성별에 따라 옷차림이 다름. • 자연에서 옷감을 얻음.	옷차림	• 양복을 입음. • 직업, 유행 등에 따라 옷차림이 다름. • 자연, 합성 섬유에서 옷감을 얻음.

삼베 삼이라는 식물의 껍질에서 뽑아낸 실로 만들어 짠 옷감.
비단 누에고치에서 뽑아낸 명주실로 짠 광택이 나는 옷감을 통틀어 이르는 말. 가볍고 빛깔이 좋고 촉감이 부드러움.

---

29 다음에서 설명하는 한복은 무엇입니까? (   )

> 옛날에 남녀 모두 입었으나 모양이 달랐다.

① 비녀   ② 치마
③ 속바지   ④ 꽃신
⑤ 두루마기

중요 독해

30 다음 중 옛날 옷차림에 대한 설명으로 알맞은 것을 모두 고르시오. (   )

① 합성 섬유로도 옷을 만들었다.
② 성별에 따라 다른 옷을 입었다.
③ 자연에서 얻은 실로 옷을 만들었다.
④ 삼베나 모시 등으로 옷을 만들었다.
⑤ 자신이 좋아하는 옷을 자유롭게 입었다.

어휘

31 ㉠과 뜻이 비슷한 말을 찾아 ○표 하시오.

(1) 따스하거나   (   )
(2) 쌀쌀하거나   (   )

글의 구조

32 다음 빈칸에 알맞은 말을 넣어 이 글의 내용을 정리하시오.

옷차림	옛날	• (1)( )을/를 입음. • 신분, 성별에 따라 옷차림이 다름. • 자연에서 옷감을 얻음.
	오늘날	• 양복을 입음. • (2)( ), 유행 등에 따라 옷차림이 다름. • 자연, 합성 섬유에서 옷감을 얻음.

[1~2] 다음 글을 읽고, 물음에 답하시오.

⑦ 닭싸움 놀이는 한쪽 다리를 들어 올려 두 손으로 잡고, 다른 다리로 균형을 잡아 깨금발로 뛰면서 상대를 밀어 넘어뜨리는 놀이입니다. 준비물이 필요하지 않고 놀이 방법이 간단해 요즘도 어린이는 물론 청소년과 어른도 즐기는 놀이입니다.

⑭ '닭싸움'은 두 사람이 겨루는 모습이 닭이 싸우는 것과 비슷하다고 해서 지어진 이름입니다. 닭싸움 놀이는 한 발로 서서 하므로 '외발 싸움', '깨금발 싸움'이라고도 부르고, 무릎을 부딪쳐 싸운다고 해서 '무릎 싸움'이라고도 부릅니다. 닭싸움 놀이는 두 명이 할 수도 있고 여러 명이 할 수도 있습니다.

1 닭싸움 놀이의 다른 이름으로 알맞은 것을 모두 고르시오. (   )

① 균형 싸움
② 외발 싸움
③ 무릎 싸움
④ 깨금발 싸움
⑤ 한쪽 다리 싸움

2 이 글을 읽고 자신이 아는 내용이나 겪은 일과 관련지어 알맞게 말하지 <u>못한</u> 친구의 이름을 쓰시오.

> 정은: 텔레비전에서 어른들이 닭싸움 놀이를 하는 것을 보았어.
> 우람: 점심시간에 운동장에서 친구들과 함께 닭싸움 놀이를 해 본 적이 있어.
> 소은: 시골에 갔을 때에 돼지들이 서로 먹이를 먹겠다며 싸우는 모습을 본 적이 있어.

(   )

[3~6] 다음 글을 읽고, 물음에 답하시오.

⑦ 어린이들은 과학 실험을 하면서 호기심이 생기고 평소에 품었던 궁금증을 해결합니다. 또 실험을 하면서 탐구 능력을 키우기도 합니다. 과학 실험을 하면 이와 같은 좋은 점이 있지만 안전사고가 발생하는 경우도 있습니다. 그러므로 안전하게 과학 실험을 하려면 과학 실험 안전 수칙을 확인하고 실천해 안전사고의 위험을 줄여야겠습니다. 지금부터 과학 실험 안전 수칙을 알아보겠습니다.

⑭ 첫째, 선생님께서 계시지 않을 때에는 과학 실험을 하지 않습니다. 과학실에는 조심히 다루어야 할 실험 기구와 위험한 화학 약품이 많습니다.

⑮ 둘째, 과학실에서는 절대 장난을 치면 안 됩니다. 과학실에는 깨지기 쉽거나 위험한 실험 기구가 많습니다.

⑯ 셋째, 실험할 때 책상에 바짝 다가가지 않습니다. 실험하다가 만약 실험 기구가 넘어지면 깨진 기구의 조각이나 기구 속 화학 약품이 주변에 튈 수 있습니다.

3 과학 실험을 할 때에 무엇을 확인하고 실천해야 한다고 하였는지 글에서 찾아 쓰시오.

(   )

4 문제 **3**번에서 답한 것을 지켜야 하는 까닭으로 알맞지 <u>않은</u> 것은 무엇입니까? (   )

① 다치지 않고 실험을 하기 위해서
② 안전하게 과학 실험을 하기 위해서
③ 과학실에는 위험한 화학 약품이 많아서
④ 과학 실험은 다른 사람과 같이 할 수 없어서
⑤ 과학실에는 조심히 다루어야 할 실험 기구가 많아서

5 다음 빈칸에 들어갈 알맞은 말을 쓰시오.

> □□□께서 계시지 않을 때에는 과학 실험을 하지 않아야 한다.

(   )

6 이 글을 읽고 친구들이 아는 내용이나 겪은 일을 어떻게 관련지었는지 보기 에서 찾아 기호를 쓰시오.

> 보기
> ㉮ 알고 있는 내용과 비교하며 읽는다.
> ㉯ 새롭게 안 내용을 생각하며 읽는다.

(1) 과학 실험 안전 수칙이 많다는 것을 알게 되었어.

(2) 실험할 때 책상에 바짝 다가가면 안 된다는 것을 배운 적이 있어.

(   ) (   )

[7~8] 다음 글을 읽고, 물음에 답하시오.

㉮ 과일나무는 아주 오랜 옛날부터 산이나 들에서 저절로 자랐어요. 지금 우리가 먹는 과일은 옛날보다 맛도 좋고, 크기도 훨씬 크답니다. 요즘은 제철 구분 없이 다양한 과일이 나와요. 하지만 제철에 나는 과일이 맛도 좋고 영양도 많아요.

㉯ 사과는 우리나라에서 아주 많이 기르는 과일이에요. 우리나라 날씨는 사과가 자라기에 알맞기 때문이에요. 사과나무에 사과가 열려서 자라기 시작하면 종이봉투를 씌워 두기도 해요. 이렇게 하면 벌레도 막을 수 있고, 사과 맛도 좋아져요. 사과를 많이 먹으면 살갗도 부드러워지고 잇몸도 튼튼해진답니다.

㉰ 복숭아는 단물이 많고 맛이 좋아요. 그런데 쉽게 짓물러서 오래 두고 먹지 못해요. 그래서 설탕을 넣고 졸여서 통조림이나 잼으로 만들어 먹기도 해요. 복숭아씨는 약으로도 쓴답니다. 기침이 많이 나거나 가래가 생겼을 때 복숭아씨를 갈아서 먹어요.

7 다음은 제철 과일의 특징입니다. 빈칸에 들어갈 알맞은 말을 쓰시오.

> 제철에 나는 과일이 (1) [   ] 도 좋고 (2) [   ] 도 많다.

---

8 다음에 나타난 예지가 이 글을 읽은 방법으로 알맞은 것을 두 가지 찾아 ○표 하시오.

> 예지: 복숭아는 설탕을 넣고 졸여서 잼으로 만들기도 한다는 것을 알게 되었어. 잼을 어떻게 만드는 것인지 자세한 방법을 더 알고 싶어.

(1) 재미있는 내용을 생각하며 읽는다. (   )

(2) 새롭게 안 내용을 생각하며 읽는다. (   )

(3) 더 알고 싶은 내용을 생각하며 읽는다. (   )

2단원

문법

9 다음 문장을 읽고, (   ) 안에 들어갈 알맞은 말을 골라 쓰시오.

(1) 숙제 끝나면 내게 알려 (조, 줘).

(   )

(2) 도서관에서는 목소리를 (낮춰, 낮춰) 말해야 한다.

(   )

(3) 언니는 중학교에 들어가게 되어 교복을 (맞췄다, 맞혔다).

(   )

문법

10 다음 문장에서 밑줄 친 낱말을 준말로 쓰시오.

(1) 닭을 닭장에 <u>가두었다</u>.

(   )

(2) 동생과 간식을 <u>나누어</u> 먹었다.

(   )

(3) 그는 외국인에게 친절하게 길을 <u>가르쳐</u> 주었다.

(   )

[1~3] 다음 글을 읽고, 물음에 답하시오.

줄넘기에는 혼자 하는 줄넘기, 두 사람이 긴 줄 끝을 잡고 돌리면 다른 사람이 그 줄을 넘는 긴 줄 넘기, 줄 양 끝을 두 사람이 잡고 있으면 다른 사람이 줄을 뛰어넘는 놀이가 있습니다.

고정된 줄을 뛰어넘는 줄넘기는 발목 높이에서 시작해 만세를 하듯 두 팔을 든 높이까지 합니다. 누가 더 높은 줄을 넘을 수 있는지 겨루는 놀이랍니다. 혼자서 줄넘기를 할 때에는 앞으로 뛰기, 손 엇걸어 뛰기, 이단 뛰기 같은 여러 놀이 방법이 있습니다. 긴 줄 넘기도 다양한 방법으로 할 수 있는데, 노래에 맞추어 놀이를 하는 특징이 있습니다.

1 이 글에서 알 수 있는 혼자 하는 줄넘기 방법으로 알맞은 것을 모두 고르시오. (   )

① 이단 뛰기
② 앞으로 뛰기
③ 줄 없이 뛰기
④ 손 엇걸어 뛰기
⑤ 높은 곳에서 뛰기

2 이 글의 내용을 아는 내용이나 겪은 일과 관련지어 알맞게 말한 친구의 이름을 쓰시오.

학원에 다녀야 해서 친구들과 이야기할 시간이 부족해.
윤찬

설날에 우리 가족은 놀이공원에 가서 신나게 놀았어.
하준

지난 주말에 가족과 함께 공원에서 줄넘기를 하였어.
서연

(   )

3 아는 내용이나 겪은 일과 관련지어 글을 읽으면 좋은 점을 생각하여 한 가지만 쓰시오.

_____

_____

[4~6] 다음 글을 읽고, 물음에 답하시오.

㉮ 첫째, 선생님께서 계시지 않을 때에는 과학 실험을 하지 않습니다. 과학실에는 조심히 다루어야 할 실험 기구와 위험한 화학 약품이 많습니다. 선생님의 말씀에 따라 실험 기구나 화학 약품을 다루어야 사고가 나는 것을 예방할 수 있습니다.

㉯ 둘째, 과학실에서는 절대 장난을 치면 안 됩니다. 과학실에는 깨지기 쉽거나 위험한 실험 기구가 많습니다. 장난을 치다가 유리로 만든 실험 기구가 깨지면 날카로운 유리 조각이 생겨 이 유리 조각에 사람이 다칠 수 있습니다. 또 장난을 치다가 알코올램프가 바닥에 떨어지면 과학실에 화재가 발생할 수도 있습니다.

㉰ 셋째, 실험할 때 책상에 바짝 다가가지 않습니다. 실험하다가 만약 실험 기구가 넘어지면 깨진 기구의 조각이나 기구 속 화학 약품이 주변에 튈 수 있습니다. 이때 책상에 바짝 다가가 앉아 있으면 다칠 수가 있습니다.

4 다음은 이 글에 나타난 '과학 실험 안전 수칙'의 내용을 정리한 표입니다. 빈칸에 들어갈 알맞은 말을 쓰시오.

첫째	(1) _____ 께서 계시지 않을 때에는 과학 실험을 하지 않습니다.
둘째	과학실에서는 절대 (2) _____ 을/를 치면 안 됩니다.
셋째	실험할 때 (3) _____ 에 바짝 다가가지 않습니다.

5 이 글의 제목으로 알맞은 것을 찾아 기호를 쓰시오.

> ㉮ 안전하게 과학 실험을 해요
> ㉯ 과학 실험은 부모님과 함께
> ㉰ 과학 실험을 쉽게 하는 방법

( )

6 이 글을 읽고 자신이 아는 내용이나 겪은 일과 관련지어 말한 것 중 알맞지 <u>않은</u> 것은 무엇입니까?

( )

① "실험 안전사고가 나는 동영상을 본 적이 있어."
② "선생님께서 계시지 않을 때 과학 실험을 하다가 다친 적이 있어."
③ "과학실에서 장난을 치다가 유리로 만든 실험 기구를 깬 적이 있어."
④ "실험을 할 때에는 바른 자세로 책상에 바짝 다가가야 한다는 것을 알게 되었어."
⑤ "과학 실험 중에 장난을 치다가 알코올램프가 바닥에 떨어지면서 화재가 난 것을 본 적이 있어."

7 다음 글을 읽고 더 알고 싶은 내용을 알맞게 말한 것을 찾아 ○표 하시오.

> 포도는 사람들이 아주 오래전부터 길러 온 과일이에요. 포도는 처음에는 푸르다가 검게 익어요. 포도를 따서 으깨면 즙이 나오는데 이 즙을 오래 두면 술이 되지요. 또 잼이나 젤리를 만들거나, 말려서 건포도를 만들기도 해요

(1) 포도를 으깨서 나오는 즙을 오래 두면 술이 된다는 것을 알았어. ( )

(2) 포도로 만들 수 있는 다른 음식에는 어떤 것이 있는지 알고 싶어. ( )

[8~10] 다음 글을 읽고, 물음에 답하시오.

> 갯벌에 가 본 적이 있나요? 갯벌에서 무엇을 보았나요? ㉠바닷물이 빠져나가는 썰물 때에 육지로 드러나는 바닷가의 편평한 곳을 갯벌이라고 불러요. 바닷물이 육지로 밀려오는 밀물 때 갯벌은 바닷물로 덮여 있어 보이지 않지만 자연과 사람에게 여러 가지 도움을 줍니다.
>
> 첫째, 갯벌은 다양한 생물이 살 수 있는 장소입니다. 갯벌에 물이 들어오기도 하고 빠지기도 하면서 생물이 살기에 적합한 환경을 만듭니다. 그래서 게, 조개, 갯지렁이, 불가사리, 물고기 같은 여러 가지 생명체가 삽니다. 또한 갯벌은 철새들이 휴식하거나 번식하려고 이동하는 중간에 머물며 살기도 하는 장소입니다.
>
> 둘째, 어민들은 갯벌에서 수산물을 키우고 거두어 돈을 법니다. 어민들은 갯벌에서 조개나 물고기, 낙지 따위를 잡아 팝니다.

8 ㉠을 무엇이라고 부르는지 두 글자로 쓰시오.

( )

서술형

9 이 글을 읽고, 이미 알고 있는 내용이나 새롭게 안 내용을 떠올려 한 가지만 쓰시오.

_____

_____

10 다음은 이 글의 제목입니다. 이 글의 내용과 제목을 보고 알 수 있는 글쓴이의 생각을 찾아 기호를 쓰시오.

> 갯벌을 보존해야 하는 까닭

> ㉮ 갯벌을 잘 보존하면 어떤 좋은 점이 있는지 알려 주고 싶다.
> ㉯ 갯벌을 개발해서 관광지로 만들면 좋은 점을 알려 주고 싶다.

( )

[11~13] 다음 글을 읽고, 물음에 답하시오.

가 셋째, ㉠갯벌은 육지에서 나오는 오염 물질을 분해해 좋은 환경을 만듭니다. 갯벌은 겉으로는 그냥 진흙탕처럼 보이지만 작은 생물이 갯벌에 많이 살고 있습니다. ㉡이 생물들은 오염 물질 분해가 잘 이루어지게 합니다.

나 넷째, ㉢갯벌은 기후를 조절하고 홍수를 줄여 주는 역할을 합니다. ㉣갯벌 흙은 물을 많이 흡수해 저장했다가 내보내는 기능을 합니다. 그러므로 갯벌은 비가 많이 오면 빗물을 저장해 갑작스러운 홍수를 막아 줍니다.

다 ㉤갯벌의 환경은 특별하고 다양합니다. 갯벌과 그 속에 사는 여러 생물은 자연과 사람을 위해 좋은 역할을 많이 합니다. 그러므로 갯벌은 쓸모없는 땅이 아니라 우리와 함께 살아가는 소중한 장소입니다. ㉥소중한 갯벌을 잘 보존해야겠습니다.

11 문단 **가**에서 갯벌은 무엇을 분해해 좋은 환경을 만든다고 하였습니까? (   )

① 흙
② 물
③ 진흙탕
④ 작은 생물
⑤ 오염 물질

12 ㉠~㉥ 중 각 문단의 중심 문장을 찾아 각각 기호를 쓰시오.

문단 **가**	(1)
문단 **나**	(2)
문단 **다**	(3)

서술형

13 이 글의 중심 생각이 무엇인지 정리해 한 문장으로 쓰시오.

_____

[14~15] 다음 글을 읽고, 물음에 답하시오.

겨울 날씨를 나타내는 토박이말에는 '가랑눈', '진눈깨비', '함박눈', '도둑눈' 같은 말이 있다. 겨울에는 눈이 와야 겨울답다고 한다. ㉠같은 눈이라도 눈의 생김새나 크기에 따라 그 이름이 다르다. '가랑눈'은 조금씩 잘게 부서져서 내리는 눈을 말한다. 가늘게 가루처럼 내리는 비를 '가랑비'라고 하는 것과 같다. 비가 섞여 내리는 눈은 '진눈깨비', 굵고 탐스럽게 내리는 눈은 '함박눈', 밤에 사람들이 모르게 내린 눈은 '도둑눈'이라고 한다. 도둑눈은 사람들 몰래 왔다는 뜻을 담은 말이다.

이처럼 계절에 따라 ㉡알고 쓰면 좋은 토박이말이 많다. 우리가 우리말의 말뜻을 배우고 익혀 제대로 쓰는 일에 더욱 힘을 쏟을 때, 더 아름답고 넉넉한 우리말과 우리글을 쓸 수 있게 될 것이다.

14 ㉠, ㉡과 뜻이 서로 반대되는 낱말을 보기 에서 찾아 각각 쓰시오.

보기

| 다른, | 낮은, | 비슷한 |
| 배우고, | 모르고, | 어렵고 |

(1) ㉠: (   )
(2) ㉡: (   )

15 이 글의 중심 생각으로 알맞은 것을 두 가지 고르시오. (   )

① 날씨를 나타내는 외래어를 찾아보자.
② 날씨를 나타내는 토박이말은 익히기 어렵다.
③ 우리말을 다른 나라 사람들에게도 알려 주자.
④ 날씨를 나타내는 토박이말이 많이 있으니 알고 자주 사용하자.
⑤ 우리말과 우리글을 사랑하는 마음으로 날씨를 나타내는 토박이말을 많이 사용하자.

2. 중심 생각을 찾아요

● 정답 및 풀이 8쪽

2 단원

평가 주제	글을 읽고 중심 생각을 말하기
평가 목표	글을 읽고 글에 나타난 중심 생각을 말할 수 있다.

갯벌을 보존해야 하는 까닭

㉮ 갯벌에 가 본 적이 있나요? 갯벌에서 무엇을 보았나요? 바닷물이 빠져나가는 썰물 때에 육지로 드러나는 바닷가의 편평한 곳을 갯벌이라고 불러요. 바닷물이 육지로 밀려오는 밀물 때 갯벌은 바닷물로 덮여 있어 보이지 않지만 자연과 사람에게 여러 가지 도움을 줍니다.

㉯ 갯벌은 다양한 생물이 살 수 있는 장소입니다. 갯벌에 물이 들어오기도 하고 빠지기도 하면서 생물이 살기에 적합한 환경을 만듭니다. 그래서 게, 조개, 갯지렁이, 불가사리, 물고기 같은 여러 가지 생명체가 삽니다.

㉰ 어민들은 갯벌에서 수산물을 키우고 거두어 돈을 법니다. 어민들은 갯벌에서 조개나 물고기, 낙지 따위를 잡아 팝니다. 또 갯벌은 생물이 살기에 좋은 환경이므로 어민들이 바다 생물들을 직접 키우기도 합니다.

㉱ 갯벌의 환경은 특별하고 다양합니다. 갯벌과 그 속에 사는 여러 생물은 자연과 사람을 위해 좋은 역할을 많이 합니다. 그러므로 갯벌은 쓸모없는 땅이 아니라 우리와 함께 살아가는 소중한 장소입니다. 소중한 갯벌을 잘 보존해야겠습니다.

1 이 글의 제목이 무엇인지 찾아 쓰시오.

(   )

2 이 글에 나타난 각 문단의 중심 문장을 찾아 쓰시오.

문단 ㉮	바닷물이 육지로 밀려오는 밀물 때 갯벌은 바닷물로 덮여 있어 보이지 않지만 자연과 사람에게 여러 가지 도움을 줍니다.
문단 ㉯	(1)
문단 ㉰	(2)
문단 ㉱	소중한 갯벌을 잘 보존해야겠습니다.

3 문제 1번과 2번에서 답한 내용을 바탕으로 하여 이 글에 나타난 중심 생각을 쓰시오.

다른 그림을 찾아보세요.

● 정답 및 풀이 8쪽

다른 곳이 15군데 있어요.

3 자신의 경험을 글로 써요

▶ 학습을 완료하면 V표를 하면서 학습 진도를 체크해요.

	학습 내용	백점 쪽수	확인
개념	인상 깊은 경험을 글로 쓰기	42쪽	☐
어휘 + 문법	핵심 개념 어휘: 경험, 인상 작품 속 어휘: 장애물, 그렁그렁, 목장, 본격적, 신바람 문법: 글을 쓸 때 띄어쓰기를 바르게 해야 하는 까닭	43쪽	☐
독해	기억에 남는 일에 대해 이야기 나누기: 「기억에 남는 일을 정리하기」	44쪽	☐
	자신의 경험에서 인상 깊은 일을 글로 쓰는 방법 알기: 「동생이 아파요」	45쪽	☐
	인상 깊은 일로 글 쓰기: 「인상 깊은 일로 글 쓰기」, 「현장 체험학습 가는 날」	46~47쪽	☐
평가	단원 평가 1회, 2회	48~52쪽	☐
	수행 평가	53쪽	☐

3 자신의 경험을 글로 써요

개념 강의

● 정답 및 풀이 8쪽

1 기억에 남는 일에 대해 이야기 나누기

● 자신이 겪은 일을 떠올려 봅니다.

● 떠올린 일 가운데에서 기억에 남는 일을 정합니다.

● 있었던 일을 구체적으로 떠올려 봅니다.┌ 언제, 어디에서, 누구와 어떤 일이
　　　　　　　　　　　　　　　　　　　 있었는지 정리해 봅니다.

● 있었던 일에 대한 자신의 생각이나 느낌, 그렇게 생각한 까닭을 생각해 봅니다.

> 예 기억에 남는 일 정리하기
>
> 친구들과 함께한 운동회
>
> 언제: 5월
>
> 어디에서: 학교 운동장
>
> 있었던 일: 친구들과 공 굴리기, 장애물 달리기와 같은 운동을 했음.
>
> 생각이나 느낌: 친구들과 함께 여러 가지 운동을 해서 즐거웠음.

2 자신의 경험에서 인상 깊은 일을 글로 쓰는 방법

● 겪은 일 가운데에서 어떤 일을 글로 쓸지 정합니다.┌ 평소에 일어나는 일을 자세히 쓰거나 평소와 달리 특별한 일 또는 자신의 생각이나 느낌이 달라진 일을 골라서 정합니다.

● 쓸 내용을 정리합니다.┌ 언제, 어디에서, 누구와 있었던 일인지 정리하고, 무슨 일이 있었는지 자세히 떠올리며, 어떤 마음이 들었는지 생각합니다.

● 글을 씁니다.

● 고쳐쓰기를 합니다.

> 예 서연이가 글로 쓰려고 정한 인상 깊은 일과 그 까닭
>
> | 서연이가 정한 일 | 그 일로 쓰기로 정한 까닭 |
> | --- | --- |
> | 동생이 아팠던 일 | • 동생이 아팠을 때에는 평소와 다른 느낌이 들었기 때문임.
• 동생이 아프니까 잘 못해 준 것이 생각나서 미안한 마음이 들었기 때문임. |

3 띄어쓰기를 바르게 하는 방법

● 낱말과 낱말 사이는 띄어 씁니다.

● '이/가, 을/를, 은/는, 의'와 같은 말은 앞말에 붙여 씁니다.

● 마침표(.)나 쉼표(,) 뒤에 오는 말은 띄어 씁니다.

● 수를 나타내는 말과 단위를 나타내는 말 사이는 띄어 씁니다.

예 띄어쓰기를 바르게 하면 좋은 점

띄어쓰기를 하면 전하고자 하는 뜻을 정확히 전할 수 있구나.

글을 읽는 사람도 편하게 읽을 수 있어.

---

1 기억에 남는 일에 대해 이야기 나누기

다음 중 기억에 남는 일에 대해 이야기 나누는 방법으로 알맞은 것을 모두 찾아 ○표 하시오.

⑴ 자신이 겪은 일을 떠올리기
　　　　　　　　　　　 (　　　)

⑵ 있었던 일을 구체적으로 떠올리기
　　　　　　　　　　　 (　　　)

⑶ 자신이 떠올린 일 가운데에서 기억에 남는 일 정하기 (　　　)

⑷ 일에 대한 생각이나 느낌보다는 있었던 일만 이야기하기 (　　　)

2 자신의 경험에서 인상 깊은 일을 글로 쓰는 방법

인상 깊은 일을 글로 쓰는 방법에 알맞게 순서대로 기호를 쓰시오.

> ㉮ 글을 쓰기
> ㉯ 고쳐쓰기를 하기
> ㉰ 쓸 내용을 정리하기
> ㉱ 겪은 일 가운데에서 어떤 일을 글로 쓸지 정하기

(　　　)→(　　　)→(　　　)→(　　　)

3 띄어쓰기를 바르게 하는 방법

다음 중 띄어쓰기하는 방법을 <u>잘못</u> 말한 친구의 이름을 쓰시오.

> 기준: 낱말과 낱말 사이는 띄어 써야 해.
> 하림: '이/가, 을/를'과 같은 말은 앞말과 띄어 써야 해.
> 예지: 수를 나타내는 말과 단위를 나타내는 말 사이는 띄어 써야 해.

(　　　　　　　　　)

3 자신의 경험을 글로 써요

어휘

1. 핵심 개념 어휘: 경험, 인상

經 경서 경
驗 시험 험
뜻 자신이 실제로 해 보거나 겪어 봄. 또는 거기서 얻은 지식이나 기능.

경험 → 인상

印 도장 인
象 코끼리 상
뜻 어떤 대상에 대하여 마음속에 새겨지는 느낌.

➡ 자신의 경험에서 인상 깊은 일을 정리해서 글로 쓰면 일어난 일을 자세히 표현할 수 있고, 자신이 한 일을 되돌아볼 수 있습니다.

2. 작품 속 어휘

낱말	뜻	예시
장애물	가로막아서 거치적거리게 하는 사물.	동생은 자전거를 타고 가던 중 장애물을 만나서 당황했습니다.
그렁그렁	눈에 눈물이 넘칠 듯이 그득 괸 모양.	넘어져서 아파하는 친구의 눈에 눈물이 그렁그렁했습니다.
목장(牧場) 牧 칠 목 場 마당 장	일정한 시설을 갖추어 소나 말, 양 따위를 놓아기르는 곳.	목장에 소들이 한가롭게 풀을 뜯고 있었습니다.
본격적	어떤 일의 진행 상태가 본래의 목적에 따라 매우 활발한 것.	그 가수는 올해부터 본격적인 활동을 시작했습니다.
신바람	신이 나서 우쭐우쭐하여지는 기운.	동생은 내가 아이스크림을 사 주자 신바람이 나서 춤을 추었습니다.

문법   글을 쓸 때 띄어쓰기를 바르게 해야 하는 까닭

◆ 이 그림에서 준이는 글을 쓸 때 띄어쓰기를 바르게 하지 않았습니다. 그래서 어머니께서는 준이가 전하려던 생각과 전혀 다른 생각을 하셨습니다. 글을 읽을 때 띄어쓰기를 바르게 하면 자신이 전하고자 하는 뜻이 정확히 전달될 수 있고, 글을 읽는 사람이 글을 편하게 읽을 수 있습니다.

어휘·문법 확인 문제

1 핵심 개념 어휘

다음 뜻에 알맞은 낱말에 ○표 하시오.

> 자신이 실제로 해 보거나 겪어 봄. 또는 거기서 얻은 지식이나 기능.

(1) 경험 (   )
(2) 인상 (   )

2 작품 속 어휘

다음 문장의 밑줄 친 말과 비슷한말을 찾아 ○표 하시오.

> 나는 달리는 사람들이 다치지 않게 하려고 길에 놓인 방해물들을 치웠다.

(건축물, 장애물)

3 작품 속 어휘

다음 빈칸에 들어갈 알맞은 말을 보기 에서 찾아 쓰시오.

> 보기
>
> 신바람, 목장

(1) 풀이 무성한 초원의 (   )에서는 가축이 무럭무럭 자란다.
(2) 풍물놀이를 하는 소리가 들리자 사람들은 (   )이 났다.

4 문법

다음 중 띄어쓰기를 바르게 한 문장으로 알맞은 것에 ○표 하시오.

(1) 아버지가∨방에들어가셨어요.
(   )
(2) 아버지가∨방에∨들어가셨어요.
(   )

기억에 남는 일을 정리하기

친구들과 함께한 운동회

㉠
5월

㉡
학교 운동장

㉢
친구들과 공 굴리기, 장애물 달리기와 같은 운동을 했다.

㉣
친구들과 함께 여러 가지 운동을 해서 즐거웠다.

• **특징**
떠올린 경험 가운데에서 기억에 남는 일을 간단히 정리한 것을 통해 기억에 남는 일을 정리할 때 어떤 것을 생각해야 하는지 알 수 있습니다.

• **활동 정리**

친구들과 함께한 운동회	
언제	5월
어디에서	학교 운동장
있었던 일	친구들과 여러 가지 운동을 함.
생각이나 느낌	즐거웠음.

장애물 가로막아서 거치적거리게 하는 사물.

---

1 어떤 일을 기억에 남는 일로 정리한 것입니까?
( )

① 축구하기
② 갯벌 체험
③ 독서 그림 그리기
④ 할머니 안마해 드리기
⑤ 친구들과 함께한 운동회

3 이와 같이 기억에 남는 일을 정리하면 좋은 점으로 알맞은 것을 모두 찾아 기호를 쓰시오.

> ㉮ 자신이 한 일을 되돌아볼 수 있다.
> ㉯ 기억에 남는 일을 자세히 떠올릴 수 있다.
> ㉰ 자신이 하지 않은 일도 상상해 쓸 수 있다.
> ㉱ 기억에 남는 일을 글로 자세히 쓸 수 있다.

( )

2 ㉠~㉣에 들어갈 알맞은 말을 선으로 이으시오.

(1) ㉠ • • ㉮ 있었던 일

(2) ㉡ • • ㉯ 생각이나 느낌

(3) ㉢ • • ㉰ 어디에서

(4) ㉣ • • ㉱ 언제

서술형
4 자신이 최근에 겪은 일 중 가장 기억에 남는 일과 그 까닭을 쓰시오.

(1) 기억에 남는 일: _____

_____

(2) 그 까닭: _____

_____

동생이 아파요

❶ "아이고, 배야."

동생 주혁이가 끙끙 앓는 소리에 잠에서 깼다.

"열이 39도가 넘잖아! 배도 많이 아파하고, 큰일이네."

걱정스럽게 말씀하시는 아빠의 목소리도 들렸다. 나는 눈을 비비고 자리에서 일어났다.

동생 주혁이가 열이 나고 배도 많이 아파했기 때문에

"아빠, 무슨 일이에요?"

나는 주혁이 머리맡에 앉아 계신 아빠 옆으로 다가갔다.

중심 내용 | 동생이 배가 아파서 앓는 소리에 잠에서 깬 '나'는 동생과 아빠의 곁으로 다가갔습니다.

❷ "주혁이가 열이 많이 나는구나. 아무래도 장염에 걸린 것 같다. 이번 가을에만 두 번째네."

아빠께서 걱정스럽게 말씀하셨다. 주혁이는 얼굴을 찡그리며 힘들어했다. 아빠께서 병원에 갈 채비를 하시는 동안 나는 주혁이 옆에 앉아 있었다.

"누나, 나 아파."

주혁이가 눈물이 그렁그렁한 얼굴로 말했다.

"병원 다녀오면 금방 나을 거야."

나는 주혁이의 이마에 차가운 물수건을 얹어 주었다.

㉠마음이 아팠다. 동생이 얼른 나았으면 좋겠다.

중심 내용 | 병원에 가게 된 동생을 보고 '나'는 마음이 아팠고, 동생이 얼른 나았으면 좋겠다고 생각했습니다.

- **글의 종류**
  생활문

- **글의 특징**
  글쓴이가 자신이 겪은 일 중 동생이 아팠던 일을 정리해 쓴 글입니다.

- **글의 구조**

언제		어디에서
지난밤		집
있었던 일	동생이 아팠던 일	생각이나 느낌
동생 주혁이가 아팠음.		아픈 동생이 걱정되었음.

앓는 병에 걸려 고통을 겪는.
채비 준비를 하는 것.

중요 독해

5 동생이 아파하는 것을 본 '나'의 마음이 어떠할지 알맞은 것을 두 가지 고르시오. (   )

① 신난다.
② 지루하다.
③ 안쓰럽다.
④ 자랑스럽다.
⑤ 마음이 아프다.

6 ㉠을 바르게 고쳐 쓰기 위해 알아야 할 띄어쓰기 방법으로 알맞은 것에 ○표 하시오.

(1) 마침표(.)나 쉼표(,) 뒤에 오는 말은 띄어 쓴다.
(   )

(2) '이/가, 을/를, 은/는, 의'와 같은 말은 앞말에 붙여 쓴다.
(   )

어휘

7 다음 뜻을 가진 낱말을 글 ❷에서 찾아 네 글자로 쓰시오.

눈에 눈물이 넘칠 듯이 그득 괸 모양.

(   )

글의 구조

8 다음 빈칸에 알맞은 말을 넣어 글쓴이가 겪은 일을 정리하시오.

동생이 아팠던 일	
(1)	지난밤
어디에서	집
있었던 일	동생 주혁이가 아팠음.
생각이나 느낌	(2)

인상 깊은 일로 글 쓰기

봄에 있었던 일

여름에 있었던 일

가을에 있었던 일

유나

• **특징**
유나가 일 년 동안 경험한 일 가운데 인상 깊은 일로 무엇을 떠올렸는지 살펴보고, 인상 깊은 일을 글로 쓰는 방법을 생각해 볼 수 있습니다.

• **활동 정리**

유나가 경험한 일	
봄	도자기를 만든 일
여름	가족들과 바닷가에 놀러 간 일
가을	나무에서 직접 사과를 따 본 일

---

9 다음 중 유나가 경험한 일을 모두 고르시오.
( )

① 가족들과 산에 오른 일
② 도자기를 직접 만들어 본 일
③ 가족들과 바닷가에 놀러 간 일
④ 나무에서 직접 사과를 따 본 일
⑤ 동물원에서 동물에게 직접 먹이를 준 일

10 유나가 경험한 일 중 한 가지를 골라 글로 쓰려고 합니다. 어떤 순서대로 써야 할지 기호를 쓰시오.

> ㉮ 글을 쓴다.
> ㉯ 고쳐쓰기를 한다.
> ㉰ 쓸 내용을 정리한다.
> ㉱ 어떤 일을 글로 쓸지 정한다.

( ) → ( ) → ( ) → ( )

11 인상 깊은 일을 글로 쓸 때 떠올릴 내용이 <u>아닌</u> 것은 무엇입니까? ( )

① 무슨 일이 있었나?
② 어떤 마음이 들었나?
③ 왜 그런 마음이 들었나?
④ 글을 읽는 사람의 마음이 어떠할까?
⑤ 언제, 어디에서, 누구와 있었던 일인가?

서술형

12 자신이 경험한 일 중 글로 쓰고 싶은 인상 깊은 일을 한 가지 골라 다음 표의 빈칸을 채워 쓰시오.

언제	(1)
어디에서	(2)
있었던 일	(3)
생각이나 느낌	(4)

현장 체험학습 가는 날

❶ ㉠지난주 월요일에 우리 반은 희망 목장으로 현장 체험학습을 갔다. 희망 목장에서는 내가 좋아하는 피자와 치즈를 만들 수 있다. ㉡학교에서 출발해 시간이 흘러 드디어 목장에 도착했다. 도착하자마자 피자 만들기 체험장에 들어갔다. 우리는 모둠별로 의자에 앉았다. 먼저, 밀가루 반죽을 동그랗게 만들고 여러 가지 재료를 그 위에 올려놓았다. 피자가 구워질 동안 우리는 치즈 만들기 체험장에 갔다.

중심 내용 | 지난주 월요일에 우리 반은 희망 목장으로 현장 체험학습을 갔고, 피자 만들기 체험장에서 피자를 만들었습니다.

❷ ㉢치즈 만들기 체험장에서는 치즈와 관련된 영상을 보았다. 영상을 보고 나서 본격적으로 치즈 만들기를 시작했다. ㉣조몰락조몰락하며 치즈를 만드는 모습이 체험장을 가득 채웠다. 친구들은 모두 밝은 표정으로 신바람이 나 있었다. ㉤현장 체험학습은 새로운 것을 체험할 수 있어서 좋다. 다음에 또 오고 싶다.

중심 내용 | 치즈 만들기 체험장에서는 치즈와 관련된 영상을 보고, 치즈도 만들었습니다.

· **글의 종류**
생활문

· **글의 특징**
현장 체험학습을 갔었던 자신의 경험을 정리해 쓴 글입니다.

· **글의 구조**

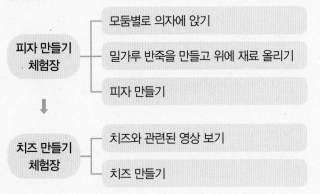

목장(牧 칠 목, 場 마당 장) 일정한 시설을 갖추어 소나 말, 양 따위를 놓아기르는 곳.
반죽 가루에 물을 부어 이겨 갬. 또는 그렇게 한 것.
구워질 불에 익혀질.
본격적 어떤 일의 진행 상태가 본래의 목적에 따라 매우 활발한 것.
㉠ 초복이 지나자, 본격적인 더위가 시작되었습니다.
신바람 신이 나서 우쭐우쭐하여지는 기운.

---

13 이 글의 내용에 알맞은 설명을 선으로 각각 이으시오.

(1) 희망 목장으로 ·   · ㉮ 언제

(2) 우리 반은 ·   · ㉯ 어디에서

(3) 지난주 월요일에 ·   · ㉰ 누가

14 ㉠~㉤ 중 글쓴이의 생각이나 느낌을 쓴 부분은 무엇입니까? (   )

① ㉠   ② ㉡   ③ ㉢
④ ㉣   ⑤ ㉤

15 다음 빈칸에 들어갈 말을 글 ❷에서 찾아 쓰시오.

내가 노래를 부르자 동생은 [   ]이/가 나서 춤을 추었다.

(   )

16 다음 빈칸에 알맞은 말을 넣어 글쓴이가 체험한 내용을 정리하시오.

피자 만들기 체험장	치즈 만들기 체험장
· 모둠별로 앉음. · 밀가루 반죽을 만들고 재료를 올려 (1) ( )을/를 만듦.	· 치즈와 관련된 (2) ( )을/를 봄. · 친구들과 함께 (3) ( )을/를 만듦.

3. 자신의 경험을 글로 써요

● 정답 및 풀이 9쪽

[1~4] 다음 글을 읽고, 물음에 답하시오.

"아이고, 배야."

동생 주혁이가 끙끙 앓는 소리에 잠에서 깼다.

"열이 39도가 넘잖아! 배도 많이 아파하고, 큰일이네."

걱정스럽게 말씀하시는 아빠의 목소리도 들렸다. 나는 눈을 비비고 자리에서 일어났다.

"아빠, 무슨 일이에요?"

나는 주혁이 머리맡에 앉아 계신 아빠 옆으로 다가 갔다.

"주혁이가 열이 많이 나는구나. 아무래도 장염에 걸린 것 같다. ㉠이번가을에만두번째네."

아빠께서 걱정스럽게 말씀하셨다. 주혁이는 얼굴을 찡그리며 힘들어했다. 아빠께서 병원에 갈 채비를 하시는 동안 나는 주혁이 옆에 앉아 있었다.

"누나, 나 아파."

주혁이가눈물이 그렁그렁한 얼굴로 말했다.

"병원 다녀오면 금방 나을 거야."

나는 주혁이의 이마에 차가운 물수건을 얹어 주었다.

㉡마음이 아팠다.동생이 얼른 나았으면 좋겠다.

1 '나'는 다음 중 어떤 일을 글로 썼습니까? (   )

①
②
③
④
⑤

2 이 글에서 알 수 있는 내용으로 알맞은 것을 모두 고르시오. (   )

① 동생은 장염에 걸린 적이 있다.
② '나'는 아픈 동생이 걱정되었다.
③ 엄마만 동생과 함께 병원에 가셨다.
④ 동생은 병원에 다녀와서도 열이 났다.
⑤ 동생은 열이 나고 배가 아프다고 했다.

3 다음 중 ㉠을 바르게 띄어 쓴 것은 무엇입니까?
(   )

① 이번가을에만 두 번째네.
② 이번 가을에만두 번째네.
③ 이번 가을에만 두 번째네.
④ 이번가을 에만 두 번째네.
⑤ 이 번 가을에만 두 번째네.

4 ㉡을 바르게 띄어 쓰기 위해 알아야 할 띄어쓰기 방법으로 알맞은 것에 ○표 하시오.

⑴ 마침표(.) 뒤에 오는 말은 띄어 써야 한다.
(   )

⑵ '이/가, 을/를'과 같은 말은 앞말에 붙여 써야 한다.
(   )

⑶ 수를 나타내는 말과 단위를 나타내는 말 사이는 띄어 써야 한다.
(   )

5 친구들이 띄어쓰기를 하면 좋은 점에 대해 대화를 나누고 있습니다. ㉠에 들어갈 말로 알맞은 것을 찾아 기호를 쓰시오.

띄어쓰기를 하면 전하고자 하는 뜻을 정확히 전달할 수 있구나.

㉮ 글을 읽는 사람이 편하게 읽을 수 있어.
㉯ 전하고자 하는 뜻이 불분명하게 전달될 수 있어.

(   )

6 다음 그림의 상황에 알맞게 띄어쓰기를 바르게 한 문장을 찾아 기호를 쓰시오.

(1)

> ㉮ 아기 가오리를 보았다.
> ㉯ 아기가 오리를 보았다.

( )

(2)

> ㉮ 용돈이 만 원이 있다.
> ㉯ 용돈 이만 원이 있다.

( )

(3)

> ㉮ 나 물 좀 줘.
> ㉯ 나물 좀 줘.

( )

7 다음 중 우리 반 소식지를 만들기 위해 떠올린 내용으로 알맞지 <u>않은</u> 것은 무엇입니까? ( )

① 가을에 운동회를 한 일
② 제주도로 수학여행을 간 일
③ 가족과 함께 여름휴가를 간 일
④ 목장으로 현장 체험학습을 간 일
⑤ 과학의 날을 맞아 과학 실험을 한 일

8 다른 모둠의 소식지를 평가하는 방법을 알맞게 말하지 <u>못한</u> 친구의 이름을 쓰시오.

> 있었던 일에 대한 생각이나 느낌이 잘 드러나 있는지 확인해야 해.

서연

> 있었던 일을 아주 간단하게 나타냈는지 확인해야 해.

하준

> 언제, 어디에서, 누구와 있었던 일인지를 밝혔는지 확인해야 해.

다온

> 쉽고 재미있게 표현했는지 확인해야 해.

홍민

( )

문법

9 다음 문장의 뜻을 생각하여 바르게 띄어 쓴 것을 찾아 각각 ○표 하시오.

(1)
> 아버지가방에들어가신다.

① 아버지가 방에 들어가신다. ( )
② 아버지 가방에 들어가신다. ( )

(2)
> 우정은예쁘게가꿀수록좋다.

① 우정은 예쁘게 가꿀수록좋다. ( )
② 우정은 예쁘게 가꿀수록 좋다. ( )

문법

10 다음 문장을 알맞게 띄어 쓴 것은 무엇입니까?

( )

> 하늘은높고,단풍은붉게물든다.

① 하늘은높고, 단풍은 붉게물든다.
② 하늘은 높고, 단풍은 붉게물든다.
③ 하늘은 높고, 단풍은붉게 물든다.
④ 하늘은높고, 단풍은 붉게 물든다.
⑤ 하늘은 높고, 단풍은 붉게 물든다.

[1~3] 다음 글을 읽고, 물음에 답하시오.

친구들과 함께한 운동회	
㉠ 5월	어디에서 학교 운동장
있었던 일 친구들과 공 굴리기, 장애물 달리기와 같은 운동을 했다.	㉡ 친구들과 함께 여러 가지 운동을 해서 즐거웠다.

1 어떤 일을 기억에 남는 일로 정리한 것인지 쓰시오.

( )

2 ㉠과 ㉡에 들어갈 알맞은 말을 보기 에서 찾아 각각 쓰시오.

> 보기
> 언제, 누가, 무엇을, 생각이나 느낌

㉠	(1)
㉡	(2)

3 이와 같이 기억에 남는 일을 정리하면 좋은 점으로 알맞지 <u>않은</u> 것은 무엇입니까? ( )

① 자신이 한 일을 되돌아볼 수 있다.
② 자신이 한 일을 쉽게 잊을 수 있다.
③ 기억에 남는 일을 자세히 떠올릴 수 있다.
④ 기억에 남는 일을 글로 자세히 쓸 수 있다.
⑤ 기억에 남는 일을 글로 쓸 때 어떤 내용을 쓸지 점검할 수 있다.

[4~5] 다음 글을 읽고, 물음에 답하시오.

㉮

㉯ 준서: 서연아, 너는 여러 가지 겪은 일 가운데에서 왜 동생이 아팠던 일을 골라서 글을 쓰려고 하니?
서연: 동생이 아팠을 때에는 평소와 다른 느낌이 들었거든. 평소에 동생이 장난꾸러기처럼 보여서 밉기도 했는데 아프니까 잘 못해 준 것이 생각나서 미안한 마음이 들었어. 그래서 그 마음을 써 보고 싶었어.

4 다음 중 서연이가 겪은 일이 <u>아닌</u> 것은 무엇입니까?

( )

① 동생이 아팠던 일
② 친구와 축구한 일
③ 집에서 책을 읽은 일
④ 학교에 갈 준비를 한 일
⑤ 친구와 줄넘기를 하며 놀았던 일

5 ㉯의 대화로 보아 서연이가 글로 쓸 내용을 정한 까닭으로 알맞은 것을 두 가지 찾아 기호를 쓰시오.

> ㉮ 동생이 아팠을 때에는 평소와 다른 느낌이 들었기 때문에
> ㉯ 동생이 아프니까 잘 못해 준 것이 생각나서 미안한 마음이 들었기 때문에
> ㉰ 동생이 아팠을 때 아빠께서 동생만 챙긴 일이 서운해 기억에 남았기 때문에

( )

[6~10] 다음 글을 읽고, 물음에 답하시오.

> "아이고, 배야."
> 동생 주혁이가 끙끙 앓는 소리에 잠에서 깼다.
> "열이 39도가 넘잖아! 배도 많이 아파하고, 큰일이네."
> 걱정스럽게 말씀하시는 아빠의 목소리도 들렸다. 나는 눈을 비비고 자리에서 일어났다.
> "아빠, 무슨 일이에요?"
> 나는 주혁이 머리맡에 앉아 계신 아빠 옆으로 다가갔다.
> "주혁이가 열이 많이 나는구나. 아무래도 장염에 걸린 것 같다. ㉠이번 가을에만 두번째네."
> 아빠께서 걱정스럽게 말씀하셨다. 주혁이는 얼굴을 찡그리며 힘들어했다. 아빠께서 병원에 갈 채비를 하시는 동안 나는 주혁이 옆에 앉아 있었다.
> "누나, 나 아파."
> ㉡주혁이가눈물이 그렁그렁한 얼굴로 말했다.
> "병원 다녀오면 금방 나을 거야."
> 나는 주혁이의 이마에 차가운 물수건을 얹어 주었다.
> ㉢마음이 아팠다.동생이 얼른 나았으면 좋겠다.

6 '내'가 잠에서 깬 까닭은 무엇입니까? (   )

① 아빠께서 깨우셔서
② 주혁이가 '나'를 불러서
③ 장염에 걸려 배가 아파서
④ 동생이 화를 내며 크게 소리를 질러서
⑤ 동생 주혁이가 끙끙 앓는 소리가 들려서

7 이 글에 나타난 '나'의 마음으로 알맞은 것은 무엇입니까? (   )

① 동생이 자랑스럽다.
② 동생이 얄밉고 밉다.
③ 동생에게 실망스럽다.
④ 동생이 무섭고 두렵다.
⑤ 동생이 안쓰럽고 걱정된다.

8 이 글에 어울리는 제목을 찾아 기호를 쓰시오.

> ㉮ 동생이 아파요
> ㉯ 주혁이의 두 번째 생일
> ㉰ 걱정스러운 아빠의 목소리

(   )

9 ㉠을 바르게 띄어 쓰기 위해 알아야 할 띄어쓰기 방법은 무엇입니까? (   )

① 쉼표(,) 뒤에 오는 말은 띄어 써야 한다.
② 마침표(.) 뒤에 오는 말은 띄어 써야 한다.
③ '은/는, 의'와 같은 말은 앞말에 붙여 써야 한다.
④ '이/가, 을/를'과 같은 말은 앞말에 붙여 써야 한다.
⑤ 수를 나타내는 말과 단위를 나타내는 말 사이는 띄어 써야 한다.

서술형

10 ㉡과 ㉢에서 바르게 띄어 써야 할 부분에 ∨표를 하고 바르게 띄어 쓰시오.

(1)   주혁이가눈물이 그렁그렁한 얼굴로 말했다.

_____

_____

(2)   마음이 아팠다.동생이 얼른 나았으면 좋겠다.

_____

_____

11 다음 문장을 알맞게 띄어 쓴 것은 무엇입니까?

( )

> 우정은예쁘게가꿀수록좋다.

① 우정은예쁘게 가꿀수록좋다.
② 우정은예쁘게 가꿀수록 좋다.
③ 우정은 예쁘게 가꿀수록좋다.
④ 우정은 예쁘게 가꿀수록 좋다.
⑤ 우정은 예쁘게 가 꿀수록 좋다.

서술형

12 다음 문장을 알맞게 띄어 쓰시오.

> 책을읽으면지식이쌓인다.

_____

_____

[13~14] 다음 글을 읽고, 물음에 답하시오.

　지난주 월요일에 우리 반은 희망 목장으로 현장 체험학습을 갔다. 희망 목장에서는 내가 좋아하는 피자와 치즈를 만들 수 있다. 학교에서 출발해 시간이 흘러 드디어 목장에 도착했다. 도착하자마자 피자 만들기 체험장에 들어갔다. 우리는 모둠별로 의자에 앉았다. 먼저, 밀가루 반죽을 동그랗게 만들고 여러 가지 재료를 그 위에 올려놓았다. 피자가 구워질 동안 우리는 치즈 만들기 체험장에 갔다.

　치즈 만들기 체험장에서는 치즈와 관련된 영상을 보았다. 영상을 보고 나서 본격적으로 치즈 만들기를 시작했다. 조몰락조몰락하며 치즈를 만드는 모습이 체험장을 가득 채웠다. 친구들은 모두 밝은 표정으로 신바람이 나 있었다. 현장 체험학습은 새로운 것을 체험할 수 있어서 좋다. 다음에 또 오고 싶다.

13 이 글의 내용에 알맞은 설명을 선으로 이으시오.

(1) 희망 목장으로 　•　　•㉮ 언제

(2) 우리 반은 　•　　•㉯ 어디에서

(3) 지난주 월요일에 　•　　•㉰ 누가

(4) 현장 체험학습을 　•　　•㉱ 무엇을

(5) 현장 체험학습은 새로운 것을 체험할 수 있어서 좋다. 　•　　•㉲ 생각이나 느낌

서술형

14 이 글에서 일어난 일을 차례대로 정리해 빈칸에 들어갈 알맞은 말을 쓰시오.

> 학교에서 출발해 시간이 흘러 드디어 목장에 도착했다.

↓

> (1)

↓

> 우리는 치즈 만들기 체험장에 갔다.

↓

> (2)

15 다음은 친구들이 우리 반 소식지를 만들기 위해 떠올린 내용을 말한 것입니다. 알맞게 말한 친구의 이름을 쓰시오.

> 승민: 나는 봄에 체육 대회가 열렸던 일이 가장 기억에 남아서 쓰려고 해.
> 준건: 나는 집에서 가족들과 봄을 맞이해 대청소를 한 일을 쓰려고 해.

( )

3. 자신의 경험을 글로 써요

● 정답 및 풀이 11쪽

평가 주제	인상 깊은 경험을 글로 쓰기
평가 목표	인상 깊은 경험을 떠올려 글로 쓸 수 있다.

1 자신이 지난 한 달간 경험한 일 중 인상 깊은 일을 세 가지 떠올려 쓰시오.

,　　　　　　　　,

2 문제 **1**번에서 답한 일 중 가장 인상 깊은 일을 골라서 다음 빈칸에 간단히 정리해 쓰시오.

언제

(2)

기억에 남는 일

(1)

어디에서

(3)

있었던 일

(4)

생각이나 느낌

(5)

3 문제 **2**번에서 정리한 내용을 바탕으로 하여 인상 깊은 일을 조건 에 알맞게 글로 쓰시오.

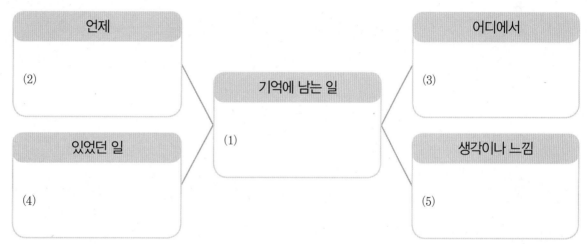

조건

• 제목을 씁니다.

• 다섯 문장 이상으로 자세하게 씁니다.

숨은 그림을 찾아보세요.

● 정답 및 풀이 11쪽

4 감동을 나타내요

▶ 학습을 완료하면 V표를 하면서 학습 진도를 체크해요.

	학습 내용	백점 쪽수	확인
개념	감각적 표현의 재미를 느끼며 시나 이야기를 감상하기	56쪽	☐
어휘 + 문법	핵심 개념 어휘: 감각적, 표현 작품 속 어휘: 오들오들, 파고들다, 시각, 미각, 애매하다 문법: 복수 표준어	57쪽	☐
독해	시를 읽고 여러 가지 감각적 표현 말하기: 「감기」	58쪽	☐
	시를 읽고 재미나 감동 나누기: 「지구도 대답해 주는구나」	59쪽	☐
	이야기를 읽고 생각이나 느낌 표현하기: 「진짜 투명 인간」	60~63쪽	☐
평가	단원 평가 1회, 2회	64~68쪽	☐
	수행 평가	69쪽	☐

4 감동을 나타내요

개념 강의

● 정답 및 풀이 11쪽

1 감각적 표현을 사용해 느낌 나타내기
└● 사물의 느낌을 보거나 듣거나 만지는 것처럼 생생하게 나타낸 표현

감각적 표현	어떤 대상을 눈으로 보고, 귀로 듣고, 입으로 맛보고, 코로 냄새 맡고, 손으로 만지면서 알게 된 느낌을 생생하게 표현한 것입니다.
대상을 감각적 표현으로 나타내면 좋은 점	• 대상의 느낌을 생생하게 표현할 수 있습니다. • 대상의 느낌을 재미있게 나타낼 수 있습니다. • 감각적 표현을 말하려고 대상을 더 자세히 관찰할 수 있습니다.

예 감각적 표현을 사용해 대상에 대한 느낌 나타내기

대상에 어울리는 표현
• 동글동글   • 매끈매끈   • 와삭   • 아삭아삭

감각적 표현을 넣어 대상을 표현하기
사과는 동글동글하고 매끄러운 느낌이야. 마치 달걀을 만지는 것 같아.

2 시를 읽고 여러 가지 감각적 표현 말하기

- 시의 장면을 떠올리며 시를 읽어 봅니다.
- 시에서 대상을 직접 보거나 듣는 것처럼 생생하게 느껴지도록 표현한 부분을 찾아봅니다.
- 감각적 표현에 주의하며 시를 다시 읽고 시에 대한 생각이나 느낌을 친구들과 이야기해 봅니다. ●─감각적 표현을 넣고 읽을 때 표현이 더 구체적이고, 더 재미있으며 느낌이 생생하게 살아납니다.

3 이야기를 읽고 생각이나 느낌 표현하기

- 이야기에 나타난 감각적 표현을 찾아봅니다.
- 이야기에서 재미있거나 감동적인 부분을 친구들과 이야기해 봅니다.
- 이야기에 대한 생각이나 느낌을 살려 인물에게 편지를 써 봅니다.

예 「진짜 투명 인간」에 나타난 감각적 표현

에밀이 블링크 아저씨에게 색깔을 알려 주기 위해 떠올린 것	
초록색	맨발로 걸을 때 발가락 사이로 살살 삐져나오는 촉촉한 풀잎
붉은색	할아버지 밭에서 나는 토마토 맛
푸른색	옆집 수영장에서 헤엄치는 것
흰색	여름에 푹 자고 열 시쯤에 일어났을 때

개념 확인 문제

1 감각적 표현을 사용해 느낌 나타내기

감각적 표현에 대한 설명으로 알맞지 않은 것은 무엇입니까? ( )

① 대상의 모습을 상상하여 말하는 표현이다.
② 대상에 대한 느낌을 재미있게 나타낸 표현이다.
③ 대상에 대한 느낌을 생생하게 나타낸 표현이다.
④ 대상을 자세히 관찰하여 말할 수 있는 표현이다.
⑤ 대상을 실제로 보거나 듣는 것처럼 느끼게 하는 표현이다.

2 시를 읽고 여러 가지 감각적 표현 말하기

시를 읽고 여러 가지 감각적 표현을 말하는 방법으로 알맞은 것을 찾아 ○표 하시오.

(1) 글자 수를 세며 시를 읽는다.
( )

(2) 시의 첫 부분에 나온 표현만 정리한다. ( )

(3) 시에서 대상을 생생하게 느껴지도록 표현한 부분을 찾는다.
( )

3 이야기를 읽고 생각이나 느낌 표현하기

이야기를 읽고 생각이나 느낌을 표현하는 방법을 알맞게 말한 친구의 이름을 쓰시오.

광호: 이야기를 읽지 않아도 제목만 보고 생각을 이야기할 수 있어.
하율: 이야기에서 재미있거나 감동적인 부분을 친구들과 이야기할 수 있어.

( )

4 감동을 나타내요

어휘·문법

● 정답 및 풀이 11쪽

어휘

1. 핵심 개념 어휘: 감각적, 표현

感 느낄 감
覺 깨달을 각
的 과녁 적
뜻 보고, 듣고, 냄새 맡고, 맛보고, 느끼는 다섯 가지 능력을 자극하는 것.

감각적

시각 후각
미각 청각 촉각

＋ 표현

表 겉 표
現 나타날 현
뜻 생각이나 느낌 따위를 언어나 몸짓 따위의 형상으로 드러내어 나타냄.

➡ 어떤 대상을 보고, 듣고, 냄새 맡고, 맛보고, 손으로 만지면서 알게 된 느낌을 생생하게 표현한 것을 '감각적 표현'이라고 합니다.

2. 작품 속 어휘

낱말	뜻	예시
오들오들	춥거나 무서워서 몸을 잇따라 심하게 떠는 모양.	나는 무서운 영화를 보며 몸을 오들오들 떨었습니다.
파고들다	깊숙이 안으로 들어가다.	동현이는 아침에 일어나고 싶지 않아서 이불 속으로 파고들었습니다.
시각(視覺) 視 볼 시 覺 깨달을 각	눈을 통해 빛의 자극을 받아들이는 감각 작용.	헬렌켈러는 어릴 때 병으로 시각을 잃어서 앞을 볼 수 없었습니다.
미각(味覺) 味 맛 미 覺 깨달을 각	맛을 느끼는 감각.	미각에는 단맛, 짠맛, 신맛, 쓴맛 등이 있습니다.
애매하다	희미하여 분명하지 아니하다.	동생은 뜻을 알 수 없는 애매한 표정을 지었습니다.

문법   복수 표준어

우리 맨날 가던 놀이터 말고 다른 데로 갈까?

맨날? 만날이 맞는 거 아닌가?

◆ '맨날'과 '만날'은 둘 다 표준어예요. 예전에는 '만날'만 표준어였지만 사람들이 '맨날'이라는 낱말을 많이 사용하자 이 낱말도 표준어로 인정해 준 것이지요. 이렇게 두 낱말 모두 표준어로 인정되는 낱말을 복수 표준어라고 해요. '간질이다/간지럽히다', '예쁘다/이쁘다', '찰지다/차지다', '삐치다/삐지다' 등도 복수 표준어예요.

어휘·문법 확인 문제

1 핵심 개념 어휘

다음 뜻에 알맞은 낱말을 생각하여 세 글자로 쓰시오.

> 보고, 듣고, 냄새 맡고, 맛보고, 느끼는 다섯 가지 능력을 자극하는 것.

(   )

2 작품 속 어휘

다음 문장의 빈칸에 들어갈 말로 알맞은 것을 찾아 ○표 하시오.

(1) 어제는 몸이 (굼질굼질, 오들오들) 떨릴 정도로 날씨가 추웠습니다.

(2) 우리 언니는 (시각, 미각)이 무척 발달하여 아주 멀리 있는 것도 잘 볼 수 있습니다.

3 작품 속 어휘

다음 뜻에 알맞은 말을 보기 에서 찾아 쓰시오.

> **보기**
> 애매하다, 파고들다

(1) 깊숙이 안으로 들어가다.

(   )

(2) 희미하여 분명하지 아니하다.

(   )

4 문법

다음 중 표준어가 아닌 것은 무엇입니까? (   )

① 맨날   ② 만날
③ 차지다   ④ 삐치다
⑤ 이뿌다

4 단원

기본 시를 읽고 여러 가지 감각적 표현 말하기

● 국어 126~127쪽 / 정답 및 풀이 11쪽

감기

정유경

❶ 내 몸에
불덩이가 들어왔다.
(감기에 걸려 열이 많이 남.)
-뜨근뜨근.
불덩이를 따라
몹시 추운 사람도 들어왔다.
(감기에 걸려서 추움.)
-오들오들.

❷ 약을 먹고 나니
느릿느릿,
(감기약을 먹고 몸이 무거움.)
거북이도 들어오고
㉠까무룩,
(정신이 갑자기 흐려지는 모양.)
잠꾸러기도 들어왔다.

❸ 내 몸에
너무 많은 것들이 들어왔다.
그래서
내 몸이 아주 무거워졌다.

• **글의 종류**
시(3연 15행)

• **글의 특징**
감기에 걸려 몸이 힘든 상태를 감각적 표현을 넣어 생생하게 나타낸 시입니다.

• **작품 정리**

감기
- **1연** 감기에 걸려서 몸에 불덩이가 들어온 것처럼 뜨겁고, 추운 사람이 들어온 것처럼 춥다.
- **2연** 약을 먹고 나니 몸에 거북이가 들어온 것처럼 무겁고, 잠꾸러기가 들어온 것처럼 졸리다.
- **3연** 감기에 걸려서 몸이 무겁게 느껴진다.

몹시 　더할 수 없이 심하게.
오들오들 　춥거나 무서워서 몸을 잇따라 심하게 떠는 모양.

1 이 시에서 말하는 이가 '내' 몸에 들어왔다고 말하지 않은 것은 무엇입니까? (　　　)

① 불덩이
② 거북이
③ 잠꾸러기
④ 몹시 추운 사람
⑤ 몸이 무거운 사람

중요 독해

2 ㉠과 같이 말한 까닭은 무엇입니까? (　　　)

① 감기에 걸려 추웠기 때문에
② 감기에 걸려 병원에 갔기 때문에
③ 감기약을 먹고 몹시 졸렸기 때문에
④ 감기에 걸려 열이 많이 났기 때문에
⑤ 감기약을 먹고 몸이 가벼워졌기 때문에

3 이 시에서 파란색으로 쓰인 낱말을 빼고 읽을 때와 넣고 읽을 때의 차이로 알맞은 것에 ○표 하시오.

(1) 넣고 읽을 때 시를 빨리 읽을 수 있다. (　　　)
(2) 넣고 읽을 때 더 재미있고 느낌이 생생하게 살아난다. (　　　)

작품 정리

4 다음 빈칸에 알맞은 말을 넣어 이 시의 내용을 정리하시오.

1연 감기에 걸려서 몸에 (1)(　　　), 몹시 추운 사람이 들어온 것처럼 몸이 뜨겁고 춥다.
▼
2연 감기약을 먹고 나니 몸에 (2)(　　　), 잠꾸러기가 들어온 것처럼 무겁고 졸리다.
▼
3연 (3)(　　　)에 걸려서 몸이 아주 무겁게 느껴진다.

지구도 대답해 주는구나 박행신

1 강가 고운 모래밭에서
발가락 옴지락거려
두더지처럼 파고들었다.

2 지구가 간지러운지
굼질굼질 움직였다.

3 아, 내 ㉠작은 신호에도
지구는 대답해 주는구나.

4 그 큰 몸짓에
이 조그마한 발짓
발가락을 구부려서 두더지 발톱처럼 만들어 모래밭으로 파고든 것
그래도 지구는 대답해 주는구나.

- **글의 종류**
  시(4연 10행)

- **글의 특징**
  모래밭에 발을 넣었을 때의 느낌을 감각적 표현을 넣어 재미있게 나타낸 시입니다.

- **작품 정리**

1연 강가 모래밭에 발을 두더지처럼 파고들었다.	2연 모래가 움직이는 모습이 지구가 천천히 움직이는 모습 같다.
3연 '내'가 한 발짓을 지구가 모래의 움직임으로 대답해 주었다.	4연 '내'가 한 작은 행동에도 지구는 대답해 준다.

'나'와 지구

옴지락거려 작은 것이 느릿느릿 자꾸 움직여. 또는 작은 것을 느릿느릿 자꾸 움직여.
파고들었다 깊숙이 안으로 들어갔다.

4
단원

[중요 독해]

5 이 시에서 말하는 이는 무엇을 하고 있습니까?
( )

① 바닷가에서 모래성을 쌓았다.
② 하늘을 향해 발차기를 하였다.
③ 강가 모래밭에 발을 대 보았다.
④ 하늘에 손을 흔들어 신호를 보냈다.
⑤ 바닷가 모래밭에 누워서 팔로 신호를 보냈다.

6 ㉠이 뜻하는 것을 알맞게 말한 친구의 이름을 쓰시오.

정은: 지구가 천천히 돌고 있는 것을 말하는 거야.
재현: 발가락으로 모래밭을 파고든 것을 말하는 거야.
우람: 모래가 발가락을 따라 천천히 움직이는 것을 말하는 거야.

( )

[어휘]

7 다음 뜻을 가진 낱말을 ❷연에서 찾아 쓰시오.

몸을 계속 천천히 굼뜨게 움직이는 모양인 '굼지럭굼지럭'의 준말.

( )

[작품 정리]

8 다음 빈칸에 알맞은 말을 넣어 이 시의 내용을 정리하시오.

1연 '나'는 강가 모래밭에 발을 (1)( )처럼 파고들음.

▼

2연 모래가 천천히 움직이는 모습이 (2)( ) 이/가 천천히 움직이는 모습 같음.

▼

3연 모래밭을 파고든 발짓을 지구가 모래의 움직임으로 대답해 줌.

▼

4연 (3)( )

기본 이야기를 읽고 생각이나 느낌 표현하기

진짜 투명 인간

글: 레미 쿠르종
옮김: 이정주

❶ "봐, 이건 투명 인간이 된 남자의 이야기야. 사람들이 눈치채지 못하게 정상인 것처럼 보이려고 애를 쓰지. 그러던 어느 날, 투명 인간은 자신에게 장점이 많다는 걸 알게 돼."

내가 단짝 폴에게 신나게 투명 인간의 이야기를 하고 있을 때 엄마가 부르는 소리가 들렸어요.

"에밀, 피아노 쳐야지!" / "네, 가요!"

"그래서 들키지 않으려면 홀딱 벗어야 하는 거야?"

폴이 눈이 동그래져서 물었어요.

"응. 하지만 겨울이 문제야. 감기에 걸리면 재채기를 하다가 들켜 버리거든."

"에이, 안됐네."

"난 이만 갈게. 악! 괴로운 시간이야."

우리 엄마는 피아노 선생님이에요. ·········· 엄마에게 피아노를 배우는 시간

그래서 엄마의 제자 중에서 내가 제일 잘 치기를 원하지만 난 그렇지 못해요. / 이날은 엄마가 내 탓이 아니라며 딴 데서 핑계를 찾았어요. 피아노 음이 맞지 않는다고요. 조율이 안 됐다고 말이에요.   ·········· 에밀 엄마의 직업

난 방으로 올라가서 투명 인간 책을 읽었어요.

정말이지 투명 인간처럼 되고 싶어요.

중심 내용 | 에밀은 투명 인간이 된 남자의 이야기가 담긴 책을 읽고, 투명 인간처럼 되고 싶었습니다.

❷ 학교에서 돌아와 보니 검은 선글라스를 낀 아저씨가 피아노 앞에 몸을 숙인 채 앉아 있었어요. 밖엔 비가 오는데 선글라스를 끼고 말이에요.

"누구세요?" / 내가 물었어요.

"안녕, 나는 피아노 조율사 블링크란다. 넌 누구니?"

"전 피아니스트 에밀이에요." / 아저씨가 웃었어요.

아저씨의 웃음소리가 피아노 줄 위에서 통통 튀었어요.

아저씨가 일을 마치고 일어나자 엄마는 아저씨의 소매를 잡고 현관까지 안내했어요.

길에 나온 아저씨는 흰 지팡이를 펼치며 말했어요.

"됐습니다, 됐어요. 집이 코앞인걸요. 길도 잘 압니다."

나는 조율사를 본 게 처음이었어요.

㉠시각 장애인을 본 것도 처음이었어요.

투명(透 통할 투, 明 밝을 명) 물 따위가 속까지 환히 비치도록 맑음.
㉮ 투명한 그릇에 물을 담았습니다.
조율(調 고를 조, 律 법 율) 악기의 음을 표준음에 맞추어 고름.
피아니스트 피아노를 직업적으로 연주하는 사람.

서술형

9 이 글의 제목을 보고 어떤 이야기일지 생각해 쓰시오.

_____

_____

중요 독해

10 블링크 아저씨에 대한 설명으로 알맞지 <u>않은</u> 것은 무엇입니까? (   )

① 시각 장애인이다.
② 피아노 조율사이다.
③ 에밀의 집에 살고 있다.
④ 흰 지팡이를 가지고 있다.
⑤ 검은 선글라스를 끼고 있다.

어휘

11 ㉠의 뜻으로 알맞은 것을 찾아 ○표 하시오.

⑴ 소리를 느끼는 감각.   (   )

⑵ 눈을 통해 빛의 자극을 받아들이는 감각 작용.
   (   )

12 이 글에서 감각적 표현이 나타난 부분으로 알맞은 것은 무엇입니까? (   )

① 우리 엄마는 피아노 선생님이에요.
② 나는 조율사를 본 게 처음이었어요.
③ 시각 장애인을 본 것도 처음이었어요.
④ 아저씨는 흰 지팡이를 펼치며 말했어요.
⑤ 아저씨의 웃음소리가 피아노 줄 위에서 통통 튀었어요.

진짜 투명 인간

"에밀, 피아노 쳐야지!" / "또요?"

"그럼. 매일 쳐야 실력이 늘지."

나는 식당에서 정확한 음을 자동으로 연주하는 피아노를 본 적이 있어요.

마치 투명 인간이 치는 듯했지요.

정말이지 난 그 피아노를 사고 싶었어요. 우리 부모님이 내 피아노 실력이 많이 늘었다고 믿게 말이에요.

"에밀, ☐ ㉠ ☐해."

"엄마, 엄청 ☐ ㉠ ☐하고 있어요."

"이 곡 다 치고 조율사 아저씨 댁에 갔다 올래? 비(b) 플랫 건반이 이상한 것 같구나."

중심 내용 | 에밀은 피아노를 조율하기 위해 집으로 찾아온 블링크 아저씨를 만났고, 피아노 조율을 다시 부탁하기 위해 아저씨 댁에 가게 되었습니다.

③ 나는 블링크 아저씨 집에 가서 초인종을 눌렀어요.
　　　　　　　　　피아노 조율을 부탁하려고

"안녕, 에밀. 들어오너라."

나는 아직 인사도 안 했는데 아저씨는 이미 나란 것을 알았어요.

"비(b) 플랫이 여전히 이상해서 왔어요."

"그래? 내일 가 보마. 주스 마실래?"

아저씨는 손끝으로 벽을 더듬어 주방에 들어갔다가 큰 유리잔을 들고 나왔어요. 주스를 한 방울도 흘리지 않았어요.

"질문 하나 해도 돼요?" / "물론이지, 에밀."

"조금 전에 어떻게 저란 걸 아셨어요? 앞이 보이지 않으시면서요."

아저씨는 웃으며 말했어요.

"그래, 난 태어날 때부터 앞을 보지 못했지. 그 대신 어릴 적부터 다른 감각들이 아주 발달되어 있단다. 촉각, 후각, **미각**, 청각 이런 것들 말이야. 아까 네가 현관문을 열 때 너희 집 냄새와 네 바지가 **구겨지는** 소리, 그 밖에 설명하기 **애매한** 것들로 너란 걸 알았어."

중심 내용 | 블링크 아저씨는 자신은 시각 대신 다른 감각들이 발달되어 있다고 했습니다.

미각(味 맛 미, 覺 깨달을 각) 맛을 느끼는 감각.
구겨지는 구김살이 잡히는.
예 그 옷은 얇고 잘 구겨지는 천으로 되어 있습니다.
애매한 희미하여 분명하지 아니한.

어휘

13 ㉠에 공통으로 들어갈, 다음 뜻을 가진 말로 알맞은 것은 무엇입니까? ( )

> 한 가지 일에 모든 힘을 쏟아부음.

① 집권　　　　② 침착
③ 집요　　　　④ 밀집
⑤ 집중

14 엄마가 에밀에게 블링크 아저씨 댁에 갔다 오라고 한 까닭은 무엇입니까? ( )

① 집에 초대하기 위해서
② 음식을 가져다주기 위해서
③ 피아노를 새로 사기 위해서
④ 피아노 조율을 부탁하기 위해서
⑤ 두고 간 지팡이를 가져다주기 위해서

서술형

15 다음 원인에 대한 결과를 쓰시오.

원인	블링크 아저씨는 태어날 때부터 앞을 보지 못했다.

_____

_____

중요 독해

16 블링크 아저씨가 집에 온 사람이 에밀이라는 것을 알 수 있었던 까닭을 두 가지 고르시오. ( )

① 에밀이 손을 잡아서
② 에밀의 집 냄새가 나서
③ 에밀이 인사를 하며 들어와서
④ 에밀이 사 온 주스 냄새를 맡아서
⑤ 에밀의 바지가 구겨지는 소리를 들어서

진짜 투명 인간

❹ "그러면 제가 투명 인간이어도 알아채실 수 있어요?"

"에밀, 넌 나에게 투명 인간이란다."

나는 잠시 망설이다 말했어요.

"그러면 아저씨는 뭐가 보여요? 검은색이요? 아니면 흰색이요?"

"아무것도 없는 게 보여."

"그게 무슨 말이에요?"

"에밀, 넌 네 무릎으로 뭐가 보이니?"

"아무것도 안 보여요."

"나도 마찬가지야. ㉠내 눈은 네 무릎처럼 본단다."

아저씨는 또다시 웃음을 터뜨렸어요.

이어서 손가락이 잘 보이지 않을 정도로 빠른 곡을 쳤어요.

㉡집에 돌아오는 길에 나는 슬펐어요. 색깔들이 참 아름다워서요.

오만 가지 질문이 머릿속에서 맴돌았어요.
<u>많은 질문</u>

투명 인간은 먹을 때 음식물이 순식간에 사라질까요?

아니면 투명한 소화 기관을 따라 내려가는 게 보일까요?

그리고 소화가 다 되면 천천히 없어질까요?

블링크 아저씨의 미각으로는 코코아가 가장 맛있지 않을까요?

아저씨가 오렌지를 먹을 때 오렌지색을 알면 더 좋을 텐데.
<u>블링크 아저씨가 색깔을 알기를 바라는 에밀의 마음</u>

아주 조금이라도 말이에요.

나는 간식을 먹다가 결심했어요.

아저씨에게 색깔을 가르쳐 주기로요.

블링크 아저씨에게 알려 주기 위해 나는 색깔을 떠올리는 것을 찾아봤어요.

가장 초록색인 것은 맨발로 걸을 때 발가락 사이로 살살 ㉢삐져나오는 촉촉한 풀잎이에요.

가장 붉은색인 것은 할아버지 밭에서 나는 토마토 맛이에요.

> 맴돌았어요 일정한 범위나 장소에서 되풀이하여 움직였어요.
> 소화 기관 음식물을 소화하고 흡수하는 기관.
> 삐져나오는 속에 있는 것이 겉으로 불거져 나오는.

중요 독해

17 ㉠이 뜻하는 것은 무엇입니까? (   )

① 아저씨는 흰색만 볼 수 없다는 것

② 아저씨는 검은색만 볼 수 있다는 것

③ 아저씨는 아무것도 볼 수 없다는 것

④ 아저씨는 무릎 아래만 볼 수 있다는 것

⑤ 아저씨는 에밀처럼 모두 잘 볼 수 있다는 것

18 ㉡의 까닭이 무엇일지 알맞게 말한 친구의 이름을 쓰시오.

아름다운 색깔들을 보지 못하는 블링크 아저씨가 떠올랐기 때문일 거야.
도연

피아노로 빠른 곡을 칠 수 있는 블링크 아저씨가 부러웠기 때문일 거야.
윤찬

(   )

서술형

19 에밀은 무엇을 결심하였는지 쓰시오.

_____

_____

어휘

20 ㉢'삐져나오다'가 알맞게 쓰인 문장을 두 가지 찾아 ○표 하시오.

⑴ 서툰 바느질 때문인지 이불 한쪽에서 솜이 삐져나왔다.   (   )

⑵ 벽에 단단히 삐져나온 액자가 흔들릴 정도의 지진이 발생했다.   (   )

⑶ 가방에 물건을 너무 많이 넣었더니 자꾸 뭐가 삐져나오려고 한다.   (   )

진짜 투명 인간

가장 푸른색인 것은 옆집 수영장에서 헤엄치는 것이에요.

가장 흰 것은 여름에 푹 자고 열 시쯤에 일어났을 때예요.

난 할아버지네 토마토를 블링크 아저씨 집에 가져갔어요.

아저씨는 맛있게 먹었어요.

"이건 붉은색이에요."

내가 말했어요. 그러자 아저씨는 피아노 한 곡을 쳤어요.

"나한테는 이게 붉은색이란다!"

진짜였어요. 왜 그런지 설명하기는 어렵지만 딱 붉은색인 곡이었어요.

나는 아저씨를 풀밭에 데려가 걸었어요.

그러자 아저씨는 아코디언을 가져와 즉석에서 딱 초록색인 곡을 연주했어요.

이건 우리 사이의 놀이가 되었어요.

나는 아저씨에게 색깔을 알려 주려고 애를 썼고, 아저씨는 내게 색깔을 연주해 주려고 애를 썼어요.

어떤 색은 다른 색보다 ㉠훨씬 쉬웠어요.

하지만 난 가끔 집에 돌아올 때에는 기운이 쭉 빠졌어요.
<u>블링크 아저씨가 진짜 색깔을 볼 수 없어서 안타까운 마음</u>

아저씨가 진짜 색깔을 볼 수 있으면 얼마나 좋을까요?

중심 내용 | 에밀은 블링크 아저씨에게 색깔을 알려 주려고 노력했고, 블링크 아저씨는 에밀에게 색깔을 연주해 주려고 노력했습니다.

- **글의 종류**

  이야기

- **글의 특징**

  에밀이 앞을 보지 못하는 블링크 아저씨에게 색깔을 가르쳐 주며 친구가 되는 이야기입니다.

- **작품 정리**

에밀과 아저씨가 색을 표현한 방법	
에밀이 아저씨에게 색깔을 알려 준 방법	미각과 촉각을 이용하여 색깔을 설명함.
아저씨가 에밀이 알려 준 색깔을 표현한 방법	악기로 색깔의 느낌을 연주함.

아코디언 악기의 하나. 주름상자를 신축시키고 건반을 눌러 연주하며 경음악에 씀.
훨씬 정도 이상으로 차이가 나게.

---

21 에밀이 블링크 아저씨에게 다음 색을 알려 주기 위해 떠올린 것을 찾아 각각 선으로 이으시오.

(1)  흰색 •

(2)  푸른색 •

• ㉮ 옆집 수영장에서 헤엄치는 것

• ㉯ 여름에 푹 자고 열 시쯤에 일어났을 때

22 에밀이 블링크 아저씨에게 색깔을 알려 주기 위해 사용한 감각을 두 가지 고르시오. (   )

① 미각   ② 청각
③ 촉각   ④ 시각
⑤ 후각

어휘

23 ㉠과 바꾸어 쓸 수 있는 비슷한말로 알맞은 것을 두 가지 고르시오. (   )

① 덜   ② 다소
③ 한결   ④ 별로
⑤ 월등히

작품 정리

24 다음 빈칸에 알맞은 말을 넣어 이 글의 중요한 내용을 정리하시오.

에밀이 아저씨에게 색깔을 알려 준 방법	아저씨가 에밀이 알려 준 색깔을 표현한 방법
미각과 (1)( )을/를 이용하여 색깔을 설명함.	악기로 (2)( )의 느낌을 연주함.

1 다음은 무엇에 대한 설명인지 빈칸에 들어갈 알맞은 말을 쓰시오.

> • 대상을 눈으로 보고, 귀로 듣고, 입으로 맛보고, 코로 냄새 맡고, 손으로 만지면서 알게 된 느낌을 생생하게 표현한 것
> • 대상을 보거나 듣거나 만지는 것처럼 생생하게 느끼게 하는 표현

• ☐☐☐ 표현

2 다음 대상에 어울리는 표현을 보기 에서 모두 찾아 각각 쓰시오.

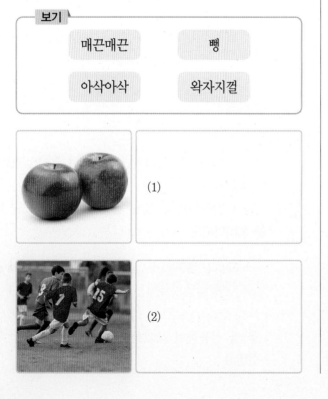

보기

| 매끈매끈 | 뻥 |
| 아삭아삭 | 왁자지껄 |

(1)

(2)

3 대상을 감각적 표현으로 나타내면 좋은 점을 알맞게 말하지 <u>못한</u> 친구의 이름을 쓰시오.

기준: 대상의 느낌을 생생하게 표현할 수 있어.

예지: 대상을 보지 않고 상상해서 말할 수 있어.

수현: 대상의 느낌을 재미있게 나타낼 수 있어.

( )

[4~6] 다음 글을 읽고, 물음에 답하시오.

가 하루는 아저씨가 점자책을 보여 줬어요.

작은 점으로 된 글씨가 오톨도톨 나 있는데, 시각 장애인들은 이것을 손가락으로 만지면서 읽는다고 했어요.

나는 감자를 갈 때 쓰는 강판을 만지는 것 같았어요.

아저씨의 세상은 또 다른 별이에요.

그리고 겨울이 왔어요.

블링크 아저씨는 먼 여행을 떠났어요. 아저씨의 음악도요.

나 엄마는 내 피아노 실력이 늘었다고 좋아했어요.

그럴 수밖에요. 난 블링크 아저씨가 돌아오면 세상 모든 색을 들려주려고 많이 연습했으니까요.

다 "에밀, 네 피아노 실력이 늘었다며?"

블링크 아저씨의 목소리였어요. 나는 말문이 막혔어요.

㉠"블링크 아저씨는 외국에서 다른 사람에게서 안구를 기증받아 수술을 받고 돌아오셨어."

엄마가 말했어요.

새하얀 침묵이 거실을 뒤덮었어요.

"한 달 뒤에 붕대를 풀 거야. 그러면 네가 어떻게 생겼는지 드디어 볼 수 있겠지?"

아저씨가 말했어요.

4 다음에서 설명하는 것이 무엇인지 이 글에서 찾아 쓰시오.

> 작은 점으로 된 글씨가 오톨도톨 나 있는, 시각 장애인들이 읽는 책

(   )

5 에밀이 피아노 연습을 많이 한 까닭은 무엇입니까?

(   )

① 피아노 대회에서 상을 받기 위해서
② 빌린 책을 모두 읽어 할 일이 없어서
③ 블링크 아저씨가 없는 동안 심심해서
④ 피아노를 잘 치겠다고 엄마와 약속해서
⑤ 블링크 아저씨에게 세상 모든 색을 들려주기 위해서

6 ㉠의 결과로 알맞은 것에 ○표 하시오.

(1) 에밀이 지금보다 피아노를 더 잘 칠 수 없게 되었다. (   )

(2) 블링크 아저씨가 곧 에밀이 어떻게 생겼는지 볼 수 있게 되었다. (   )

[7~8] 다음 시를 읽고, 물음에 답하시오.

천둥소리

하늘에 사는 아이들도
체육 시간이 있나 보다

우르르 쿵쾅,
운동장으로
뛰쳐나가는 소리

7 이 시는 무엇에 대해 쓴 시인지 쓰시오.

(   )

8 이 시의 표현 방법으로 알맞지 <u>않은</u> 것은 무엇입니까? (   )

① 대상을 노래하듯이 표현했다.
② 대상을 감각적으로 표현했다.
③ 대상의 냄새를 빗대어 표현했다.
④ 소리를 흉내 내는 말을 사용했다.
⑤ 말하고 싶은 내용을 짧은 글에 담았다.

[문법]

9 다음 문장에서 밑줄 친 낱말을 표준어로 고쳐 쓰시오.

(1) 동생은 잘 <u>비쳐서</u> 미울 때가 있습니다.

(   )

(2) 공원에는 <u>애쁜</u> 꽃들이 피어 있었습니다.

(   )

(3) 우리 형은 공부를 안 하고 <u>민날</u> 놀기만 합니다.

(   )

[문법]

10 다음 낱말과 같은 뜻의 표준어를 찾아 각각 ○표 하시오.

(1) | 짜장면 |

① 자장면 (   )   ② 좌장면 (   )

(2) | 찰지다 |

① 찰기다 (   )   ② 차지다 (   )

(3) | 간지럽히다 |

① 간질다 (   )   ② 간질이다 (   )

1 다음 대상에 어울리는 표현으로 알맞지 <u>않은</u> 것은 무엇입니까? (　　　)

① 포근포근
② 보들보들
③ 거칠거칠
④ 푹신푹신
⑤ 물렁물렁

서술형

2 다음 대상에 대한 느낌을 보기 와 같이 감각적 표현을 넣어 쓰시오.

보기
공처럼 둥그스름한 사과

＿＿＿＿＿＿＿＿＿＿＿＿＿＿＿＿＿＿＿＿

＿＿＿＿＿＿＿＿＿＿＿＿＿＿＿＿＿＿＿＿

3 대상을 감각적 표현으로 나타내면 좋은 점을 모두 고르시오. (　　　　)

① 대상의 느낌을 생생하게 표현할 수 있다.
② 대상의 느낌을 재미있게 나타낼 수 있다.
③ 대상을 실제로 보지 않고도 상상해 표현할 수 있다.
④ 감각적 표현을 말하려고 대상을 더 자세히 관찰할 수 있다.
⑤ 대상이 무엇인지 듣는 사람이 알 수 없도록 어렵게 나타낼 수 있다.

[4~6] 다음 시를 읽고, 물음에 답하시오.

감기

내 몸에
불덩이가 들어왔다.
—뜨끈뜨끈.
불덩이를 따라
몹시 추운 사람도 들어왔다.
—오들오들.

약을 먹고 나니
느릿느릿,
㉠거북이도 들어오고
까무룩,
㉡잠꾸러기도 들어왔다.

내 몸에
너무 많은 것들이 들어왔다.
그래서
내 몸이 아주 무거워졌다.

4 이 시에서 말하는 이가 '내' 몸에 불덩이가 들어왔다고 말한 까닭은 무엇입니까? (　　　)

① 감기에 걸려 너무 춥기 때문에
② 너무 뜨거운 음식을 삼켰기 때문에
③ 감기에 걸려 열이 많이 나기 때문에
④ 동생 때문에 화가 많이 나기 때문에
⑤ 불을 피운 곳 앞에 가까이 있었기 때문에

5 ㉠과 ㉡은 말하는 이의 어떤 상황을 표현한 것인지 알맞은 것을 찾아 각각 선으로 이으시오.

(1) ㉠ · · ㉮ 감기약을 먹고 몹시 졸린 상황

(2) ㉡ · · ㉯ 감기약을 먹고 몸이 무거워진 상황

6 이 시에서 파란색으로 쓰인 낱말을 넣어 읽을 때의 느낌으로 알맞은 것을 모두 고르시오.

( )

① 느낌이 더 생생하다.
② 더 어렵게 느껴진다.
③ 더 재미있게 느껴진다.
④ 표현이 더 구체적이다.
⑤ 내용이 지루하게 느껴진다.

[7~8] 다음 시를 읽고, 물음에 답하시오.

초승달아

초승달아 초승달아 무엇이 되련?
풀 베는 아저씨 낫이 되련다

초승달아 초승달아 무엇이 되련?
어여쁜 언니 머리빗이 되련다

초승달아 초승달아 무엇이 되련?
귀여운 아가 꼬까신이 되련다

7 이 시에서 초승달이 되려고 한 것이 <u>아닌</u> 것을 두 가지 고르시오. ( )

① 낫 ② 손톱
③ 머리빗 ④ 꼬까신
⑤ 교과서

8 이 시의 표현 방법을 알맞게 말한 친구의 이름을 쓰시오.

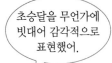
초승달을 무언가에 빗대어 감각적으로 표현했어.

초승달의 소리를 흉내 내는 말을 사용해 표현했어.

준서

하율

( )

[9~10] 다음 시를 읽고, 물음에 답하시오.

지구도 대답해 주는구나

강가 고운 모래밭에서
발가락 옴지락거려
두더지처럼 파고들었다.

지구가 간지러운지
꿈질꿈질 움직였다.

아, 내 작은 신호에도
지구는 대답해 주는구나.

그 큰 몸짓에
이 조그마한 발짓
그래도 지구는 대답해 주는구나.

9 이 시에서 지구가 천천히 움직이는 모습을 흉내 낸 말로 알맞은 것은 무엇입니까? ( )

① 강가
② 꿈질꿈질
③ 작은 신호
④ 조그마한 발짓
⑤ 고운 모래밭에서

서술형

10 이 시의 말하는 이처럼 지구가 살아 있다고 생각한 자신의 경험을 떠올려 조건 에 알맞게 쓰시오.

조건
• 언제 어디에서 있었던 경험인지 쓴다.
• 무엇을 보고 지구가 살아 있다고 생각했는지 쓴다.

_____

_____

[11~14] 다음 글을 읽고, 물음에 답하시오.

가 "안녕, 에밀. 들어오너라."

나는 아직 인사도 안 했는데 아저씨는 이미 나란 것을 알았어요.

"비(b) 플랫이 여전히 이상해서 왔어요."

"그래? 내일 가 보마. 주스 마실래?"

나 "질문 하나 해도 돼요?"

"물론이지, 에밀."

"조금 전에 어떻게 저란 걸 아셨어요? 앞이 보이지 않으시면서요."

아저씨는 웃으며 말했어요.

"그래, 난 태어날 때부터 앞을 보지 못했지. 그 대신 어릴 적부터 다른 감각들이 아주 발달되어 있단다. 촉각, 후각, 미각, 청각 이런 것들 말이야. 아까 네가 현관문을 열 때 너희 집 냄새와 네 바지가 구겨지는 소리, 그 밖에 설명하기 애매한 것들로 너란 걸 알았어."

다 나는 간식을 먹다가 결심했어요.

아저씨에게 색깔을 가르쳐 주기로요.

블링크 아저씨에게 알려 주기 위해 나는 색깔을 떠올리는 것을 찾아봤어요.

가장 초록색인 것은 맨발로 걸을 때 발가락 사이로 살살 삐져나오는 축축한 풀잎이에요.

가장 붉은색인 것은 할아버지 밭에서 나는 토마토 맛이에요.

가장 푸른색인 것은 옆집 수영장에서 헤엄치는 것이에요.

가장 흰 것은 여름에 푹 자고 열 시쯤에 일어났을 때예요.

라 나는 아저씨를 풀밭에 데려가 걸었어요.

그러자 아저씨는 아코디언을 가져와 즉석에서 딱 초록색인 곡을 연주했어요.

이건 우리 사이의 놀이가 되었어요.

나는 아저씨에게 색깔을 알려 주려고 애를 썼고, 아저씨는 내게 색깔을 연주해 주려고 애를 썼어요.

11 블링크 아저씨가 발달되어 있다고 말한 감각이 <u>아닌</u> 것은 무엇입니까? (   )

① 촉각   ② 후각   ③ 미각
④ 시각   ⑤ 청각

12 블링크 아저씨는 집에 온 사람이 에밀이라는 것을 어떻게 알았는지 ㉮, ㉯에 들어갈 알맞은 말을 쓰시오.

> 에밀의 집 [㉮] 이/가 났고, 에밀의 바지가 구겨지는 [㉯] 을/를 들었기 때문이다.

(1) ㉮: (   )

(2) ㉯: (   )

13 에밀이 블링크 아저씨에게 초록색을 알려 주기 위해 떠올린 것은 무엇입니까? (   )

① 옆집 수영장에서 헤엄치는 것
② 아코디언을 부는 아저씨를 볼 때
③ 할아버지 밭에서 나는 토마토 맛
④ 여름에 푹 자고 열 시쯤에 일어났을 때
⑤ 맨발로 걸을 때 발가락 사이로 살살 삐져나오는 축축한 풀잎

서술형

14 이 글에 나오는 인물 중에서 한 인물을 정해 그 인물에게 하고 싶은 말을 쓰시오.

(1) 인물: (   )

(2) 하고 싶은 말: _____

_____

_____

15 다음 시에서 천둥소리를 흉내 낸 말을 찾아 쓰시오.

> **천둥소리**
>
> 하늘에 사는 아이들도
> 체육 시간이 있나 보다
>
> 우르르 쿵쾅,
> 운동장으로
> 뛰쳐나가는 소리

(   )

4. 감동을 나타내요

 수행평가

● 정답 및 풀이 14쪽

평가 주제	느낌을 살려 시 쓰기
평가 목표	느낌을 살려 시를 쓸 수 있다.

4. 감동을 나타내요 **69**

1 시로 쓰고 싶은 물건을 세 가지 떠올려 쓰시오.

[　　　　　　]　,　[　　　　　　　　]　,　[　　　　　　　　　　]

2 문제 **1**번에서 답한 대상 중 가장 시로 쓰고 싶은 대상을 쓰고, 그 대상에 대한 느낌을 정리해 쓰시오.

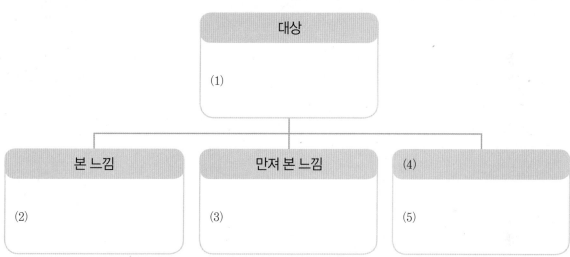

대상

(1)

본 느낌

(2)

만져 본 느낌

(3)

(4)

(5)

3 문제 **2**번에서 정리한 내용을 바탕으로 하여 조건 에 알맞게 시를 쓰시오.

조건
• 제목을 쓴다.
• 감각적 표현이 잘 드러나게 쓴다.

미로를 따라 길을 찾아보세요.

● 정답 및 풀이 14쪽

5 바르게 대화해요

▶ 학습을 완료하면 V표를 하면서 학습 진도를 체크해요.

	학습 내용	백점 쪽수	확인
개념	언어 예절을 생각하며 바르게 대화하기	72쪽	☐
어휘 + 문법	핵심 개념 어휘: 대화, 예절 작품 속 어휘: 새다, 역할, 관리, 당부하다, 조사, 친척 문법: 'ㅂ', 'ㅈ'이 'ㅎ'과 만날 때의 발음	73쪽	☐
독해	대화할 때 고려해야 할 점 떠올리기: 「진수의 대화」	74쪽	☐
	대상에 따라 알맞은 높임 표현을 사용해 말하기 : 「대상에 따라 알맞은 높임 표현을 사용하기」	75쪽	☐
	전화할 때의 바른 대화 예절 알기: 「민지와 지원이의 대화」, 「전화 대화」	76~77쪽	☐
	상황에 어울리는 표정, 몸짓, 말투로 대화하기: 「나는야, 안전 멋쟁이」	78쪽	☐
	언어 예절에 맞게 역할놀이하기: 「미나의 대화」	79쪽	☐
평가	단원 평가 1회, 2회	80~84쪽	☐
	수행 평가	85쪽	☐

5 바르게 대화해요

● 정답 및 풀이 15쪽

1 대화할 때 고려해야 할 점

- 상대가 누구인지 생각합니다.
- 대화하는 목적이 무엇인지 생각합니다.
- 어떤 대화 상황인지 생각합니다.
- 상대가 웃어른일 때에는 높임 표현을 사용합니다.
- 상대의 기분을 생각합니다.

예 대화할 때 고려해야 할 점을 생각하며 진영이가 어떻게 말해야 할지 생각하기

아픈 친구를 도와주는 것을 보니 진영이는 마음이 참 따뜻하구나!

듣는 사람이 선생님이므로 "고맙습니다."라고 말해야 합니다.

2 대상에 따라 알맞은 높임 표현을 사용해 말하기

- 웃어른과 대화할 때에는 높임 표현을 사용해 말합니다. →문장을 끝맺는 말로 '–어요', '해요'를 써서 높임을 나타내기도 함.
- 친구나 동생, 사물에는 높임 표현을 사용하지 않습니다.
- 상황에 어울리는 말을 해야 합니다.
- 상대를 바라보고 상대의 말을 존중하며 대화해야 합니다.

예 대상에 따라 알맞은 높임 표현 사용하기

사과주스 나왔습니다.

사과주스는 사물이므로 높임 표현을 사용하지 않습니다.

할아버지께서 사과주스를 드시고 계세요.

할아버지께서는 웃어른이므로 높임 표현을 사용합니다.

3 전화할 때의 바른 대화 예절 알기

- 자신이 누구인지 밝히고 상대가 누구인지 확인합니다.
- 상대의 상황을 헤아려 봅니다.
- 상대의 얼굴을 보지 않고 이야기하므로 더 공손하게 말합니다.
- 공공장소에서는 작은 목소리로 말합니다.

예 「민지와 지원이의 대화」에서 지원이가 잘못한 점

대화 내용	지원이가 잘못한 점
민지: 여보세요? 지원: 여보세요, 민지 있나요? 민지: 제가 민지인데, 누구신가요?	전화를 건 지원이가 자신이 누구인지를 밝히지 않아서 민지가 전화를 건 사람이 누구인지 몰랐습니다.

개념 확인 문제

1 대화할 때 고려해야 할 점

대화할 때 고려해야 할 점으로 알맞은 것을 두 가지 찾아 ○표 하시오.

(1) 어떤 대화 상황인가요? ( )

(2) 상대의 생김새가 어떠한가요? ( )

(3) 대화하는 목적이 무엇인가요? ( )

(4) 상대와 친한 사람은 누구인가요? ( )

2 대상에 따라 알맞은 높임 표현을 사용해 말하기

다음 빈칸에 들어갈 수 있는 대화 상대를 골라 ○표 하시오.

(1)
┌─────┐
└─────┘과/와 대화할 때에는 높임 표현을 사용해 말한다.

(동생, 할머니)

(2)
┌─────┐
└─────┘과/와 대화할 때에는 높임 표현을 사용하지 않는다.

(친구, 할머니)

3 전화할 때의 바른 대화 예절 알기

전화할 때의 바른 대화 예절에 대하여 알맞게 말한 친구의 이름을 쓰시오.

미현: 공공장소에서는 잘 들리도록 큰 목소리로 말해야 해.
대민: 자신이 누구인지 밝히고 상대가 누구인지 확인해야 해.

( )

5 바르게 대화해요

어휘·문법

● 정답 및 풀이 15쪽

어휘

1. 핵심 개념 어휘: 대화, 예절

對 대답할 대
話 말할 화
뜻 마주 대하여 이야기를 주고받음. 또는 그 이야기.

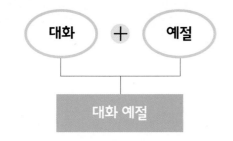

대화 + 예절

대화 예절

禮 예도 예
節 마디 절
뜻 예의에 관한 모든 절차나 질서.

➡ 대화를 할 때에는 언어 예절을 생각하며 바르게 대화해야 합니다.

2. 작품 속 어휘

낱말	뜻	예시
새다	기체, 액체 따위가 틈이나 구멍으로 조금씩 빠져 나가거나 나오다.	구멍으로 물이 새어 나가서 물통에는 물이 전혀 남아 있지 않았습니다.
역할	자기가 마땅히 하여야 할 맡은 바 직책이나 임무.	친구들은 운동회 준비를 위해 각자 맡은 바 역할을 다하였습니다.
관리	시설이나 물건의 유지, 개량 따위의 일을 맡아 함.	그 회사는 엄격한 품질 관리로 이름이 높습니다.
당부하다	말로 단단히 부탁하다.	선생님께서는 우리에게 한층 더 분발할 것을 당부하셨습니다.
조사(調査) 調 고를 조 査 조사할 사	사물의 내용을 명확히 알기 위하여 자세히 살펴보거나 찾아봄.	그는 환경 오염 실태를 조사하기 위해 현지로 떠났습니다.
친척	같은 조상의 피를 받은 친족과 외가 쪽의 사람들.	명절이면 모든 친척이 함께 모여 음식을 만듭니다.

문법 'ㅂ', 'ㅈ'이 'ㅎ'과 만날 때의 발음

[답따바다]?

창문을 닫으니 답답하다.

바람이 많이 불어서 그러니 답답해도 좀 참아.

[답따패도]?

◆ 이 그림에서 남자아이는 '답답하다'를 [답따바다]로 발음했고, 여자아이는 '답답해도'를 [답따패도]로 발음했어요. 누구의 발음이 맞는 것일까요? 바로 여자아이예요. 예사소리인 'ㄱ', 'ㄷ', 'ㅂ', 'ㅈ'이 'ㅎ'을 만나면 거센소리인 'ㅋ', 'ㅌ', 'ㅍ', 'ㅊ'로 발음이 되어요. 따라서 '답답하다'는 [답따파다]라고 발음해야 하지요.

어휘·문법 확인 문제

1 [핵심 개념 어휘]

다음 낱말의 뜻이 알맞은 것을 찾아 ○표 하시오.

⑴ 예절: 예의에 관한 모든 절차나 질서.　　　　(　　)

⑵ 대화: 바르게 생각하고 판단하는 작용.　　　　(　　)

2 [작품 속 어휘]

다음 보기 에서 알맞은 낱말을 골라 문장을 완성하시오.

보기
역할, 조사

⑴ 교수님은 사투리를 (　　　)하기 위해 그 지역으로 답사를 떠났다.

⑵ 선생님께서는 학생들에게 각자의 (　　　)에 최선을 다할 것을 강조하셨다.

3 [작품 속 어휘]

다음 낱말의 뜻으로 알맞은 것을 찾아 각각 선으로 이으시오.

⑴ 새다　•

⑵ 당부하다　•

• ㉮ 말로 단단히 부탁하다.

• ㉯ 기체, 액체 따위가 틈이나 구멍으로 빠져 나가거나 나오다.

4 [문법]

다음 문장에서 밑줄 친 부분의 발음을 쓰시오.

저녁 먹은 게 체했는지 속이 답답하다.

[　　　　　]

준비 대화할 때 고려해야 할 점 떠올리기

● 국어 166쪽 / 정답 및 풀이 15쪽

진수의 대화

내용 듣기

② 엄마: 진수야, 몸은 좀 괜찮니?

진수: 엄마, 어제보다 많이 좋아졌어. 내일은 학교에 갈 거야.

엄마: 그래.

④ 수정: 여보세요?

진수: 수정이니? 나, 진수야. 수정아, 내일 준비물
이 뭐야?

수정: 풀이랑 가위야.

진수: 그리고…….

수정: (전화를 뚝 끊는다.) ● 진수의 말을 더 듣지 않고 전화를 끊어 버림.

수정아, 내일 준비물이 뭐야? 그리고…….

풀이랑 가위야.

④ (문구점 안. 남녀 학생이 시끄럽게 떠드는 소리가 들린다.)

진수: 아저씨, 이 풀 얼마예요?

문구점 주인아저씨: 뭐라고? 시끄러워서 잘 안 들리는데 다시 한번 말해 줄
래?

④ 여자아이: 진수야, 내가 가위를 깜빡하고 안 가져왔어. 가위 좀 빌려줄래?

진수: 안 돼. 내가 쓸 거야. 나도 가위가 계속 필요하거든.

• 특징

진수가 엄마, 친구, 문구점 주인아저씨 등
과 대화를 나누는 상황을 통하여 대화할
때 고려해야 할 점이 무엇인지 생각해 볼
수 있습니다.

• 활동 정리

각 대화에서 잘못한 점	
②	진수가 웃어른에게 높임 표현을 사용하지 않음.
④	수정이가 전화 대화에서 자신의 말만 하고 끊음.
④	문구점 안에서 남녀 학생이 시끄럽게 떠듦.
④	진수가 상대의 기분을 생각하지 않고 말함.

문구점 학용품과 사무용품 따위를 파는
곳.

중요 독해

1 대화 ④에서 진수가 말을 더 잇지 못한 까닭은 무엇
이겠습니까? (   )

① 수정이가 말이 너무 많았기 때문에
② 수정이가 진수에게 화를 냈기 때문에
③ 수정이가 전화를 받지 않았기 때문에
④ 수정이도 내일 준비물을 잘 알지 못했기 때문에
⑤ 수정이가 진수의 말을 더 듣지 않고 전화를 끊었
기 때문에

서술형

2 대화 ④에서 진수가 한 말을 친구의 마음을 고려하
여 알맞게 바꾸어 쓰시오.

_____

_____

3 다른 사람과 대화할 때 고려해야 할 점으로 알맞지
않은 것은 무엇입니까? (   )

① 상대가 누구인지 생각한다.
② 어떤 대화 상황인지 생각한다.
③ 자신의 기분만 생각하며 말한다.
④ 대화하는 목적이 무엇인지 생각한다.
⑤ 상대가 웃어른일 때에는 높임 표현을 사용한다.

활동 정리

4 다음 빈칸에 알맞은 말을 넣어 이 대화의 내용을 정
리하시오.

각 대화에서 잘못한 점	
대화 ② 진수가 웃어른에게 (1)( ) 표현을 사용하지 않음.	대화 ④ 수정이가 전화 대화에서 자신의 말만 하고 끊음.
대화 ④ 문구점 안에서 남녀 학생이 시끄럽게 떠듦.	대화 ④ 진수가 상대의 (2)( )을/를 생각하지 않고 말함.

대상에 따라 알맞은 높임 표현을 사용하기

• 특징
승민이가 대화를 나누는 여러 가지 상황을 통해 상대에 따른 알맞은 언어 예절에 대해 알 수 있는 그림입니다.

• 활동 정리

대화 가~라에서 승민이가 높임 표현을 사용해야 하는 대상	
가, 나	할머니
다	가게 주인
라	할아버지, 어머니

열심히 온 정성을 다하여. 정신을 집중하여.

5 단원

---

5 그림 가에서 할머니와 대화를 하는 승민이의 태도로 알맞은 것을 모두 고르시오. (   )

① 과일을 높여 말하고 있다.
② 공손한 태도로 대화하고 있다.
③ '–어요'로만 문장을 끝맺고 있다.
④ 할머니의 눈을 바라보며 대화하고 있다.
⑤ 할머니의 말씀을 잘 들으며 대화하고 있다.

6 ㉠과 바꾸어 쓸 수 있는 말을 모두 고르시오.
(   )

① 기쁘게
② 유쾌하게
③ 재미있게
④ 우울하게
⑤ 울적하게

7 ㉡에 들어갈 알맞은 말은 무엇입니까? (   )

① 계십니다.
② 나오셨다.
③ 나왔습니다.
④ 있으십니다.
⑤ 나오셨습니다.

8 다음 빈칸에 알맞은 말을 넣어 대화 가~라를 정리하시오.

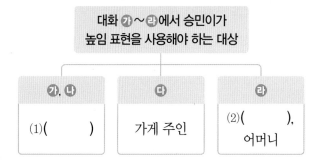

대화 가~라에서 승민이가 높임 표현을 사용해야 하는 대상		
가, 나	다	라
(1)( )	가게 주인	(2)( ), 어머니

기본 전화할 때의 바른 대화 예절 알기

● 국어 174쪽 / 정답 및 풀이 15쪽

민지와 지원이의 대화

❶

여보세요, 민지 있나요?

제가 민지인데, 누구신가요?

지원

민지

❷ 지원: 나, 아까 학교 앞 문구점에서 미술 준비물을 샀는데 망가져 있어.

민지: 뭐가? 물감에 구멍이 났니? 아니면 물통?

지원: 아니, 물통에 물이 샌다고.

민지: 아, 물통을 말하는 거구나.

(전화벨이 울린다.)

민지: 여보세요?

지원: 여보세요, 민지 있나요?

민지: ㉠제가 민지인데, 누구신가요?

지원: 나, 지원이야.

학교 앞 문구점에서 미술 준비물을 샀는데 망가져 있어.

내용 듣기

· 특징

지원이와 민지의 전화 대화를 통하여 전화 대화의 특징과 전화로 대화할 때 주의할 점을 알 수 있습니다.

· 활동 정리

지원이가 전화 대화를 할 때 지켜야 할 점	
대화 ❶	전화를 걸었을 때 자신이 누구인지를 밝혀야 함.
대화 ❷	전화로는 상황을 볼 수 없기 때문에 정확하고 구체적으로 표현해야 함.

구멍 뚫어지거나 파낸 자리.
㉞ 구두가 오래되어 밑바닥에 구멍이 뚫렸습니다.
샌다고 기체, 액체 따위가 틈이나 구멍으로 조금씩 빠져 나가거나 나온다고.

중요 독해

9 민지가 ㉠과 같이 말한 까닭은 무엇이겠습니까?

( )

① 지원이와 모르는 사이라서
② 전화가 자꾸 끊기는 상황이어서
③ 지원이에게 장난을 치기 위해서
④ 지원이의 목소리가 잘 안 들려서
⑤ 지원이가 자신이 누구인지 밝히지 않아서

서술형

10 대화 ❷에서 민지는 지원이의 말을 듣고 무엇을 떠올렸는지 두 가지를 쓰고, 그 두 가지를 모두 떠올린 까닭을 쓰시오.

(1) 떠올린 것: ( ), ( )

(2) 두 가지를 모두 떠올린 까닭: _____

_____

어휘

11 다음 빈칸에 들어갈 말을 대화 ❷에서 찾아 세 글자로 쓰시오.

아이들은 천장에서 떨어지는 물을 보고 선생님께 지붕에서 비가 [ ] 말하였습니다.

활동 정리

12 다음 빈칸에 알맞은 말을 넣어 이 대화를 정리하시오.

지원이가 전화 대화를 할 때 지켜야 할 점

대화 ❶	전화를 걸었을 때 (1)_____
대화 ❷	전화로는 상황을 볼 수 없기 때문에 (2)_____ 표현해야 함.

전화 대화

가 (전화벨이 울린다.)

예원이 언니: 여보세요?

수진: 예원아! 우리 내일 어디에서 만나서 놀기로 했지?

예원이 언니: (생각) ㉠나는 예원이 언니인데…… 누구지?

나 지수: 정아야, 어제 우리 반 회의에서 책 당번을 정하기로 했잖아. 내 생각에는 책 당번을 일주일에 한 번씩 바꾸는 건 잘못된 것 같아. 각자 맡고 있는 역할도 있는데 일주일 동안 책을 관리하는 건 너무 힘들어.

정아: 응. 그런데…….

지수: 내 생각에는 하루에 한 번씩 책 당번을 바꾸는 게 맞아. 회의 시간에 강력하게 말했어야 하는데, 내가 괜히 의견을 말 안 했나 봐. 내일 선생님께 다시 한번 말씀드려 볼까?

정아: (생각) 내 생각에는 하루에 한 번씩 바꾸면 친구들도 헷갈리고, 책 관리가 안 될 수도 있다고 말하고 싶었는데. 지수는 계속 자기 말만 하네. 지수에게 내 생각을 언제 말하지?

지수: 내 의견 어때? 왜 말이 없니?

정아: 그래.

- **특징**
  전화로 대화할 때 잘못할 수 있는 점들을 통해 올바른 전화 예절이 무엇인지 알 수 있는 전화 대화입니다.

- **활동 정리**

대화 가와 나에서 지켜야 할 전화 대화 예절	
대화 가	전화를 건 사람이 자신이 누구인지 밝히고 상대가 누구인지도 확인해야 함.
대화 나	상대의 상황을 헤아리고 상대의 말을 귀 기울여 들어야 함.

역할 자기가 마땅히 하여야 할 맡은 바 직책이나 임무.
관리 시설이나 물건의 유지, 개량 따위의 일을 맡아 함.

5
단원

---

13 대화 **가**에서 전화를 건 사람과 받은 사람은 누구인지 각각 쓰시오.

전화를 건 사람	(1)
전화를 받은 사람	(2)

14 ㉠과 같이 생각한 까닭은 무엇인지 쓰시오.

_____

_____

15 대화 **나**에서 지수가 전화로 대화할 때에 지켜야 할 예절로 알맞은 것에 ○표 하시오.

(1) 큰 소리로 말해야 한다. ( )

(2) 쉬운 낱말로 말해야 한다. ( )

(3) 상대의 상황을 헤아려야 한다. ( )

활동 정리

16 다음 빈칸에 알맞은 말을 넣어 이 대화에서 알 수 있는 전화 대화 예절을 정리하시오.

대화 가와 나에서 알 수 있는 전화 대화 예절	
대화 가	**대화 나**
전화를 건 사람이 자신이 누구인지 밝히고, (1)( )이/가 누구인지도 확인해야 함.	상대의 (2)( )을/를 헤아리고 상대의 말을 귀 기울여 들어야 함.

기본 상황에 어울리는 표정, 몸짓, 말투로 대화하기

● 국어 178~179쪽 / 정답 및 풀이 15쪽

나는야, 안전 멋쟁이

※ 다음은 「나는야, 안전 멋쟁이」의 내용을 간추린 것입니다.

❶ 강이는 훈이가 노란 우산에 노란 옷을 입은 자신을 보고 유치원생 같다고 놀려서 속이 상했습니다.

❷ 아침에 강이의 엄마께서는 강이에게 비가 와서 날이 어두우니 밝은색 옷을 입고 가라고 하셨습니다.

❸ 강이는 유치원생처럼 보이는 옷을 입고 가는 것이 마음에 들지 않았지만 어쩔 수 없이 입었습니다.

❹ 엄마께서는 학교에 가는 강이에게 우산으로 얼굴을 가리지 말고, 땅을 쳐다보며 걷지 말라고 ㉠당부하셨습니다.

❺ 차가 오는지 잘 보지 않고 횡단보도로 뛰어가던 훈이는 교통사고가 날 뻔했습니다. 이 모습을 본 강이는 깜짝 놀라고 당황했습니다.

❻ 강이와 훈이는 비가 오는 날에는 밝은색 옷을 입어야 하며, 우산으로 앞을 가리지 않고 조심해서 길을 건너야 한다는 것을 깨달았습니다.

- **특징**
비 오는 날 강이가 훈이, 엄마와 대화하는 상황이 잘 나타난 만화 영화의 내용으로, 각 상황에 어울리는 표정, 몸짓, 말투를 떠올려 볼 수 있습니다.

- **작품 정리**

강이는 훈이가 유치원생 같다고 놀려서 노란 옷이 입고 싶지 않았지만 엄마께서는 밝은색 옷을 입으라고 하심.

↓

강이와 걷던 훈이는 앞을 잘 보지 않고 횡단보도로 뛰어가다가 교통사고가 날 뻔함.

↓

강이와 훈이는 비가 오는 날엔 밝은색 옷을 입어야 하며, 조심해서 길을 건너야 한다는 것을 깨닫게 됨.

---

17 강이의 엄마께서 비 오는 날에 당부하신 내용을 떠올려 빈칸에 알맞은 말을 써넣으시오.

> (1)(   )(으)로 얼굴을 가리지 말고,
> (2)(   )을/를 쳐다보며 걷지 말기

어휘

19 ㉠의 뜻으로 알맞은 것을 찾아 ○표 하시오.

(1) 손짓으로 가리키셨습니다.   (   )

(2) 큰 소리로 화를 내셨습니다.   (   )

(3) 말로 단단히 부탁하셨습니다.   (   )

서술형

18 다음 상황에 어울리는 강이의 표정과 몸짓, 말투를 생각하여 한 가지 이상 쓰시오.

> 훈이가 차가 오는지 보지 않고 횡단보도로 뛰어가는 것을 보고 강이가 놀라는 상황

_____

_____

작품 정리

20 다음 빈칸에 알맞은 말을 넣어 이 글의 내용을 정리하시오.

언제	(1)( ) 오는 날
누가	강이와 (2)( )
겪은 일	훈이가 앞을 잘 보지 않고 뛰다가 교통사고가 날 뻔함.
깨달은 점	비가 오는 날에는 (3)( ) 옷을 입어야 하며, 조심해서 길을 건너야 한다는 것.

미나의 대화

❶ 선생님: 이번 주 금요일까지 우리 주위 사람들이 좋아하는 음식을 조사해 오세요.

미나: 선생님, 주위 사람이면 누구를 말하는 건가요?

선생님: 가족, 친척, 이웃처럼 가까운 사람을 말한단다.
　　　　주위 사람

❷ 미나: 할아버지, 가장 좋아하시는 음식이 뭐예요?

할아버지: 음식? 어떤 음식?

미나: 불고기, 김밥 같은 음식요.

할아버지: 응, 할아버지는 된장찌개가 최고야.

❸ 남동생: 누나, 뭐 해? 나랑 놀자.

미나: 참, 민철아! 너, 가장 좋아하는 음식이 뭐야?

남동생: 에이, 누난 그것도 몰라?

미나: 하하, 맞아. 우리 민철이는 통닭을 가장 좋아하지!

· 특징
미나가 선생님, 할아버지, 남동생과 대화를 나누는 상황을 보고 친구들과 함께 언어 예절에 맞게 역할놀이를 해 볼 수 있습니다.

· 활동 정리

미나가 대화한 상대와 사용한 언어 표현		
대화	상대	표현
❶	선생님	높임 표현
❷	할아버지	높임 표현
❸	남동생	반말

조사 사물의 내용을 명확히 알기 위하여 자세히 살펴보거나 찾아봄.
친척 같은 조상의 피를 받은 친족과 외가 쪽의 사람들.

5
단원

중요 독해

21 대화 ❶에서 선생님께서 조사해 오라고 하신 것은 무엇입니까? (　　　)

① 주위 사람들의 이름
② 주위 사람들이 하는 일
③ 주위 사람들이 좋아하는 장소
④ 주위 사람들이 좋아하는 음식
⑤ 주위 사람들에게 해 주고 싶은 선물

22 대화 ❷와 ❸에서 미나가 대화를 나누고 있는 대상을 찾아 선으로 이으시오.

(1) 대화 ❷ ·　　　· ㉮ 남동생

(2) 대화 ❸ ·　　　· ㉯ 할아버지

23 할아버지께서는 어떤 음식을 좋아하신다고 하셨는지 쓰시오.

(　　　　　　　　　　　　)

활동 정리

24 다음 빈칸에 알맞은 말을 넣어 이 대화의 내용을 정리하시오.

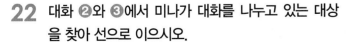

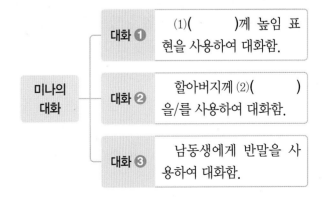

미나의 대화

대화 ❶ — (1)(　　　)께 높임 표현을 사용하여 대화함.

대화 ❷ — 할아버지께 (2)(　　　)을/를 사용하여 대화함.

대화 ❸ — 남동생에게 반말을 사용하여 대화함.

[1~2] 다음 글을 읽고, 물음에 답하시오.

> 가 엄마: 진수야, 몸은 좀 괜찮니?
> 진수: 엄마, 어제보다 많이 좋아졌어. 내일은 학교에 갈 거야.
> 엄마: 그래.
> 나 진수: 수정이니? 나, 진수야. 수정아, 내일 준비물이 뭐야?
> 수정: 풀이랑 가위야.
> 진수: 그리고……
> 수정: (전화를 뚝 끊는다.)
> 다 (문구점 안. 남녀 학생이 시끄럽게 떠드는 소리가 들린다.)
> 진수: 아저씨, 이 풀 얼마예요?
> 문구점 주인아저씨: 뭐라고? 시끄러워서 잘 안 들리는데 다시 한번 말해 줄래?

1 대화 가~다에서 진수가 대화를 하는 대상이 누구인지 각각 쓰시오.

대화 가	(1)
대화 나	(2)
대화 다	(3)

2 대화 가~다를 통해 알 수 있는 대화할 때 고려해야 할 점으로 알맞은 것을 두 가지 찾아 ○표 하시오.

(1) 대화 상황을 고려하여 말한다. ( )

(2) 상대가 웃어른일 때에는 높임 표현을 사용한다. ( )

(3) 전화 대화에서는 자신이 할 말만 간단히 하고 바로 끊는다. ( )

[3~5] 다음 그림을 보고, 물음에 답하시오.

3 승민이가 지난 주말에 간 곳은 어디인지 쓰시오.

( )

4 ㉠에 들어갈 대답으로 알맞은 것은 무엇입니까?

( )

① 책을 사러 서점에 갔어.
② 책을 사러 서점에 갔었지.
③ 책을 사러 서점에 갔습니다.
④ 책을 사러 서점에 가셨습니다.
⑤ 책을 사러 서점에 다녀오셨습니다.

5 다음 중 ㉡을 바르게 고친 친구의 이름을 쓰시오.

 사물에는 높임 표현을 사용하지 않으므로 "이 책이 재미있습니다."라고 고쳐야 해.
하율

선생님께 높임 표현을 사용해야 하므로 "이 책이 재미있으십니다."라고 고쳐야 해.
준서

( )

[6~7] 다음 글을 읽고, 물음에 답하시오.

> **가** (전화벨이 울린다.)
> 유진: 여보세요?
> 할머니: 유진이냐? 할머니다.
> 유진: 네, 할머니! 안녕하세요?
> 할머니: 그래. 여기는 괜찮은데, 요즘 한국은 많이 덥지?
> 유진: 네, 많이 더워요.
> 할머니: 네 엄마는?
> 유진: 시장에 장 보러 가셨어요.
> 할머니: 엄마 오시면 할머니가 이번 토요일에 한국에 간다고 전해 다오.
> 유진: 네. (전화를 끊는다. 전화 끊는 소리 "찰칵 뚜뚜 뚜…….")
> 할머니: 세 시까지 공항에 데리러 오라고 말해야 하는데……
>
> **나** (지하철 소리)
> 남자아이: (큰 목소리로) 하하! 그래. 너 이번 주에 뭐 하니? 우리 이번 주에 축구 할래? 지난주에 비가 와서 축구를 하지 못했잖아.

(말풍선: 우리 이번 주에 축구할래?)

6 대화 **가**에서 유진이가 잘못한 점이 무엇인지 바르게 말한 친구의 이름을 쓰시오.

> 지민: 할머니는 외국에 계시니 통화를 빨리 끝내야 하는데 너무 오래 통화를 했어.
> 정환: 할머니께서 하실 말씀이 남아 있는데 유진이가 그것을 듣지 않고 갑자기 전화를 끊었어.

(   )

7 다음은 대화 **나**에서 남자아이 주변 사람들의 표정이 좋지 않은 까닭입니다. 빈칸에 들어갈 알맞은 말을 쓰시오.

> (1)(   )에서는 (2)(   )(으)로 말해야 하는데 남자아이가 큰 목소리로 통화를 했기 때문입니다.

8 다음 중 전화로 대화할 때에 지켜야 할 예절로 알맞지 <u>않은</u> 것은 무엇입니까? (   )

① 상대의 상황을 헤아려 본다.
② 내용을 구체적으로 말하지 않는다.
③ 공공장소에서는 작은 목소리로 말한다.
④ 자신이 누구인지 밝히고 상대가 누구인지 확인한다.
⑤ 상대 얼굴을 보지 않고 이야기하므로 더 공손하게 말한다.

문법

9 다음 문장의 밑줄 친 낱말을 바르게 발음한 것을 찾아 ○표 하시오.

(1)

> 우리 집안은 매우 <u>화목하다.</u>

① [화모까다] (   ) ② [화모카다] (   )

(2)

> 운동장에 모인 친구들이 <u>많다.</u>

① [만타] (   ) ② [만따] (   )

(3)

> 힘이 있는 사람은 힘이 <u>약한</u> 사람을 도와주어야 한다.

① [야깐] (   ) ② [야칸] (   )

문법

10 다음 문장에서 밑줄 친 부분의 발음을 각각 쓰시오.

(1)

> 친구가 전학을 가게 되어서 <u>섭섭하다.</u>

[   ]

(2)

> 동생은 나에게 장난감을 망가뜨렸다며 <u>솔직히</u> 말했다.

[   ]

5
단원

1 다음 대화를 읽고 진수가 대화할 때 고려해야 할 점을 알맞게 말한 친구를 찾아 ○표 하시오.

> 여자아이: 진수야, 내가 가위를 깜빡하고 안 가져 왔어. 가위 좀 빌려줄래?
> 진수: 안 돼. 내가 쓸 거야. 나도 가위가 계속 필요하거든.

(1) 높임 표현을 사용해서 대화해야 해. ( )

(2) 상대의 기분을 생각하며 대화해야 해. ( )

[2~3] 다음 그림을 보고, 물음에 답하시오.

가 진영아, 네가 그린 그림 정말 멋지다! ㉠

김진영

나 아픈 친구를 도와주는 것을 보니 진영이는 마음이 참 따뜻하구나! ㉡

2 그림 가와 나에서 진영이는 어떤 마음이 들었겠습니까? ( )

① 다급한 마음
② 고마운 마음
③ 미안한 마음
④ 후회하는 마음
⑤ 당황스러운 마음

3 다음은 ㉠과 ㉡에 들어갈 말입니다. 같은 뜻이지만 형태가 다르게 말하는 까닭은 무엇이겠습니까?
( )

> ㉠: 고마워.   ㉡: 고맙습니다.

① 대화 시간이 다르기 때문에
② 대화 장소가 다르기 때문에
③ 대화 상대가 다르기 때문에
④ 말하는 사람의 마음이 다르기 때문에
⑤ 대화하는 상대와 친한 정도가 다르기 때문에

[4~5] 다음 그림을 보고, 물음에 답하시오.

가 사과주스 한 잔 주세요.

사과주스 ㉠

나 할아버지 지금 뭐 하시니?

㉡할아버지께서 사과주스를 먹고 있어요.

4 ㉠에 들어갈 말을 잘 설명한 친구를 찾아 ○표 하시오.

(1) 예경: 듣는 사람이 손님이라서 높임 표현을 써야 하므로 '나오셨습니다.'가 들어가야 해. ( )

(2) 기정: 사과주스가 사물이라 높임 표현을 사용할 수 없으므로 '나왔습니다.'가 들어가야 해.
( )

서술형

5 그림 나에서 ㉡과 같이 대답한 승민이에게 충고해 줄 말을 쓰시오.

> 승민아, _____
> _____

6 다음 빈칸에 들어갈 대화 상대로 알맞은 인물을 모두 고르시오. (   )

> ☐ : 승민아, 지난 주말에 뭐 했니?
> 승민: 책을 사러 서점에 갔습니다.

① 친구　　　② 아빠　　　③ 동생
④ 선생님　　⑤ 할머니

[7~8] 다음 글을 읽고, 물음에 답하시오.

> 학교 앞 문구점에서 미술 준비물을 샀는데 망가져 있어.

지원: 나, 아까 학교 앞 문구점에서 미술 준비물을 샀는데 망가져 있어.
민지: 뭐가? 물감에 구멍이 났니? 아니면 물통?
지원: 아니, 물통에 물이 샌다고.
민지: 아, 물통을 말하는 거구나.

7 이 전화 대화에 나타난 문제는 무엇입니까?
(   )

① 지원이가 너무 오랫동안 말했다.
② 민지가 지원이의 기분을 상하게 했다.
③ 민지가 지원이의 말을 들어 주지 않았다.
④ 지원이가 너무 늦은 시간에 전화를 걸었다.
⑤ 지원이가 말하는 것이 무엇인지 민지가 몰랐다.

서술형

8 문제 7번에서 답한 것과 같은 문제를 해결하려면 어떻게 해야 할지 쓰시오.

_____

_____

[9~10] 다음 글을 읽고, 물음에 답하시오.

가 (전화벨이 울린다.)
예원이 언니: 여보세요?
수진: 예원아! 우리 내일 어디에서 만나서 놀기로 했지?
예원이 언니: (생각) 나는 예원이 언니인데…….. 누구지?
나 (전화벨이 울린다.)
유진: 여보세요?
할머니: 유진이냐? 할머니다.
유진: 네, 할머니! 안녕하세요?
할머니: 그래. 여기는 괜찮은데, 요즘 한국은 많이 덥지?
유진: 네, 많이 더워요.
할머니: 네 엄마는?
유진: 시장에 장 보러 가셨어요.
할머니: 엄마 오시면 할머니가 이번 토요일에 한국에 간다고 전해 다오.
유진: 네. (전화를 끊는다. 전화 끊는 소리 "찰칵 뚜뚜뚜 ……. ")
할머니: 세 시까지 공항에 데리러 오라고 말해야 하는데…….

> 세 시까지 공항에 데리러 오라고 말해야 하는데…….

9 대화 **가**의 전화 대화에서 수진이가 잘못한 점을 두 가지 고르시오. (   )

① 자신이 누구인지를 밝히지 않았다.
② 자신이 궁금한 점을 밝히지 않았다.
③ 상대가 누구인지를 확인하지 않았다.
④ 상대가 전화를 한 까닭을 묻지 않았다.
⑤ 자신의 전화번호가 무엇인지 말하지 않았다.

10 대화 **나**에서 할머니께서 당황하시지 않으려면 유진이가 전화를 끊기 전에 어떤 말을 했어야 하는지 떠올려 알맞은 것의 기호를 쓰시오.

> ㉮ 이만 전화를 끊겠습니다. 안녕히 계세요.
> ㉯ 네, 전해 드릴게요. 혹시 더 하실 말씀 있으세요?

(   )

5 단원

11 다음 그림의 혜민이에게 필요한 '바른 대화 예절'을 찾아 ○표 하시오.

(1) 상대의 상황 헤아리기 ( )
(2) 공공장소에서는 작은 목소리로 말하기 ( )

[12~13] 다음 글을 읽고, 물음에 답하시오.

※ 다음은 「나는야, 안전 멋쟁이」의 내용을 간추린 것입니다.

가 강이는 훈이가 노란 우산에 노란 옷을 입은 자신을 보고 유치원생 같다고 놀려서 속이 상했습니다.

나 아침에 강이의 엄마께서는 강이에게 비가 와서 날이 어두우니 밝은색 옷을 입고 가라고 하셨습니다.

다 차가 오는지 잘 보지 않고 횡단보도로 뛰어가던 훈이는 교통사고가 날 뻔했습니다. 이 모습을 본 강이는 깜짝 놀라고 당황했습니다.

라 강이와 훈이는 비가 오는 날에는 밝은색 옷을 입어야 하며, 우산으로 앞을 가리지 않고 조심해서 길을 건너야 한다는 것을 깨달았습니다.

12 「나는야, 안전 멋쟁이」에서 일어난 일이 <u>아닌</u> 것은 무엇입니까? ( )

① 훈이는 교통사고가 날 뻔했다.
② 훈이는 강이를 유치원생 같다고 놀렸다.
③ 강이의 엄마께서는 밝은색 옷을 입으라고 하셨다.
④ 강이는 비가 오는 날에는 길을 빨리 건너야 한다는 것을 깨달았다.
⑤ 강이는 비가 오는 날에는 밝은색 옷을 입어야 한다는 것을 깨달았다.

13 장면 **가**~**라** 중 다음 친구가 표현하고자 한 장면의 기호를 쓰시오.

장면 ( )

14 다음 대화에서 ㉠을 말할 때의 표정, 몸짓으로 알맞은 것을 보기 에서 찾아 기호를 쓰시오.

보기
㉮ 손뼉을 치며 기쁜 표정으로
㉯ 팔짱을 낀 채로 눈을 흘기며
㉰ 고개를 흔들며 화가 난 표정으로

아들: 엄마, 오늘 학교에서 발표를 잘해서 칭찬받았어요.
엄마: ㉠정말 대견하구나. 우리 아들 잘했다!

( )

서술형
15 다음 대화 상황으로 역할놀이를 하려고 합니다. 자신이 맡고 싶은 인물을 하나 고르고, 그 인물에 알맞은 표정, 몸짓, 말투를 쓰시오.

미나: 할아버지, 가장 좋아하시는 음식이 뭐예요?
할아버지: 음식? 어떤 음식?
미나: 불고기, 김밥 같은 음식요.
할아버지: 응, 할아버지는 된장찌개가 최고야.

(1) 맡고 싶은 인물: ( )

(2) 알맞은 표정, 몸짓, 말투: _____

_____

5. 바르게 대화해요

● 정답 및 풀이 18쪽

평가 주제	전화할 때의 바른 대화 예절 알기
평가 목표	전화할 때에 바른 대화 예절을 알고 대화할 수 있다.

> 가 (전화벨이 울린다.)
>
> 민지: 여보세요?
>
> 지원: ㉠여보세요, 민지 있나요?
>
> 민지: 제가 민지인데, 누구신가요?
>
> 지원: 나, 지원이야.
>
> 나 (전화벨이 울린다.)
>
> 예원이 언니: 여보세요?
>
> 수진: ㉡예원아! 우리 내일 어디에서 만나서 놀기로 했지?
>
> 예원이 언니: (생각) 나는 예원이 언니인데……. 누구지?

1 대화 가와 나에서 지원이와 수진이가 잘못한 점은 무엇인지 각각 쓰시오.

대화 가	(1)
대화 나	(2)

2 전화 대화 예절을 생각하며 ㉠과 ㉡을 바르게 고쳐 써 보시오.

㉠	(1)
㉡	(2)

3 다음 조건 의 내용을 참고하여, 빈칸을 채워 대화를 완성하시오.

> **조건**
> • 전화를 받은 친구에게 내일 학교에 가져 갈 준비물이 무엇인지 묻는 내용으로 씁니다.
> • 전화 예절에 알맞게 씁니다.
>
> 이안: 여보세요?
>
> 소민: 여보세요? (1) _____
>
> 이안: 응, 소민이구나. 안녕? 나 이안이야.
>
> 소민: (2) _____
>
> _____

다른 그림을 찾아보세요.

● 정답 및 풀이 18쪽

다른 곳이 15군데 있어요.

6 마음을 담아 글을 써요

▶ **학습을 완료하면 ∨표를 하면서 학습 진도를 체크해요.**

6 마음을 담아 글을 써요

● 정답 및 풀이 19쪽

1 이야기를 듣고 인물의 마음이 어떻게 변했는지 정리하기

- 인물의 마음이 어떻게 변하는지 생각하며 이야기를 들어봅니다.
- 인물이 한 일이나 겪은 일을 차례대로 떠올려 봅니다.
- 인물이 한 일이나 겪은 일과 그때의 마음을 정리해 봅니다. ●이야기 속 인물이 한 일, 겪은 일, 생각, 말이나 행동을 살펴보면 인물의 마음을 알 수 있음.
- 시간 흐름에 따라 변하는 인물의 마음을 정리해 봅니다.

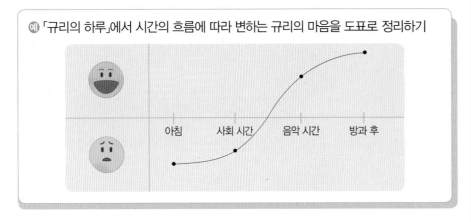

예 「규리의 하루」에서 시간의 흐름에 따라 변하는 규리의 마음을 도표로 정리하기

2 이야기 속 인물의 마음을 헤아리며 글 읽기

- 인물에게 어떤 일이 일어났는지 생각하며 글을 읽어 봅니다.
- 글의 내용에서 인물이 처한 상황을 떠올려 보고, 그때 인물이 느꼈을 마음을 헤아려 봅니다.

예 「꼴찌라도 괜찮아!」 속 기찬이의 마음 헤아리기

기찬이가 처한 상황	달리기를 못한다며 이호와 친구들이 기찬이를 놀림.
기찬이의 마음	너무 속상하고 외로웠을 것 같음.

3 읽을 사람을 생각하며 마음을 전하는 글 쓰기

- 어떤 일이 있었는지 씁니다.
- 자신의 감정을 솔직하게 씁니다.
- 앞으로 바라는 점이 무엇인지 씁니다.

예 「화해하기」 속 주은이의 입장에서 원호에게 사과하는 쪽지 쓰기

원호야, 안녕. 나 주은이야.
교실에서 활동할 때 네게 예의 없이 행동하고서는 제대로 사과하지 못했어. 그리고 사과할 때 툭툭 치면서 말해서 기분 많이 나빴지? ●있었던 일
미안한 마음에 네게 미안하다는 말을 하려고 했는데, 쑥스러운 마음이 많이 들어서 그런 행동을 했나 봐. 미안해. ●자신의 감정
예의 있게 행동하고 용기를 내서 제대로 사과할게. 앞으로 친하게 지내자. ●앞으로 바라는 점

---

1 이야기를 듣고 인물의 마음이 어떻게 변했는지 정리하기

다음 빈칸에 알맞은 말을 쓰시오.

> 이야기를 듣고 인물의 마음이 어떻게 변했는지 정리할 때에는 [   ] 흐름에 따라 변하는 인물의 마음을 정리해 본다.

( )

2 이야기 속 인물의 마음을 헤아리며 글 읽기

이야기 속 인물의 마음을 헤아릴 때 살펴보아야 할 것의 기호를 쓰시오.

> ㉠ 글쓴이
> ㉡ 인물의 이름
> ㉢ 인물이 처한 상황
> ㉣ 인물이 등장한 횟수

( )

3 읽을 사람을 생각하며 마음을 전하는 글 쓰기

읽을 사람을 생각하며 마음을 전하는 글을 쓰는 방법으로 알맞은 것을 찾아 ○표 하시오.

(1) 어떤 일이 있었는지 쓴다.
( )

(2) 자신의 감정이 드러나지 않도록 조심한다. ( )

(3) 앞으로 바라는 점이 무엇인지는 쓰지 않는 것이 좋다. ( )

6 마음을 담아 글을 써요

● 정답 및 풀이 19쪽

어휘

1. 핵심 개념 어휘: 마음, 감정

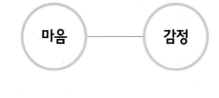

뜻 사람이 다른 사람이나 사물에 대하여 감정이나 의지, 생각 따위를 느끼거나 일으키는 작용이나 태도.

感 느낄 감
情 뜻 정
뜻 어떤 현상이나 일에 대하여 일어나는 마음이나 느끼는 기분.

➡ 솔직한 감정이 드러나도록 마음을 전하는 글을 씁니다.

2. 작품 속 어휘

낱말	뜻	예시
직전(直前) 直 곧을 직 前 앞 전	어떤 일이 일어나기 바로 전.	1교시 시작하기 직전에 교실에 들어갈 수 있었습니다.
핀잔	맞대어 놓고 언짢게 꾸짖거나 비꼬아 꾸짖는 일.	지각한 규리에게 짝 민호가 핀잔을 주었습니다.
물끄러미	우두커니 한 곳만 바라보는 모양.	기찬이는 친구들을 물끄러미 바라보았습니다.
안절부절못하다	마음이 초조하고 불안하여 어찌할 바를 모르다.	이호는 갑자기 배가 아파서 안절부절못했습니다.

문법   '-(ㄴ/는)대'와 '-ㄴ데/-는데'

◆ '-(는)대'는 다른 사람에게 들은 말을 전할 때 씁니다.
　예 옆에 있던 친구가 "현주가 장난으로 네 가방을 숨겼대."라고 말했다.

◆ '-(는)데'는 뒤에 나오는 일을 설명하기 위하여 그와 상관된 일을 미리 말할 때 씁니다.
　예 리코더 연습을 하려고 가방을 보니 리코더가 없었다. 아침 자습 시간에도 분명히 있었는데 아무리 찾아봐도 없었다.

나는 다른 사람에게 들은 말을 전할 때 쓰여.

-(ㄴ/는)대

나는 뒤에 나오는 일을 설명하기 위하여 그와 상관된 일을 미리 말할 때 쓰여.

-ㄴ데/-는데

어휘·문법 확인 문제

1 핵심 개념 어휘

다음 낱말의 뜻풀이가 바르게 연결된 것에 ○표 하시오.

⑴ 마음: 몸을 움직여 동작을 하거나 어떤 일을 함. (　　　)

⑵ 감정: 어떤 현상이나 일에 대하여 일어나는 마음이나 느끼는 기분. (　　　)

2 작품 속 어휘

보기 에서 알맞은 낱말을 골라 다음 문장을 완성하시오.

보기
직전,　핀잔,　안절부절

⑴ 철수는 숙제를 안 한 것을 들킬까 봐 (　　　)못했다.

⑵ 민지는 약속 시간에 늦은 친구에게 (　　　)을 주었다.

⑶ 점심시간 (　　　)에 과자를 먹었더니 배가 고프지 않다.

3 작품 속 어휘

다음 낱말의 뜻으로 알맞은 것을 골라 선으로 이으시오.

물끄러미 ·

· ㉮ 우두커니 한 곳만 바라보는 모양.

· ㉯ 여러 곳을 두루두루 둘러보는 모양.

4 문법

다음 문장에서 바르게 쓴 낱말을 골라 ○표 하시오.

⑴ 그곳에 입장하려면 늦어도 오후 여섯 시까지는 도착해야 (한대, 한데).

⑵ 비가 온다는 소식을 듣고 우산을 (가져왔는대, 가져왔는데) 비가 오지 않는다.

6 단원

준비 다른 사람에게 마음을 전해 본 경험 떠올리기

● 국어 188쪽 / 정답 및 풀이 19쪽

마음을 전하는 상황

아주머니께서 음식을 나누어 주심.
고맙습니다.

친구와의 약속 시간에 늦음.
㉠

가을 현장 체험학습
현장 체험학습을 가게 됨.
㉡

몸이 아픈 친구를 찾아옴.
빨리 나아야 해.

- **특징**

  고마운 마음, 미안한, 마음, 기쁜 마음, 걱정하는 마음 등 우리 주변에서 상대에게 마음을 전하는 여러 가지 상황을 나타내는 그림입니다.

- **활동 정리**

말하는 사람이 상대에게 전하는 마음	
㉮	고마운 마음
㉯	미안한 마음
㉰	기쁜 마음
㉱	걱정하는 마음

현장(現 나타날 현, 場 마당 장) 사물이 현재 있는 곳.
나아야 병이나 상처 따위가 고쳐져 본래대로 되어야.

---

1 그림 ㉮에 나타난 상황은 무엇입니까? (   )

① 친구와 과자를 나누어 먹는 상황
② 등굣길에 이웃집 아주머니를 만난 상황
③ 이웃집 아주머니께 요리 방법을 배우는 상황
④ 이웃집 아주머니께 음식을 가져다드리는 상황
⑤ 이웃집 아주머니께서 주시는 음식을 받는 상황

2 ㉠과 ㉡에 들어갈 알맞은 말을 골라 선으로 이으시오.

(1) ㉠ •

(2) ㉡ •

• ㉮ 와, 신난다!

• ㉯ 정말 미안해.

3 그림 ㉱에서 알 수 있는 여자아이의 마음은 무엇입니까? (   )

① 고마운 마음
② 미안한 마음
③ 걱정하는 마음
④ 부러워하는 마음
⑤ 자랑스러워하는 마음

4 자신의 마음을 다른 사람에게 전해 본 경험을 알맞게 말한 친구의 이름을 쓰시오.

대영: 전학을 가는 친구에게 보고 싶을 거라고 말했어.
지수: 청소를 도와준 동생에게 청소를 잘하는 방법을 알려 주었어.
은아: 어려운 수학 문제가 잘 풀려서 기분이 좋다고 일기장에 썼어.

(   )

규리의 하루

❶ "규리야, 얼른 일어나. 학교 가야지!"
엄마 목소리가 귀에 울려 퍼졌다.
"5분만요."
"지금 안 일어나면 지각이야."
엄마 손이 이불을 걷어 냈다.
㉠"아이참! 엄마, 알았다고요."

내용 듣기

나는 눈을 비비며 부스스 자리에서 일어났다. 차가운 물로 세수를 하자, 졸음이 싹 달아났다. 아침밥을 먹는 둥 마는 둥 하고 서둘러 집을 나섰다.

마음이 바빠져서 거의 뛰다시피 걸었다. 덕분에 1교시 시작하기 직전에 교실에 들어갈 수 있었다.

┌"규리야, 왜 이렇게 늦었어? 걱정했잖아."
㉡│짝 민호가 핀잔 투로 말했다.

"그랬어? 늦잠 자는 바람에……."

중심 내용 │ 늦잠을 잔 규리는 1교시 시작하기 직전에 교실에 들어갈 수 있었습니다.

❷ 곧 수업 시작을 알리는 종이 울렸다.
1교시는 사회 시간이었다. 우리 지역의 자랑거리를 조사해서 발표하는 시간이었다.

우리 모둠 발표자는 나였다. 앞 모둠 발표가 거의 끝나 가자 나는 가슴이 콩닥콩닥 뛰기 시작했다.

'어쩌지? 실수하면 안 되는데……'

발표 내용이 갑자기 뒤죽박죽되는 느낌이었다.

우리 모둠 차례가 되었고 겨우겨우 발표를 끝내고 자리로 돌아왔다. 얼른 이 시간이 지나가면 좋겠다고 생각했다.

중심 내용 │ 1교시 사회 시간에 발표 차례가 다가오자 걱정을 하던 규리는 겨우겨우 발표를 끝내고 자리로 돌아왔습니다.

지각 정해진 시간보다 늦게 출근하거나 등교함.
직전(直 곧을 직, 前 앞 전) 어떤 일이 일어나기 바로 전.
예 잠들기 직전에는 음식을 먹지 않는 것이 좋다.
핀잔 맞대어 놓고 언짢게 꾸짖거나 비꼬아 꾸짖는 일.
뒤죽박죽 여럿이 마구 뒤섞여 엉망이 된 모양. 또는 그 상태.
예 이삿짐 때문에 집 안이 뒤죽박죽이다.

6
단원

---

5 규리가 ㉠과 같이 말한 까닭은 무엇입니까?
( )

① 아침밥을 먹기 싫어서
② 이미 잠에서 깨어 있어서
③ 학교에 가지 않는 날이어서
④ 엄마가 너무 일찍부터 깨우셔서
⑤ 더 자고 싶은데 억지로 일어나서

6 글 ❶에서 규리는 어떤 마음이 들었겠습니까?
( )

① 기쁜 마음   ② 속상한 마음
③ 지겨운 마음   ④ 실망스러운 마음
⑤ 자랑스러운 마음

서술형

7 ㉡에서 알 수 있는 민호의 마음은 어떠한지 쓰시오.

_____

_____

중요 독해

8 글 ❷의 내용으로 알맞은 것을 모두 고르시오.
( )

① 1교시는 사회 시간이었다.
② 규리네 모둠의 발표자는 민호였다.
③ 규리는 수업 시간이 얼른 지나가기를 바랐다.
④ 규리는 우리 지역의 자랑거리에 대해 발표했다.
⑤ 규리는 발표 내용을 잊는 바람에 발표를 망쳤다.

어휘

9 다음 뜻을 보고, 규리의 걱정스러운 마음을 짐작할 수 있는 흉내 내는 말을 글 ❷에서 찾아 쓰시오.

가슴이 자꾸 세차게 뛰는 소리. 또는 그 모양.

( )

규리의 하루

❸ 3교시는 내가 가장 좋아하는 음악 시간이었다. 나는 여러 가지 악기를 잘 다루고 노래도 잘 부르는 편이다. 오늘 음악 시간에는 리코더를 연주했다. 내 짝 민호는 리코더 연주가 서툴다. 선생님께서는 민호가 리코더를 연주하는 것을 보시더니 내게 말씀하셨다.

"규리야, 네가 민호 좀 도와주렴."

나는 음악 시간 내내 민호의 리코더 선생님이 되었다.

"규리야, '솔' 음은 어떻게 소리 내니?"

"응, 내가 가르쳐 줄게."

민호는 가르쳐 주는 대로 잘 따라 했다.

"아, 이렇게 하는 거구나. 고마워, 규리야."

민호가 잘하자 나도 덩달아 기분이 좋아졌다.

중심 내용 | 3교시 음악 시간에 규리는 민호에게 리코더 연주 방법을 가르쳐 주었고, 민호가 잘하자 기분이 좋아졌습니다.

❹ 수업이 모두 끝났다. 집으로 가는 길에 놀이터를 지나게 되었다.

"멍멍!" / 어디선가 강아지 소리가 들려왔다.

자세히 보니 옆집 수호네 엄마께서 강아지를 데리고 산책을 나오셨다. 너무너무 반가웠다. 수호네 강아지는 털이 하얗고 조그만 강아지여서 내가 아주 귀여워한다.

나는 수호 엄마께 반갑게 인사한 뒤에 수호네 강아지의 하얀 털을 조심조심 쓰다듬어 주었다. 구름을 만지는 기분이 이런 기분일까?

수호네 강아지 덕분에 오늘 하루가 행복하게 마무리 되었다.

중심 내용 | 수호네 강아지를 만난 규리는 강아지를 쓰다듬으며 행복해하였습니다.

- **글의 종류**
생활문(일기)

- **글의 특징**
규리가 하루 동안 경험한 일과 그때의 마음이 시간 흐름에 따라 잘 나타나 있는 글입니다.

- **글의 구조**

아침	수업 시간(1교시, 3교시)	방과 후
늦잠을 자서 속상함.	1교시 사회 시간에 발표를 하고, 3교시 음악 시간에는 민호에게 리코더를 가르쳐 줌.	수호네 강아지를 만나 하얀 털을 쓰다듬으며 행복함.

서툴다   일 따위에 익숙하지 못하여 다루기에 설다.
덩달아   실속도 모르고 남이 하는 대로 좇아서 해.

10 음악 시간에 규리가 한 일은 무엇입니까? (   )

① 교실 앞에서 리코더를 연주했다.
② 선생님께 리코더 연주 방법을 배웠다.
③ 민호와 함께 리코더 학원을 다니기로 했다.
④ 민호에게 리코더 연주 방법을 가르쳐 주었다.
⑤ 민호에게 노래 잘 부르는 방법을 가르쳐 주었다.

11 글 ❹에서 규리가 강아지를 쓰다듬으며 느낀 점을 무엇에 빗대어 표현했는지 쓰시오.

(   )

글의 구조

12 빈칸에 알맞은 말을 넣어 하루 동안 규리의 마음이 어떻게 변했는지 정리하시오.

시간 흐름	일어난 일	규리의 마음
아침	늦잠을 잠.	(1)( )
1교시 (사회 시간)	발표 차례가 다가옴.	(2)( )
3교시 (음악 시간)	민호에게 리코더 연주하는 방법을 가르쳐 줌.	(3)( )
방과 후	하얗고 조그만 수호네 (4)( ) 을/를 만나 쓰다듬어 줌.	구름을 만지는 것 같이 행복함.

꼴찌라도 괜찮아!
유계영

❶ "힘껏 던져!"

친구들이 책가방을 향해 얌체공을 던졌어요. 박 터뜨리기 연습을 하고 있는 거예요. 운동회가 ㉠코앞으로 다가왔지만 기찬이는 멀찍이 앉아 **물끄러미** 친구들을 쳐다보았어요. / '치, 하나도 재미없어!'

기찬이는 운동에 자신이 없었거든요. 심술이 나 돌멩이를 발로 뻥 차 버렸어요. 그런데 기찬이가 찬 돌멩이가 그만 책가방을 맞혀 버렸어요. / "으악!"

공책과 연필이 친구들의 머리 위로 우수수 쏟아졌어요. / "나기찬, 방해하지 말고 집에나 가!"

머리에 혹이 난 친구들이 화가 나서 한마디씩 거들었어요. 기찬이는 사과를 하려고 했지만 할 말이 생각나지 않았어요. / "난 운동회가 정말 싫어!"

기찬이는 교문 밖으로 후다닥 달려 나갔어요. 그때 이호가 소리쳤어요. / "저것 봐. 달리기도 엄청 느려!"

친구들이 손뼉을 치며 깔깔 웃었어요.

중심 내용 | 운동에 자신이 없어서 운동회가 싫은 기찬이는 박 터뜨리기 연습을 하는 친구들에게 심술을 부리고는 교문 밖으로 나왔습니다.

❷ 이튿날, 운동회에 나갈 선수를 뽑기로 했어요. 모두 들뜬 마음으로 선생님의 말씀에 귀 기울였어요.

"제비뽑기로 선수를 뽑자. 누구나 한 경기씩 나갈 수 있도록 말이야."

"말도 안 돼. 가장 잘하는 사람이 나가야 하는 것 아닌가요?"

아이들은 투덜거리며 제비를 뽑았어요. 기찬이의 제비뽑기 순서가 다가왔어요. 기찬이는 '이어달리기'가 쓰인 쪽지를 뽑았어요. 울상이 된 기찬이를 보고 친구들이 몰려들었어요.

"안 봐도 질 게 뻔해!"

"어떡해! 이어달리기가 가장 점수가 높은데!"

그때 이호가 쪽지를 까딱까딱 흔들며 말했어요. 이호가 뽑은 쪽지도 '이어달리기'였어요.

"얘들아, 이 형님만 믿어!"

중심 내용 | 제비뽑기를 통해 기찬이와 이호가 이어달리기 선수로 뽑혔습니다.

물끄러미 우두커니 한 곳만 바라보는 모양.
제비뽑기 여럿 가운데 어느 하나를 골라잡게 하여 거기에 미리 적어 놓은 기호나 글에 따라 승부나 차례 등을 결정하는 방법.

6단원

어휘

13 ㉠의 뜻으로 알맞은 것에 ○표 하시오.

(1) 냄새가 나지만. ( )
(2) 얼마 안 남았지만. ( )
(3) 아직 먼 일이지만. ( )

14 기찬이가 돌멩이를 발로 찬 까닭은 무엇입니까? ( )

① 친구들과 함께 놀고 싶었기 때문에
② 가방 속의 공책과 연필이 망가졌기 때문에
③ 자신의 실력을 친구들에게 뽐내고 싶었기 때문에
④ 운동회가 너무 기다려지는데 아직 많이 남았기 때문에
⑤ 운동에 자신이 없는데 운동회가 다가와서 심술이 났기 때문에

중요 독해

15 글 ❶에서 기찬이의 마음으로 알맞은 것을 두 가지 고르시오. ( )

① 운동을 잘하지 못해서 속상하다.
② 자신의 발차기 실력을 보여 주고 싶다.
③ 친구들과 함께 박 터뜨리기를 하고 싶다.
④ 친구들이 자신의 마음을 알아 주어서 고맙다.
⑤ 친구들에게 사과를 제대로 하지 못해서 당황스럽다.

서술형

16 선생님께서 제비뽑기로 선수를 뽑자고 하신 까닭은 무엇인지 쓰시오.

_____

_____

꼴찌라도 괜찮아!

❸ 운동회 날 아침, 친구들은 머리에 힘껏 청군 띠를 묶었어요. 그런데 어제부터 신나게 뛰어다니던 이호의 표정이 이상했어요. ㉠다리를 배배 꼬며 ㉡안절부절못했어요.

'아, 어제 떡을 너무 많이 먹었나 봐……'

"탕!" / 출발 신호가 떨어졌어요. 백군 친구들은 쌩쌩 잘도 달렸어요. 기찬이네 반 친구들은 걱정이 앞섰어요. 청군은 이미 반 바퀴나 뒤처지고 있었어요.

"진 거나 마찬가지야! 다음엔 거북이 나기찬인걸!"

아무도 기찬이를 응원하지 않고 딴전을 부렸어요. 기찬이는 이를 악물고 뛰었어요. 하지만 점점 뒤처지기만 할 뿐이었어요. 이미 백군의 마지막 선수가 달리고 있었어요. 하지만 기찬이는 반 바퀴도 채 뛰지 못하고 있었어요.

"빨리! 더 빨리!"

다음 선수인 이호는 손을 뒤로 뻗어 기찬이를 재촉했어요.

중심 내용 | 이어달리기에서 청군은 이미 반 바퀴나 뒤처지고 있었고, 기찬이는 이를 악물고 뛰었으나 점점 뒤처지기만 했습니다.

❹ "꾸르르륵……!"

그때 이호의 배 속에서 천둥처럼 큰 소리가 났어요.

이호는 갑자기 가로질러 뛰쳐나갔어요. 더 이상 참을 수가 없었던 거예요!

백군의 마지막 선수와 청군의 세 번째 선수 기찬이가 같은 자리를 뛰고 있었어요. 이호가 화장실에 가 버리는 바람에 기찬이의 다음에는 아무도 없었어요. 그런데 누군가 기찬이를 가리키며 소리쳤어요.

"어? 나기찬이 이기고 있어!"

백군의 마지막 선수와 같이 달리고 있는 기찬이를 보고 친구들이 착각을 한 거예요.

"뛰어라, 나기찬!"

"달려라, 나기찬!"

> **안절부절못했어요** 마음이 초조하고 불안하여 어찌할 바를 몰랐어요.
> **딴전** 어떤 일을 하는 데 그 일과는 전혀 관계없는 일이나 행동.
> **착각** 어떤 사물이나 사실을 실제와 다르게 자각하거나 생각함.
> ㉐ 검은 콩을 벌레로 착각하여 깜짝 놀랐다.

중요 독해

17 이호가 ㉠과 같은 행동을 한 까닭은 무엇입니까?

( )

① 배가 아파서
② 너무 신이 나서
③ 이어달리기를 하기 싫어서
④ 기찬이와 함께 뛰기 싫어서
⑤ 청군 머리띠를 집에 두고 와서

어휘

18 ㉡과 바꾸어 쓸 수 있는 말은 무엇입니까? ( )

① 설레었어요.
② 기뻐했어요.
③ 불안해했어요.
④ 애걸복걸했어요.
⑤ 울고불고했어요.

19 글 ❸에서 기찬이네 반 친구들이 한 행동에 대해 알맞게 말한 친구의 이름을 쓰시오.

> 수연: 기찬이가 달리기를 못한다고 해서 응원도 하지 않는 것은 잘못된 행동이야.
> 정우: 청군이 이미 지고 있어서 친구들이 응원을 하더라도 기찬이에게 힘이 되지 않았을 거야.

( )

20 글 ❹에서 기찬이네 반 친구들이 착각한 것은 무엇입니까? ( )

① 청군이 지고 있다.
② 기찬이가 이기고 있다.
③ 이호가 아직 뛰지 않았다.
④ 기찬이가 청군의 세 번째 선수이다.
⑤ 백군의 마지막 선수가 이기고 있다.

꼴찌라도 괜찮아!

기찬이는 어리둥절했어요. 친구들이 **목청껏** 자신의 이름을 부르고 있었으니까요. 기찬이는 눈을 질끈 감고 발바닥에 불이 나도록 내달렸어요. 기찬이가 마지막 백군 선수보다 한발 앞서 나갔어요.

"기적이야! 우리가 이겼어!"

중심 내용 | 이호가 화장실에 간 탓에 기찬이가 마지막 선수라고 착각한 친구들은 청군이 이긴 줄 알고 신이 났습니다.

❺ 그런데 기찬이가 한 바퀴를 더 도는 게 아니겠어요? 그때 이호가 휴지를 들고 헐레벌떡 뛰어왔어요. 친구들은 그제야 이마를 탁 쳤어요. / "뭐야, 이긴 게 아니야?"

"그것도 한 바퀴나 차이 나게 진 거야?"

㉠이호는 머리를 긁적이며 **멋쩍게** 웃었어요.

"어디 갔다 왔어!"

기찬이는 이호에게 **배턴**을 넘겨주었어요.

"너만 믿다가 졌잖아."

기찬이는 괜히 웃음이 나왔어요. 친구들도 웃음이 나오는 것을 참을 수 없었어요. 모두 기찬이를 둘러싸고 웃으며 운동장을 달렸어요.

중심 내용 | 반 친구들은 청군이 한 바퀴나 차이 나게 진 것을 알게 되었고, 모두 웃으며 운동장을 달렸습니다.

- **글의 종류**
  이야기

- **글의 특징**
  맡은 일에 대하여 최선을 다하는 책임감과 친구에 대한 배려심이 느껴지는 이야기입니다.

- **작품 정리**

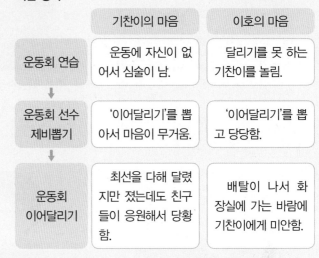

	기찬이의 마음	이호의 마음
운동회 연습	운동에 자신이 없어서 심술이 남.	달리기를 못 하는 기찬이를 놀림.
운동회 선수 제비뽑기	'이어달리기'를 뽑아서 마음이 무거움.	'이어달리기'를 뽑고 당당함.
운동회 이어달리기	최선을 다해 달렸지만 졌는데도 친구들이 응원해서 당황함.	배탈이 나서 화장실에 가는 바람에 기찬이에게 미안함.

목청껏 있는 힘을 다하여 소리를 질러.
멋쩍게 어색하고 쑥스럽게.
배턴 앞 선수가 다음 선수에게 넘겨주는 막대.

6 단원

---

21 ㉠으로 알 수 있는 이호의 마음은 무엇입니까?
( )

① 미안한 마음
② 억울한 마음
③ 짜증 나는 마음
④ 실망스러운 마음
⑤ 자랑스러운 마음

서술형

22 등장인물 역할을 맡아서 이야기를 나누려고 합니다. 기찬이의 입장이 되어 다음 질문에 답하시오.

> 이호에게 배턴을 넘겨줄 때 어떤 마음이 들었나요?

_____

_____

작품 정리

23 빈칸에 알맞은 말을 넣어 기찬이의 마음이 어떻게 변했는지 정리하시오.

일어난 일	기찬이의 마음
⑴( )을/를 못 한다며 이호와 친구들이 놀림.	속상하고 외로움.
운동회 선수 제비뽑기에서 ⑵( )을/를 뽑음.	달리기를 잘하지 못해서 마음이 무거움.
친구들이 기찬이가 이긴다고 착각하여 응원함.	최선을 달렸지만 졌는데도 친구들이 응원해서 ⑶( ).

기본 읽을 사람을 생각하며 마음을 전하는 글 쓰기

● 국어 204쪽 / 정답 및 풀이 19쪽

화해하기

❶

주은이의 행동에 화가 난 원호

주은이가 딱지치기를 하다가 마음대로 되지 않자 원호에게 "다시 해!", "집에 갈 거야!"와 같은 예의 없는 말과 행동을 했습니다.

❷

그래, 결심했어! 가서 원호에게 사과하자!

주은이는 자신의 예의 없는 말과 행동에 화가 많이 난 원호에게 사과를 하기로 ㉠결심했습니다.

❸

미안해, 미안하다고. 됐냐?

주은이가 사과했지만 원호는 주은이의 사과를 받지 않았습니다.

❹

주은이는 ㉡원호의 마음을 생각하며 사과하는 쪽지를 써서 원호에게 주었고, 원호는 주은이의 사과를 받아 주었습니다.

• 특징
주은이가 원호와 화해하기 위해 자신의 마음을 전하는 내용의 동영상으로, 다른 사람에게 마음을 전하는 방법을 생각해 볼 수 있습니다.

• 활동 정리

장면 ❶	주은이가 예의 없는 행동을 함.
장면 ❷	주은이는 화가 난 원호에게 사과하기로 함.
장면 ❸	주은이의 말과 행동에 사과하는 마음이 느껴지지 않아서 원호가 사과를 받지 않음.
장면 ❹	주은이가 사과하는 마음을 담아 원호에게 쪽지를 쓰고, 원호는 주은이의 사과를 받아 줌.

딱지치기 놀이딱지 한 장을 땅바닥에 놓고, 다른 딱지로 쳐서 뒤집히면 따먹는 아이들 놀이.
결심(決 결정할 결, 心 마음 심) 할 일에 대하여 어떻게 하기로 마음을 굳게 정함.

---

24 장면 ❶에서 원호가 주은이에게 화가 난 까닭은 무엇입니까? (　　　)

① 딱지치기에서 주은이에게 졌기 때문에
② 주은이가 인사도 없이 집에 갔기 때문에
③ 주은이가 딱지치기에서 반칙을 했기 때문에
④ 주은이가 예의 없는 말과 행동을 했기 때문에
⑤ 주은이가 딱지치기에 끼어 주지 않았기 때문에

어휘
25 ㉠과 바꾸어 쓸 수 있는 낱말은 어느 것입니까?
(　　　)

① 고민　　② 결정　　③ 포기
④ 면담　　⑤ 상담

26 ㉡에는 어떤 내용이 들어 있을지 알맞은 것을 두 가지 고르시오. (　　　)

① 재미있는 농담
② 원호가 잘못한 점
③ 주은이의 솔직한 마음
④ 주은이와 원호에게 있었던 일
⑤ 앞으로는 딱지치기를 하지 말자는 내용

활동 정리
27 빈칸에 알맞은 말을 넣어 주은이와 원호가 화해를 하게 된 과정을 정리하시오.

주은이가 사과하는 ⑴(　　　)을/를 담은 쪽지를 씀.	▶	원호가 주은이의 ⑵(　　　)을/를 받아 줌.

'마음을 전하는 우리 반' 행사에 많이 참여해 주세요

대한초등학교	대한통신	20○○년 10월

'마음을 전하는 우리 반' 행사에 많이 참여해 주세요

우리 학교 전교 어린이회에서는 2학기를 맞이해 10월에 어떤 행사를 하면 좋을지 의논했습니다. 회의 시간에 각 학년 학생들은 각자 하고 싶은 행사를 많이 추천해 주었습니다. 그 가운데에서 전교 어린이회에서는 '마음을 전하는 우리 반' 행사를 함께하기로 결정했습니다.

10월 넷째 주에 '마음을 전하는 우리 반'이라는 이름으로 각 반에서 행사를 합니다. '마음을 전하는 우리 반'은 자신의 마음을 다른 사람에게 전하는 행사입니다. 이때에는 친구들뿐만 아니라 주위 사람들에게 고마운 마음, 존경하는 마음, 미안한 마음 따위를 전할 수 있습니다. 전하는 방법은 다양하지만 예쁜 종이에 마음을 담아 손 편지를 써서 전하자는 의견이 많았습니다.

중심 내용 | 전교 어린이회에서 '마음을 전하는 우리 반' 행사를 하기로 결정했습니다.

· 글의 종류
기사문

· 글의 특징
전교 어린이회에서 '마음을 전하는 우리 반' 행사를 하기로 결정했다는 내용을 전하는 학교 신문 기사입니다.

· 활동 정리

행사 이름	마음을 전하는 우리 반
행사 시기	10월 넷째 주
행사 내용	자신의 마음을 다른 사람에게 전함.

맞이해 오는 것을 맞아.
의논(議 의논할 의, 論 논할 논) 어떤 일에 대하여 서로 의견을 주고받음.
추천 어떤 조건에 적합한 대상을 책임지고 소개함.

중요 독해

28 '마음을 전하는 우리 반' 행사에 대한 설명으로 알맞지 <u>않은</u> 것은 무엇입니까? (   )

① 각 반에서 하는 행사이다.
② 10월 넷째 주에 하는 행사이다.
③ 친구에게만 마음을 전하는 행사이다.
④ 전교 어린이회 학생들이 결정한 행사이다.
⑤ 각 학년 학생들의 추천을 받아 결정한 행사이다.

29 '마음을 전하는 우리 반' 행사에 대해 대화를 나누었습니다. 바르게 말한 친구의 이름을 모두 쓰시오.

> 은영: 지난주에 다툰 친구에게 내 마음을 전하고 싶어.
> 현주: 나는 우리 학교 지킴이 선생님께 고마운 마음을 전할 거야.
> 성민: 수학 문제를 풀기 어려워하는 친구에게 풀이 방법을 알려 줄 거야.

(   )

서술형

30 마음을 전하는 글을 쓰려고 다음과 같이 정리했을 때, 전하고 싶은 마음은 무엇일지 쓰시오.

전하고 싶은 사람	친구
있었던 일	말다툼을 하여 싸웠다.
자신이 한 말과 행동	친구에게 나쁘다고 말했고, 친구가 아직 말하고 있는데 기분이 나빠서 먼저 집에 와 버렸다.

_____

_____

활동 정리

31 빈칸에 알맞은 말을 넣어 이 글에 나온 행사의 내용을 정리하시오.

행사 이름	행사 시기	행사 내용
(1)	10월 넷째 주	자신의 (2) ( )을/를 손 편지 등으로 써서 전함.

[1~3] 다음 그림을 보고, 물음에 답하시오.

1 ㉠~㉣에 들어갈 알맞은 말을 찾아 선으로 이으시오.

(1) ㉠ • • ㉮ 와, 신난다!

(2) ㉡ • • ㉯ 고맙습니다.

(3) ㉢ • • ㉰ 정말 미안해.

(4) ㉣ • • ㉱ 빨리 나아야 해.

2 그림 ㉯의 태호와 같은 마음을 전해야 할 상황을 모두 고르시오. (   )

① 친구가 전학을 가는 상황
② 학교에서 친구와 싸운 상황
③ 누나의 옷에 물을 쏟은 상황
④ 동생이 청소를 도와주는 상황
⑤ 친구의 지우개를 잃어버린 상황

3 그림 ㉰의 상황에서 진수가 할 수 있는 말로 알맞은 것의 기호를 쓰시오.

> ㉮ 걱정해 주어서 정말 고마워.
> ㉯ 내가 이렇게 아픈데 왜 이제 왔니?

(   )

[4~5] 다음 글을 읽고, 물음에 답하시오.

"규리야, 얼른 일어나. 학교 가야지!"
엄마 목소리가 귀에 울려 퍼졌다.
"5분만요."
"지금 안 일어나면 지각이야."
엄마 손이 이불을 걷어 냈다.
㉠"아이참! 엄마, 알았다고요."
나는 눈을 비비며 부스스 자리에서 일어났다. 차가운 물로 세수를 하자, 졸음이 싹 달아났다. 아침밥을 먹는 둥 마는 둥 하고 서둘러 집을 나섰다.
마음이 바빠져서 거의 뛰다시피 걸었다. 덕분에 1교시 시작하기 직전에 교실에 들어갈 수 있었다.
"규리야, 왜 이렇게 늦었어? 걱정했잖아."
짝 민호가 핀잔 투로 말했다.
"그랬어? 늦잠 자는 바람에……."

4 ㉠에서 알 수 있는 규리의 마음은 어떠합니까?

(   )

① 속상한 마음   ② 설레는 마음
③ 즐거운 마음   ④ 고마운 마음
⑤ 조마조마한 마음

5 이 글에서 규리에게 일어난 일로 알맞은 것을 모두 골라 ○표 하시오.

(1) 아침에 늦잠을 잤다.   (   )

(2) 1교시 수업에 지각을 했다.   (   )

(3) 아침밥을 먹는 둥 마는 둥 했다.   (   )

[6~8] 다음 글을 읽고, 물음에 답하시오.

> ㉮ 운동회 날 아침, 친구들은 머리에 힘껏 청군 띠를 묶었어요. 그런데 어제부터 신나게 뛰어다니던 이호의 표정이 이상했어요. 다리를 배배 꼬며 안절부절못했어요.
>
> '아, 어제 떡을 너무 많이 먹었나 봐……'
>
> ㉯ "꾸르르륵……!"
>
> 그때 이호의 배 속에서 천둥처럼 큰 소리가 났어요. 이호는 갑자기 가로질러 뛰쳐나갔어요. 더 이상 참을 수가 없었던 거예요!
>
> 백군의 마지막 선수와 청군의 세 번째 선수 기찬이가 같은 자리를 뛰고 있었어요. 이호가 화장실에 가버리는 바람에 기찬이의 다음에는 아무도 없었어요. 그런데 누군가 기찬이를 가리키며 소리쳤어요.
>
> "어? 나기찬이 이기고 있어!"
>
> 백군의 마지막 선수와 같이 달리고 있는 기찬이를 보고 친구들이 착각을 한 거예요.
>
> "뛰어라, 나기찬!"
>
> "달려라, 나기찬!"
>
> 기찬이는 ┌ ㉠ ┐.

6 이 글의 내용으로 알맞지 <u>않은</u> 것은 무엇입니까?

( )

① 운동회가 시작되었다.

② 기찬이와 이호는 청군 선수이다.

③ 기찬이는 달리기에서 일 등을 했다.

④ 이호는 떡을 많이 먹어서 배가 아팠다.

⑤ 이호는 화장실에 가느라 달리기를 못했다.

7 글 ㉮에서 이호의 마음은 어떠했을지 알맞게 말한 친구의 이름을 쓰시오.

> 찬호: 얼른 달리기를 하고 싶어서 마음이 설렜을 거야.
>
> 지수: 달리기 순서가 다가오는데 배가 아파서 마음이 불안했을 거야.

( )

8 ㉠에 들어갈 기찬이의 마음을 나타내는 표현으로 알맞은 것은 무엇입니까? ( )

① 슬펐어요

② 답답했어요

③ 화가 났어요

④ 속이 상했어요

⑤ 어리둥절했어요

문법

9 다음 문장을 보고 알맞은 말에 ○표 하시오.

⑴ 그곳에 입장하려면 오후 여섯 시까지는 도착해야 (한데, 한대).

⑵ 비가 온다고 해서 우산을 (가져왔는데, 가져왔는대) 비가 오지 않는다.

문법

10 '-대'가 들어가야 하는 부분의 기호를 쓰시오.

> 약속 장소에 가는 길인 ┌ ㉮ ┐ 친구가 오다가 길을 잃어버렸 ┌ ㉯ ┐.

( )

1 다음 그림에서 넘어진 친구에게 할 말로 알맞은 것을 모두 고르시오. (   )

① 괜찮니?
② 그것도 못하니?
③ 다친 데는 없니?
④ 넘어져서 아프겠다.
⑤ 너 때문에 우리 편이 졌잖아.

[2~5] 다음 글을 읽고, 물음에 답하시오.

1교시는 사회 시간이었다. 우리 지역의 자랑거리를 조사해서 발표하는 시간이었다.

우리 모둠 발표자는 나였다. 앞 모둠 발표가 거의 끝나 가자 나는 가슴이 콩닥콩닥 뛰기 시작했다.

'어쩌지? 실수하면 안 되는데……'

발표 내용이 갑자기 뒤죽박죽되는 느낌이었다.

우리 모둠 차례가 되었고 겨우겨우 발표를 끝내고 자리로 돌아왔다. 얼른 이 시간이 지나가면 좋겠다고 생각했다.

3교시는 내가 가장 좋아하는 음악 시간이었다. 나는 여러 가지 악기를 잘 다루고 노래도 잘 부르는 편이다. 오늘 음악 시간에는 리코더를 연주했다. 내 짝 민호는 리코더 연주가 서툴다. 선생님께서는 민호가 리코더를 연주하는 것을 보시더니 내게 말씀하셨다.

"규리야, 네가 민호 좀 도와주렴."

나는 음악 시간 내내 민호의 리코더 선생님이 되었다.

"규리야, '솔' 음은 어떻게 소리 내니?"

"응, 내가 가르쳐 줄게."

민호는 가르쳐 주는 대로 잘 따라 했다.

"아, 이렇게 하는 거구나. 고마워, 규리야."

민호가 잘하자 나도 덩달아 기분이 좋아졌다.

2 규리에 대한 설명으로 알맞지 않은 것을 두 가지 고르시오. (   )

① 리코더 연주가 서툴다.
② 발표하는 것을 좋아한다.
③ 노래를 잘 부르는 편이다.
④ 음악 시간을 가장 좋아한다.
⑤ 여러 가지 악기를 잘 다룬다.

서술형
3 이 글에서 규리가 한 일이나 겪은 일을 차례대로 정리하여 쓰시오.

_____

_____

4 이 글에 나타난 규리의 마음 변화를 도표로 표현한 것 중 알맞은 것의 기호를 쓰시오.

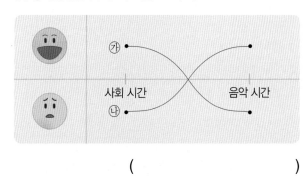

(   )

5 이 글의 규리와 비슷한 경험을 떠올려 규리에게 하고 싶은 말을 알맞게 한 친구의 이름을 모두 쓰시오.

효주: 규리야, 나도 조사 발표 시간에 실수하면 어쩌나 걱정할 때가 많았어.
신혜: 규리야, 나도 혼자 있을 때 친구가 다가와 주면 고마웠는데 너도 친구가 고마웠겠구나.
서준: 규리야, 나도 동생에게 공부를 가르쳐 줄 때에 뿌듯하고 자랑스러웠는데 너도 그렇구나.

(   )

6 다음 그림 속 인물의 말이나 행동을 통해 알 수 있는 마음으로 알맞은 것에 ○표 하시오.

> 슬픈 마음, 행복한 마음, 화나는 마음

7 이야기에서 인물의 마음을 알 수 있는 방법으로 알맞은 것에 모두 ○표 하시오.

(1) 인물의 생김새를 잘 떠올려 본다. ( )

(2) 인물의 생각, 말이나 행동을 살펴본다. ( )

(3) 인물이 한 일이나 겪은 일을 찾아본다. ( )

[8~10] 다음 글을 읽고, 물음에 답하시오.

"난 운동회가 정말 싫어!"

기찬이는 교문 밖으로 후다닥 달려 나갔어요. 그때 이호가 소리쳤어요.

"저것 봐. 달리기도 엄청 느려!"

친구들이 손뼉을 치며 깔깔 웃었어요.

이튿날, 운동회에 나갈 선수를 뽑기로 했어요. 모두 들뜬 마음으로 선생님의 말씀에 귀 기울였어요.

"제비뽑기로 선수를 뽑자. 누구나 한 경기씩 나갈 수 있도록 말이야."

"말도 안 돼. 가장 잘하는 사람이 나가야 하는 것 아닌가요?"

아이들은 투덜거리며 제비를 뽑았어요. 기찬이의 제비뽑기 순서가 다가왔어요. 기찬이는 '이어달리기'가 쓰인 쪽지를 뽑았어요. 울상이 된 기찬이를 보고 친구들이 몰려들었어요.

㉠"안 봐도 질 게 뻔해!"

"어떡해! 이어달리기가 가장 점수가 높은데!"

8 기찬이는 운동회에서 어떤 종목의 선수가 되었는지 쓰시오.

( )

9 친구들이 ㉠과 같이 말한 까닭은 무엇입니까? ( )

① 기찬이가 경기를 포기할 것이라고 말해서

② 이어달리기를 하려는 아이가 한 명도 없어서

③ 운동회 경기 중 이어달리기의 점수가 가장 낮아서

④ 달리기를 잘 못하는 기찬이가 이어달리기 선수로 뽑혀서

⑤ 달리기를 잘하는 친구가 상대편의 이어달리기 선수로 뽑혀서

서술형

10 다음과 같은 상황에서 기찬이의 마음이 어땠을지 짐작하여 쓰시오.

달리기를 못한다며 친구들이 놀릴 때	(1)
'이어달리기'가 쓰인 쪽지를 뽑았을 때	(2)

6단원

6. 마음을 담아 글을 써요 **101**

[11~12] 다음 그림을 보고, 물음에 답하시오.

주은이가 딱지치기를 하다가 마음대로 되지 않자 원호에게 "다시 해!", "집에 갈 거야!"와 같은 예의 없는 말과 행동을 했습니다.

그래, 결심했어! 가서 원호에게 사과하자!

주은이는 자신의 예의 없는 말과 행동에 화가 많이 난 원호에게 사과를 하기로 결심했습니다.

11 장면 **①**에서 주은이의 말과 행동을 본 원호의 마음으로 알맞은 것을 두 가지 고르시오. (   )

① 설렌다.　　　　② 부끄럽다.
③ 화가 난다.　　　④ 기분이 나쁘다.
⑤ 가슴이 뭉클하다.

12 주은이가 원호에게 마음을 전하는 쪽지를 어떻게 쓰면 좋을지 바르게 말한 친구의 이름을 쓰시오.

> 건하: 표현을 잘 골라서 진심을 담아서 써야 해.
> 지수: 전하고 싶은 마음을 장난스럽게 말하듯이 써야 해.

(   )

13 보기 의 말을 다른 사람의 마음을 생각하며 자신의 마음을 전하는 말로 알맞게 고친 것에 ◯표 하시오.

> **보기**
> 네가 물통을 건드려서 그림을 망쳤잖아!

⑴ 네가 물통을 건드리는 바람에 그림을 망쳐서 내가 많이 속상해.　　　　　　　　　　(   )

⑵ 네가 물통을 건드려서 그림을 망쳤으니까 나도 네 그림을 망칠 거야.　　　　　　　(   )

[14~15] 다음 글을 읽고, 물음에 답하시오.

대한초등학교	대한통신	20◯◯년 10월

'마음을 전하는 우리 반' 행사에 많이 참여해 주세요

우리 학교 전교 어린이회에서는 2학기를 맞이해 10월에 어떤 행사를 하면 좋을지 의논했습니다. 회의 시간에 각 학년 학생들은 각자 하고 싶은 행사를 많이 추천해 주었습니다. 그 가운데에서 전교 어린이회에서는 '마음을 전하는 우리 반' 행사를 함께하기로 결정했습니다.

10월 넷째 주에 '마음을 전하는 우리 반'이라는 이름으로 각 반에서 행사를 합니다. '마음을 전하는 우리 반'은 자신의 마음을 다른 사람에게 전하는 행사입니다. 이때에는 친구들뿐만 아니라 주위 사람들에게 고마운 마음, 존경하는 마음, 미안한 마음 따위를 전할 수 있습니다. 전하는 방법은 다양하지만 예쁜 종이에 마음을 담아 손 편지를 써서 전하자는 의견이 많았습니다.

14 대한초등학교 전교 어린이회에서 10월에 하기로 결정한 행사의 이름은 무엇인지 쓰시오.

(   )

서술형

15 자신이 이 글에 나온 행사에 참여한다면 누구에게 어떤 마음을 전하고 싶은지 떠올려 쓰시오.

마음을 전하고 싶은 사람	⑴
전하고 싶은 마음	⑵

6. 마음을 담아 글을 써요

● 정답 및 풀이 22쪽

평가 주제	읽을 사람을 생각하며 마음을 전하는 글 쓰기
평가 목표	인물의 입장이 되어 상대방에게 사과하는 쪽지를 쓸 수 있다.

1 다음 그림을 보고 일어난 일과 원호의 마음을 정리하시오.

❶

주은이의 행동에 화가 난 원호

주은이가 딱지치기를 하다가 마음대로 되지 않자 원호에게 "다시 해!", "집에 갈 거야!"와 같은 예의 없는 말과 행동을 했습니다.

❷

미안해, 미안하다고. 됐냐?

주은이가 사과했지만 원호는 주은이의 사과를 받지 않았습니다.

일어난 일	(1)
원호의 마음	(2)

2 장면 ❷에서 주은이가 잘못한 점을 쓰시오.

3 문제 **2**번에서 쓴 내용을 바탕으로 자신이 주은이가 되어 사과하는 쪽지를 조건 에 알맞게 쓰시오.

조건

1. 편지의 형식이 드러나게 쓴다.
2. 마음이 잘 드러나는 표현을 사용하여 쓴다.

6
단원

숨은 그림을 찾아보세요.

● 정답 및 풀이 22쪽

7 글을 읽고 소개해요

▶ 학습을 완료하면 √표를 하면서 학습 진도를 체크해요.

	학습 내용	백점 쪽수	확인
개념	자신이 읽은 글을 다른 사람에게 소개하는 방법	106쪽	☐
어휘 + 문법	핵심 개념 어휘: 독서, 소개, 감상문 작품 속 어휘: 국기, 전설, 간호하다, 주위 문법: '-ㄹ게'의 올바른 표기	107쪽	☐
독해	글을 읽고 다른 사람에게 소개한 경험 나누기 :「재미있는 교실 놀이 '앉아서 하는 피구'」	108쪽	☐
	여러 가지 방법으로 책 소개하기:「온 세상 국기가 펄럭펄럭」	109~111쪽	☐
	독서 감상문에 대해 알기:「바위나리와 아기별의 우정」	112~113쪽	☐
평가	단원 평가 1회, 2회	114~118쪽	☐
	수행 평가	119쪽	☐

7 글을 읽고 소개해요

개념 강의

● 정답 및 풀이 23쪽

1 글을 읽고 친구에게 소개하면 좋은 점

- 새로운 사실을 알려 줄 수 있습니다.
- 읽은 글의 내용을 잘 정리할 수 있습니다.
- 소개하면서 친구들과 많은 이야기를 나눌 수 있습니다.

2 여러 가지 방법으로 책 소개하기

- 책 보여 주며 말하기 ┌─● 책 표지를 보여 주며 제목을 말하고, 책 내용 가운데에서 친구들에게 소개하고 싶은 부분, 가장 인상 깊은 부분과 그 까닭을 말함.
- 노랫말을 바꾸어 소개하기 ─● 노랫말을 책을 소개하는 내용으로 바꾸어 부름.
- 새롭게 안 내용을 그림으로 보여 주며 소개하기
- 책갈피를 만들어 소개하기
- 책 보물 상자를 만들어 소개하기 ─● 책 내용과 관련된 물건을 책 보물 상자에 넣고 하나씩 꺼내며 소개함.

3 독서 감상문에 대해 알기

- 독서 감상문은 책을 읽은 뒤에 책을 읽게 된 까닭, 책 내용, 인상 깊은 부분, 책을 읽은 뒤에 든 생각이나 느낌 따위를 쓴 글입니다.
- 독서 감상문을 쓸 때에는 책에서 모든 내용이나 사건을 다 쓰지 않고 중요한 내용이나 사건을 중심으로 쓸 수 있습니다.

예 「바위나리와 아기별의 우정」을 읽고, 독서 감상문의 특징 알기

독서 감상문의 내용	독서 감상문의 특징
앞표지에 있는 바위나리와 아기별 그림이 무척 예뻐서 내용이 궁금했기 때문이다.	책을 읽게 된 까닭
아기별을 기다리던 바위나리는 점점 시들다가 그만 바람이 세게 불어 바다로 날려 갔다.	책 내용
나는 이 책에서 바위나리를 그리워하며 울다가 빛을 잃은 아기별이 하늘 나라에서 쫓겨나 바다로 떨어진 장면이 가장 기억에 남는다.	인상 깊은 부분
아기별과 같은 친구가 되어야겠다는 생각이 들었다.	책을 읽은 뒤에 든 생각이나 느낌

4 독서 감상문으로 우리 반 꾸미기

- 독서 감상문을 쓰고 싶은 책을 생각해 봅니다.
- 독서 감상문에 쓸 내용을 친구들과 이야기해 봅니다.
- 독서 감상문으로 교실을 꾸미는 방법을 정해 봅니다. ─● 예 나뭇잎 모양으로 책 나무 환경판 만들어 꾸미기, 독서 감상문을 복도에 전시하기
- 자신이 읽은 책으로 독서 감상문을 써 봅니다.
- 독서 감상문을 친구들과 바꾸어 읽고 느낀 점을 말해 봅니다.

개념 확인 문제

1 글을 읽고 친구에게 소개하면 좋은 점

글을 읽고 친구에게 소개하면 좋은 점으로 알맞은 것에 ○표 하시오.

(1) 글의 내용을 고칠 수 있다.
( )

(2) 읽은 글의 내용을 잘 정리할 수 있다.
( )

(3) 친구에게 자신의 지식을 뽐낼 수 있다.
( )

2 여러 가지 방법으로 책 소개하기

다음 빈칸에 알맞은 말을 쓰시오.

'책 보여 주며 말하기'로 책을 소개할 때에는 책의 [   ]을/를 보여 주면서 제목을 말하고 소개하고 싶은 부분과 인상 깊은 부분을 말한다.

(   )

3 독서 감상문에 대해 알기

독서 감상문에 들어갈 내용을 모두 골라 기호를 쓰시오.

㉠ 책 내용
㉡ 인상 깊은 부분
㉢ 책을 읽게 된 까닭
㉣ 책을 주로 읽은 장소
㉤ 책을 읽는 데 걸린 시간

(   )

4 독서 감상문으로 우리 반 꾸미기

독서 감상문으로 우리 반을 꾸밀 때 가장 먼저 할 일에 ○표 하시오.

(1) 독서 감상문을 친구들과 바꾸어 읽기
( )

(2) 독서 감상문을 쓰고 싶은 책 생각하기
( )

(3) 독서 감상문으로 교실을 꾸미는 방법 정하기
( )

7 글을 읽고 소개해요

어휘·문법

● 정답 및 풀이 23쪽

어휘

1. 핵심 개념 어휘: 독서, 소개, 감상문

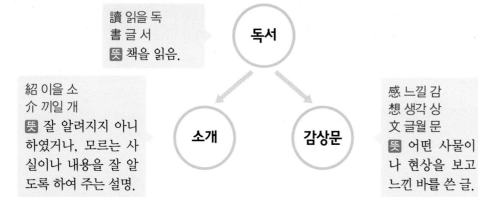

讀 읽을 독
書 글 서
뜻 책을 읽음.

독서

紹 이을 소
介 끼일 개
뜻 잘 알려지지 아니하였거나, 모르는 사실이나 내용을 잘 알도록 하여 주는 설명.

소개

감상문

感 느낄 감
想 생각 상
文 글월 문
뜻 어떤 사물이나 현상을 보고 느낀 바를 쓴 글.

➡ 독서를 한 후 다른 사람에게 소개하거나 감상문을 쓸 수 있습니다.

2. 작품 속 어휘

낱말	뜻	예시
국기(國旗) 國 나라 국 旗 기 기	일정한 형식을 통하여 한 나라의 역사, 국민성, 이상 따위를 상징하도록 정한 기.	각 나라 선수들이 커다란 국기를 들고 입장했습니다.
전설(傳說) 傳 전할 전 說 말씀 설	옛날부터 민간에서 전하여 내려오는 이야기.	국기에는 그 나라의 전설이 담겨 있기도 합니다.
간호하다	다쳤거나 앓고 있는 환자나 노약자를 보살피다.	형은 아픈 나를 하루 종일 간호하였습니다.
주위(周圍) 周 두루 주 圍 둘레 위	어떤 사람의 가까이에 있는 사람들.	이 책을 읽고 주위에 외로운 친구가 없는지 생각해 보았습니다.

문법 '–ㄹ게'의 올바른 표기

◆ 어떤 행동에 대한 약속이나 의지를 나타낼 때 쓰이는 '–ㄹ게'는 [께]로 소리 나더라도 '게'로 적는 것이 바른 표기입니다.

아빠, 친구들이랑 축구 경기를 하기로 했어요. 다섯 시쯤 올게요.
→ 올게요
숙제는 축구를 마치고 와서 할게요.
→ 할게요

1 핵심 개념 어휘

다음 낱말의 뜻풀이에 해당하는 낱말을 보기 에서 찾아 쓰시오.

> 어떤 사물이나 현상을 보고 느낀 바를 쓴 글.

보기

독서,　　소개,　　감상문

(　　　　　　　　　)

2 작품 속 어휘

보기 에서 알맞은 낱말을 골라 다음 문장을 완성하시오.

보기

국기,　전설,　주위,　간호

⑴ 우리나라의 (　　　　)은/는 태극기이다.

⑵ 우리 (　　　　)의 어려운 사람들을 도와야 한다.

⑶ 이 우물에는 용이 살던 곳이라는 (　　　　)이/가 있다.

⑷ 우리 집 강아지가 아파서 (　　　　) 하다가 친구와의 약속에 늦고 말았다.

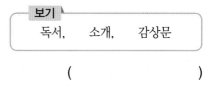
7 단원

3 문법

다음 문장에서 바르게 쓴 낱말에 ○표 하시오.

⑴ 해가 지기 전에 (올게요, 올께요).

⑵ 내일부터는 공부를 열심히 (할게요, 할께요).

⑶ 여기 빈 부분은 내가 (색칠할께, 색칠할게).

준비 글을 읽고 다른 사람에게 소개한 경험 나누기

● 국어 214~215쪽 / 정답 및 풀이 23쪽

재미있는 교실 놀이 '앉아서 하는 피구'

❶ '앉아서 하는 피구'는 공 하나로 교실에서 쉽게 즐길 수 있는 놀이이다. 먼저 교실에 있는 책상을 모두 뒤로 밀어 가로로 긴 네모 모양으로 피구장을 만든다. 그다음에는 학급 친구 전체를 두 편으로 나누고 두 편 대표가 가위바위보를 해서 먼저 공격할 쪽을 정한다.

중심 내용 | '앉아서 하는 피구'는 공 하나로 교실에서 쉽게 즐길 수 있는 놀이입니다.

❷ 규칙은 피구와 같지만 앉은 자세로 하는 것이 특징이다. 공을 굴리는 사람이나 피하는 사람 모두 앉은 자세로 해야 한다. 앉은 자세에서 무릎을 한쪽이라도 펴서 일어나는 자세가 되면 누구든 피구장 밖으로 나가야 한다. 상대를 맞힐 때에는 공을 바닥에 굴려서 맞혀야 한다. 공을 튀기거나 던져서 맞히면 맞은 사람은 밖으로 나가지 않는다. 공을 피할 때에는 옆으로 이동해 피하거나, 무릎을 가슴에 붙여 앉은 자세로 뜀을 뛰어 피할 수 있다.

굴린 공이 아무도 맞히지 못하고 벽에 닿으면, 수비하던 친구가 공을 잡아 공격할 기회를 얻는다. 그러나 굴린 공이 벽에 닿기도 전에 잡으면 공에 맞은 것과 똑같이 밖으로 나가야 한다.

결국 공에 맞거나, 일어서거나, 공이 벽에 닿기 전에 잡으면 밖으로 나가야 하는 것이다. 밖으로 나간 친구들은 놀이가 끝날 때까지 지켜본다. 어느 한 편의 친구 모두가 밖으로 나가면 놀이가 끝난다.

중심 내용 | '앉아서 하는 피구'의 규칙은 피구와 비슷합니다.

- **글의 종류**
  소개하는 글

- **글의 특징**
  '앉아서 하는 피구' 놀이를 하기 위해 준비할 점과 규칙 등을 알 수 있습니다.

- **글의 구조**

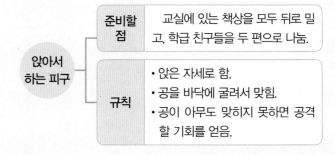

| 앉아서 하는 피구 | 준비할 점 | 교실에 있는 책상을 모두 뒤로 밀고, 학급 친구들을 두 편으로 나눔. |
| | 규칙 | • 앉은 자세로 함.
• 공을 바닥에 굴려서 맞힘.
• 공이 아무도 맞히지 못하면 공격할 기회를 얻음. |

규칙(規 법 규, 則 법칙 칙) 여러 사람이 다 같이 지키기로 작정한 법칙.

---

1 이 글에서 소개하는 놀이의 이름을 쓰시오.

(   )

2 이 글에서 소개하는 놀이의 특징은 무엇입니까?

(   )

① 교실에서도 할 수 있다.
② 공 두 개를 가지고 한다.
③ 모두 의자에 앉아서 한다.
④ 규칙은 피구와 완전히 똑같다.
⑤ 편을 나누지 않고도 할 수 있다.

서술형

3 이 글에서 소개하는 놀이가 끝나는 때는 언제인지 쓰시오.

_____

_____

글의 구조

4 빈칸에 알맞은 말을 넣어 이 글에서 소개한 놀이의 규칙을 정리하시오.

앉아서 하는 (1)(   )의 규칙
• 모두 (2)(   ) 자세로 한다.
• 일어나는 자세가 되면 피구장 밖으로 나간다.
• 상대를 맞힐 때에는 공을 바닥에 굴려서 맞힌다.
• 굴린 공이 아무도 못 맞히면, 수비하던 친구가 (3) (   ) 기회를 얻는다.

온 세상 국기가 펄럭펄럭 서정훈

❶ 두근두근, 두근두근!

드디어 월드컵 개막식이 시작되었어.

각 나라를 대표하는 선수들이 운동장으로 줄지어 들어오고 있어.

커다란 국기를 펼쳐 들고서 말이야.

갖가지 무늬와 색깔의 국기들이 물결처럼 출렁거려.

그런데 왜 국기를 들고 입장하냐고?

┌──────┐
│ ㉠ │ 은/는 그 나라를 나타내는 깃발이거든.
└──────┘

중심 내용 | 월드컵 개막식이 시작되자 선수들이 각 나라를 나타내는 깃발인 국기를 들고 입장합니다.

❷ 국기에는 그 나라의 자연이 담겨 있어.

캐나다에는 설탕단풍 나무가 많이 자라.

설탕단풍 나무는 캐나다처럼 추운 날씨에 잘 자라거든.

가을에 붉은색으로 단풍이 들면 얼마나 고운지 몰라.

캐나다 사람들은 설탕단풍 나무에서 나오는 즙으로 달콤한 메이플시럽을 만들어 먹기도 해.

그래서 캐나다 사람들은 국기에 빨간 단풍잎을 그려 넣었어.

▲ 캐나다 국기

중심 내용 | 국기에는 그 나라의 자연이 담겨 있습니다.

개막식(開 열 개, 幕 막 막, 式 법 식) 일정 기간 동안 계속되는 행사를 처음 시작할 때 행하는 의식.
국기 일정한 형식을 통하여 한 나라의 역사, 국민성, 이상 따위를 상징하도록 정한 기.

중요 독해

5 이와 같은 글의 특징으로 알맞은 것은 무엇입니까?

( )

① 글쓴이의 주장을 담고 있다.
② 여러 가지 정보를 담고 있다.
③ 현재 문제가 되는 상황을 보여 준다.
④ 앞으로 우리가 실천해야 할 점을 알려 준다.
⑤ 일어난 일을 시간 순서대로 정리하여 알려 준다.

어휘

6 ㉠에 들어갈 낱말로 알맞은 것은 무엇입니까?

( )

① 국기
② 국가
③ 국화
④ 국조
⑤ 국보

7 캐나다 사람들이 국기에 그려 넣은 것은 무엇인지 찾아 기호를 쓰시오.

┌─────────────────────┐
│ ㉠ 메이플시럽   │
│ ㉡ 빨간 단풍잎   │
│ ㉢ 설탕단풍 나무   │
└─────────────────────┘

( )

8 '책 보여 주며 말하기'로 이 글을 소개하려고 합니다. 알맞은 것을 두 가지 고르시오. ( )

① 책 전체 내용을 빠짐없이 말한다.
② 가장 인상 깊은 부분과 그 까닭을 말한다.
③ 노랫말을 책을 소개하는 내용으로 바꾸어 부른다.
④ 책 앞표지나 뒤표지에 있는 글과 그림을 소개한다.
⑤ 책을 읽고 새롭게 안 내용을 그림으로 그려 소개한다.

7
단원

온 세상 국기가 펄럭펄럭

❸ 국기에는 그 나라의 전설이 담겨 있어.

멕시코 국기 이야기를 들어 볼래?

▲ 멕시코 국기

어느 날, 아즈텍족이 신의 계시를 받았어.
<u>사람의 지혜로써는 알 수 없는 진리를 신이 가르쳐 알게 함.</u>
"독사를 물고 날아가는 독수리가 선인장 위에 앉으면 그곳에 도시를 세워라!"

계시대로 독수리가 내려앉은 곳에 도시를 세웠더니 점점 강해져 아즈텍 제국으로 발전했고, 오늘날의 멕시코가 되었대.

그래서 나라를 세운 이야기를 국기에 그려 넣은 거야.

중심 내용 | 국기에는 그 나라의 전설이 담겨 있습니다.

❹ 국기에는 그 나라의 땅이 담겨 있어.

미국 국기에는 줄과 별이 참 많지? 도대체 몇 개인지

▲ 미국 국기

한번 세어 볼까?

줄이 열세 개, 별이 오십 개야. 미국이 처음 나라를 세울 때에는 주가 열세 개였대. 열세 개의 줄은 그걸 기념하는 거야. 미국 땅이 점점 커져 주가 생길 때마다 국기의 별이 하나씩 늘어났는데 지금은 주가 오십 개라서 별도 오십 개가 된 거야. 땅과 함께 국기도 변한 거지.

중심 내용 | 국기에는 그 나라의 땅이 담겨 있습니다.

❺ 우리나라 국기인 태극기도 궁금하지?

일본에 나라를 빼앗긴 시대에는 태극기를 마음대로 사용하지 못했어. / 일본이 태극기 사용을 금지했거든.

하지만 우리는 독립하려고 열심히 싸울 때마다 태극기를 힘차게 휘날렸어.

마침내 1945년에 나라를 되찾았고, 그동안 무늬가 조금씩 달랐던 태극기는 1949년에 지금의 태극기 모습으로 정해졌어.

주(州 고을 주) 연방 국가의 행정 구역의 하나.

---

9 멕시코 국기에 담겨 있는 것은 무엇입니까?

( )

① 멕시코의 땅
② 아즈텍족의 신
③ 아즈텍족의 영웅
④ 아즈텍족의 전설
⑤ 멕시코의 자연 환경

중요 독해

10 미국 국기에서 열세 개의 줄이 기념하는 것은 무엇입니까? ( )

① 현재 주의 수
② 현재 국민의 수
③ 처음 나라를 세울 때 주의 수
④ 처음 나라를 세울 때 땅의 넓이
⑤ 처음 나라를 세울 때 참여한 사람의 수

서술형

11 다음은 미국이 처음 나라를 세울 때의 국기입니다. 현재의 미국 국기와 어떤 점이 다른지 쓰시오.

_____

_____

12 우리나라의 태극기가 지금의 모습으로 정해진 것은 언제인지 쓰시오.

( )

온 세상 국기가 펄럭펄럭

우리나라 사람들의 평화를 사랑하는 마음은 태극기의 흰색에 담겨 있어.

태극 문양은 조화로운 우주를 뜻하고, 네 모서리의 사괘는 하늘, 땅, 물, 불을 나타낸 거야.

▲ 대한민국 태극기

중심 내용 | 우리나라의 국기인 태극기의 흰색에는 평화를 사랑하는 마음이 담겨 있고, 태극 문양은 조화로운 우주, 사괘는 하늘, 땅, 물, 불을 나타냅니다.

❻ 국기는 그 나라를 나타내는 얼굴이야.

국제 경기에 참가할 때에도, 메달을 땄을 때에도, 에베레스트산 ㉠정상에 올랐을 때에도 …… 나라를 빛내는 순간에는 언제나 국기가 함께해.

남극의 과학 기지에도, 우주로 날아가는 우주선에도, 국제연합[유엔] 본부에도 …… 나라를 대표하는 자리에는 언제나 국기가 함께해.

국기는 그 나라이자 국민이거든.

중심 내용 | 국기는 그 나라이자 국민입니다.

- **글의 종류**
  설명하는 글

- **글의 특징**
  여러 나라 국기에 담긴 뜻과 우리나라 국기인 태극기에 대하여 설명하는 글입니다.

- **글의 구조**

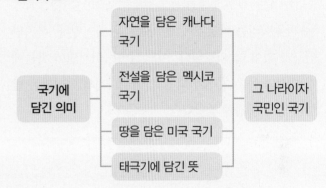

조화로운 서로 잘 어울려 모순됨이나 어긋남이 없는.
정상(頂 정수리 정, 上 윗 상) 산 따위의 맨 꼭대기.

---

13 태극기에서 평화를 사랑하는 마음이 담긴 부분을 찾아 기호를 쓰시오.

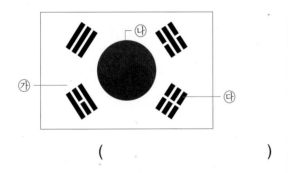

(   )

어휘

14 밑줄 친 낱말이 ㉠과 같은 뜻으로 쓰인 것을 모두 고르시오. (   )

① 그는 인기 정상의 배우이다.
② 산 정상에서 일출을 보았다.
③ 백두산 정상에는 천지가 있다.
④ 한라산 정상까지 백 미터 남았다.
⑤ 대통령은 국가 정상 회담에 참석했다.

글의 구조

15 빈칸에 알맞은 말을 넣어 여러 나라 국기의 특징을 정리하시오.

국기	담고 있는 의미
캐나다 국기	• 설탕단풍 나무의 빨간 단풍잎: 캐나다의 (1)(　　　　)이/가 담겨 있음.
(2)(　　　　) 국기	• 선인장, 독사, 독수리: 멕시코를 세운 전설이 담겨 있음.
미국 국기	• 열세 개의 줄: 미국이 처음 나라를 세울 때의 열세 개 주 • 오십 개의 별: 지금의 오십 개 (3)(　　　)
우리나라 태극기	• 흰색 바탕: 평화를 사랑하는 마음 • 태극 문양: (4)(　　　　) • 네 모서리의 사괘: 하늘, 땅, 물, 불

7
단원

바위나리와 아기별의 우정

❶ 오늘은 학교에서 『바위나리와 아기별』이라는 책을 읽었다. **앞표지**에 있는 바위나리와 아기별 그림이 무척 예뻐서 내용이 궁금했기 때문이다. 이 책은 바위나리와 아기별의 **우정** 이야기이다.

책을 읽게 된 까닭을 썼구나.

중심 내용 | 앞표지에 있는 바위나리와 아기별 그림이 무척 예뻐서 내용이 궁금했기 때문에 『바위나리와 아기별』을 읽게 되었습니다.

❷ 바위나리는 바닷가에 핀 아름다운 꽃이었다. 하지만 친구가 없어 늘 외로웠다. 어느 날 밤, 아기별이 하늘에서 내려와 둘은 친구가 되었고, 바위나리와 아기별은 밤마다 만나 즐겁게 놀았다.

그러던 어느 날, 병이 든 바위나리를 ㉠<u>간호하던</u> 아기별은 너무 늦게 하늘 나라로 올라가 그 벌로 다시는 바닷가에 내려오지 못했다. 아기별을 기다리던 바위나리는 점점 시들다가 그만 바람이 세게 불어 바다로 날려 갔다. 아기별은 밤마다 울다가 빛을 잃어 바다로 떨어졌다. 바위나리가 날려 간 바로 그 바다였다.

책 내용을 소개하는구나.

중심 내용 | 바위나리와 아기별은 친구가 되었는데, 어느 날 아기별은 바위나리를 간호하느라 너무 늦게 하늘 나라로 올라가 다시는 바닷가에 내려오지 못했습니다.

앞표지 책의 앞쪽 표지.
우정(友 벗 우, 情 뜻 정) 친구 사이의 정.
간호하던 다쳤거나 앓고 있는 환자나 노약자를 보살피고 돌보던.

---

16 글 ❶에서 알 수 있는 것을 두 가지 고르시오.
( )

① 책 제목
② 책의 가격
③ 인상 깊은 부분
④ 책을 읽게 된 까닭
⑤ 책을 읽은 뒤에 든 생각이나 느낌

17 글쓴이가 읽은 책의 내용으로 알맞지 <u>않은</u> 것은 어느 것입니까? ( )

① 바위나리와 아기별은 친구가 되었다.
② 바위나리는 바닷가에 핀 아름다운 꽃이었다.
③ 바위나리는 아기별을 만나기 전 늘 외로웠다.
④ 아기별과 바위나리는 동시에 바다로 날려 갔다.
⑤ 바위나리와 아기별은 밤마다 만나 즐겁게 놀았다.

18 아기별이 바닷가에 내려오지 못하게 된 까닭은 무엇입니까? ( )

① 바닷가로 내려오다가 길을 잃어서
② 바위나리가 하늘 나라에서 살게 되어서
③ 바위나리가 다시는 만나고 싶지 않다고 해서
④ 바위나리와 놀다가 너무 늦게 하늘 나라로 올라가 벌을 받게 되어서
⑤ 바위나리를 간호하다가 너무 늦게 하늘 나라로 올라가 벌을 받게 되어서

19 ㉠과 바꾸어 쓸 수 있는 낱말을 두 가지 고르시오.
( )

① 돌보던
② 치료하던
③ 보살피던
④ 안내하던
⑤ 꾸중하던

바위나리와 아기별의 우정

❸ 나는 이 책에서 바위나리를 그리워하며 울다가 빛을 잃은 아기별이 하늘 나라에서 쫓겨나 바다로 떨어진 장면이 가장 기억에 남는다. 왜냐하면 살아 있을 때에는 만나지 못하다가 죽은 뒤에야 같이 있을 수 있게 된 것이 너무 슬펐기 때문이다. 바위나리는 몸이 아파 아기별을 만나지 못해 너무 슬펐다. 얼마나 슬펐으면 가슴이 ㉠미어졌을까?

인상 깊은 부분을 썼구나.

중심 내용 | 바위나리를 그리워하며 울다가 빛을 잃은 아기별이 하늘 나라에서 쫓겨나 바다로 떨어진 장면이 가장 기억에 남습니다.

❹ 이 책을 읽고 주위에 바위나리처럼 외로운 친구가 있는지 생각해 보았다. 그리고 그 친구에게 아기별과 같은 친구가 되어야겠다는 생각이 들었다. 나는 바위나리와 아기별의 우정이 아름다우면서도 안타깝고 슬펐다.

㉡ 을 썼구나.

중심 내용 | 이 책을 읽고 바위나리처럼 외로운 친구에게 아기별 같은 친구가 되어야겠다는 생각을 했습니다.

- **글의 종류**
  독서 감상문

- **글의 특징**
  『바위나리와 아기별』을 읽고 쓴 독서 감상문으로, 독서 감상문의 특징이 잘 드러납니다.

- **글의 구조**

책 제목	『바위나리와 아기별』
책을 읽게 된 까닭	앞표지에 있는 그림이 예뻐서
책 내용	바위나리와 아기별의 우정 이야기
인상 깊은 부분	바위나리를 그리워하다 빛을 잃은 아기별이 바다로 떨어진 장면
책을 읽은 뒤에 든 생각이나 느낌	바위나리처럼 외로운 친구에게 아기별과 같은 친구가 되어야겠다.

주위 어떤 사람의 가까이에 있는 사람들.

[서술형]

20 글쓴이가 이 책에서 가장 인상 깊게 읽은 부분을 찾아 쓰시오.

_____

_____

[어휘]

21 ㉠의 뜻을 알맞게 짐작한 것은 무엇입니까? (   )

① 가득 차서 터질 듯했을까.
② 무섭고 마음이 불안했을까.
③ 화가 나서 몹시 성을 냈을까.
④ 심한 고통이나 슬픔을 느꼈을까.
⑤ 얼굴을 들고 대하기가 부끄러웠을까.

22 ㉡에 들어갈 말로 알맞은 것에 ○표 하시오.

(1) 책 내용   (   )
(2) 인상 깊은 부분   (   )
(3) 책을 읽은 뒤에 든 생각이나 느낌 (   )

[글의 구조]

23 빈칸에 알맞은 말을 넣어 독서 감상문의 내용을 정리하시오.

(1)( )	앞표지에 있는 그림이 예뻐서 읽게 됨.
책 내용	바위나리와 아기별은 (2)( )이/가 되었는데, 아기별이 바위나리를 간호하느라 너무 늦게 하늘 나라로 가서 그 벌로 다시는 바닷가에 내려오지 못하게 됨.
인상 깊은 부분	바위나리를 그리워하다 빛을 잃은 아기별이 바다로 떨어진 장면
(3)( ) 책을 읽고 든	바위나리처럼 외로운 친구에게 (4)( )와/과 같은 친구가 되어야겠음.

1 글을 읽고 친구에게 소개하면 좋은 점이 <u>아닌</u> 것은 무엇입니까? (   )

① 새로운 사실을 알려 줄 수 있다.
② 읽은 글의 내용을 잘 정리할 수 있다.
③ 관심 있는 분야에 대한 흥미가 사라진다.
④ 소개하면서 친구들과 이야기를 나눌 수 있다.
⑤ 자신이 관심 있는 분야를 더 다양하게 생각할 수 있다.

[2~4] 다음 글을 읽고, 물음에 답하시오.

'앉아서 하는 피구'는 공 하나로 교실에서 쉽게 즐길 수 있는 놀이이다. 먼저 교실에 있는 책상을 모두 뒤로 밀어 가로로 긴 네모 모양으로 피구장을 만든다. 그다음에는 학급 친구 전체를 두 편으로 나누고 두 편 대표가 가위바위보를 해서 먼저 공격할 쪽을 정한다.

규칙은 피구와 같지만 앉은 자세로 하는 것이 특징이다. 공을 굴리는 사람이나 피하는 사람 모두 앉은 자세로 해야 한다. 앉은 자세에서 무릎을 한쪽이라도 펴서 일어나는 자세가 되면 누구든 피구장 밖으로 나가야 한다. 상대를 맞힐 때에는 공을 바닥에 굴려서 맞혀야 한다. 공을 튀기거나 던져서 맞히면 맞은 사람은 밖으로 나가지 않는다. 공을 피할 때에는 옆으로 이동해 피하거나, 무릎을 가슴에 붙여 앉은 자세로 뜀을 뛰어 피할 수 있다.

굴린 공이 아무도 맞히지 못하고 벽에 닿으면, 수비하던 친구가 공을 잡아 공격할 기회를 얻는다. 그러나 굴린 공이 벽에 닿기도 전에 잡으면 공에 맞은 것과 똑같이 밖으로 나가야 한다.

결국 공에 맞거나, 일어서거나, 공이 벽에 닿기 전에 잡으면 밖으로 나가야 하는 것이다. 밖으로 나간 친구들은 놀이가 끝날 때까지 지켜본다. 어느 한 편의 친구 모두가 밖으로 나가면 놀이가 끝난다.

2 이 글에서 소개하는 것은 무엇인지 쓰시오.

(   )

3 이 글에서 소개하는 놀이를 하기 위해 준비할 내용으로 알맞은 것의 기호를 쓰시오.

> ㉮ 학급 친구 중 다섯 명을 뽑는다.
> ㉯ 교실에 있는 책상을 모두 뒤로 민다.
> ㉰ 책상을 붙여 가로로 긴 네모 모양을 만든 뒤 각자 자리에 앉는다.

(   )

4 이 글에서 소개하는 놀이를 할 때에 피구장 밖으로 나가야 하는 경우를 골라 ○표 하시오.

(1) 공격하는 친구가 던진 공에 맞았다. (   )

(2) 무릎을 가슴에 붙여 앉은 자세로 뜀을 뛰어서 공을 피했다. (   )

(3) 공을 피하려고 옆으로 이동할 때 무릎을 한쪽만 펴서 낮게 일어났다. (   )

[5~6] 다음 글을 읽고, 물음에 답하시오.

국기에는 그 나라의 [㉠]이/가 담겨 있어.

미국 국기에는 줄과 별이 참 많지? 도대체 몇 개인지 한번 세어 볼까? 줄이 열세 개, 별이 오십 개야. 미국이 처음 나라를 세울 때에는 주가 열세 개였대. 열세 개의 줄은 그걸 기념하는 거야. 미국 땅이 점점 커져 주가 생길 때마다 국기의 별이 하나씩 늘어났는데 지금은 주가 오십 개라서 별도 오십 개가 된 거야. 땅과 함께 국기도 변한 거지.

5 미국 국기에서 오십 개의 별이 나타내는 것은 무엇입니까? (   )

① 현재 주의 수
② 현재 도시의 수
③ 현재까지의 대통령 수
④ 처음 나라를 세울 때 주의 수
⑤ 처음 나라를 세울 때 참여한 사람의 수

6 이 글의 내용으로 보아 ㉠에 들어갈 말로 알맞은 것은 무엇이겠습니까? (   )

① 땅   ② 자연
③ 전설   ④ 정신
⑤ 날씨

7 다음 그림은 독서 감상문으로 교실을 꾸미는 방법 중 무엇에 해당하는지 기호를 쓰시오.

㉮ 독서 감상문을 복도에 전시하기
㉯ 책 보물 상자를 만들어 전시하기
㉰ 나뭇잎 모양으로 책 나무 환경판 만들어 꾸미기

(   )

8 자신이 쓴 독서 감상문을 친구들과 바꾸어 읽고 느낀 점을 알맞게 말한 친구를 찾아 ○표 하시오.

(1) 같은 책을 읽으면 똑같은 생각이나 느낌을 가진다는 것을 알았어.

(2) 같은 책을 읽어도 인상 깊은 부분이 서로 다를 수 있구나.

(   )   (   )

문법

9 다음 문장의 빈칸에 들어갈 알맞은 말을 보기 에서 찾아 쓰시오.

보기

게요,   께요,   깨요

• 맛있게 잘 먹을 (   ).

문법

10 다음 중 밑줄 친 부분의 표기가 바르지 못한 문장은 어느 것입니까? (   )

① 이 공은 내가 찰게.
② 선물 고마워. 잘 쓸게.
③ 청소를 더 열심히 할께요.
④ 십 분만 있다가 출발할게.
⑤ 내일부터는 일찍 일어날게요.

1 자신이 읽은 글을 다른 사람에게 소개한 경험을 바르게 말한 친구의 이름을 쓰시오.

> 건우: 우주에 대한 책을 읽고 친구들 앞에서 발표했어.
> 소미: 장난감 조립 설명서를 읽고 장난감을 순서대로 조립했어.

( )

서술형

2 자신이 읽은 글을 다른 사람에게 소개한 경험을 떠올려 쓰시오.

소개한 글, 소개한 사람	(1)
소개한 내용	(2)

[3~6] 다음 글을 읽고, 물음에 답하시오.

가 어느 날, 아즈텍족이 신의 계시를 받았어.
"독사를 물고 날아가는 독수리가 선인장 위에 앉으면 그곳에 도시를 세워라!"
계시대로 독수리가 내려앉은 곳에 도시를 세웠더니 점점 강해져 아즈텍 제국으로 발전했고, 오늘날의 멕시코가 되었대. / 그래서 나라를 세운 이야기를 국기에 그려 넣은 거야.
나 ㉠일본에 나라를 빼앗긴 시대에는 태극기를 마음대로 사용하지 못했어.
일본이 태극기 사용을 금지했거든.
하지만 우리는 독립하려고 열심히 싸울 때마다 태극기를 힘차게 휘날렸어. / 마침내 1945년에 나라를 되찾았고, 그동안 무늬가 조금씩 달랐던 태극기는 1949년에 지금의 태극기 모습으로 정해졌어.
우리나라 사람들의 평화를 사랑하는 마음은 태극기의 흰색에 담겨 있어. / 태극 문양은 조화로운 우주를 뜻하고, 네 모서리의 사괘는 하늘, 땅, 물, 불을 나타낸 거야.

3 다음과 같이 멕시코 국기에 독수리, 독사, 선인장이 그려진 까닭은 무엇이겠습니까? ( )

① 다른 나라 국기에는 없는 동식물이어서
② 멕시코에 가장 많이 사는 동식물이어서
③ 멕시코의 자연 환경을 보여 주기 위해서
④ 멕시코 사람들이 좋아하는 동식물이어서
⑤ 멕시코를 세운 이야기를 그려 넣은 것이어서

서술형

4 ㉠과 같은 일이 있었던 까닭을 쓰시오.

_____

_____

5 태극기의 다음 부분이 뜻하는 것은 무엇인지 쓰시오.

태극 문양	(1)
사괘	(2)

6 민정이가 이 글을 친구들에게 소개하려고 할 때 빈칸에 들어갈 알맞은 말은 무엇입니까? ( )

> 저는 태극기가 나오는 부분이 인상 깊었습니다. 태극기에 [ ]이 담겨 있다는 것을 알게 되었기 때문입니다.

① 우리나라의 땅
② 우리나라의 전설
③ 평화를 사랑하는 마음
④ 자연을 사랑하는 마음
⑤ 선진국이 되기를 바라는 마음

[7~8] 다음 글을 읽고, 물음에 답하시오.

가 번쩍!

다시 눈앞이 잠깐 밝아졌다. 이번에도 영롱이는 보았다. ㉠어둡고, 크고, 거무튀튀한 괴물이 자신을 향해 성큼성큼 걸어올 것만 같았다.

쿠르르릉 쾅쾅!

"어, 엄마아야! 으어어어!"

공포심에 온몸이 찌릿찌릿했다. 영롱이는 두고 온 가방도 잊고 집을 향해 내달렸다.

나 다음 날, 영롱이는 어젯밤에 본 것이 무엇인지 확인하고 싶었다. 겁도 났지만 날이 밝으니까 괜찮을 거라고 용기를 내었다.

"어? 저게 뭐지?"

분명 며칠 전까지만 해도 빈터였던 곳에 열차가 한 대 떡하니 서 있었다. 고장 난 증기 기관차처럼 보였다.

"산꼭대기에 왜 열차가 있지?"

영롱이는 열차에 가까이 다가갔다.

"도대체 이게 뭐야? 이런 게 왜 여기에 있어?"

7 이 글의 내용으로 보아 ㉠은 무엇이겠습니까?
(　　　　)

① 번개
② 열차
③ 그림자
④ 자동차
⑤ 검은 가방

8 이 글을 소개하려고 할 때, 글 내용으로 소개할 내용을 쓰시오.

_____

_____

[9~11] 다음 글을 읽고, 물음에 답하시오.

가 오늘은 학교에서 『바위나리와 아기별』이라는 책을 읽었다. 앞표지에 있는 바위나리와 아기별 그림이 무척 예뻐서 내용이 궁금했기 때문이다. 이 책은 바위나리와 아기별의 우정 이야기이다.

나 나는 이 책에서 바위나리를 그리워하며 울다가 빛을 잃은 아기별이 하늘 나라에서 쫓겨나 바다로 떨어진 장면이 가장 기억에 남는다. 왜냐하면 살아 있을 때에는 만나지 못하다가 죽은 뒤에야 같이 있을 수 있게 된 것이 너무 슬펐기 때문이다. 바위나리는 몸이 아파 아기별을 만나지 못해 너무 슬펐다. 얼마나 슬펐으면 가슴이 미어졌을까?

다 이 책을 읽고 주위에 바위나리처럼 외로운 친구가 있는지 생각해 보았다. 그리고 그 친구에게 아기별과 같은 친구가 되어야겠다는 생각이 들었다. 나는 바위나리와 아기별의 우정이 아름다우면서도 안타깝고 슬펐다.

9 글쓴이가 책을 읽게 된 까닭은 무엇입니까?
(　　　　)

① 선생님께서 추천해 주셔서
② 책을 쓴 작가의 이름이 특이해서
③ 예전에 읽어 본 적이 있는 책이어서
④ 평소 바위나리에 대해 궁금한 점이 많아서
⑤ 앞표지에 있는 그림이 무척 예뻐서 내용이 궁금해서

10 바위나리와 아기별의 우정에 대한 글쓴이의 생각으로 알맞은 것을 모두 고르시오. (　　　　)

① 슬프다.　　　　② 부끄럽다.
③ 아름답다.　　　④ 안타깝다.
⑤ 신기하다.

11 글 **가**~**다** 중 '인상 깊은 부분'에 해당하는 부분의 기호를 쓰시오.

글 (　　　　)

[12~14] 다음 글을 읽고, 물음에 답하시오.

❶ 나는 음악을 좋아한다. 그래서 도서관에 가면 음악에 대한 책을 자주 찾는다. 이번에는 악기에 대한 책을 읽고 독서 감상문을 썼다.

❷ 책에는 여러 가지 타악기가 나와 있었다. 트라이앵글, 탬버린, 북, 심벌즈는 내가 이미 알고 있는 타악기였다. 내가 모르는 팀파니와 비브라폰도 있었다. 팀파니는 밑이 좁은 통에 막을 씌운 것인데 두드리면 일정한 소리를 낸다. 비브라폰은 실로폰처럼 생긴 쇠막대를 두드려서 연주하는 악기이다.

❸ 책에서 읽은 타악기 가운데에서 마라카스가 가장 기억에 남는다. 마라카스는 '마라카'라는 열매를 말려서 그 속에 말린 씨를 넣고 흔들어서 소리를 낸다. '마라카'라는 열매가 있다니 참 신기했다.

❹ 책을 읽고 나서 나도 타악기를 하나 만들어 보고 싶다는 생각을 했다. 컵라면 그릇 두 개를 준비하고 윗면에 두꺼운 종이로 뚜껑을 만들어 붙인다. 바닥을 서로 붙이고 나무젓가락으로 두드리면 소리가 나겠지?

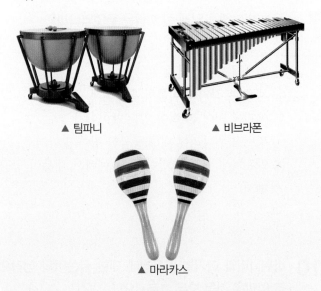

▲ 팀파니　　　▲ 비브라폰

▲ 마라카스

12 글 ❶~❸에서 알 수 있는 독서 감상문의 특징을 선으로 이으시오.

(1) 글 ❶	•	• ㉮	책 내용
(2) 글 ❷	•	• ㉯	인상 깊은 부분
(3) 글 ❸	•	• ㉰	책을 읽게 된 까닭

13 글쓴이가 책을 읽고 나서 새로 알게 된 타악기를 두 가지 고르시오. (　　　)

① 탬버린　　　② 팀파니
③ 심벌즈　　　④ 비브라폰
⑤ 트라이앵글

14 글 ❹에서 글쓴이가 만들어 보고 싶은 악기의 모양으로 알맞은 것에 ○표 하시오.

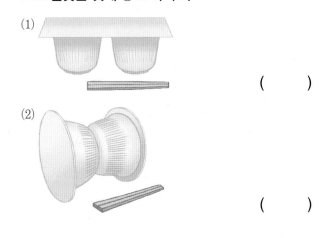

(1) 　　　　　　　　　　　　　　　(　　)

(2) 　　　　　　　　　　　　　　　(　　)

15 독서 감상문으로 우리 반을 꾸미는 차례에 맞게 기호를 쓰시오.

> ㉮ 자신이 읽은 책으로 독서 감상문 쓰기
> ㉯ 독서 감상문을 쓰고 싶은 책 생각하기
> ㉰ 독서 감상문으로 교실 꾸미는 방법 정하기
> ㉱ 독서 감상문을 친구들과 바꾸어 읽고 느낀 점 말하기

(　　) → (　　) → (　　) → (　　)

7. 글을 읽고 소개해요

● 정답 및 풀이 26쪽

평가 주제	독서 감상문 쓰기
평가 목표	독서 감상문의 특징이 잘 드러나게 독서 감상문을 쓸 수 있다.

1 읽은 책 가운데 독서 감상문을 쓰고 싶은 책을 떠올려 쓰시오.

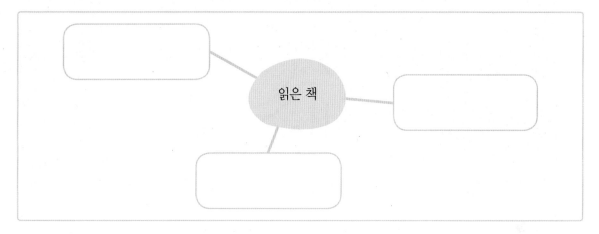

읽은 책

2 문제 **1**번에서 쓴 책 가운데 한 권을 골라 독서 감상문에 쓸 내용을 정리하시오.

책 제목	(1)
책을 읽게 된 까닭	(2)
책 내용	(3)
인상 깊은 부분	(4)
책을 읽은 뒤에 든 생각이나 느낌	(5)

3 문제 **2**번에서 정리한 내용을 바탕으로 조건 에 알맞게 독서 감상문을 쓰시오.

> 조건
> 1. 두 문단 이상으로 쓴다.
> 2. 책 내용보다는 생각이나 느낌이 구체적으로 드러나도록 쓴다.

미로를 따라 길을 찾아보세요.

● 정답 및 풀이 26쪽

8 글의 흐름을 생각해요

▶ 학습을 완료하면 V표를 하면서 학습 진도를 체크해요.

8 글의 흐름을 생각해요

개념 강의

● 정답 및 풀이 27쪽

1 시간 흐름에 따라 내용을 파악하면 좋은 점

- 사건이 일어난 차례대로 정리할 수 있습니다.
- 전체 내용을 잘 이해할 수 있습니다.
- 내용이 한눈에 들어옵니다.
- 사건의 원인과 결과가 잘 파악됩니다.

2 일하는 방법에 따라 내용을 파악하며 글 읽기

- 차례를 [첫 번째, 두 번째 등] 나타내는 말과 그 차례와 관련되는 중요한 내용을 찾아 표시해 봅니다.
- 중요한 내용을 차례대로 간추려 봅니다.
- 간추린 내용을 바탕으로 하여 글의 내용을 간단히 정리합니다.

예 「실 팔찌 만들기」에서 차례를 나타내는 말과 중요한 내용

차례를 나타내는 말	차례와 관련되는 중요한 내용
첫 번째	서로 다른 색깔 실 세 가닥을 함께 잡고 매듭을 짓는다.
두 번째	셀로판테이프로 매듭 위쪽을 책상에 붙인다.
세 번째	실 세 가닥을 잡고 세 가닥 땋기를 한다.
네 번째	땋은 실 끝 쪽에 매듭을 짓는다.
마지막으로	양쪽 끝을 연결한다.

3 장소 변화에 따라 글의 내용 간추리기

- 장소 변화와 각 장소에서 한 일을 간추려 봅니다.
- 간추린 내용을 바탕으로 하여 글의 내용을 간단히 정리하여 봅니다.

예 「주말여행」에서 장소 변화에 따라 글쓴이가 한 일 간추리기

장소	고인돌 박물관	동림 저수지	선운사
한 일	고인돌의 역사를 알았음.	물 위로 날아오르는 가창오리들을 구경했음.	아름다운 동백나무 숲을 봄.

4 글의 흐름에 따라 내용 간추려 쓰기

- 글의 흐름을 살펴봅니다.
- 시간 흐름과 장소 변화를 알 수 있는 부분을 찾아봅니다.

예 「즐거운 직업 체험」에서 글의 흐름을 알 수 있는 부분 찾기

시간 흐름을 알 수 있는 부분	열 시, 열한 시, 열두 시, 한 시, 두 시
장소 변화를 알 수 있는 부분	학교, 직업 체험관, 소품 설계관, 제빵 학원, 중앙 광장, 소방서

개념 확인 문제

1 시간 흐름에 따라 내용을 파악하면 좋은 점

시간 흐름을 생각하며 내용을 파악하면 좋은 점에 ○표 하시오.

⑴ 이야기를 더 오래 읽을 수 있다.
( )

⑵ 사건이 일어난 차례대로 정리할 수 있다.
( )

⑶ 사건이 일어난 장소의 변화를 알 수 있다.
( )

2 일하는 방법에 따라 내용을 파악하며 글 읽기

다음 중 차례를 나타내는 말을 두 가지 찾아 기호를 쓰시오.

┌─────────────────┐
ㄱ 첫 번째
ㄴ 그날 밤
ㄷ 여러 가지
ㄹ 마지막으로
└─────────────────┘

( )

3 장소 변화에 따라 글의 내용 간추리기

빈칸에 들어갈 알맞은 말을 쓰시오.

┌─────────────────┐
장소 변화에 따라 글의 내용을 간추릴 때에는 장소 변화와 각 장소에서 ____을/를 간추려 정리한다.
└─────────────────┘

( )

4 글의 흐름에 따라 내용 간추려 쓰기

다음 문장에서 시간 흐름을 알 수 있는 부분과 장소 변화를 알 수 있는 부분을 찾아 쓰시오.

┌─────────────────┐
모두 함께 출발해 열 시에 직업 체험관에 도착했다.
└─────────────────┘

( ), ( )

8 글의 흐름을 생각해요

● 정답 및 풀이 27쪽

어휘

1. 핵심 개념 어휘: 시간, 차례, 장소

次 버금 차
例 법식 례
뜻 순서 있게 구분하여 벌여 나가는 관계.

時 때 시
間 틈 간
뜻 어느 한 시점.

場 마당 장
所 바 소
뜻 어떤 일이 이루어지거나 일어나는 곳.

➡ 시간 흐름, 일의 차례, 장소 변화에 따라 글을 간추립니다.

2. 작품 속 어휘

낱말	뜻	예시
본래(本來) 本 근본 본 來 올 래	사물이나 사실이 전하여 내려온 그 처음.	그는 본래부터 말이 없는 편입니다.
매듭	노, 실, 끈 따위를 잡아매어 마디를 이룬 것.	여러 가닥의 실로 매듭을 지었습니다.
증세	병을 앓을 때 나타나는 여러 가지 상태나 모양.	의사는 환자의 증세에 맞게 약을 처방하였습니다.
멸종(滅種) 滅 멸망할 멸 種 씨 종	생물의 한 종류가 아주 없어짐.	코끼리는 멸종 위험이 높은 동물입니다.
적성	어떤 일에 알맞은 성질이나 적응 능력.	직업 체험을 통해 나의 적성을 알 수 있었습니다.

문법 | 뜻이 서로 비슷한 관계에 있는 낱말

◆ '사물과 사물 또는 현상과 현상이 서로 이어지거나 관계를 맺다.'라는 뜻의 '연결하다'와 '두 끝을 맞대어 붙이다.'라는 뜻의 '잇다'는 뜻이 서로 비슷한 관계에 있는 낱말입니다. 비슷한 관계에 있는 낱말에는 '쉽다 – 간단하다', '끊다 – 차단하다', '일하다 – 근무하다', '서다 – 정지하다' 등이 있습니다.

실 팔찌를 만들기 위해서는 …… 양쪽 끝을 연결한다.

실 팔찌를 만들기 위해서는 …… 양쪽 끝을 잇는다.

어휘·문법 확인 문제

1 핵심 개념 어휘

다음 낱말의 뜻풀이에 해당하는 낱말을 보기 에서 찾아 쓰시오.

> 어떤 일이 이루어지거나 일어나는 곳.

보기
> 시간,   차례,   장소

(   )

2 작품 속 어휘

다음 낱말의 뜻으로 알맞은 것에 ○표 하시오.

> 멸종

⑴ 생물의 한 종류가 아주 없어짐.
(   )

⑵ 생물이 처음 생겨 났을 때의 상태.
(   )

3 작품 속 어휘

다음 빈칸에 들어갈 낱말로 알맞은 것에 ○표 하시오.

> 몸이 으슬으슬하게 춥고 열이 나는 □□이/가 있어서 병원에 갔다.

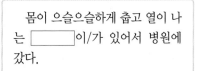

(증세, 처방)

4 문법

뜻이 서로 비슷한 관계에 있는 낱말이 아닌 것은 어느 것입니까? (   )

① 서다, 정지하다
② 잇다, 연결하다
③ 쉽다, 간단하다
④ 끊다, 차단하다
⑤ 끝내다, 시작하다

8 단원

베짱베짱 베 짜는 베짱이 임혜령

❶ 끝이 보이지 않을 만큼 넓디넓은 땅에, 잎이 세 개뿐인 나무들이 빽빽했습니다. 자세히 보니 그것은 클로버밭이었습니다. 발목까지밖에 오지 않던 화단 턱이 절벽처럼 높았습니다. 도대체 무슨 일이 일어난 것일까요?

"갑자기 세상이 왜 이렇게 커졌지?"

이야기 할아버지는 어리둥절해서 사방을 둘러보았습니다. 그날 밤도 할아버지는 여느 때처럼 어린이들을 위한 동시와 이야기를 쓰고 있었습니다. 잠시 바람을 쐬러 마당으로 나왔다가 순식간에 벌어진 일이었지요. 할아버지는 어쩔 줄 몰랐습니다.

중심 내용 | 이야기 할아버지는 잠시 바람을 쐬러 마당으로 나왔다가 갑자기 세상이 커져서 어쩔 줄 몰랐습니다.

❷ "어, 이야기 할아버지 아니세요? 어쩌다 이렇게 작아지셨어요?"

할아버지만큼 커다란 베짱이가 말을 건넸습니다. 할아버지는 그제야 세상이 크게 변한 게 아니라 할아버지가 작게 줄어들었음을 알았습니다.

"글쎄, 나도 잘 모르겠다. 마당에 처음 보는 작은 열

매가 있기에 먹어 보았을 뿐인데……."

베짱이는 할아버지 말을 듣고 이마를 '탁' 치며 말했습니다.

"그건 아마 '커졌다 작아졌다' 마법 열매였을 거예요! 그걸 한 알 더 먹어야 ⓐ_____ 크기로 돌아올 수 있어요."

"그래? 혹시 그걸 구할 방법을 알고 있니?"

"마루 밑에 사는 쥐들이 갖고 있는 걸 본 적은 있지만……."

"그럼 쥐를 찾아가서 부탁하면 되겠군. 지금 내 몸이라면 마루 밑에 들어갈 수 있으니!"

베짱이는 서둘러 쥐를 찾아가려는 할아버지를 덥석 잡았습니다.

"안 돼요, 할아버지! 흉악한 쥐들이 할아버지를 잡아먹을지도 모른다고요! 제가 도와드릴게요."

중심 내용 | 이야기 할아버지는 베짱이를 만나 자신이 작아진 까닭과 본래 크기로 돌아오는 방법을 알게 되었습니다.

화단(花 꽃 화, 壇 단 단) 꽃을 심기 위하여 흙을 한층 높게 하여 꾸며 놓은 꽃밭.
흉악(凶 흉할 흉, 惡 악할 악)한 성질이 악하고 모진.

중요 독해

1 이 글에 대한 설명으로 알맞은 것은 무엇입니까? ( )

① 실제로 일어난 일을 쓴 글이다.
② 베짱이에 대해 설명하는 글이다.
③ 무대에서 공연할 수 있도록 쓰여진 글이다.
④ 일하는 방법의 차례대로 정리하며 읽어야 한다.
⑤ 이야기 할아버지와 베짱이가 등장하는 이야기이다.

2 이야기 할아버지가 작아진 까닭으로 알맞은 것에 ○표 하시오.

(1) 세상이 크게 변해서 ( )
(2) 베짱이가 장난을 쳐서 ( )
(3) '커졌다 작아졌다' 마법 열매를 먹어서 ( )

어휘

3 이 글의 내용과 다음 낱말 뜻으로 보아, ⓐ에 들어갈 낱말은 무엇이겠습니까? ( )

사물이나 사실이 전하여 내려온 그 처음.

① 본래   ② 기본   ③ 실제
④ 축소   ⑤ 지금

4 베짱이는 이야기 할아버지에게 어떻게 해야 한다고 했습니까? ( )

① 클로버밭으로 가세요.
② 베짱이에게 부탁을 하세요.
③ '커졌다 작아졌다'라는 말을 크게 외치세요.
④ '커졌다 작아졌다' 마법 열매를 토해 내세요.
⑤ '커졌다 작아졌다' 마법 열매를 한 알 더 드세요.

베짱베짱 베 짜는 베짱이

❸ 베짱이는 제 집에서 작은 베틀을 꺼내어 풀잎 위에
놓았습니다. 그러고는 별이 총총한 밤하늘 위로 다리 하
_{베, 비단 따위의 천을 짜는 틀.}
나를 번쩍 들었습니다. 그러자 별빛들이 모여 가느다란
실 모양으로 합쳐졌습니다. 가느다란 별빛이 베짱이 다
리 속으로 쏙 들어왔지요. / 베짱이가 다시 다른 다리
하나를 번쩍 들어 꽃밭을 향했습니다. 이번에는 달빛을
받아 마당에 은은히 흐르던 꽃빛들이 한데 모여 베짱이
의 다른 쪽 다리로 들어왔습니다.

베짱이는 별빛으로 날을 날고, 꽃빛으로 씨를 삼아
부지런히 베를 짰습니다. 베짱베짱 베틀이 분주히 움직
일 때마다 베는 한 자 한 자 길어졌습니다.
_{약 30.3센티미터}
마침내 베가 완성되었을 때, 할아버지는 감탄을 금치
못했습니다. 베짱이가 너무도 빠르게 베 한 필을 짜 내
었을 뿐 아니라, 솜씨 또한 기가 막혔기 때문이죠.

"자, 할아버지. 이 베를 가지고 쥐들을 찾아가세요.
그러고는 '커졌다 작아졌다' 마법 열매와 바꾸자고 하
세요."

"정말 고맙다, 베짱이야. 보답으로 무엇을 해 줄까?"

"음……. 할아버지, 「개미와 베짱이」 이야기 알고 계
시죠?"

"여름에 개미가 열심히 일하는 동안 베짱이는 놀기만
했다는 이야기 말이냐?"

"네, 맞아요. 그래서 말인데요. 할아버지, 제가 놀기
만 하는 곤충이 아니라는 것을 글로 써 주세요. 동시
든 이야기든 좋으니 말이에요. 사실 그동안 「개미와
베짱이」 이야기 때문에 늘 게으른 곤충 취급을 당해
서 많이 속상했거든요."

"아무렴, 너같이 솜씨 좋고 부지런한 베짱이더러 놀
기만 하는 곤충이라니, 말도 안 되지!"

중심 내용 | 베짱이는 이야기 할아버지에게 베를 짜 주었고, 그 보답으로 자
신이 놀기만 하는 곤충이 아니라는 것을 글로 써 달라고 했습니다.

❹ 할아버지는 베짱이에게 고맙다는 인사를 하고 마루
밑으로 들어갔습니다. 쥐들은 자기 크기만 한 작은 사람
이 찾아오자 깜짝 놀랐습니다.

"이 집에 사는 영감님이잖아! 이렇게 작아져서는 웬
일이지?" / "인간도 우리만 해지니 무섭지 않군. 한입
에 꿀꺽 삼켜 버릴까?"

쥐들은 날카로운 이빨을 번뜩였습니다.

중심 내용 | 할아버지는 쥐들을 찾아갔고, 쥐들은 할아버지를 보고 깜짝 놀
랐습니다.

> 날 베, 비단 따위의 천이나 그물을 짤 때, 세로 방향으로 놓는 실.
> 씨 베, 비단 따위의 천이나 그물을 짤 때, 가로 방향으로 놓는 실.

5 베짱이가 할아버지에게 준 것은 무엇입니까?
(   )

① 달빛을 받은 꽃
② 별빛과 꽃빛으로 짠 베
③ 다리 속에 모아 둔 꽃빛
④ 「개미와 베짱이」 이야기 책
⑤ 별빛과 꽃빛이 흐르는 베틀

6 「개미와 베짱이」 이야기의 내용을 이 글에서 찾아 빈
칸에 쓰시오.

• 여름에 (1)(   )이/가 열심히 일하는 동안
(2)(   )은/는 놀기만 했다는 이야기

서술형

7 베짱이가 이야기 할아버지에게 부탁한 내용을 쓰시오.

_____

_____

8 베짱이와 헤어진 후 이야기 할아버지가 간 곳은 어디
입니까? (   )

① 풀밭
② 마루 밑
③ 클로버밭
④ 베짱이의 집
⑤ 할아버지의 집

8
단원

베짱베짱 베 짜는 베짱이

❺ 할아버지는 침착하게 ㉠쥐들에게 베를 내밀어 보였습니다. 쥐들은 아까보다 더 놀라워했습니다.

"㉡오호, 베짱이가 짠 베잖아! 이 베를 우리가 가진 보물이랑 바꾸지 않겠어? 반쯤 갉아먹은 비누는 어떠냐? 맛이 기가 막히지!"

"난 비누는 먹지 않아." / "그럼 이건 어떠냐? ㉢썩은 사과다. 향긋한 썩은 내에 군침이 절로 돈다고!"

"아니, 너희가 갖고 있는 '커졌다 작아졌다' 마법 열매를 주면 바꾸지."

할아버지 말에 쥐들은 잠깐 자기네끼리 속닥이더니 말했습니다. / "좋아, 바꾸자."

할아버지가 베를 내주자, 쥐들은 할아버지에게 마법 열매를 주었습니다. / 마루 밑에서 나온 할아버지는 열매를 입에 넣고 꿀꺽 삼켰습니다. 순간 할아버지 몸이 풍선처럼 부풀어 오르는 듯한 기분이 드는가 싶더니 본래 크기로 돌아왔습니다.

㉣클로버밭은 작고 아담해 보였습니다. 화단 턱도 가적당히 자그마해.

볍게 오르내릴 수 있을 만큼 낮았고요. 모든 것이 평소와 다름없었습니다.

㉤다음 날 밤, 이야기 할아버지 방으로 동네 아이들이 모여들었습니다. / 할아버지가 새로 지은 시 「베짱이」를 들려주신다고 했거든요.

중심 내용 | 할아버지는 베짱이가 짠 베와 '커졌다 작아졌다' 마법 열매를 바꾸었고, 마법 열매를 먹고 난 뒤에 본래 크기로 돌아왔습니다.

- **글의 종류**
  이야기

- **글의 특징**
  마법 열매를 먹고 작아진 이야기 할아버지가 베짱이의 도움으로 본래 크기로 되돌아온다는 이야기입니다.

- **작품 정리**

마법 열매를 먹어서 이야기 할아버지가 작아짐.	→	베짱이가 짜 준 베를 쥐들이 가진 마법 열매와 바꿈.	→	마법 열매를 먹고 이야기 할아버지가 본래 크기로 돌아옴.

군침 공연히 입 안에 도는 침.

---

9 쥐들이 베와 바꾸자고 한 보물 두 가지를 고르시오.
( )

① 향긋한 꽃
② 썩은 사과
③ 향기가 나는 비누
④ 반쯤 갉아먹은 비누
⑤ '커졌다 작아졌다' 마법 열매

[서술형]

10 이야기 할아버지가 쓴 시 「베짱이」는 어떤 내용일지 쓰시오.

_____

_____

11 ㉠~㉤ 중 시간을 나타내는 말은 무엇입니까?
( )

① ㉠ ② ㉡ ③ ㉢ ④ ㉣ ⑤ ㉤

[작품 정리]

12 시간의 흐름을 생각하며 빈칸에 알맞은 말을 넣어 이야기의 내용을 정리하시오.

시간 흐름	이야기 내용
어느 날 밤	할아버지의 몸이 작아짐.
(1)( ) 을/를 만나서	'커졌다 작아졌다' 마법 열매를 먹고 몸이 작아진 것을 알게 됨.
베짱이가 베를 다 짠 뒤	할아버지는 베를 (2)( ) 이/가 가진 '커졌다 작아졌다' 열매와 바꿈.
마법 열매를 먹은 뒤	이야기 할아버지가 원래대로 커짐.
(3)( )	동네 아이들에게 시 「베짱이」를 들려주기로 함.

실 팔찌 만들기

❶ 여러 가지 색깔 실을 엮어 만든 팔찌를 실 팔찌라고 합니다. 실 팔찌는 팔목에 차다가 자연스럽게 닳아서 끊어지면 소원이 이루어진다는 이야기가 있어서 소원 팔찌라고도 합니다. 중국에서는 단오절에 실 팔찌를 손목에 차면 나쁜 기운을 막는다고 하고, 브라질에서는 축구 경기 전에 승리를 기원하며 손목에 실 팔찌를 찬다고 합니다. 실 팔찌는 종류에 따라 다양한 모양이 있는데, 그중에서 가장 간단한 모양의 실 팔찌를 만들어 봅시다.

　실 팔찌 만들기의 준비물은 매우 간단합니다. 서로 다른 색깔 털실 세 줄, 셀로판 테이프만 있으면 됩니다. 실은 굵을수록 엮기 쉬우므로 굵은 실을 준비하고 길이는 손목 둘레의 서너 배 정도로 자릅니다.

중심 내용 | 먼저, 여러 가지 색깔 실을 엮어 만든 팔찌인 실 팔찌를 만들기 위하여 준비물을 준비합니다.

❷ 첫 번째, 서로 다른 색깔 실 세 가닥을 함께 잡고 ㉠매듭을 짓습니다. 실의 3~4센티미터를 남겨 두고 실 세 가닥을 한꺼번에 잡아 작은 원을 만듭니다. 그 뒤 짧은 쪽 실 세 가닥을 아까 만든 원 쪽으로 집어넣고 당기면 쉽게 매듭을 지을 수 있습니다.

중심 내용 | 첫 번째, 서로 다른 색깔 실 세 가닥을 함께 잡고 매듭을 짓습니다.

❸ 두 번째, 셀로판테이프로 매듭 위쪽을 책상에 붙입니다. 셀로판테이프는 실 팔찌를 만드는 동안 실이 움직이거나 꼬이지 않게 고정하는 역할을 합니다.

중심 내용 | 두 번째, 셀로판테이프로 매듭 위쪽을 책상에 붙입니다.

> **기원하며** 바라는 일이 이루어지기를 빌며.
> **매듭** 노, 실, 끈 따위를 잡아매어 마디를 이룬 것.

중요 독해

13 이와 같은 글을 읽는 방법으로 알맞은 것은 무엇입니까? (　　　　)

① 차례를 나타내는 말을 찾는다.
② 사실과 의견을 구분하며 읽는다.
③ 문제 상황과 해결 방안을 살핀다.
④ 시간의 흐름을 나타내는 말을 찾는다.
⑤ 장소의 변화를 나타내는 말을 찾는다.

14 이 글을 읽고 실 팔찌를 만들기 위한 실을 준비할 때 생각할 점을 바르게 말한 친구의 이름을 쓰시오.

> 선민: 엮기 쉽도록 굵은 실을 준비해야 해.
> 지홍: 같은 색깔 털실 세 줄을 준비해야 해.
> 은영: 팔찌가 너무 커지지 않도록 손목 둘레와 같은 길이의 실을 준비해야 해.

　　　　　　　　　　(　　　　　　　)

어휘

15 밑줄 친 낱말이 ㉠'매듭'과 같은 뜻으로 쓰인 문장을 모두 고르시오. (　　　　　　)

① 매듭을 강하게 묶어서 풀기가 힘들다.
② 전통 매듭으로 예쁜 팔찌를 만들었다.
③ 범인이 잡히면서 사건이 매듭지어졌다.
④ 일을 벌린 사람이 일을 매듭지어야 한다.
⑤ 운동화 끈이 쉽게 풀리지 않도록 매듭을 단단히 묶었다.

16 글 ❷에서 차례를 나타내는 말은 무엇입니까?

　　　　　　　　　　(　　　　　　　)

① 첫 번째
② 짧은 쪽
③ 한꺼번에
④ 서로 다른
⑤ 실 세 가닥

8단원

실 팔찌 만들기

❹ 세 번째, 실 세 가닥을 잡고 세 가닥 **땋기**를 합니다. 이때 자신이 원하는 길이보다 길게 땋아야 합니다. 손목 둘레의 두세 배 정도 길이로 땋는 것이 좋습니다.

중심 내용 | 세 번째, 실 세 가닥을 잡고 세 가닥 땋기를 합니다.

❺ 네 번째, 땋은 실 끝 쪽에 매듭을 짓습니다. 매듭은 첫 번째 매듭을 지을 때 사용한 방법으로 지으며, 자신이 땋은 부분이 끝나는 곳보다 좀 더 앞쪽에 짓습니다. 매듭을 짓고 보면 줄이 짧아 진 게 느껴질 겁니다. 원하는 길이보다 길게 땋아야 하는 까닭은 이렇게 줄이 짧아지기 때문입니다.

중심 내용 | 네 번째, 땋은 실 끝 쪽에 매듭을 짓습니다.

❻ 마지막으로, 양쪽 끝을 ㉠연결합니다. 양쪽 끝을 연결할 때에는 끝끼리 묶어도 좋고, 다른 실로 양쪽 매듭을 함께 이어 줘도 좋습니다. 어때요? 멋있는 실 팔찌가 만들어졌나요?

중심 내용 | 마지막으로, 양쪽 끝을 연결하여 실 팔찌를 완성합니다.

• **글의 종류**
설명하는 글

• **글의 특징**
실 팔찌를 만드는 방법을 차례대로 설명하고 있습니다.

• **글의 구조**

준비물 준비하기 → 실 세 가닥을 함께 잡고 매듭 짓기 → 셀로판테이프로 매듭 위쪽 책상에 붙이기 → 실 세 가닥을 잡고 세 가닥 땋기 하기 → 땋은 실 끝 쪽에 매듭 짓기 → 양쪽 끝 연결하기

땋기 머리털이나 실 따위를 둘 이상의 가닥으로 갈라서 어긋나게 엮어 한 가닥으로 하기.

---

17 다음 글의 내용과 어울리는 문단의 기호를 쓰시오.

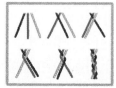 먼저, 왼쪽 첫 번째 그림과 같이 실 세 가닥을 나란히 폅니다. 두 번째, 왼쪽 **빨간색** 실을 가운데 파란색 실 위로 올립니다. 그러면 왼쪽 실이 가운데로 오고, 가운데 실이 왼쪽으로 가게 됩니다. 세 번째, 오른쪽 노란색 실을 가운데로 온 실 위에 올립니다.

(   ) 문단

서술형

18 ❺ 문단에서 차례와 관련되는 중요한 내용을 쓰시오.

_____

어휘

19 ㉠과 뜻이 비슷한 낱말은 무엇입니까? (   )

① 만듭니다   ② 나눕니다   ③ 잇습니다
④ 함께합니다   ⑤ 완성합니다

글의 구조

20 빈칸에 알맞은 말을 넣어 실 팔찌 만드는 방법을 순서대로 정리하시오.

먼저	준비물을 준비한다.
(1)( )	서로 다른 색깔 실 세 가닥을 함께 잡고 매듭을 짓는다.
두 번째	(2)( )(으)로 매듭 위쪽을 책상에 붙인다.
세 번째	실 세 가닥을 잡고 세 가닥 땋기를 한다.
네 번째	땋은 실 끝 쪽에 (3)( )을/를 짓는다.
마지막으로	양쪽 끝을 연결한다.

감기약을 먹는 방법

가 날이 추워지면 감기에 걸리는 사람이 많아집니다. 몸을 따뜻하게 하고 푹 쉬면 금방 낫는 경우도 있지만, 감기 때문에 많이 아플 때에는 감기약을 먹어야 합니다. 어떻게 감기약을 먹어야 좋을까요?

중심 내용 | 감기 때문에 많이 아플 때에는 감기약을 먹어야 합니다.

나 먼저, 병원에서 의사와 충분하게 상담한 뒤 자신의 증세에 맞는 감기약을 처방받습니다. 어른들이 먹는 감기약이나 언제 샀는지 모르는 감기약을 먹으면 오히려 더 큰 병에 걸릴 수도 있습니다. 어린이들이 감기약을 먹을 때에는 꼭 의사의 지시에 따릅니다.
일러서 시킨 내용.

중심 내용 | 병원에서 의사와 상담한 뒤 증세에 맞는 감기약을 처방받습니다.

다 감기약은 끝까지 먹는 게 좋습니다. 감기약을 먹다가 몸이 나았다고 생각해 그만 먹으면 안 됩니다. 중간에 마음대로 감기약을 먹지 않으면 감기가 더 심해지거나 나중에 감기약을 먹어도 낫지 않을 수 있으므로, 의
감기약을 의사가 처방한 날짜만큼 먹어야 하는 까닭
사가 처방한 날짜만큼 먹어야 합니다.

중심 내용 | 감기약은 끝까지 먹는 게 좋습니다.

라 감기약을 먹을 때에는 물과 함께 먹어야 합니다. 우

유나 녹차, 주스와 같은 다른 음료와 함께 먹어서는 안 됩니다. 또 물 이외에 밥이나 빵을 같이 먹어서도 안 됩니다.

중심 내용 | 감기약을 먹을 때는 물과 함께 먹어야 합니다.

마 감기약을 먹는 시간을 놓쳤다고 다음에 두 배로 먹어서도 안 됩니다. 두 배로 먹는다고 감기약 효과가 두 배가 되지는 않습니다. 오히려 몸에 부담만 될 뿐입니
어떠한 의무나 책임을 지는 것.
다. 감기약은 정해진 양만큼만 먹어야 합니다.

중심 내용 | 감기약을 먹는 시간을 놓쳤다고 다음에 두 배로 먹어서도 안 됩니다.

- **글의 종류**
  설명하는 글

- **글의 특징**
  감기약을 먹을 때 주의할 점을 알려 줍니다.

- **글의 구조**

감기약을 먹는 방법
- 의사와 상담한 뒤 증세에 맞게 먹기
- 끝까지 먹기
- 물과 함께 먹기
- 정해진 양만큼 먹기

중요 독해

21 이 글에서 주로 설명하는 것은 무엇입니까?

( )

① 감기에 걸리는 까닭
② 감기약을 먹는 방법
③ 감기 바이러스의 종류
④ 평소에 감기를 예방하는 방법
⑤ 감기약을 먹지 않고 감기를 낫게 하는 방법

22 다음 중 어린이가 먹어도 되는 감기약에 ○표 하시오.

(1) 어른들이 먹는 감기약 ( )

(2) 언제 샀는지 모르는 감기약 ( )

(3) 자신의 증세에 맞는 감기약 ( )

어휘

23 다음 뜻을 가진 낱말을 글 **나**에서 찾아 쓰시오.

> 병을 앓을 때 나타나는 여러 가지 상태나 모양.

( )

글의 구조

24 빈칸에 알맞은 말을 넣어 이 글의 내용을 정리하시오.

(1) ( ) 먹는 방법

- (2) ( )와/과 상담한 뒤 증세에 맞는 감기약을 처방받는다.
- 감기약은 끝까지 먹는 게 좋다.
- 감기약은 (3) ( )와/과 함께 먹는다.
- 감기약을 먹는 시간을 놓쳤다고 다음에 두 배로 먹으면 안 된다.

주말여행

❶ 우리 가족은 할머니 생신을 맞아 주말에 여행을 다녀왔다. 여행지는 전라북도 고창으로 예전에 텔레비전 여행 방송에서 본 기억이 있어서, 가기 전부터 많이 설레었다.

중심 내용 | 주말에 전라북도 고창으로 여행을 다녀왔습니다.

❷ 토요일 아침 일찍 출발해서, 맨 처음 도착한 고창 관광지는 고인돌 박물관이었다. 고인돌 박물관에서는 영화와 유물들을 보면서 고인돌의 역사를 알 수 있었다. 박물관 일 층에서는 고인돌 영화를 봤고 이 층에서는 고인돌과 관련된 여러 유물을 봤다. 박물관을 다 둘러보고 나니 고인돌 박사가 된 것 같은 기분이었다.

▲ 고창의 고인돌

중심 내용 | 맨 처음 도착한 곳은 고인돌 박물관이었습니다.

❸ 다음으로 간 곳은 동림 저수지 야생 동식물 보호 구역이었다. 동림 저수지는 겨울 철새가 많이 찾는 곳으로 우리 가족도 혹시 철새 ㉠떼의 춤을 볼 수 있을까 하는 기대로 방문해 보았다. 그곳에서 여러 가지 설명을 읽어 보았는데, 고창군 전 지역은 2013년부터 유네스코 생물권 보존 지역으로 지정되어 환경을 해치는 행위를 해서는 안 된다는 안내도 있었다. 아주 많은 수의 철새는 아니었지만 간간이 물 위로 날아오르는 가창오리들을 구경할 수 있었다.

중심 내용 | 다음으로 동림 저수지 야생 동식물 보호 구역에 갔습니다.

고인돌 큰 돌을 몇 개 둘러 세우고 그 위에 넓적한 돌을 덮어 놓은 선사 시대의 무덤.
야생 산이나 들에서 저절로 나서 자람. 또는 그런 생물.
유네스코 인류가 보존, 보호해야 할 문화와 자연을 세계 유산으로 지정해 보호하는 국제연합 전문 기구.
간간(間 사이 간, 間 사이 간)이 시간적인 사이를 두고 가끔씩.
㉫ 먼바다에서 간간이 기적 소리가 들려왔다.

중요 독해

25 이 글의 특징으로 알맞은 것은 무엇입니까? ( )

① 여행한 장소 변화에 따라 쓴 글이다.
② 책을 읽고 자신의 감상을 쓴 글이다.
③ 일을 하는 방법을 순서대로 쓴 글이다.
④ 여행 가서 한 일을 대화 중심으로 쓴 글이다.
⑤ 일이 일어난 원인과 결과에 따라 정리한 글이다.

26 글 ❶에서 '내'가 설렌 까닭으로 알맞은 것에 ○표 하시오.

(1) 할머니 댁에 가게 되어서 ( )

(2) 할머니와 처음으로 떠나는 가족 여행이어서 ( )

(3) 예전에 텔레비전 여행 방송에서 본 기억이 있어서 ( )

27 '내'가 고인돌 박물관의 각 층에서 본 것을 다음 표에 쓰시오.

일 층	(1)
이 층	(2)

어휘

28 다음 중 ㉠과 바꾸어 쓸 수 있는 낱말은 어느 것입니까? ( )

① 쌍 ② 짝 ③ 더미 ④ 무리 ⑤ 외톨이

29 '동림 저수지'에서 '내'가 한 일로 알맞지 않은 것은 무엇입니까? ( )

① 여러 가지 설명을 읽어 보았다.
② 가족과 함께 철새 떼의 춤을 보았다.
③ 물 위로 날아오르는 가창오리들을 구경했다.
④ 유네스코 생물권 보존 지역인 것을 알게 되었다.
⑤ 환경을 해치는 행위를 해서는 안 된다는 것을 알게 되었다.

주말여행

❹ 마지막으로 고창의 유명한 절인 선운사를 방문했다. 선운사는 삼국 시대 때부터 지어진 오래된 절이다. 오래된 절답게 웅장한 건물과 많은 관광객이 있었다. 선운사에서 가장 인상 깊었던 것은 선운사 뒤편의 동백나무 숲이었다. 푸른 동백나무잎 위로 하얀 눈이 소복이 쌓여 아름다운 풍경을 만들어 내고 있었다. 내가 본 가장 아름다운 숲이었다.

중심 내용 | 마지막으로 고창의 유명한 절인 선운사를 방문했습니다.

❺ 고창에서 아주 오래전 역사인 고인돌에서 삼국 시대의 선운사, 앞으로 보호해야 할 철새 떼까지 한 번에 보고 나니 ㉠마치 시간을 거슬러 가는 기분이었다. 고창을 떠나는 마음은 아쉬웠지만, '다음에는 또 어떤 곳으로 여행을 갈까?' 하는 기대를 품고 이번 주말여행을 마쳤다.

중심 내용 | 고창을 둘러 보고 나니 시간을 거슬러 가는 기분이었습니다.

- **글의 종류**
  기행문

- **글의 특징**
  주말에 고창으로 여행을 다녀온 뒤에 쓴 글로, 여행한 장소 변화가 잘 나타나 있습니다.

- **글의 구조**

장소	한 일
고인돌 박물관	고인돌의 역사를 알게 됨.
동림 저수지	물 위로 날아오르는 가창오리들을 구경함.
선운사	아름다운 동백나무 숲을 봄.

선운사 삼국 시대에 세워졌다는 오래된 절. 보물인 대웅전 외에 다수의 문화재가 있음.
동백나무 전라도와 경상도 남쪽 지역에서 많이 자라는 나무로, 잎이 두껍고 넓으며 사철 내내 푸름.

---

30 선운사에 대한 설명으로 알맞은 것은 무엇입니까?

( )

① 작은 규모의 절이다.
② 고창의 유명한 절이다.
③ 조선 시대 때 지어졌다.
④ 소나무 숲이 아름다운 곳이다.
⑤ 관광객들에게 알려지지 않은 곳이다.

서술형

31 '내'가 ㉠과 같은 기분이 든 까닭은 무엇인지 쓰시오.

_____

_____

32 이 글을 간추릴 때에 주의할 부분을 두 가지 고르시오. ( )

① 장소 변화
② 원인과 결과
③ 등장인물의 수
④ 일을 하는 방법
⑤ 각 장소에서 한 일

글의 구조

33 빈칸에 알맞은 말을 넣어 '내'가 주말여행을 하면서 간 곳과 한 일, 느낀 점을 정리하시오.

장소	한 일	느낀 점
⑴( ) 박물관	고인돌의 역사를 알았다.	고인돌 박사가 된 것 같은 기분이었다.
동림 저수지	물 위로 날아오르는 ⑵( )들을 구경했다.	철새 떼를 볼 수 있지 않을까 기대했다.
⑶( )	아름다운 동백나무 숲을 보았다.	내가 본 가장 아름다운 숲이었다.

▼

여행을 마치고 느낀 점
시간을 거슬러 가는 기분이었다.

8 단원

동물원에서

❶ 어제 과학 관찰 보고서를 쓰려고 동물원에 갔다. 내 보고서 주제는 '날개가 있는 동물'로, 동물원의 많은 동물 가운데에서도 날개가 있는 동물을 찾아 관찰하는 것이다. 날씨가 추워서 야외 관람관은 문을 닫은 곳이 많아서 주로 실내 관람관에서 관찰했다.

내용 듣기

중심 내용 | '나'는 어제 과학 관찰 보고서를 쓰기 위해 동물원에 갔습니다.

❷ 동물원 입구를 지나 가장 먼저 간 곳은 '곤충관'이었다. 곤충관에는 여러 지역의 곤충들이 전시되어 있었는데, 날개가 있는 동물로 나비와 벌, 메뚜기와 같은 곤충들이 있었다. 곤충관에서 가장 관심이 갔던 곤충은 톱사슴벌레이다. 톱사슴벌레는 몸 색깔이 갈색이고 톱날 모양의 큰턱이 있다. 원래 밤에 활동하는 곤충이지만 참나무 수액을 먹으려고 낮에도 돌아다니기 때문에, 먹이를 먹는 톱사슴벌레를 볼 수 있었다. 톱사슴벌레가 나뭇가지 꼭대기에 올라가서 날개를 펴고 날아가는 모습이 멋

있었다.

중심 내용 | 가장 먼저 간 곳은 '곤충관'이었는데, 여러 곤충들 중에서 가장 관심이 갔던 것은 톱사슴벌레였습니다.

❸ 곤충관 바로 옆은 '야행관'이었는데 주로 밤에 활동하는 동물들이 있는 곳이었다. 야행관에도 날개가 있는 동물들이 있었다. 바로 박쥐와 올빼미였다. 외국에서 산다는 과일박쥐도 인상 깊었지만, 내 눈길을 끈 것은 수리부엉이이다. 수리부엉이는 천연기념물로 몸길이가 70센티미터나 될 정도로 큰 새이다. 날개를 접고 나뭇가지에 앉아 있는 것을 관찰했는데, 붉은 눈과 앞뒤로 자유롭게 움직이는 목이 신기했다. 가끔 날개를 펴고 앉은 자세를 고치기도 했는데, 날개를 퍼덕이는 모습에 큰 바람이 일 것 같았다. 이렇게 멋진 새가 멸종 위기 동물이라니, 자연을 보호해야겠다는 다짐을 했다.

야행관에 있는 날개가 있는 동물

중심 내용 | '야행관'에서 '나'의 눈길을 끈 것은 수리부엉이였습니다.

> 야외 집 밖이나 사방, 상하를 덮거나 가리지 아니한 곳.
> 전시되어 여러 가지 물품이 한곳에 벌여 놓아져 볼 수 있게 되어.
> 멸종 생물의 한 종류가 아주 없어짐.

---

34 '내'가 동물원에 간 까닭은 무엇입니까? (   )

① 과학 실험을 하기 위해서
② 부모님께서 가자고 하셔서
③ 과학 관찰 보고서를 쓰기 위해서
④ 여러 동물을 직접 만져 보고 싶어서
⑤ 좋아하는 동물을 소개하려고 준비하기 위해서

35 '내'가 동물원에서 가장 먼저 간 곳을 쓰시오.

(   )

36 톱사슴벌레의 특징으로 알맞은 것을 골라 기호를 쓰시오.

> ㉮ 몸 색깔이 검정색이다.
> ㉯ 밤에만 먹이를 먹는다.
> ㉰ 톱날 모양의 큰턱이 있다.

(   )

중요 독해

37 야행관에 있는 동물의 특징은 무엇입니까? (   )

① 날개가 없다.
② 외국에서 왔다.
③ 주로 밤에 활동한다.
④ 모두 멸종 위기에 처해 있다.
⑤ 모두 천연기념물로 지정되어 있다.

어휘

38 다음 빈칸에 들어갈 낱말을 글 ❸에서 찾아 쓰시오.

> 공룡은 약 6600만 년 전에 [   ]되어 현재는 화석으로만 확인할 수 있다.

(   )

동물원에서

❹ 야행관 다음으로 간 곳은 '열대 조류관'이었다. 열대 조류관은 따뜻한 지역에 사는 새들이 사는 곳이었다. 열대 조류관은 아주 큰 실내 전시장으로, 천장이 높아서 머리 위로 화려한 색의 새들이 날아다니는 것을 볼 수 있었다. 앵무새는 책이나 텔레비전에서 본 적이 있었는데, 이렇게 많은 종류의 앵무새가 있는지는 몰랐다. 왕관앵무, 장미앵무, 회색앵무와 같이 색과 크기도 다양한 앵무새를 관찰할 수 있었다. 말을 할 수 있는 앵무새를 찾지 못한 것이 아쉬웠다.

중심 내용 | '열대 조류관'에서는 색과 크기가 다양한 앵무새를 관찰할 수 있었습니다.

❹ 마지막으로 간 곳은 야외에서도 황새를 볼 수 있는 '큰물새장'이었다. 황새 마을에서는 황새 외에도 두루미나 고니와 같이 물 근처에 사는 여러 새를 볼 수 있었다. 처음에는 깃털 색이 하얗고 까만 게 비슷해서 두루미와 황새를 구별하지 못했다. 설명을 읽고 나서야 키가 더 크고 머리가 붉은색이고 목과 다리가 까만색인 새가 두루미, 다리가 붉은색인 새가 황새라는 사실을 알게 되었다.

중심 내용 | 마지막으로 간 '큰물새장'에서는 물 근처에 사는 여러 새를 볼 수 있었고, '나'는 두루미와 황새를 구별하는 방법을 알게 되었습니다.

- **글의 종류**
  생활문

- **글의 특징**
  과학 관찰 보고서를 쓰기 위해 동물원에 가서 동물들을 관찰한 뒤에 쓴 글입니다.

- **글의 구조**

장소	관찰한 동물
곤충관	나비, 벌, 메뚜기, 톱사슴벌레 등
야행관	박쥐, 올빼미, 수리부엉이 등
열대 조류관	왕관앵무, 장미앵무, 회색앵무 등
큰물새장	고니, 두루미, 황새 등

열대 지구 위에서 적도 부근이고 연평균 기온이 섭씨 20도 이상인, 매우 더운 지역.

---

39 '내'가 열대 조류관과 큰물새장에서 관찰하지 <u>못한</u> 것은 무엇입니까? (   )

① 고니   ② 두루미
③ 회색앵무   ④ 왕관앵무
⑤ 말을 할 수 있는 앵무새

서술형

40 '내'가 큰물새장에서 알게 된 점은 무엇인지 쓰시오.

_____

_____

41 '내'가 동물원에서 간 차례대로 오른쪽 지도에 선을 그으시오.

글의 구조

42 빈칸에 알맞은 말을 넣어 '내'가 장소 변화에 따라 무엇을 관찰했는지 정리하시오.

장소	관찰한 내용
곤충관	• 톱사슴벌레는 몸 색깔이 갈색이고 톱날 모양의 큰턱이 있음. • 먹이를 먹는 톱사슴벌레를 봄.
⑴( )	⑵( )은/는 몸길이가 70센티미터나 될 정도로 큰 새로, 눈이 붉고 목이 앞뒤로 자유롭게 움직이며, 멸종 위기 동물임.
⑶( ) 조류관	왕관앵무, 장미앵무, 회색앵무 등 색과 크기도 다양한 앵무새를 관찰함.
큰물새장	머리가 붉은색, 목과 다리가 까만색인 새가 두루미, 다리가 붉은색인 새가 ⑷( )임.

8
단원

즐거운 직업 체험

❶ 오래전부터 기다려 오던 직업 체험학습을 가는 날이다. 학교에서 모두 함께 출발해 열 시에 직업 체험관에 도착했다. 도착하자마자 우리 반은 모둠별로 흩어졌다. 우리 모둠은 나, 민기, 혜정, 병주까지 네 명으로 모두 활발한 친구들이다.

'나'의 모둠 구성원

중심 내용 | 직업 체험학습을 가는 날, 직업 체험관에 도착한 우리 반은 모둠별로 흩어졌습니다.

❷ 우리 모둠은 가장 먼저 소품 설계관으로 출발했다. 소품 설계관은 작은 소품을 설계하고 직접 만들 수 있는 곳이다. 체험학습 계획을 세울 때 민기가 "집안 어른들께 선물로 드릴 만한 물건을 만들면 좋겠어."라고 의견을 냈기 때문에 소품 설계관을 첫 번째 체험활동 장소로 정했다. 민기는 어머니께 드릴 머리 끈을 만들고, 나는 할아버지께 드릴 손수건을 만들기로 했다. 내 손으로 만든 소품이 어딘가 부족해 보였지만 기분만은 진짜 디자이너가 된 것 같아 뿌듯했다.

중심 내용 | 우리 모둠은 가장 먼저 소품 설계관에서 집안 어른들께 선물로 드릴 물건을 만들었습니다.

❸ 디자이너 체험을 끝내자 거의 열한 시가 되었다. 우리는 제빵사 체험을 하려고 제빵 학원으로 갔다. 제빵 학원 앞에는 크게 '크림빵'이라고 적혀 있었다. 체험관 안으로 들어가자 체험관 선생님께서 밀가루를 나누어 주셨다. 체험관 선생님께서 알려 주시는 차례를 그대로 따라 해서 크림빵을 완성했다.

중심 내용 | 디자이너 체험을 끝낸 뒤 우리 모둠은 제빵 학원에서 제빵사 체험을 했습니다.

❹ 제빵사 체험을 마치고 나오니 거의 열두 시가 되었다. 우리 모둠은 중앙 광장에서 아까 만든 크림빵과 각자 싸 온 점심을 먹으며 다른 모둠 친구들과 체험활동 이야기를 나누었다. 효지는 공항에서 한 비행기 조종사 체험이 가장 재미있었다고 했고, 준우는 문화재 발굴 현장에서 문화재를 찾는 체험이 가장 재미있었다고 했다.

중심 내용 | 제빵사 체험을 마치고 중앙 광장에서 점심을 먹으며 다른 모둠 친구들과 체험활동에 대해 이야기를 나누었습니다.

소품(小 작을 소, 品 물건 품) 주로 장식용으로 쓰이는 작은 물품.
발굴 땅속이나 큰 덩치의 흙, 돌 더미 따위에 묻혀 있는 것을 찾아서 파냄.

---

43 우리 모둠이 가장 먼저 소품 설계관에 간 까닭은 무엇입니까? (   )

① 모둠 친구의 꿈이 디자이너라서
② 직업 체험관 입구에서 가장 가까운 곳이어서
③ 선생님께서 가장 먼저 갈 장소로 정해 주셔서
④ 체험학습을 기념할 만한 물건을 만들기 위해서
⑤ 어른들께 선물로 드릴 만한 물건을 만들기 위해서

44 우리 모둠이 제빵 학원에서 한 일은 무엇입니까?
(   )

① 빵 판매하기   ② 빵 진열하기
③ 밀가루 만들기   ④ 크림빵 만들기
⑤ 빵 종류 외우기

45 다른 모둠 친구들이 재미있었다고 한 체험으로 알맞은 것끼리 선으로 이으시오.

(1) 효지 •   • ㉮ 문화재를 찾는 체험

(2) 준우 •   • ㉯ 비행기 조종사 체험

중요 독해

46 이 글에서 시간 흐름을 알 수 있는 부분에는 '시', 장소 변화를 알 수 있는 부분에는 '장'을 쓰시오.

(1) 열 시   (   )
(2) 열두 시   (   )
(3) 중앙 광장   (   )
(4) 직업 체험관 (   )

즐거운 직업 체험

❺ 점심시간이 끝난 오후 한 시, 소방서에서 병주가 가장 기대하던 소방관 체험으로 활동을 시작했다. 소방관 복장을 하고, 소방차를 타고 출동하고, 불이 난 곳에 물도 뿌렸다. 원래 소방관에는 관심이 없었는데, 체험해 보니 내 적성에도 잘 맞고 보람도 있어서 미래에 소방관이 되어도 좋겠다고 생각했다. / 소방관 체험을 마치고 나서 시계를 보니 두 시가 조금 넘었다. 두 시 반까지 버스에 타기로 우리 반 선생님과 약속했기 때문에 아쉽지만 체험활동을 끝낼 수밖에 없었다.

중심 내용 | 점심시간이 끝난 오후 한 시에 소방서에서 소방관 체험을 한 뒤 체험활동을 끝냈습니다.

❻ 돌아오는 버스 안에서 선생님께서 말씀하셨다.

"오늘 체험활동이 재미있었나요? 세상에는 ㉠직업 체험관에 있는 직업 외에도 수많은 직업이 있어요. 여러분이 앞으로 직업의 세계에 관심을 가지고 살펴본다면 여러분에게 딱 맞는 직업을 찾을 수 있을 거예요."

선생님 말씀을 들으며 앞으로도 직업의 세계에 관심을 두어야겠다고 생각했다. 이번 체험은 내 미래를 진지하게 생각해 볼 수 있는 좋은 경험이 되었다.

중심 내용 | 선생님 말씀을 들으며 앞으로도 직업의 세계에 관심을 두어야겠다고 생각했습니다.

- **글의 종류**
  생활문

- **글의 특징**
  직업 체험 학습을 다녀와서 쓴 글로, 시간 흐름과 장소 변화가 잘 나타나 있습니다.

- **글의 구조**

시간	장소	체험한 내용
열 시	소품 설계관	할아버지께 드릴 선물을 만듦.
열한 시	제빵 학원	크림빵을 만듦.
열두 시	중앙 광장	점심을 먹음.
오후 한 시	소방서	소방관 체험을 함.

적성 어떤 일에 알맞은 성질이나 적응 능력, 또는 소질이나 성격.

47 '내'가 소방관이 되어도 좋겠다고 생각한 까닭은 무엇입니까? (   )

① 평소 관심을 가졌던 직업이기 때문에
② 물을 뿌리는 체험이 재미있었기 때문에
③ 가장 기대하고 있었던 활동이기 때문에
④ 적성에도 잘 맞고 보람도 있었기 때문에
⑤ 소방관 복장을 한 모습이 멋있었기 때문에

어휘
48 ㉠에 포함되는 낱말이 <u>아닌</u> 것은 무엇입니까?
(   )

① 제빵사
② 소방관
③ 선생님
④ 소방서
⑤ 비행기 조종사

서술형
49 자신이 직업 체험관에 견학을 간다면 체험하고 싶은 곳과 하고 싶은 체험을 쓰시오.

_____

_____

글의 구조
50 빈칸에 알맞은 말을 넣어 '내'가 시간 흐름과 장소 변화에 따라 체험한 것을 정리하시오.

시간	장소	체험한 내용
(1)( )	소품 설계관	할아버지께 드릴 손수건을 만듦.
열한 시	(2)( )	크림빵을 만듦.
열두 시	중앙 시장	(3)( )을/를 먹음.
한 시	(4)( )	소방관 체험을 함.

8단원

[1~2] 다음 글을 읽고, 물음에 답하시오.

가 "어, 이야기 할아버지 아니세요? 어쩌다 이렇게 작아지셨어요?"

할아버지만큼 커다란 베짱이가 말을 건넸습니다. 할아버지는 그제야 세상이 크게 변한 게 아니라 할아버지가 작게 줄어들었음을 알았습니다.

"글쎄, 나도 잘 모르겠다. 마당에 처음 보는 작은 열매가 있기에 먹어 보았을 뿐인데……."

베짱이는 할아버지 말을 듣고 이마를 '탁' 치며 말했습니다. / "그건 아마 '커졌다 작아졌다' 마법 열매였을 거예요! 그걸 한 알 더 먹어야 본래 크기로 돌아올 수 있어요."

나 마침내 베가 완성되었을 때, 할아버지는 감탄을 금치 못했습니다. 베짱이가 너무도 빠르게 베 한 필을 짜내었을 뿐 아니라, 솜씨 또한 기가 막혔기 때문이죠. / "자, 할아버지. 이 베를 가지고 쥐들을 찾아가세요. 그러고는 '커졌다 작아졌다' 마법 열매와 바꾸자고 하세요."

다 할아버지가 베를 내주자, 쥐들은 할아버지에게 마법 열매를 주었습니다.

마루 밑에서 나온 할아버지는 열매를 입에 넣고 꿀꺽 삼켰습니다. 순간 할아버지 몸이 풍선처럼 부풀어오르는 듯한 기분이 드는가 싶더니 본래 크기로 돌아왔습니다.

1 이야기 할아버지가 마법 열매를 얻을 수 있도록 베를 짜 준 인물은 누구인지 쓰시오.

(   )

2 이 이야기의 차례에 맞게 번호를 쓰시오.

(1) 이야기 할아버지가 마법 열매를 먹고 작아졌다.

(   )

(2) 마법 열매를 먹은 뒤, 이야기 할아버지는 원래대로 커졌다.

(   )

(3) 이야기 할아버지는 베짱이가 짠 베와 마법 열매를 바꾸러 쥐를 찾아갔다.

(   )

[3~4] 다음 글을 읽고, 물음에 답하시오.

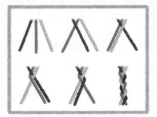

세 가닥 땋기는 머리를 땋을 때 많이 쓰는 방법입니다. 먼저, 왼쪽 첫 번째 그림과 같이 실 세 가닥을 나란히 폅니다. 두 번째, 왼쪽 빨간색 실을 가운데 파란색 실 위로 올립니다. 그러면 왼쪽 실이 가운데로 오고, 가운데 실이 왼쪽으로 가게 됩니다. 세 번째, 오른쪽 노란색 실을 가운데로 온 실 위에 올립니다. 다시 처음처럼 왼쪽으로 간 실을 가운데로, 오른쪽으로 간 실을 가운데로 올립니다. 이 방법을 계속 반복하면 실이 땋아집니다. 주의할 점은 실을 땋는 동안 실이 풀어지지 않도록 실 세 가닥을 단단히 잡아야 한다는 점입니다.

3 이 글에서 차례를 나타내는 말을 모두 고르시오.

(   )

① 먼저
② 두 번째
③ 세 번째
④ 처음처럼
⑤ 실 세 가닥

4 이 글을 읽고 세 가닥 땋기를 알맞게 한 친구의 이름을 쓰시오.

> 미주: 실을 땋는 동안 실 세 가닥을 잡고 있지 않았어.
> 진우: 그림을 보면서 세 가닥 실 중 오른쪽 실을 먼저 가운데로 옮겼어.
> 선영: 왼쪽 실을 먼저 가운데로 오게 하고 오른쪽 실을 가운데로 온 실 위에 올리는 과정을 반복했어.

(   )

[5~6] 다음 글을 읽고, 물음에 답하시오.

> **가** 제빵사 체험을 마치고 나오니 거의 열두 시가 되었다. 우리 모둠은 중앙 광장에서 아까 만든 크림빵과 각자 싸 온 점심을 먹으며 다른 모둠 친구들과 체험활동 이야기를 나누었다. 효지는 공항에서 한 비행기 조종사 체험이 가장 재미있었다고 했고, 준우는 문화재 발굴 현장에서 문화재를 찾는 체험이 가장 재미있었다고 했다.
>
> **나** 소방관 체험을 마치고 나서 시계를 보니 두 시가 조금 넘었다. 두 시 반까지 버스에 타기로 우리 반 선생님과 약속했기 때문에 아쉽지만 체험활동을 끝낼 수밖에 없었다.
>
> **다** 점심시간이 끝난 오후 한 시, 소방서에서 병주가 가장 기대하던 소방관 체험으로 활동을 시작했다. 소방관 복장을 하고, 소방차를 타고 출동하고, 불이 난 곳에 물도 뿌렸다.

5 글의 흐름을 알 수 있는 말을 생각하며 일이 일어난 차례대로 글의 기호를 쓰시오.

(   ) → (   ) → (   )

6 글쓴이가 체험활동 중 가장 마지막으로 한 것은 무엇입니까? (   )

① 제빵사 체험   ② 소방관 체험
③ 요리사 체험   ④ 문화재 발굴 체험
⑤ 비행기 조종사 체험

[7~8] 다음 글을 읽고, 물음에 답하시오.

> '괴산'이라는 이름은 어떻게 변해 왔을까요?
> 괴산 지역 이름은 시간에 따라 변해 왔습니다. 고구려 때에는 '잉근내군'이라고 불리다가, 신라 경덕왕 때 '괴양군'으로 바뀌었습니다. 그 뒤 고려 시대에는 '괴주'라고 불리다가, 조선 태종 때부터는 지금 이름인 '괴산'이라는 지명으로 불렸습니다.

7 이 글은 어떤 글의 흐름으로 썼는지 알맞은 것에 ○표 하시오.

(1) 일 차례대로 썼다.   (   )
(2) 시간 차례대로 썼다.   (   )
(3) 장소 변화대로 썼다.   (   )

8 '괴산'이 지금과 같은 이름으로 불리기 시작한 것은 언제부터입니까? (   )

① 고구려   ② 고려 시대
③ 조선 태종   ④ 신라 경덕왕
⑤ 일제 강점기

문법

9 밑줄 친 낱말과 뜻이 서로 비슷한 낱말은 무엇입니까? (   )

> 실 팔찌의 끝부분끼리 서로 연결한다.

① 꼰다   ② 잇는다
③ 끊는다   ④ 잡는다
⑤ 색칠한다

문법

10 다음 낱말과 뜻이 비슷한 낱말을 한 가지 떠올려 쓰시오.

> 차단하다

(   )

[1~3] 다음 글을 읽고, 물음에 답하시오.

㉮ 첫 번째, 서로 다른 색깔 실 세 가닥을 함께 잡고 매듭을 짓습니다. 실의 3~4센티미터를 남겨 두고 실 세 가닥을 한꺼번에 잡아 작은 원을 만듭니다. 그 뒤 짧은 쪽 실 세 가닥을 아까 만든 원 쪽으로 집어넣고 당기면 쉽게 매듭을 지을 수 있습니다.

㉯ 두 번째, 셀로판테이프로 매듭 위쪽을 책상에 붙입니다. 셀로판테이프는 실 팔찌를 만드는 동안 실이 움직이거나 꼬이지 않게 고정하는 역할을 합니다.

㉰ 세 번째, 실 세 가닥을 잡고 세 가닥 땋기를 합니다. 이때 자신이 원하는 길이보다 길게 땋아야 합니다. 손목 둘레의 두세 배 정도 길이로 땋는 것이 좋습니다.

㉱ ⎡ ㉠ ⎤, 땋은 실 끝 쪽에 매듭을 짓습니다. 매듭은 첫 번째 매듭을 지을 때 사용한 방법으로 지으며, 자신이 땋은 부분이 끝나는 곳보다 좀 더 앞쪽에 짓습니다.

㉲ 마지막으로, 양쪽 끝을 연결합니다. 양쪽 끝을 연결할 때에는 끝끼리 묶어도 좋고, 다른 실로 양쪽 매듭을 함께 이어 줘도 좋습니다.

서술형

1 실 팔찌를 만들 때, 셀로판테이프로 매듭 위쪽을 책상에 붙이는 까닭은 무엇인지 쓰시오.

_____

_____

2 ㉠에 들어갈 차례를 나타내는 말로 알맞은 것에 ○표 하시오.

| 먼저, | 네 번째, | 다섯 번째, | 끝으로 |

3 오른쪽 그림은 글 ㉮~㉲ 중 무엇과 관련이 있겠습니까?

( )

① 글 ㉮ ② 글 ㉯
③ 글 ㉰ ④ 글 ㉱ ⑤ 글 ㉲

[4~5] 다음 글을 읽고, 물음에 답하시오.

❶ 날이 추워지면 감기에 걸리는 사람이 많아집니다. 몸을 따뜻하게 하고 푹 쉬면 금방 낫는 경우도 있지만, 감기 때문에 많이 아플 때에는 감기약을 먹어야 합니다. 어떻게 감기약을 먹어야 좋을까요?

❷ 먼저, 병원에서 의사와 충분하게 상담한 뒤 자신의 증세에 맞는 감기약을 처방받습니다. 어른들이 먹는 감기약이나 언제 샀는지 모르는 감기약을 먹으면 오히려 더 큰 병에 걸릴 수도 있습니다. 어린이들이 감기약을 먹을 때에는 꼭 의사의 지시에 따릅니다.

❸ 감기약은 끝까지 먹는 게 좋습니다. 감기약을 먹다가 몸이 나았다고 생각해 그만 먹으면 안 됩니다. 중간에 마음대로 감기약을 먹지 않으면 감기가 더 심해지거나 나중에 감기약을 먹어도 낫지 않을 수 있으므로, 의사가 처방한 날짜만큼 먹어야 합니다.

4 글 ❷를 한 문장으로 알맞게 간추린 것은 무엇입니까? ( )

① 감기약은 끝까지 먹는 것이 좋다.
② 날이 추워지면 감기에 걸리는 사람이 많아진다.
③ 감기약을 먹지 않으면 더 큰 병에 걸릴 수 있다.
④ 몸을 따뜻하게 하고 푹 쉬면 감기가 금방 낫는다.
⑤ 병원에서 의사와 상담한 뒤 증세에 맞는 감기약을 처방받는다.

서술형

5 다음과 같이 생각하는 친구에게 충고해 줄 말을 쓰시오.

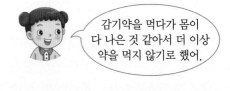

감기약을 먹다가 몸이 다 나은 것 같아서 더 이상 약을 먹지 않기로 했어.

_____

_____

_____

6 글의 흐름에 맞도록 차례대로 기호를 쓰시오.

> ㉮ 먼저, 소화기의 손잡이를 잡고 불이 난 곳으로 가져갑니다.
> ㉯ 끝으로, 손잡이를 꽉 잡고 불을 향해 빗자루로 쓸듯이 소화제를 뿌립니다.
> ㉰ 세 번째, 바람을 뒤로하고 소화기 호스를 불이 난 곳으로 향하게 잡습니다.
> ㉱ 두 번째, 소화기 안전핀을 뽑습니다. 이때 손잡이를 누르면 안전핀이 빠지지 않으니 손잡이를 누르지 않습니다.

( ) → ( ) → ( ) → ( )

[7~9] 다음 글을 읽고, 물음에 답하시오.

　토요일 아침 일찍 출발해서, 맨 처음 도착한 고창 관광지는 고인돌 박물관이었다. 고인돌 박물관에서는 영화와 유물들을 보면서 고인돌의 역사를 알 수 있었다. 박물관 일 층에서는 고인돌 영화를 봤고 이 층에서는 고인돌과 관련된 여러 유물을 봤다. 박물관을 다 둘러보고 나니 고인돌 박사가 된 것 같은 기분이었다.

　다음으로 간 곳은 동림 저수지 야생 동식물 보호 구역이었다. 동림 저수지는 겨울 철새가 많이 찾는 곳으로 우리 가족도 혹시 철새 떼의 춤을 볼 수 있을까 하는 기대로 방문해 보았다. 그곳에서 여러 가지 설명을 읽어 보았는데, 고창군 전 지역은 2013년부터 유네스코 생물권 보존 지역으로 지정되어 환경을 해치는 행위를 해서는 안 된다는 안내도 있었다. 아주 많은 수의 철새는 아니었지만 간간이 물 위로 날아오르는 가창오리들을 구경할 수 있었다.

　마지막으로 고창의 유명한 절인 선운사를 방문했다. 선운사는 삼국 시대 때부터 지어진 오래된 절이다. 오래된 절답게 웅장한 건물과 많은 관광객이 있었다. 선운사에서 가장 인상 깊었던 것은 선운사 뒤편의 동백나무 숲이었다. 푸른 동백나무잎 위로 하얀 눈이 소복이 쌓여 아름다운 풍경을 만들어 내고 있었다.

7 '내'가 고창에서 가장 먼저 간 장소는 어디입니까?
( )

① 선운사　　　　② 동림 저수지
③ 철새 박물관　　④ 동백나무 숲
⑤ 고인돌 박물관

8 동림 저수지에 대한 설명으로 알맞은 것을 두 가지 고르시오. ( )

① 삼국 시대 때 만들어졌다.
② 관광객이 찾아오지 않는다.
③ 야생 동식물 보호 구역이다.
④ 많은 수의 철새가 찾아온다.
⑤ 뒤편에 동백나무 숲이 있다.

서술형

9 '내'가 선운사에서 본 것을 간추려 쓰시오.

_____

_____

10 다음 글에서 시간 흐름과 장소 변화를 알 수 있는 부분을 모두 찾아 쓰시오.

> 　오래전부터 기다려 오던 직업 체험학습을 가는 날이다. 학교에서 모두 함께 출발해 열 시에 직업 체험관에 도착했다. 도착하자마자 우리 반은 모둠별로 흩어졌다. 우리 모둠은 나, 민기, 혜정, 병주까지 네 명으로 모두 활발한 친구들이다.
> 　우리 모둠은 가장 먼저 소품 설계관으로 출발했다. 소품 설계관은 작은 소품을 설계하고 직접 만들 수 있는 곳이다. 체험학습 계획을 세울 때 민기가 "집안 어른들께 선물로 드릴 만한 물건을 만들면 좋겠어."라고 의견을 냈기 때문에 소품 설계관을 첫 번째 체험활동 장소로 정했다.

시간 흐름을 알 수 있는 부분	(1)
장소 변화를 알 수 있는 부분	(2)

11 다음 글을 읽고 환이가 각 장소에서 한 일을 찾아 알맞게 선으로 이으시오.

> ㉮ 드디어 시청 청사에 도착했습니다. 아빠가 볼일을 마칠 때까지 환이는 혼자서 청사 밖을 거닐었습니다. 말이 안 통해서 누구를 잡고 함께 놀자고 할 수는 없었지만 조금도 지루하지 않았습니다.
> ㉯ 환이와 아빠는 시청 앞 거리로 나왔습니다. 아빠는 내친김에 거리 이곳저곳에 있는 아름다운 벽화들을 구경시켜 주었습니다.
> "와, 너무나 멋져요!"

(1) 시청 청사 •　　　• ㉮ 아름다운 벽화를 구경함.

(2) 시청 앞 거리 •　　　• ㉯ 혼자서 시청 청사 밖을 구경함.

[12~14] 다음 글을 읽고, 물음에 답하시오.

> ㉮ '괴산'이라는 이름은 어떻게 변해 왔을까요?
> 　괴산 지역 이름은 시간에 따라 변해 왔습니다. 고구려 때에는 '잉근내군'이라고 불리다가, 신라 경덕왕 때 '괴양군'으로 바뀌었습니다. 그 뒤 고려 시대에는 '괴주'라고 불리다가, 조선 태종 때부터는 지금 이름인 '괴산'이라는 지명으로 불렸습니다.
> ㉯ 산막이 옛길 안내
> 　괴산에는 사오랑 마을에서 산골 마을인 산막이 마을까지 연결되는 10리(약 4킬로미터)에 걸친 옛길이 있다. 이 옛길을 산책로로 만든 것이 지금의 산막이 옛길이다.
> 　산막이 옛길은 주차장을 지나 오르막으로 시작한다. 오르막을 걷다 보면 차돌 바위 나루를 지나 소나무 동산에 이를 수 있다. 소나무 동산엔 40년이 넘은 소나무들이 숲을 이룬다. 소나무 동산에서는 괴산호를 바라볼 수 있다. 소나무 동산을 지나 호수 전망대로 가려면 소나무 출렁다리를 건너 호랑이 모형이 관광객을 반겨 주는 호랑이 굴 앞을 지난다. 호수 전망대, 고공 전망대로 가는 길 내내 아름다운 풍경을 볼 수 있다. 그리고 산골 마을인 산막이 마을에 도착하면 산막이 옛길이 끝난다.

12 괴산 지역이 '괴주'라고 불린 때는 언제입니까?
(　　　)

① 현재　　　　　② 고려 시대
③ 조선 시대　　　④ 신라 시대
⑤ 고구려 때

13 산막이 옛길을 걷는 동안 지나는 장소를 보기 에서 골라 차례대로 기호를 쓰시오.

> **보기**
> ㉮ 주차장　　　　㉯ 호랑이 굴
> ㉰ 산막이 마을　　㉱ 호수 전망대
> ㉲ 소나무 동산

㉮ → (　　　) → (　　　) → (　　　) → (　　　)

14 다음 친구가 충청북도 괴산에 있는 자랑거리를 소개하는 글을 썼다면, 글 ㉮와 ㉯ 중 어떤 글을 썼을지 기호를 쓰시오.

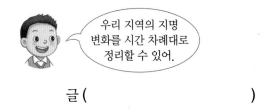

우리 지역의 지명 변화를 시간 차례대로 정리할 수 있어.

글 (　　　　　　　)

서술형

15 우리 지역을 소개하는 글을 쓰려고 합니다. 글의 주제와 글의 흐름을 정하고, 글에 넣을 그림이나 사진을 계획해 쓰시오.

주제 정하기	(1)
글의 흐름 정하기	(2)
글에 넣을 그림이나 사진 계획하기	(3)

8. 글의 흐름을 생각해요

● 정답 및 풀이 31쪽

| 평가 주제 | 장소 변화에 따라 글의 내용 간추리기 |
| 평가 목표 | 장소 변화를 생각하면서 글을 읽고 자신이 가고 싶은 장소를 쓸 수 있다. |

> **가** 동물원 입구를 지나 가장 먼저 간 곳은 '곤충관'이었다. 곤충관에는 여러 지역의 곤충들이 전시되어 있었는데, 날개가 있는 동물로 나비와 벌, 메뚜기와 같은 곤충들이 있었다. 곤충관에서 가장 관심이 갔던 곤충은 톱사슴벌레이다.
>
> **나** 곤충관 바로 옆은 '야행관'이었는데 주로 밤에 활동하는 동물들이 있는 곳이었다. 야행관에도 날개가 있는 동물들이 있었다. 바로 박쥐와 올빼미였다. 외국에서 산다는 과일박쥐도 인상 깊었지만, 내 눈길을 끈 것은 수리부엉이이다.
>
> **다** 야행관 다음으로 간 곳은 '열대 조류관'이었다. 열대 조류관은 따뜻한 지역에 사는 새들이 사는 곳이었다. 열대 조류관은 아주 큰 실내 전시장으로, 천장이 높아서 머리 위로 화려한 색의 새들이 날아다니는 것을 볼 수 있었다. 앵무새는 책이나 텔레비전에서 본 적이 있었는데, 이렇게 많은 종류의 앵무새가 있는지는 몰랐다.
>
> **라** 마지막으로 간 곳은 야외에서도 황새를 볼 수 있는 '큰물새장'이었다. 황새 마을에서는 황새 외에도 두루미나 고니와 같이 물 근처에 사는 여러 새를 볼 수 있었다. 처음에는 깃털 색이 하얗고 까만 게 비슷해서 두루미와 황새를 구별하지 못했다. 설명을 읽고 나서야 키가 더 크고 머리가 붉은색이고 목과 다리가 까만색인 새가 두루미, 다리가 붉은색인 새가 황새라는 사실을 알게 되었다.

1 글 **라**에서 글쓴이가 알게 된 것을 간추려 쓰시오.

2 다음 동물원 지도를 보고, 글쓴이가 간 곳을 모두 표시하시오.

3 문제 **2**번의 지도를 참고하여 자신이 동물원에서 가고 싶은 곳을 고르고, 그 까닭을 쓰시오.

| 가고 싶은 곳 | (1) |
| 가고 싶은 까닭 | (2) |

다른 그림을 찾아보세요.

● 정답 및 풀이 31쪽

다른 곳이 15군데 있어요.

9 작품 속 인물이 되어

▶ 학습을 완료하면 V표를 하면서 학습 진도를 체크해요.

	학습 내용	백점 쪽수	확인
개념	글을 읽고 인물의 말과 행동을 실감 나게 표현하기	144쪽	☐
어휘 + 문법	핵심 개념 어휘: 인물, 성격 작품 속 어휘: 경고, 막, 애걸복걸, 재판, 말귀 문법: '–(으)려고'의 올바른 표기	145쪽	☐
독해	글을 읽고 인물에 대해 이야기하기: 「대단한 줄다리기」	146~148쪽	☐
	인물의 성격을 생각하며 극본을 소리 내어 읽기: 「토끼의 재판」 앞부분	149~151쪽	☐
	알맞은 표정, 몸짓, 말투를 생각하며 극본 읽기 : 「토끼의 재판」 뒷부분, 「눈」	152~153쪽	☐
평가	단원 평가 1회, 2회	154~158쪽	☐
	수행 평가	159쪽	☐

9 작품 속 인물이 되어

● 정답 및 풀이 32쪽

1 글을 읽고 인물에 대해 이야기하기

- 인물의 마음을 생각하며 글을 읽습니다.
- 인물의 성격을 짐작해 봅니다.→●이야기 속 인물과 비슷한 말과 행동을 하는 친구가 어떤 성격인지 생각해 봅니다.

2 인물의 성격을 생각하며 극본을 소리 내어 읽기

- 인물의 성격과 상황에 알맞은 말투를 상상해 봅니다.
- 인물의 성격과 상황에 알맞은 말투로 극본을 읽어 봅니다.

> 예 「토끼의 재판」 앞부분에서 호랑이의 성격에 알맞은 말투 상상하기
>
>
>
> 살려 달라고 사정할 때는 간절한 말투로 말할 거야.
>
> 뻔뻔한 성격이라면 궤짝 밖으로 나와서는 크고 당당한 목소리로 말할 것 같아.

3 알맞은 표정, 몸짓, 말투를 생각하며 극본 읽기

- 인물의 성격이나 마음을 짐작해 봅니다.
- 극본에서 인물의 표정, 몸짓, 말투를 알려 주는 부분을 찾아봅니다.
- 그때 어떤 표정, 몸짓, 말투를 할지 상상해 봅니다.
- 알맞은 표정, 몸짓, 말투로 실감 나게 소리 내어 읽어 봅니다.

> 예 「토끼의 재판」에서 알맞은 표정, 몸짓, 말투로 호랑이의 말 읽기
>
> | 상황 | 호랑이의 성격이나 마음 | 극본에서 찾은 부분 |
> |---|---|---|
> | 토끼가 계속 호랑이의 말을 이해하지 못함. | • 화를 잘 낸다.
• 답답하다. | (답답하다는 듯이 화를 내며) 왜 이렇게 말귀를 못 알아듣지? |
> | 상상한 표정, 몸짓, 말 | 답답한 표정으로 가슴을 치며 큰 소리로 | |

4 연극 준비하기

공연할 장면을 정하고 준비하기	• 발표회에 필요한 소품을 간단히 준비해 봅니다. • 친구들과 함께 역할을 정한 후 자신이 맡은 역할의 인물에 대하여 생각해 보고, 그 인물에게 어울리는 표정, 몸짓, 말투를 상상해 봅니다.
무대에서 연극 발표회를 할 준비하기	• 인물이 설 곳, 소품을 둘 곳, 인물이 입장할 곳과 퇴장할 곳을 정하고 정한 방법을 그림으로 나타내 봅니다. • 친구들과 함께 정한 방법대로 무대에 서는 연습을 해 봅니다.
연극 연습하기	• 인물의 표정, 몸짓, 말투를 생각하며 극본을 여러 번 소리 내어 연습해 봅니다. • 다른 친구가 읽는 것을 잘 듣고 알맞게 반응하며 연습해 봅니다. • 친구들과 함께 연극 전체 장면을 연습해 봅니다.

개념 확인 문제

1 글을 읽고 인물에 대해 이야기하기

글을 읽고 인물에 대해 이야기할 때 생각할 점을 골라 ○표 하시오.

> 인물의 마음, 이야기의 길이, 글쓴이

2 인물의 성격을 생각하며 극본을 소리 내어 읽기

빈칸에 알맞은 말을 쓰시오.

> 인물의 성격을 생각하며 극본을 소리 내어 읽을 때에는 인물의 성격과 ㉠ 에 알맞은 ㉡ (으)로 읽는다.

(1) ㉠: ( )

(2) ㉡: ( )

3 알맞은 표정, 몸짓, 말투를 생각하며 극본 읽기

알맞은 표정, 몸짓, 말투를 생각하며 극본을 읽는 방법을 모두 찾아 ○표 하시오.

(1) 인물의 성격이나 마음을 짐작한다. ( )

(2) 주변에서 인물과 생김새가 비슷한 친구를 떠올린다. ( )

(3) 인물의 표정, 몸짓, 말투를 알려 주는 부분을 찾는다. ( )

4 연극 준비하기

연극을 하기 위한 준비를 하려고 합니다. 공연할 장면을 정하고 준비할 때에 할 일이 아닌 것의 기호를 쓰시오.

> ㉠ 친구들과 함께 역할 정하기
> ㉡ 발표회에 필요한 소품 준비하기
> ㉢ 친구와 역할 바꾸어서 연습하기
> ㉣ 자신이 맡은 역할의 인물에게 어울리는 표정, 몸짓, 말투 상상하기

( )

9 작품 속 인물이 되어

어휘·문법

정답 및 풀이 32쪽

어휘

1. 핵심 개념 어휘: 인물, 성격

人 사람 인
物 만물 물
뜻 일정한 상황에서 어떤 역할을 하는 사람.

性 성품 성
格 격식 격
뜻 개인이 가지고 있는 고유의 성질이나 품성.

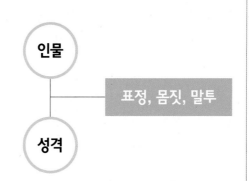

➡ 인물의 성격을 생각하며 알맞은 표정, 몸짓, 말투로 극본을 실감 나게 읽습니다.

2. 작품 속 어휘

낱말	뜻	예시
경고(警告) 警 경계할 경 告 알릴 고	조심하거나 삼가도록 미리 주의를 줌.	전시품을 함부로 만지면 안 된다는 경고문이 붙어 있었습니다.
막(幕) 幕 막 막	칸을 막거나 어떤 곳을 가리기도 하는, 천으로 된 물건. 주로 무대 앞을 가리는 데 쓰임.	공연의 막이 올랐습니다.
애걸복걸	소원 따위를 들어 달라고 애처롭게 사정하며 간절히 빎.	흥부는 놀부에게 쌀을 달라고 애걸복걸 매달렸습니다.
재판(裁判) 裁 마를 재 判 판단할 판	옳고 그름을 따져 판단함.	누가 옳은지 따져보기 위해 재판을 열었습니다.
말귀	말이 뜻하는 내용.	말귀를 알아듣지 못하고 멀뚱히 서 있었습니다.

문법   '-(으)려고'의 올바른 표기

◆ 어떤 행동을 할 목적을 드러낼 때 쓰는 말은 '-(으)려고'로 표기해야 합니다. '-ㄹ려고', '-ㄹ라고'는 틀린 표기입니다.

예 오늘은 학교에 지각했다. 늦잠을 잤기 때문이다. 아침에 일찍 일어날려고 했는데, 너무 피곤해서 늦게 일어났다. 준비물을 챙길라고 알림장을 확인했더니 알림장이 보이지 않았다. 알림장을 찾느라고 더 늦어졌다.

• 일어날려고(×) → 일어나려고(○)
• 챙길라고(×) → 챙기려고(○)

어휘·문법 확인 문제

1 [핵심 개념 어휘]
다음 낱말의 뜻풀이에 해당하는 낱말을 보기 에서 찾아 쓰시오.

> 개인이 가지고 있는 고유의 성질이나 품성.

보기
> 인물, 성격, 표정

(   )

2 [작품 속 어휘]
다음 낱말의 뜻으로 알맞은 것에 ○표 하시오.

> 경고

⑴ 말이 뜻하는 내용. (   )
⑵ 조심하거나 삼가도록 미리 주의를 줌. (   )

3 [작품 속 어휘]
다음 빈칸에 들어갈 낱말을 쓰시오.

> ☐☐이/가 오르고 공연이 시작되자 관객들이 박수를 쳤다.

(   )

4 [문법]
(   ) 안의 바른 표기를 골라 ○표 하시오.

⑴ 준비물을 사러 (가려고, 갈려고) 했다.
⑵ 내일은 일찍 (일어날려고, 일어나려고) 한다.

9 단원

대단한 줄다리기 베벌리 나이두, 강미라 옮김

가 옛날옛날, 산토끼 무툴라가 코로로 언덕의 굴속에서 살고 있었어요. 어느 날 아침, 무툴라는 코가 따끔거려서 잠에서 깼어요. 무툴라는 코로로 언덕 아래로 깡충 뛰어갔어요.

그런데 갑자기 뭔가가 "우두둑, 뚝, 쿵!" 하고 부러지는 소리가 들렸어요. 코끼리 투루가 나타난 거예요.

"안녕, 투루." / 투루는 질경질경 풀을 씹기만 할 뿐 아무 말도 하지 않았어요.

"안녕이라고 말했잖아. 투루!"

투루는 꼬리를 한 번 실룩 움직일 뿐 여전히 아무 말도 하지 않았어요.

"안녕이라고 말했잖아. 투루!"

무툴라는 이번에는 아주 크게 소리쳤어요.

"그래서 어쩌라고? 이 꼬맹이야! ㉠감히 아침 식사 하는 나를 귀찮게 해?"

"투루, 그렇게 거만하게 굴 것까진 없잖아! 너는 몸집이 가장 크다고 네가 가장 힘이 센 줄 알지? 난 줄다

리기를 하면 널 언제든 이길 수 있어!"

"네가? 너 같은 꼬맹이가? 흥, 푸우하하하!"

"내일 아침, 내가 밧줄을 가져올게. 그럼 내가 얼마나 힘이 센지 알게 될 거야!"

중심 내용 | 산토끼 무툴라는 코끼리 투루가 자신을 무시하자 내일 아침 줄다리기를 하면 자신이 얼마나 힘이 센지 알게 될 것이라고 했습니다.

나 산토끼 무툴라는 눈을 반쯤 감고 물속에 잠겨 있는 하마 쿠부를 찾아냈어요.

"안녕, 쿠부." / 쿠부는 무툴라를 쳐다보았지만 아무 말도 하지 않았어요.

"내가 안녕이라고 말했잖아, 쿠부."

쿠부는 눈을 감더니 아무 말 없이 물속으로 사라져 버렸어요. 쿠부의 머리가 다시 물 밖으로 나오자 무툴라는 아주 크게 소리쳤어요.

"쿠부, 내가 안녕이라고 말했잖아!"

"그래서 어쩌라고, 이 꼬맹이야! 감히 내 아침잠을 방해하다니!"

질경질경 | 질긴 물건을 거칠게 자꾸 씹는 모양.
거만하게 | 잘난 체하며 남을 업신여기는 데가 있게.

중요 독해

1 이 글에 대한 설명으로 알맞은 것은 무엇입니까?
( )

① 인사하는 방법을 알려 주는 글이다.
② 문제 상황과 해결 방안이 나타난 글이다.
③ 토끼, 코끼리, 하마의 생김새를 알 수 있다.
④ 무대에서 공연할 수 있도록 쓰여진 글이다.
⑤ 등장인물의 말과 행동을 통해 성격을 알 수 있다.

2 무툴라가 투루와 쿠부에게 크게 소리친 까닭으로 알맞은 것에 ○표 하시오.

(1) 투루와 쿠부가 큰 소리로 인사해서 ( )

(2) 투루와 쿠부를 만난 것이 몹시 반가워서
( )

(3) 투루와 쿠부가 무툴라의 인사에 답하지 않아서
( )

3 ㉠에 어울리는 말투는 무엇입니까? ( )

① 지친 말투　　　　② 놀란 말투
③ 졸린 말투　　　　④ 거만한 말투
⑤ 반가운 말투

4 이 글에서 알 수 있는 무툴라의 성격을 알맞게 말한 친구의 이름을 쓰시오.

서우: 투루와 무투에게 먼저 인사를 하는 것을 보니 몸집이 큰 동물을 무서워하나 봐.
진경: 줄다리기를 하면 투루를 이길 수 있다고 말하는 것을 보니 용기와 자신감이 있는 것 같아.

( )

대단한 줄다리기

"쿠부, 그렇게 거만하게 굴 것까진 없잖아! 너는 몸집이 가장 크다고 네가 가장 힘이 센 줄 알지? 난 줄다리기를 하면 널 언제든 이길 수 있어!"

"네가? 너 같은 꼬맹이가? 푸우하하하!"

"내일 아침, 내가 밧줄을 가져올게. ㉠그럼 내가 얼마나 힘이 센지 알게 될 거야!"

무툴라가 자신만만하게 말했어요.

쿠부의 대답을 기다리지도 않고 무툴라는 깡충깡충 뛰어 그 자리를 떠났어요.

그날 내내 무툴라는 아주아주 길고 **무지무지** 튼튼한 밧줄을 열심히 만들었어요.

중심 내용 | 무툴라는 쿠부에게도 투루에게 한 말과 똑같이 말했습니다.

㈐ 다음 날, 해님이 오렌지색과 **빨간색** 햇살로 달님에게 길을 비키라는 　　㉡　　을/를 보내기도 전에 무툴라는 자리에서 일어났어요. 그리고 해님이 레농산 위로 고개를 내밀 때 무툴라는 벌써 코로로 언덕 아래로 깡충깡충 뛰어 내려왔지요. 길고 튼튼한 밧줄을 한쪽 어깨에 걸치고요. / 코끼리 투루는 역시나 언덕에 있었어요!

"안녕, 투루! 내가 밧줄을 가져왔어." / "흥!"

무툴라는 가까이 가서 밧줄의 한쪽 끝을 투루에게 내

밀었어요. / "이걸 잡아. 난 다른 쪽 끝을 잡고 저 너머로 달려갈게."

> 밧줄의 한쪽 끝

무툴라는 **빽빽한** 덤불숲을 가리켰어요. / "당길 준비

> 덤불이 들어찬 수풀

가 되면 이렇게 휘파람을 불게. 휘이이이익!"

그다음, 무툴라는 파리처럼 재빠르게 움직여 **빽빽한** 덤불숲 쪽으로 깡충깡충 뛰어갔어요. 하지만 무툴라는 덤불숲에서 멈추지 않았어요. 무툴라에게는 물웅덩이까지 닿을 수 있는 긴 밧줄이 있었어요. / 하마 쿠부는 무툴라를 못 본 척하며 물속에 들어가 있었어요.

"안녕, 쿠부! 내가 밧줄을 가져왔어." / "푸우우!"

무툴라는 가까이 다가가서 밧줄의 한쪽 끝을 하마 쿠부에게 내밀었어요.

"이걸 잡아. 저 덤불숲이 보이지? 밧줄의 한쪽 끝을 저 뒤에다 두었어. 난 달려가서 그걸 잡을 거야. 내가 당길 준비가 되면 휘파람을 불게. 이렇게. 휘이이이익!"

무툴라는 쿠부가 밧줄을 꽉 물 때까지 숨죽이고 기다렸어요. 무툴라는 영양처럼 재빨리 덤불숲으로 뛰어갔어요.

중심 내용 | 다음 날, 무툴라는 투루와 쿠부에게 각각 찾아가 밧줄의 양쪽 끝을 잡도록 하고 재빨리 덤불숲으로 뛰어갔습니다.

무지무지 몹시 놀랄 만큼 대단히.

---

5 ㉠을 표현하는 몸짓과 말투로 알맞은 것을 두 가지 고르시오. (　　　)

① 혼잣말하듯이 말한다.
② 또박또박한 말투로 말한다.
③ 고개를 떨구는 몸짓을 한다.
④ 풀이 죽은 목소리로 말한다.
⑤ 손을 허리에 얹는 몸짓을 한다.

[어휘]

6 이 글과 다음 낱말 뜻으로 보아 ㉡에 들어갈 낱말은 무엇이겠습니까? (　　　)

> 조심하거나 삼가도록 미리 주의를 주는 것.

① 경고　② 참고　③ 양보　④ 주목　⑤ 인사

[서술형]

7 투루에게 밧줄을 준 무툴라가 덤불숲에서 멈추지 않고 물웅덩이까지 간 까닭은 무엇일지 쓰시오.

_____

_____

9
단원

8 글 ㈐의 내용을 통해 알 수 있는 무툴라의 성격은 어떠합니까? (　　　)

① 어리석다.　　　　② 정의롭다.
③ 꾀가 많다.　　　　④ 욕심이 많다.
⑤ 남을 잘 돕는다.

대단한 줄다리기

무툴라는 꼭꼭 숨자마자 숨을 깊이깊이 들이마신 다음 있는 힘껏 휘파람을 불었어요. "휘이이이익!" 그러자 양쪽 끝에서 투루와 쿠부가 밧줄을 잡아당기기 시작하는 소리가 들렸어요.

<small>밧줄을 당길 준비가 되었다는 신호</small>

둘은 밧줄을 당기고 당기고 또 당겼어요. 먼저 코끼리 투루가 영차영차 끙끙 밧줄을 잡아당기자 하마 쿠부는 몸을 부르르 떨며 버텼어요. 그다음엔 하마 쿠부가 영차영차 끙끙 밧줄을 잡아당기자 코끼

<small>여러 사람이 힘을 합치면서 기운을 돋우려고 함께 내는 소리.</small>

리 투루가 몸을 부르르 떨며 버텼어요. 무툴라는 너무 재미있어서 깔깔 웃느라 배가 다 아팠어요.

줄다리기는 해가 뜰 때 시작되어 해가 질 때까지 계속되었어요. 투루와 쿠부는 둘 다 지고 싶지 않아서 줄다리기를 그만두지 않았어요. 하지만 해님이 달님에게 길을 양보하려는 순간, 코끼리 투루는 더 이상 1초도 버틸 수 없었어요. 하마 쿠부 역시 이제 포기해야겠다고 느꼈지요. 그래서 둘은 동시에 밧줄을 놓았어요!

'이제 가야겠다. 가서 저녁을 먹어야지.'

어느새 달님이 레농산 위로 고개를 빠끔히 내밀자 무툴라는 깡충깡충 뛰어갔어요. 그리고 마지막으로 한 번 더 크게 "휘이이이익!" 하고 휘파람을 불었답니다.

중심 내용 | 무툴라의 꾀에 속아 넘어간 투루와 쿠부는 해가 질 때까지 줄다리기를 하다가 동시에 밧줄을 놓았습니다.

- **글의 종류**
  이야기

- **글의 특징**
  꾀 많은 산토끼 무툴라가 덩치 큰 코끼리 투루와 하마 쿠부를 골려 주는 이야기입니다.

- **작품 정리**

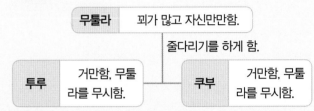

| 무툴라 | 꾀가 많고 자신만만함. |

줄다리기를 하게 함.

| 투루 | 거만함, 무툴라를 무시함. |
| 쿠부 | 거만함, 무툴라를 무시함. |

포기 하려던 일을 도중에 그만두어 버림.
동시(同 한가지 동, 時 때 시) 같은 때나 시기.

서술형

9 글 ❹에서 투루와 쿠부에게 일어난 일을 쓰시오.

_____

_____

10 줄다리기의 결과로 알맞은 것은 무엇입니까?

( )

① 쿠부가 이겼다.
② 무툴라가 이겼다.
③ 줄다리기를 하던 밧줄이 끊어졌다.
④ 투루와 쿠부가 동시에 밧줄을 놓았다.
⑤ 투루가 무툴라의 꾀를 눈치 채고 무툴라를 잡으러 갔다.

작품 정리

11 빈칸에 알맞은 말을 넣어 인물의 성격과 어울리는 표정, 몸짓, 말투를 정리하시오.

인물	투루	(1)( )	쿠부
한 말	"감히 아침 식사 하는 나를 귀찮게 해?"	"그럼 내가 얼마나 힘이 센지 알게 될 거야!"	"네가? 너 같은 꼬맹이가?"
성격	(2)( ).	예 자신만만함.	예 거만하고 무툴라를 (3)( ).
표정, 몸짓, 말투	예 고개를 뒤로 젖히는 몸짓, 큰 목소리, 거들먹거리는 말투	(4)	예 가소롭다는 듯이 웃는 표정과 몸짓, 비웃는 말투

「토끼의 재판」 앞부분 방정환

- 때: 옛날 옛적, 호랑이 담배 피우던 때
- 곳: 산속
- 등장인물: 호랑이, 사냥꾼 1, 사냥꾼 2, 나그네, 소나무, 길, 토끼

❶ ㉠막이 열리면 산속 외딴길에 나무가 한 그루 서 있다. 커다란 호랑이를 넣은 궤짝이 놓여 있고, 나무 밑에서 사냥꾼들이 땀을 씻으며 이야기를 하고 있다. 바람 부는 소리와 나무 흔들리는 소리가 들린다.

사냥꾼 1: 여보게, 목이 마른데 근처에 샘이 없을까?

사냥꾼 2: 나도 목이 마른데 같이 찾아볼까?

사냥꾼 3: 얼른 갔다 오세.

두 사람은 아래로 내려간다. 바람 부는 소리와 나무 흔들리는 소리가 들린다.

호랑이: 아! 뛰쳐나가고 싶어 못 견디겠다. 아이고, 배고파. ㉡(머리로 문짝을 떼밀어 보고) 안 되겠는걸! 여기서 나가기만 하면 먼저 저 사냥꾼을 잡아먹고, 사슴이나 토끼를 닥치는 대로 잡아먹어야지. (머리로 또 문을 밀어 보고) 아무리 해도 안 되겠는걸. (그냥 쭈그리고 앉는다.)
이것저것 가릴 것 없이 앞에 나타나거나 눈에 띄는.

나그네가 지나간다.

호랑이: (반가운 목소리로) 나그네님!

나그네: 누가 나를 부르나? (사방을 둘러본다.)
동서남북의 주위 일대.

호랑이: 나그네님, 저를 좀 구해 주십시오.

나그네: (궤짝을 들여다보고) 이크, 호랑이구려! 무슨 일이오?

호랑이: 나그네님, 제발 문고리를 따고 문짝을 좀 열어 주십시오.

중심 내용 | 궤짝에 갇힌 호랑이가 나그네에게 구해 달라고 했습니다.

막 칸을 막거나 어떤 곳을 가리기도 하는, 천으로 된 물건.

---

12 이 글에서 일어난 일은 무엇입니까? (   )

① 사냥꾼이 사슴, 토끼를 궤짝에 넣어 두었다.

② 호랑이가 궤짝에서 나와 사냥꾼을 쫓아왔다.

③ 사냥꾼이 궤짝에 갇힌 호랑이를 구해 주었다.

④ 호랑이가 사슴과 토끼를 닥치는 대로 잡아먹었다.

⑤ 사냥꾼들이 잡은 호랑이를 궤짝에 넣어 두고 물을 마시러 갔다.

어휘

13 밑줄 친 낱말이 ㉠'막'과 같은 뜻으로 쓰인 문장을 두 가지 고르시오. (   )

① 막이 오르고 공연이 시작되었다.

② 우유를 끓이니 얇은 막이 생겼다.

③ 막차가 다닐 정도로 늦은 시간이다.

④ 친한 친구라고 해서 막 대하면 안 된다.

⑤ 지저분한 물건이 보이지 않게 막을 쳐서 가려 두었다.

14 극본에서 ㉡의 역할로 알맞은 것에 ○표 하시오.

(1) 등장인물의 말을 나타낸다.   (   )

(2) 배경과 등장인물을 설명한다.   (   )

(3) 표정, 몸짓, 말투를 직접 알려 준다. (   )

중요 독해

15 호랑이가 나그네에게 한 부탁은 무엇입니까?

(   )

① 나를 좀 봐 주세요.

② 토끼를 잡아다 주세요.

③ 먹을 것을 좀 갖다주세요.

④ 궤짝의 문짝을 열어 주세요.

⑤ 궤짝의 문고리를 고쳐 주세요.

● 국어 279~281쪽 / 정답 및 풀이 32쪽

「토끼의 재판」 앞부분

❷ 나그네: 뭐요? 문을 열어 달라고? 열어 주면 뛰쳐나와서 나를 잡아먹을 것이 아니오?

호랑이: 아닙니다. 제가 은혜를 모르고 그런 짓을 할 리가 있겠습니까? (앞발을 비비며 자꾸 절을 한다.)

나그네: 허허, 알았소. 설마 거짓말이야 하겠소? 내가 이 궤짝 문을 열어 주리다. 그 대신 약속을 꼭 지키시오.

호랑이: 네, 얼른 좀 열어 주십시오. 배가 고파서 눈이 빠질 지경입니다.

나그네가 문을 열자, 호랑이가 뛰쳐나와서 나그네를 잡아먹으려고 덤빈다.

나그네: 이게 무슨 짓이오? 약속을 지키지 않고…….

호랑이: 하하, 궤짝 속에서 한 약속을 궤짝 밖에 나와서도 지키라는 법이 어디 있어?

나그네: 조금 전에 은혜를 모를 리가 있겠느냐고 하면서 ┌궤짝에 갇혀 있을 때┐ ⓐ ㉠ ┘하지 않았소?

호랑이: 은혜 모르기는 사람이 더하지. 그러니까 사람은 보는 대로 잡아먹어도 괜찮아.

나그네: 아니, 그런 법이 어디 있소? 우리 누가 옳은지 한번 물어보세.

호랑이: 좋아, 소나무에게 물어보자.

중심 내용 | 나그네가 궤짝에 갇힌 호랑이를 구해 주자 궤짝 속에서 나온 호랑이는 나그네를 잡아먹으려고 했고, 둘은 누가 옳은지를 물어보기로 했습니다.

❸ 나그네: 소나무님, 소나무님! 당신도 보셨으니까 ㉡사정을 아시지요? 호랑이가 옳습니까, 제가 옳습니까?

소나무: 물론 호랑이가 옳지. 왜냐하면 사람은 내가 맑은 공기를 마시게 해 주는데도 나를 마구 꺾고 베어 버리기 때문이야. 호랑이야, 얼른 잡아먹어 버려라.

호랑이: 자, 어때? 내가 옳지?

은혜(恩 은혜 은, 惠 은혜 혜) 고맙게 베풀어 주는 신세나 혜택.
사정(事 일 사, 情 뜻 정) 일의 형편이나 까닭.

서술형

16 호랑이가 나그네에게 한 약속은 무엇인지 쓰시오.

_____

_____

17 다음 호랑이의 말에 어울리는 말투를 보기 에서 찾아 기호를 쓰시오.

> **보기**
> ㉮ 간절한 말투
> ㉯ 미안한 말투
> ㉰ 크고 당당한 말투
> ㉱ 작게 속삭이는 말투

(1) 네, 얼른 좀 열어 주십시오. ( )

(2) 궤짝 속에서 한 약속을 궤짝 밖에 나와서도 지키라는 법이 어디 있어? ( )

어휘

18 이 글의 내용과 다음 뜻을 참고할 때 ㉠에 들어갈 낱말은 무엇입니까? ( )

> 소원 따위를 들어 달라고 애처롭게 사정하며 간절히 비는 것.

① 조마조마 ② 애걸복걸 ③ 소곤소곤
④ 전전긍긍 ⑤ 희희낙락

중요 독해

19 ㉡의 내용으로 알맞은 것은 무엇입니까? ( )

① 호랑이가 나그네에게 은혜를 갚은 일
② 나그네가 호랑이를 구해 주지 않은 일
③ 사냥꾼이 호랑이를 궤짝에 넣어 둔 일
④ 나그네가 호랑이와 소나무를 찾아간 일
⑤ 호랑이가 자신을 구해 준 나그네를 잡아먹으려고 한 일

「토끼의 재판」앞부분

나그네: (머리를 긁으며) 길한테 한 번 더 물어보세. 길님, 길님! 다 보고 들으셨지요? 호랑이가 옳습니까, 제가 옳습니까?

길: 물론 호랑이가 옳지. 왜냐하면 사람들은 날마다 나를 밟고 다니면서도 고맙다는 말 한마디를 하지 않기 때문이야. 코나 흥흥 풀어 **팽개치고**, 침이나 탁탁 뱉잖아? 호랑이야, 얼른 잡아먹어 버려라.

　호랑이가 입을 **쩍** 벌리고 나그네를 잡아먹으려고 한다.

나그네: (　　㉠　　) 잠깐, 한 번 더 물어봐야지. **재판**도 세 번은 해야 하지 않소?

호랑이: (　　㉡　　) 그래? 그러면 이번이 마지막이다.

나그네: 이번에는 누구에게 물어보아야 하나? 마지막인데……. (풀이 죽은 모습으로 고개를 숙인다.)

중심 내용 | 소나무와 길에게 누가 옳은지를 물어보자, 소나무와 길 모두 호랑이가 옳다고 했습니다.

- **글의 종류**
　극본

- **글의 특징**
　나그네와 호랑이가 둘 중 누가 옳은지 재판을 받는 이야기의 앞부분입니다.

- **작품 정리**

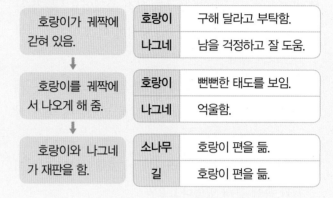

호랑이가 궤짝에 갇혀 있음.	호랑이	구해 달라고 부탁함.
	나그네	남을 걱정하고 잘 도움.

↓

호랑이를 궤짝에서 나오게 해 줌.	호랑이	뻔뻔한 태도를 보임.
	나그네	억울함.

↓

호랑이와 나그네가 재판을 함.	소나무	호랑이 편을 듦.
	길	호랑이 편을 듦.

팽개치고　짜증이 나거나 못마땅하여 물건 따위를 내던지거나 내버리고.
쩍　입이나 팔, 다리 따위를 아주 크게 벌리는 모양.
재판　옳고 그름을 따져 판단함.
풀　세찬 기세나 활발한 기운.

---

20 길의 생각으로 알맞은 것을 모두 고르시오.
　　　　　　　　　　　　　　　（　　　　　）

① 호랑이가 옳다.
② 나그네는 착한 사람이다.
③ 사람들은 고마움을 모른다.
④ 호랑이가 사람을 잡아먹어도 된다.
⑤ 호랑이는 나그네에게 은혜를 갚아야 한다.

21 ㉠과 ㉡에 들어갈 말투로 알맞은 것을 골라 선으로 이으시오.

(1)　㉠　•
　　　　　　　　• ㉮　자신만만하게

(2)　㉡　•
　　　　　　　　• ㉯　기운 없는 목소리로

22 작품 정리

빈칸에 알맞은 말을 넣어 이 글에 나온 인물이 한 일과 인물의 성격을 정리하시오.

인물	한 일		성격
호랑이	• (1)(　　　)에게 구해달라고 애원함. • 궤짝에서 나오자마자 나그네를 잡아먹으려고 함.		고마움을 모르고 (2)(　　　).
나그네	• 궤짝 안에 갇힌 호랑이를 구해 줌. • 누가 옳은지 물어보자고 함.	→	남의 부탁을 거절하지 못하고 잘 도움.
소나무, 길	호랑이와 나그네 중 (3)(　　　)가 옳다고 함.		사람들을 싫어함.

9
단원

「토끼의 재판」 뒷부분 방정환

❶ 나그네: 토끼님, 토끼님! 재판 좀 해 주세요. 이 궤짝 속에 갇힌 호랑이를 살려 준 나하고, 살려 준 나를 잡아먹으려는 호랑이하고 누가 옳습니까?
　　　　나그네가 한 일
　　　　　호랑이가 한 일

토끼: (　　㉠　　) 누가 누구를 살려 주었어요? 누가 누구를 잡아먹으려 해요? 아, 당신이 이 호랑이를 잡아먹으려고 해요?

나그네: 아니지요. 내가 호랑이를 잡아먹으려 하는 게 아니라, 이 호랑이가 궤짝에 갇혀 있었는데 내가 살려 주었어요.

토끼: 네, 알았습니다. 그러니까 이 호랑이하고 당신이 궤짝 속에 갇혀 있었다고요?

나그네: 아니지요. 호랑이가…….

중심 내용 | 나그네는 토끼에게 재판을 해 달라고 했고, 토끼는 나그네의 말을 이해하지 못했습니다.

❷ 호랑이: (답답하다는 듯이 화를 내며) 왜 이렇게 말귀를 못 알아듣지? (궤짝 속으로 들어가며) 이 궤짝 속에 내가 이렇게 있었어. 내가 이렇게 갇혀 있었단 말이야. 알았지?

토끼가 얼른 달려들어 문고리를 걸어 잠근다.

토끼: (웃으면서) 이제야 알았습니다. 설명하시지 않아도 잘 알겠습니다. 호랑이님이 어떻게 이 궤짝 속에

들어갔는지 잘 알았습니다. 그럼 저는 바빠서 이만 가 보겠습니다.

나그네: (토끼를 쫓아가며) 토끼님, 대단히 고맙습니다. 이 은혜를 어떻게 갚아야 할지…….

호랑이는 궤짝 속에 쭈그려 울부짖고, 사냥꾼들이 돌아와 궤짝을 메고 고개를 넘어간다. 즐거운 음악이 흐르며 막이 내린다.
　　　　감정이 격하여 마구 울면서 큰 소리를 내고.

중심 내용 | 토끼의 꾀로 인해 호랑이는 다시 궤짝에 갇히게 되었습니다.

• 글의 종류
극본

• 글의 특징
나그네와 호랑이가 둘 중 누가 옳은지 재판을 받는 이야기의 뒷부분입니다.

• 작품 정리

| 토끼에게 누가 옳은지 물어봄. | 토끼 | 나그네의 말을 못 알아들음. |
| | 나그네 | 토끼의 모습을 답답해함. |

↓

| 호랑이가 다시 궤짝에 들어감. | 나그네 | 토끼에게 고마워함. |
| | 호랑이 | 어리석게 토끼의 꾀에 넘어감. |

말귀 | 말이 뜻하는 내용.

작품 정리

23 ㉠에 들어갈 말로 알맞은 것에 ○표 하시오.

(1) 답답한 표정으로 가슴을 치며　　（　　）

(2) 귀를 기울이고 한참 생각하다　　（　　）

24 글 ❷에서 나그네의 심정은 어떠했겠습니까?
（　　）

① 슬프다.　　　② 기쁘다.
③ 답답하다.　　④ 걱정된다.
⑤ 화가 난다.

25 빈칸에 알맞은 말을 넣어 인물의 성격과 마음에 어울리는 표정, 몸짓, 말투를 정리하시오.

인물	성격이나 마음	표정, 몸짓, 말투
호랑이	• 토끼의 행동을 (1)（　　）. • 어리석음.	예 답답한 표정으로 가슴을 치며 큰 소리를 냄.
토끼	나그네를 구해 주기 위해 (2)（　　）.	예 (3)（　　）표정으로 빠르게 움직이며 기쁜 말투를 씀.

눈

박웅현

가 옛날옛날, 눈은 자기가 최고라고 생각했어요.

세상 모두가 자기를 좋아한다고 믿었지요.

"모두 나와 함께 놀고 싶어 해! 내가 땅에 내려가기만 하면 모두 뛰어나와서 나를 반겨 주잖아?"

"내가 내려가기만 하면 세상이 훨씬 예뻐져! 아무리 더러운 것도 하얗게 덮어 주고, 나뭇가지마다 하얀 눈꽃도 피우고……. 하하하!"

눈은 세상에 내려오는 일이 너무나 신났어요.

중심 내용 | 옛날옛날, 눈은 자기가 최고라고 생각했습니다.

나 그러던 어느 날이었어요.

눈이 신나게 내려오고 있는데 어디선가 이런 말이 들렸어요. / "제발 눈이 멈췄으면 좋겠어!"

눈은 깜짝 놀랐어요.

"내가 싫다고? 도대체 누구지?"

주위를 둘러보니 땅속에서 막 나온 홍당무들이었어요. / 눈은 노래를 부르다 말고 홍당무가 하는 말을 조용히 엿들었습니다.
<u>몰래 들었습니다.</u>

"휴, 먼 곳에 살고 있는 토끼들에게 가야 하는데 눈이 너무 많이 오네. 발도 시리고 길도 보이질 않고……. 이제 눈이 그만 왔으면 좋겠어……."

눈은 믿을 수가 없었어요.

㉠'세상에, 어떻게 나를 싫어한단 말이야? 나만 보면 모두 신이 나서 즐거워하는데……. 나만 내리면 세상이 다 깨끗하고 예뻐지는데…….'

'아마 홍당무가 잘못 말한 걸 거야. 나를 좋아하면서 괜히 저렇게 말하는 거야!'

눈은 또다시 랄랄라 노래하며 춤추었지요.

중심 내용 | 눈은 눈이 멈췄으면 좋겠다는 홍당무들의 말을 듣고 그 말을 믿지 않았습니다.

- **글의 종류**
  이야기

- **글의 특징**
  언제나 자신만 최고일 수는 없다는 깨달음을 주는 글입니다.

- **작품 정리**

눈이 한 말이나 생각	표정, 몸짓, 말투
"내가 내려가기만 하면 세상이 훨씬 예뻐져!"	예 웃는 표정, 자랑스러워하는 말투
'세상에, 어떻게 나를 싫어한단 말이야? 나만 보면 모두 신이 나서 즐거워하는데……'.	예 찡그린 표정, 토라진 말투, 고개를 흔드는 몸짓

시리고 몸의 한 부분이 찬 기운으로 인해 추위를 느낄 정도로 차고.

중요 독해

26 눈의 생각으로 알맞지 <u>않은</u> 무엇입니까? (   )

① 내가 최고야.

② 세상 모두가 나를 좋아해.

③ 언제나 나만 좋고 예쁠 수는 없어.

④ 내가 내려가면 세상이 훨씬 예뻐져.

⑤ 나는 더러운 것을 깨끗하게 덮어 줘.

서술형

27 ㉠을 읽을 때 어떤 표정과 몸짓을 하는 것이 좋을지 쓰시오.

_____

_____

작품 정리

28 빈칸에 알맞은 말을 넣어 눈의 생각과 표정, 몸짓, 말투를 정리하시오.

상황	눈의 생각	어울리는 표정, 몸짓, 말투
땅으로 내려옴.	• 나 는 (1) ( )야. • 모두 나를 좋아해.	예 웃는 (2) ( ), 으스대는 몸짓, 자랑스러워하는 말투
(3)( )의 말을 들음.	어떻게 나를 싫어할 수 있지?	예 찡그린 표정, 고개를 흔드는 몸짓, 토라진 말투

9. 작품 속 인물이 되어

● 정답 및 풀이 34쪽

[1~2] 다음 글을 읽고, 물음에 답하시오.

"안녕, 투루."

㉠투루는 질겅질겅 풀을 씹기만 할 뿐 아무 말도 하지 않았어요.

"안녕이라고 말했잖아. 투루!"

㉡투루는 꼬리를 한 번 실룩 움직일 뿐 여전히 아무 말도 하지 않았어요.

"안녕이라고 말했잖아. 투루!"

무툴라는 이번에는 아주 크게 소리쳤어요.

㉢"그래서 어쩌라고? 이 꼬맹이야! 감히 아침 식사하는 나를 귀찮게 해?"

"투루, 그렇게 거만하게 굴 것까진 없잖아! 너는 몸집이 가장 크다고 네가 가장 힘이 센 줄 알지? 난 줄다리기를 하면 널 언제든 이길 수 있어!"

㉣"네가? 너 같은 꼬맹이가? 흥, 푸우하하하!"

"내일 아침, 내가 밧줄을 가져올게. 그럼 내가 얼마나 힘이 센지 알게 될 거야!"

무툴라가 자신만만하게 말했어요. ㉤투루의 대답을 기다리지도 않고 무툴라는 물가로 깡충깡충 뛰어갔지요.

1 이 글에서 투루의 성격을 짐작할 수 있는 부분이 <u>아닌</u> 것은 무엇입니까? (   )

① ㉠   ② ㉡   ③ ㉢   ④ ㉣   ⑤ ㉤

2 무툴라와 어울리는 몸짓은 무엇입니까? (   )

① 고개를 숙인 몸짓
② 눈물을 닦는 몸짓
③ 깜짝 놀라는 몸짓
④ 머리를 긁적이는 몸짓
⑤ 허리에 두 손을 올린 몸짓

[3~6] 다음 글을 읽고, 물음에 답하시오.

㉮ 나그네가 문을 열자, 호랑이가 뛰쳐나와서 나그네를 잡아먹으려고 덤빈다.

나그네: 이게 무슨 짓이오? 약속을 지키지 않고……

호랑이: 하하, 궤짝 속에서 한 약속을 궤짝 밖에 나와서도 지키라는 법이 어디 있어?

나그네: 조금 전에 은혜를 모를 리가 있겠느냐고 하면서 애걸복걸하지 않았소?

호랑이: 은혜 모르기는 사람이 더하지. 그러니까 사람은 보는 대로 잡아먹어도 괜찮아.

㉯ 나그네: 소나무님, 소나무님! 당신도 보셨으니까 사정을 아시지요? 호랑이가 옳습니까, 제가 옳습니까?

소나무: 물론 호랑이가 옳지. 왜냐하면 사람은 내가 맑은 공기를 마시게 해 주는데도 나를 마구 꺾고 베어 버리기 때문이야. 호랑이야, 얼른 잡아먹어 버려라.

호랑이: 자, 어때? 내가 옳지?

나그네: (머리를 긁으며) 길한테 한 번 더 물어보세. 길님, 길님! 다 보고 들으셨지요? 호랑이가 옳습니까, 제가 옳습니까?

길: 물론 호랑이가 옳지. 왜냐하면 사람들은 날마다 나를 밟고 다니면서도 고맙다는 말 한마디를 하지 않기 때문이야. 코나 흥흥 풀어 팽개치고, 침이나 탁탁 뱉잖아? 호랑이야, 얼른 잡아먹어 버려라.

㉰ 토끼: 네, 알았습니다. 그러니까 이 호랑이하고 당신이 궤짝 속에 갇혀 있었다고요?

나그네: 아니지요. 호랑이가……

호랑이: (답답하다는 듯이 화를 내며) 왜 이렇게 말귀를 못 알아듣지? (궤짝 속으로 들어가며) 이 궤짝 속에 내가 이렇게 있었어. 내가 이렇게 갇혀 있었단 말이야. 알았지?

토끼가 얼른 달려들어 문고리를 걸어 잠근다.

토끼: (웃으면서) 이제야 알았습니다. 설명하시지 않아도 잘 알겠습니다. 호랑이님이 어떻게 이 궤짝 속에 들어갔는지 잘 알았습니다. 그럼 저는 바빠서 이만 가 보겠습니다.

3 호랑이와 의견이 같은 인물은 누구누구인지 쓰시오.

(   ), (   )

4 호랑이의 마음이 어떻게 변했는지 차례대로 기호를 쓰시오.

> ㉮ 토끼가 무척 답답하다.
> ㉯ 나그네를 얼른 잡아먹어야겠다.
> ㉰ 궤짝에 다시 갇히게 되어 슬프다.

(   ) → (   ) → (   )

5 이 글에서 알 수 있는 토끼의 성격으로 알맞은 것은 무엇입니까? (   )

① 어리석다.   ② 답답하다.
③ 꾀가 많다.   ④ 눈치가 없다.
⑤ 남의 일에 관심이 없다.

6 이 글을 바탕으로 반 친구들과 함께 연극 발표회 준비를 하려고 합니다. 다음과 같은 일을 해야 하는 단계는 언제인지 보기 에서 골라 기호를 쓰시오.

> • 우리 모둠이 발표할 부분을 정한다.
> • 발표회에 필요한 소품을 간단히 준비한다.
> • 친구들과 함께 역할을 정한다.
> • 자신이 맡은 역할의 인물에 대하여 생각해 보고, 그 인물에게 어울리는 표정, 몸짓, 말투를 상상한다.

> 보기
> ㉮ 연극 연습하기
> ㉯ 공연할 장면을 정하고 준비하기
> ㉰ 무대에서 연극 발표회를 할 준비하기

(   )

7 무대에 서는 연습을 할 때에 생각할 점을 알맞게 말한 친구의 이름을 쓰시오.

> 서준: 상대를 바라보되, 연극을 보는 친구들에게 모습이 잘 보이도록 해야 해.
> 민영: 연극을 보는 친구들에게 무대의 배경이 잘 보일 수 있도록 무대 가장자리에 서야 해.

(   )

8 연극을 볼 때 지켜야 할 예절로 알맞은 것에 ○표 하시오.

(1) 옆 친구와 평가하면서 본다.   (   )
(2) 발표를 끝낸 친구에게 박수를 보낸다. (   )
(3) 다른 친구들이 발표할 때 뒤에서 조용히 연습을 한다.   (   )

문법
9 다음 문장에서 바른 표기를 골라 ○표 하시오.

(1) 밥을 (먹으려고, 먹을려고) 밥솥을 열었다.
(2) 내일 소풍을 (가려고, 갈려고) 도시락을 준비했다.

문법
10 다음 문장의 빈칸에 들어갈 알맞은 말을 주어진 낱말을 활용하여 쓰시오.

> 이제 침대에 누워 [   ] 합니다.

• 자다 → (   )

9. 작품 속 인물이 되어

● 정답 및 풀이 34쪽

[1~4] 다음 글을 읽고, 물음에 답하시오.

"안녕, 쿠부."

쿠부는 무툴라를 쳐다보았지만 아무 말도 하지 않았어요. / "내가 안녕이라고 말했잖아, 쿠부."

㉠쿠부는 눈을 감더니 아무 말 없이 물속으로 사라져 버렸어요. 쿠부의 머리가 다시 물 밖으로 나오자 무툴라는 아주 크게 소리쳤어요.

"쿠부, 내가 안녕이라고 말했잖아!"

"그래서 어쩌라고, 이 꼬맹이야! 감히 내 아침잠을 방해하다니!"

"쿠부, 그렇게 거만하게 굴 것까진 없잖아! 너는 몸집이 가장 크다고 네가 가장 힘이 센 줄 알지? 난 줄다리기를 하면 널 언제든 이길 수 있어!"

"네가? 너 같은 꼬맹이가? 푸우하하하!"

"내일 아침, 내가 밧줄을 가져올게. ㉡그럼 내가 얼마나 힘이 센지 알게 될 거야!"

무툴라가 자신만만하게 말했어요.

쿠부의 대답을 기다리지도 않고 무툴라는 깡충깡충 뛰어 그 자리를 떠났어요. / 그날 내내 무툴라는 아주 아주 길고 무지무지 튼튼한 밧줄을 열심히 만들었어요.

1 무툴라는 무엇을 하면 쿠부를 이길 수 있다고 하였습니까? (   )

① 줄넘기   ② 달리기
③ 줄다리기   ④ 수영하기
⑤ 밧줄 만들기

2 ㉠, ㉡을 통하여 드러나는 인물의 성격을 보기 에서 골라 각각 기호를 쓰시오.

보기
㉮ 자신감이 있다.
㉯ 부끄러움이 많다.
㉰ 다른 사람이 하는 말을 잘 듣지 않는다.

(1) ㉠: (   ) (2) ㉡: (   )

3 이 글의 다음 부분을 읽는 방법을 알맞게 말한 친구의 이름을 쓰시오.

"네가? 너 같은 꼬맹이가? 푸우하하하!"

광명: 기쁜 듯이 활짝 웃으며 읽을 거야.
태준: 가소롭다는 듯이 비웃으며 읽을 거야.
유민: 부끄러운 듯이 미소를 지으며 읽을 거야.

(   )

서술형
4 무툴라가 밧줄을 만든 까닭은 무엇인지 쓰시오.

_____

_____

[5~8] 다음 글을 읽고, 물음에 답하시오.

㉮ 호랑이: 나그네님, 제발 문고리를 따고 문짝을 좀 열어 주십시오.

나그네: 뭐요? 문을 열어 달라고? 열어 주면 뛰쳐나와서 나를 잡아먹을 것이 아니오?

호랑이: 아닙니다. 제가 은혜를 모르고 그런 짓을 할 리가 있겠습니까? (앞발을 비비며 자꾸 절을 한다.)

나그네: 허허, 알았소. 설마 거짓말이야 하겠소? 내가 이 궤짝 문을 열어 주리다.

㉯ 나그네가 문을 열자, 호랑이가 뛰쳐나와서 나그네를 잡아먹으려고 덤빈다.

나그네: 이게 무슨 짓이오? 약속을 지키지 않고…….

호랑이: 하하, 궤짝 속에서 한 약속을 궤짝 밖에 나와서도 지키라는 법이 어디 있어?

나그네: 조금 전에 은혜를 모를 리가 있겠느냐고 하면서 애걸복걸하지 않았소?

호랑이: 은혜 모르기는 사람이 더하지. 그러니까 사람은 보는 대로 잡아먹어도 괜찮아.

나그네: ㉠아니, 그런 법이 어디 있소? 우리 누가 옳은지 한번 물어보세.

5 글의 흐름에 맞도록 차례를 정리해 기호를 쓰시오.

> ㉮ 나그네가 호랑이를 궤짝에서 꺼내 주었다.
> ㉯ 호랑이는 나그네를 잡아먹겠다고 위협하였다.
> ㉰ 호랑이가 나그네에게 잡아먹지 않을 테니 구해 달라고 부탁하였다.

(   ) → (   ) → (   )

6 다음은 이 글의 인물 중 누구의 성격을 짐작하여 말한 것인지 쓰시오.

> 부탁을 무시하지 못하는 행동으로 보아 남을 걱정하고 잘 돕는 성격인 것 같아.

(   )

서술형
7 호랑이는 왜 사람을 잡아먹어도 된다고 하였는지 쓰시오.

_____

_____

8 ㉠에 어울리는 표정과 몸짓을 한 친구에 ○표 하시오.

(1) (   )   (2) (   )

[9~10] 다음 글을 읽고, 물음에 답하시오.

> ㉮ 농부는 개구리가 든 함지박을 들고 개울가로 걸어간다.
>
> 농부: (개울가에 개구리들을 풀어 주며) 어서 들어가거라. 잘 살거라.
> 개구리들: (합창하며) ㉠농부님, 고맙습니다! 농부님, 고맙습니다!
>
> 개구리들은 농부의 말을 듣고 얼른 개울물 속으로 들어간다. 잠시 뒤, 개구리 한 마리가 다시 물 밖으로 나온다.
>
> 개구리: (바가지를 하나 끌고 나오며) 농부님! 이 바가지를 가지고 가세요. 좋은 일이 있을 거예요.
> ㉯ 아내: (반가운 표정으로 마중을 나오며) 여보, 왜 이제야 오셨어요. 쌀은 어디 있어요?
> 농부: (미안한 표정으로) 쌀은 가져오지 못했소. 미안하오. (바가지를 내밀며) 오다가 개구리가 불쌍해서 쌀과 바꾸었다오.
> 아내: (실망한 표정으로) ㉡이 바가지는 뭐예요? 당장 먹을 것도 없는데……. (한숨을 쉬며 바가지를 들고 부엌으로 간다.)

9 이 글에서 일어난 일이 <u>아닌</u> 것은 어느 것입니까?

(   )

① 개구리들은 농부에게 고마워하였다.
② 개구리가 농부에게 바가지를 주었다.
③ 농부가 아내에게 쌀을 가져다주었다.
④ 농부가 개구리들을 개울가에 풀어 주었다.
⑤ 아내는 농부가 가져온 바가지를 보고 실망했다.

10 ㉠과 ㉡에 알맞은 마음과 말투를 찾아 선으로 각각 이으시오.

(1) ㉠ •   • ㉮ 실망한 마음   •   • ㉰ 걱정되는 말투

(2) ㉡ •   • ㉯ 고마운 마음   •   • ㉱ 밝고 희망적인 말투

[11~13] 다음 글을 읽고, 물음에 답하시오.

> 토끼: (귀를 기울이고 한참 생각하다) 누가 누구를 살려 주었어요? 누가 누구를 잡아먹으려 해요? 아, 당신이 이 호랑이를 잡아먹으려고 해요?
>
> 나그네: 아니지요. 내가 호랑이를 잡아먹으려 하는 게 아니라, 이 호랑이가 궤짝에 갇혀 있었는데 내가 살려 주었어요.
>
> 토끼: 네, 알았습니다. 그러니까 이 호랑이하고 당신이 궤짝 속에 갇혀 있었다고요?
>
> 나그네: 아니지요. 호랑이가……
>
> 호랑이: (답답하다는 듯이 화를 내며) 왜 이렇게 말귀를 못 알아듣지? (궤짝 속으로 들어가며) 이 궤짝 속에 내가 이렇게 있었어. 내가 이렇게 갇혀 있었단 말이야. 알았지?
>
> 토끼가 얼른 달려들어 문고리를 걸어 잠근다.
>
> ㉠ 토끼: (웃으면서) 이제야 알았습니다. 설명하시지 않아도 잘 알겠습니다. 호랑이님이 어떻게 이 궤짝 속에 들어갔는지 잘 알았습니다. 그럼 저는 바빠서 이만 가 보겠습니다.
>
> 나그네: (토끼를 쫓아가며) 토끼님, 대단히 고맙습니다. 이 은혜를 어떻게 갚아야 할지…….

11 나그네가 토끼에게 설명한 내용을 다음과 같이 정리할 때, ㉮와 ㉯에 들어갈 말을 쓰시오.

> 궤짝 속에 갇혀 있었던 ㉮ 을/를 ㉯ 이/가 살려 주었다.

(1) ㉮: (   )

(2) ㉯: (   )

12 호랑이는 토끼가 계속 말을 이해하지 못하자 어떻게 하였습니까? (   )

① 화를 내며 궤짝을 부수었다.
② 화를 내며 궤짝 속으로 들어갔다.
③ 나그네에게 다시 설명하라고 했다.
④ 상냥한 말투로 한 번 더 설명해 주었다.
⑤ 토끼에게 궤짝 속에 들어가라고 시켰다.

13 ㉠을 실감 나게 읽기 위한 방법을 알맞게 말한 친구의 이름을 쓰시오.

> 지수: 재빨리 자물쇠를 열어 문을 활짝 여는 듯한 몸짓을 할 거야.
>
> 기화: 자신의 계획대로 되어 즐거우면서도 위험한 순간이니 빠르게 움직여야겠어.
>
> 종균: "이제야 알았습니다."라고 할 때에는 이해가 잘 되지 않아 고개를 갸웃거리며 말할 거야.

(   )

14 친구들과 함께 「토끼의 재판」 연극 발표회 준비를 하려고 합니다. 가장 먼저 해야 할 일의 기호를 쓰시오.

> ㉮ 연극 연습하기
> ㉯ 공연할 장면을 정하고 준비하기
> ㉰ 무대에서 연극 발표회를 할 준비하기

(   )

서술형

15 연극을 볼 때 지켜야 할 예절을 조건 에 맞게 쓰시오.

> 조건
> • 지켜야 할 예절을 두 가지 쓴다.
> • 친구들에게 충고하는 말투로 쓴다.

친구들아, _____

그리고 _____

9. 작품 속 인물이 되어

● 정답 및 풀이 35쪽

평가 주제	연극 발표회 준비하기
평가 목표	「토끼의 재판」의 내용을 파악하고 연극 공연을 준비할 수 있다.

토끼: (귀를 기울이고 한참 생각하다) 누가 누구를 살려 주었어요? 누가 누구를 잡아먹으려 해요? 아, 당신이 이 호랑이를 잡아먹으려고 해요?

나그네: 아니지요. 내가 호랑이를 잡아먹으려 하는 게 아니라, 이 호랑이가 궤짝에 갇혀 있었는데 내가 살려 주었어요.

토끼: 네, 알았습니다. 그러니까 이 호랑이하고 당신이 궤짝 속에 갇혀 있었다고요?

나그네: 아니지요. 호랑이가…….

호랑이: (답답하다는 듯이 화를 내며) 왜 이렇게 말귀를 못 알아듣지? (궤짝 속으로 들어가며) 이 궤짝 속에 내가 이렇게 있었어. 내가 이렇게 갇혀 있었단 말이야. 알았지?

　㉠토끼가 얼른 달려들어 문고리를 걸어 잠근다.

토끼: (웃으면서) 이제야 알았습니다. 설명하시지 않아도 잘 알겠습니다. 호랑이님이 어떻게 이 궤짝 속에 들어갔는지 잘 알았습니다. 그럼 저는 바빠서 이만 가 보겠습니다.

1 ㉠에서 토끼의 마음은 어떠하였을지 짐작하여 쓰시오.

2 이 극본으로 연극을 한다면 자신이 하고 싶은 인물은 누구인지 고르고, 그 까닭을 쓰시오.

하고 싶은 인물	(1)
까닭	(2)

3 문제 **2**번에서 쓴 내용을 바탕으로 연극 공연을 할 계획을 정리하여 쓰시오.

필요한 소품	(1)
이 장면에 등장하는 인물	(2)
인물에 어울리는 표정, 몸짓, 말투	(3)

9 단원

숨은 그림을 찾아보세요.

● 정답 및 풀이 35쪽

동아출판 초등 무료 스마트러닝

무료 스마트 러닝

동아출판 초등 **무료 스마트러닝**으로
초등 전 과목·전 영역을 쉽고 재미있게!

과목별·영역별 특화 강의

전 과목 개념 강의

국어 독해 지문 분석 강의

구구단 송

그림으로 이해하는 비주얼씽킹 강의

과학 실험 동영상 강의

과목별 문제 풀이 강의

서비스 제공 교재 동아전과 | 백점 시리즈 | 큐브수학 | 빠작 초등 국어 | 초능력 | 초고필 | 하이탑 초등 과학

백점

국어 3·2

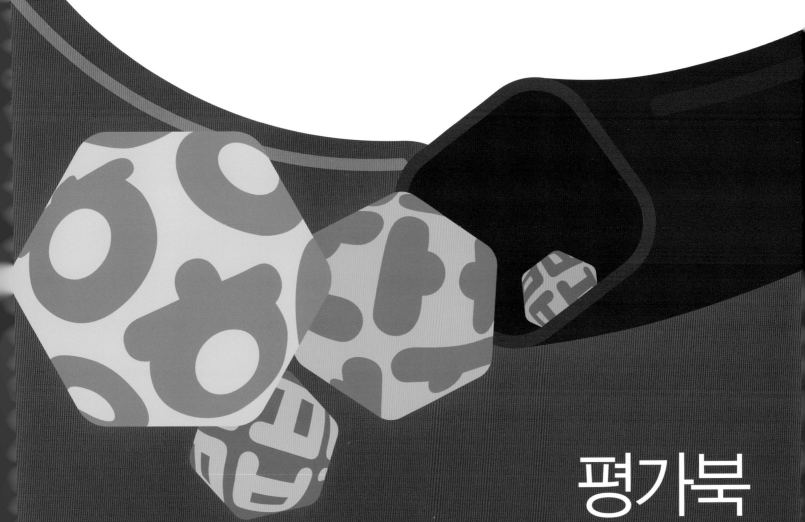

평가북

- 학교 시험 대비 **단원 평가**
- 수시평가에 대비한 단계별 **수행 평가**

동아출판

평가북 구성과 특징

1 **단원 평가**가 있습니다.
  • 학교에서 실시하는 **단원 평가**에 완벽하게 대비할 수 있습니다.

2 **수행 평가**가 있습니다.
  • 2회분의 **수행 평가**를 통해 수시로 이루어지는 수행 평가에 확실하게 대비할 수 있습니다.

3 **2학기 총정리**가 있습니다.
  • 한 학기의 학습을 마무리할 수 있도록 **총정리**를 제공합니다.

백점

BOOK 2 평가북

● 차례

국어 **3·2**

[1~2] 다음 그림을 보고, 물음에 답하시오.

[3~4] 다음 글을 읽고, 물음에 답하시오.

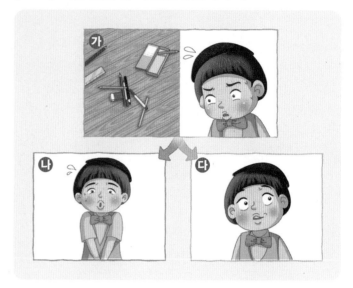

3 그림 **㉮**에서 일어난 일은 무엇입니까? (   )

① 지각을 해서 선생님께 꾸중을 들었다.
② 친구의 필통을 떨어뜨려서 당황하였다.
③ 친구와의 약속을 잊어버려서 깜짝 놀랐다.
④ 친구의 생일 선물을 잃어버리고 슬퍼하였다.
⑤ 친구의 필통과 자신의 것이 똑같아서 신기해했다.

1 그림 **㉮~㉰** 중에서 다음 상황의 그림을 찾아 기호를 쓰시오.

> 웃어른께 고마운 마음을 전하는 상황

그림 (   )

4 그림 **㉯**와 **㉰**를 바르게 비교한 것에 ○표 하시오.

⑴ 그림 **㉯**보다 **㉰**에서 미안한 마음이 더 잘 느껴진다.   (   )
⑵ 그림 **㉯**의 남자아이는 풀이 죽은 표정으로 몸을 움츠리고 있다.   (   )
⑶ 그림 **㉰**의 남자아이는 진심으로 미안해하는 표정을 짓고 있다.   (   )

2 그림 **㉰**에서 여자아이는 어떻게 말해야 합니까?
(   )

① 짜증을 내면서 말한다.
② 웃으면서 가볍게 말한다.
③ 장난치듯 몸을 흔들며 말한다.
④ 진심을 담아 미안해하며 말한다.
⑤ 머리를 긁적이며 귀찮다는 듯 말한다.

서술형
5 미안하다고 말할 때 알맞은 표정, 몸짓, 말투를 쓰시오.

_____

_____

6 표정, 몸짓, 말투에 주의하며 말하면 좋은 점을 두 가지 고르시오. (   )

① 이야기를 듣고 잘 요약할 수 있다.
② 이야기를 항상 재미있게 전할 수 있다.
③ 듣는 사람에게 내 마음을 더 잘 전할 수 있다.
④ 작은 목소리로 말해도 내용을 잘 전할 수 있다.
⑤ 듣는 사람에게 자신의 생각을 더 생생하게 전달할 수 있다.

7 장면 ㉮~㉰에서 장금이가 처한 상황으로 알맞은 것을 찾아 선으로 이으시오.

(1) ㉮ •

(2) ㉯ •

(3) ㉱ •

• ㉠ 처음으로 수라간 상궁을 보는 장면

• ㉡ 강아지 때문에 국수를 쏟아 꾸중을 듣는 장면

• ㉢ 시험을 볼 수 있다는 소식을 듣고 뒷산에 홀로 올라가는 장면

8 장면 ㉮~㉱ 중에서 다음 표정이 어울리는 장면의 기호를 쓰시오.

> 놀라서 눈을 크게 뜨고 입을 벌리며

장면 (   )

[7~10] 다음 그림을 보고, 물음에 답하시오.

수라간에서 오신 분들이다.

수라간요?

장금이와 동이가 처음으로 수라간 상궁을 보게 됩니다.

강아지 때문에 국수를 쏟아 꾸중을 들었습니다.

엄마, 궁에 갈 수 있게 됐어요.

생각시 시험을 볼 수 있다는 소식을 들은 장금이는 뒷산에 홀로 올라갔습니다.

9 장면 ㉱에 알맞은 장금이의 몸짓이나 말투를 두 가지 고르시오. (   )

① 고개를 숙이며
② 환하게 웃으며
③ 낮고 작은 목소리로
④ 빠르고 우렁찬 목소리로
⑤ 두 손을 머리 위로 올리고 펄쩍 뛰며

서술형

10 장면 ㉱에서 장금이의 마음은 어떠할지 쓰고, 그렇게 생각한 까닭도 함께 쓰시오.

_____

_____

[11~14] 다음 그림을 보고, 물음에 답하시오.

미미는 어른들이 엄마를 '자두 엄마'로만 부르자 섭섭해합니다.

과일 사러 온 거야, 언니 얘기 하러 온 거야?

미미는 학교 친구와 선생님도 언니 자두에게만 관심을 기울이자 화가 납니다.

언니랑 같이 다니고 싶지 않아!

미미가 자신보다 더 유명해지고 싶어서 몰래 발레를 배웠다는 사실을 안 자두는 미안함을 느낍니다.

그게 정말이야?

자두야! 왜 그랬어?

자두는 미미를 돋보이게 하고 싶어서 일부러 자신의 무대를 망칩니다.

아니야, 네가 큰 거 먹어.

언니가 큰 거 먹어.

㉠

11 장면 **⑦**에서 미미가 섭섭해한 까닭은 무엇인지 쓰시오.

( )

12 장면 **⑭**에서 미미의 표정과 말투로 알맞은 것에 ○표 하시오.

(1) 화를 내며 큰 목소리로 ( )

(2) 활짝 웃으며 밝은 목소리로 ( )

(3) 부끄러워하며 작은 목소리로 ( )

13 ㉠에 들어갈 내용으로 알맞은 것은 무엇입니까?

( )

① 미미는 자두에게 화를 냅니다.

② 미미는 학예회에 나가지 않기로 합니다.

③ 미미는 발레를 계속해서 배우고 싶어 합니다.

④ 미미는 자두와 간식을 나누어 먹으며 화해합니다.

⑤ 미미는 자신을 자두 동생이라고만 해서 속상합니다.

서술형

14 장면 **⑦**~**⑩**에서 재미있거나 감동받은 장면을 찾고, 그 장면을 고른 까닭을 함께 쓰시오.

(1) 재미있거나 감동받은 장면: 장면 ( )

(2) 그 장면을 고른 까닭: _____

_____

15 인물의 표정, 몸짓, 말투에 주의하며 만화 영화를 보면 좋은 점으로 알맞은 것을 모두 고르시오.

( )

① 인물의 마음을 잘 알 수 있다.

② 줄거리를 이해하는 데 도움이 된다.

③ 비슷한 내용의 만화 영화를 만들 수 있다.

④ 끝까지 보지 않아도 내용을 잘 알 수 있다.

⑤ 인물의 표정, 몸짓, 말투에서 재미를 느낄 수 있다.

[16~19] 다음 글을 읽고, 물음에 답하시오.

거인 부벨라와 지렁이 친구

㉮ 부벨라는 거인이에요. 모든 사람이 부벨라를 무서워했는데 이 자그마한 목소리의 주인공만은 예외였어요.

부벨라는 발 근처 땅바닥을 자세히 들여다보았어요. 땅속에서 지렁이 한 마리가 고개만 빠끔히 내밀고는 말을 하고 있었어요.

이번에는 부벨라가 말을 시작했어요.

"난 부벨라야. 네 이름은 뭐니?"

"이제야 뭔가 제대로 되네. 나는 지렁이라고 해."

㉯ ㉠"너는 내가 무섭지 않니?"

"왜 너를 무서워해야 하는데?"

"내가 너보다 훨씬 덩치가 크니까."

부벨라는 당연하다는 듯이 대답했어요.

"무슨 그런 말도 안 되는 소리가 다 있어? 이 세상 모든 것이 다 나보다 커. 만약 나보다 큰 것들에게 말 붙이기를 겁냈다면 난 계속 입을 다물고 살아야 했을걸."

부벨라는 숨을 깊이 들이마시고 난 뒤 조심스럽게 물었어요.

"우리 집에 차 마시러 올래?"

"좋아. 내일 갈게. 네 시에 여기서 만나자."

㉰ 부벨라는 정원사에게 걱정거리를 솔직히 털어놓았어요.

"지렁이가 저희 집에 차를 마시러 오기로 했어요. 그런데 저는 지렁이가 무얼 먹고 사는지, 무슨 음식을 좋아하는지 모르겠어요. 바나나케이크를 좋아할 것 같지는 않은데……."

정원사는 가만히 생각에 잠겼어요.

"지렁이들은 멀리 다니지 않으니까 어쩌면 다른 집 정원의 흙을 좋아할 것 같구나. 진흙파이를 만들어 주면 어떻겠니?"

㉱ 지렁이는 신이 나서 진흙파이 속으로 파고들어 갔어요. 지렁이가 다시 위로 올라왔을 때에는 머리 위에 나뭇잎 조각이 얹어져 있었어요. 마치 모자를 쓴 듯 말이에요.

16 모든 사람이 부벨라를 무서워한 까닭을 쓰시오.

(　　　　　　　　　　　　　　　)

17 정원사가 부벨라에게 추천해 준 요리는 무엇인지 쓰시오.

(　　　　　　　　　　　)

18 ㉠을 말할 때 부벨라의 표정, 몸짓, 말투로 알맞은 것은 무엇입니까? (　　　)

① 하품을 하며 귀찮아하는 표정으로 속삭임.

② 하늘을 보며 환하게 웃는 표정으로 크게 외침.

③ 쪼그리고 앉아서 놀란 표정으로 목소리를 높임.

④ 책을 읽으며 궁금해하는 표정으로 목소리를 낮춤.

⑤ 정원사를 보며 이해할 수 없는 표정으로 중얼거림.

19 인물의 표정과 몸짓이 잘 드러나게 이야기 속 장면을 그리려고 할 때, 알맞게 표현한 친구의 이름을 모두 쓰시오.

> 정민: 지렁이가 활짝 웃는 표정으로 진흙파이를 먹는 모습을 그릴 거야.
>
> 슬기: 지렁이가 부벨라를 보고 깜짝 놀라 땅속으로 숨어 버리는 모습을 그릴 거야.
>
> 선영: 부벨라가 두 손으로 턱을 괴고 한숨을 쉬며 지렁이가 무엇을 좋아할지 고민하는 모습을 그릴 거야.

(　　　　　　　　　　　)

서술형

20 장면 ❷에서 남자아이가 미안한 마음이 잘 느껴지지 않는다고 한 까닭을 쓰시오.

_____

_____

학습 주제	인물의 표정, 몸짓, 말투에 주의하며 만화 영화 감상하기
학습 목표	인물의 표정, 몸짓, 말투에 주의하며 만화 영화를 감상할 수 있다.

 **㉮**
과일 사러 온 거야, 언니 얘기 하러 온 거야?

미미는 어른들이 엄마를 '자두 엄마'로만 부르자 섭섭해합니다.

 **㉯**
미미야, 괜찮아?

미미는 사람들이 자신을 자두 동생이라고 불러서 너무 속상해 울었습니다.

 **㉰**
언니, 여기서 뭐 해?

미미가 자두의 라이벌인 은희네 집에서 나오는 것을 보고 자두는 미미에게 화를 냅니다.

 **㉱**
그게 정말이야?

미미가 자신보다 더 유명해지고 싶어서 몰래 발레를 배웠다는 사실을 안 자두는 미안함을 느낍니다.

 **㉲**
자두야! 왜 그랬어?

자두는 미미를 돋보이게 하고 싶어서 일부러 자신의 무대를 망칩니다.

㉳

미미가 인기상을 받자 자두와 친구들이 기뻐하며 박수를 칩니다.

1단계

장면 ㉯에서 미미의 마음은 어떠할지 쓰시오.

(   )

2단계

장면 ㉳에 알맞은 자두의 표정, 몸짓을 쓰시오.

표정	(1)
몸짓	(2)

3단계

보기 와 같이 장면 ㉮~㉳ 중에서 한 장면을 골라 기호를 쓰고, 자신이라면 어떻게 했을지 쓰시오.

> **보기**
> 장면 ㉰에서 자두는 은희와 친하게 지내는 미미에게 화를 냈습니다. 나라면 무작정 화를 내지 않고 "무슨 일이 있니?"라고 물어보았을 것입니다.

_____

_____

학습 주제	표정, 몸짓, 말투에 주의하며 말하면 좋은 점 알기
학습 목표	표정, 몸짓, 말투에 주의하며 말하면 좋은 점을 쓸 수 있다.

여자아이: (실수로 친구의 우유를 치며) 앗!

　우유가 책 위에 쏟아진다.

남자아이: (놀라며) 내 책!
여자아이: (놀라서 우유를 닦아 주며)　　　⑤
남자아이: (　　ⓒ　　) 아니야. 일부러 그런 것도 아닌데, 뭘. 괜찮아.

1 이 그림에는 어떤 상황이 나타나 있는지 쓰시오.

2 ⑤과 ⓒ에 들어갈 알맞은 말과 표정을 생각하여 쓰시오.

⑤	(1)
ⓒ	(2)

3 문제 **2**번에서 답한 것처럼 표정, 몸짓, 말투에 주의하며 말하면 좋은 점을 조건 에 알맞게 쓰시오.

조건
두 가지 이상 쓴다.

[1~3] 다음 글을 읽고, 물음에 답하시오.

닭싸움 놀이는 한쪽 다리를 들어 올려 두 손으로 잡고, 다른 다리로 균형을 잡아 깨금발로 뛰면서 상대를 밀어 넘어뜨리는 놀이입니다. 준비물이 필요하지 않고 놀이 방법이 간단해 요즘도 어린이는 물론 청소년과 어른도 즐기는 놀이입니다.

'닭싸움'은 두 사람이 겨루는 모습이 닭이 싸우는 것과 비슷하다고 해서 지어진 이름입니다. 닭싸움 놀이는 한 발로 서서 하므로 '외발 싸움', '깨금발 싸움'이라고도 부르고, 무릎을 부딪쳐 싸운다고 해서 '무릎 싸움'이라고도 부릅니다. 닭싸움 놀이는 두 명이 할 수도 있고 여러 명이 할 수도 있습니다.

1 무엇에 대하여 설명하는 글인지 쓰시오.

( )

2 '닭싸움'이라는 이름은 어떻게 지어졌습니까?

( )

① 닭이 싸움을 잘하는 동물이어서
② 닭이 싸울 때 내는 소리를 내며 놀이를 해서
③ 준비물이 필요하지 않고 놀이 방법이 간단해서
④ 사람들이 닭이 싸우는 모습을 보는 것을 좋아해서
⑤ 두 사람이 겨루는 모습이 닭이 싸우는 것과 비슷해서

3 이 글을 읽고 아는 내용이나 겪은 일과 관련지어 말한 친구의 이름을 쓰시오.

> 우진: 줄넘기 놀이를 잘하는 방법은 무엇일지 궁금해.
> 선영: 다른 나라에서도 닭고기를 즐겨 먹는지 조사하고 싶어.
> 하정: 친구들과 닭싸움 놀이를 한 적이 있어서 닭싸움 놀이를 하는 방법이 떠올랐어.

( )

4 아는 내용이나 겪은 일과 관련지어 글을 읽으면 좋은 점이 아닌 것은 무엇입니까? ( )

① 글이 쉽게 이해된다.
② 내용을 기억하기 쉽다.
③ 글 내용에 더 흥미를 느끼게 된다.
④ 문단의 중심 문장을 빨리 찾을 수 있다.
⑤ 글을 읽으면서 그 모습을 잘 상상할 수 있다.

[5~6] 다음 글을 읽고, 물음에 답하시오.

첫째, 선생님께서 계시지 않을 때에는 과학 실험을 하지 않습니다. 과학실에는 조심히 다루어야 할 실험 기구와 위험한 화학 약품이 많습니다. 선생님의 말씀에 따라 실험 기구나 화학 약품을 다루어야 사고가 나는 것을 예방할 수 있습니다. 그러므로 선생님께서 계시지 않을 때에는 과학 실험을 해서는 안 됩니다.

둘째, 과학실에서는 절대 장난을 치면 안 됩니다. 과학실에는 깨지기 쉽거나 위험한 실험 기구가 많습니다. 장난을 치다가 유리로 만든 실험 기구가 깨지면 날카로운 유리 조각이 생겨 이 유리 조각에 사람이 다칠 수 있습니다.

5 과학실에서 실험은 누구와 함께 해야 하는지 쓰시오.

( )

6 이 글에서 알 수 있는 과학실에서 지켜야 하는 안전 수칙으로 알맞은 것을 모두 고르시오. ( )

① 과학실 청소를 깨끗이 해야 한다.
② 과학실에서는 절대 장난을 치면 안 된다.
③ 깨지기 쉬운 실험 기구는 절대 사용하지 않는다.
④ 실험 기구나 화학 약품은 선생님의 말씀에 따라 사용한다.
⑤ 선생님께서 계시지 않을 때에는 과학 실험을 하지 않는다.

[7~11] 다음 글을 읽고, 물음에 답하시오.

갯벌을 보존해야 하는 까닭

㉮ 갯벌에 가 본 적이 있나요? 갯벌에서 무엇을 보았나요? 바닷물이 빠져나가는 썰물 때에 육지로 드러나는 바닷가의 편평한 곳을 갯벌이라고 불러요. 바닷물이 육지로 밀려오는 밀물 때 갯벌은 바닷물로 덮여 있어 보이지 않지만 자연과 사람에게 여러 가지 도움을 줍니다.

㉯ 첫째, 갯벌은 다양한 생물이 살 수 있는 장소입니다. 갯벌에 물이 들어오기도 하고 빠지기도 하면서 생물이 살기에 적합한 환경을 만듭니다. 그래서 게, 조개, 갯지렁이, 불가사리, 물고기 같은 여러 가지 생명체가 삽니다. 또한 갯벌은 철새들이 휴식하거나 번식하려고 이동하는 중간에 머물며 살기도 하는 장소입니다.

㉰ 둘째, 어민들은 갯벌에서 수산물을 키우고 거두어 돈을 법니다. 어민들은 갯벌에서 조개나 물고기, 낙지 따위를 잡아 팝니다. 또 갯벌은 생물이 살기에 좋은 환경이므로 어민들이 바다 생물들을 직접 키우기도 합니다. 이것을 양식이라고 하는데, 양식은 농민들이 밭이나 논에서 농작물을 키워 파는 것과 비슷합니다.

㉱ 갯벌의 환경은 특별하고 다양합니다. 갯벌과 그 속에 사는 여러 생물은 자연과 사람을 위해 좋은 역할을 많이 합니다. 그러므로 갯벌은 쓸모없는 땅이 아니라 우리와 함께 살아가는 소중한 장소입니다. 소중한 갯벌을 잘 보존해야겠습니다.

7 이 글의 제목을 보고 알 수 있는 글쓴이의 생각은 무엇입니까? (　　　)

① 갯벌은 시간이 지날수록 쓸모가 없다.
② 갯벌을 보존하면 우리에게 좋은 점이 많다.
③ 갯벌을 보존하려면 시간과 비용이 많이 든다.
④ 갯벌을 개발해야 하는 까닭을 널리 알려야 한다.
⑤ 갯벌에 대한 외국인의 관심이 점점 커지고 있다.

8 갯벌에 대한 설명으로 알맞지 <u>않은</u> 것은 무엇입니까? (　　　)

① 다양한 생물이 살 수 있는 장소이다.
② 농민들이 농작물을 키워 수확하는 곳이다.
③ 어민들이 조개나 물고기 등을 잡는 곳이다.
④ 철새들이 이동하는 중간에 머물며 살기도 한다.
⑤ 바닷물이 빠져나가는 썰물 때에 육지로 드러나는 바닷가의 편평한 곳이다.

9 문단 ㉮~㉱의 중심 문장을 바르게 정리한 것에 ○표 하시오.

(1) 문단 ㉮: 갯벌에 가 본 적이 있나요? (　　　)

(2) 문단 ㉯: 철새들이 휴식하거나 번식하려고 이동하는 중간에 머물며 살기도 합니다. (　　　)

(3) 문단 ㉰: 어민들은 갯벌에서 수산물을 키우고 거두어 돈을 법니다. (　　　)

(4) 문단 ㉱: 갯벌과 그 속에 사는 여러 생물은 자연과 사람을 위해 좋은 역할을 많이 합니다. (　　　)

서술형
10 이 글의 중심 생각을 정리하여 쓰시오.

_____

_____

11 이 글을 읽고 더 알고 싶은 내용을 알맞게 말한 친구의 이름을 쓰시오.

성일: 갯벌에 어떤 생물이 살고 있는지 알았어.
여진: 갯벌이 있으면 우리에게 좋은 점이 많다는 것을 알게 되었어.
수현: 우리나라에는 어느 지역에 갯벌이 있는지 궁금해서 인터넷으로 검색하고 싶어.

(　　　　　　)

[12~14] 다음 글을 읽고, 물음에 답하시오.

㉚ 계절별로 날씨와 관련이 있는 토박이말을 알아보자. 토박이말은 우리말에 본디부터 있던 말이나 그것에 더해 새로 만들어진 말이다. 다른 말로 순우리말, 고유어라고도 한다.

㉡ 봄 날씨를 나타내는 토박이말에는 '꽃샘추위', '꽃샘바람', '소소리바람' 같은 말이 있다. 이른 봄, 꽃이 필 무렵에 찾아오는 추위를 '   ㉠   '(이)라고 한다. 여기서 '샘'은 시기, 질투라는 뜻이다. 그래서 '   ㉡   '은/는 꽃이 피는 것을 시샘하듯 몰아닥친 추위라는 뜻이 된다.

㉢ 가을 날씨를 나타내는 토박이말에는 '건들바람', '건들장마', '무서리', '올서리', '된서리' 같은 말이 있다. 여름이 지나고 가을이 되면 서늘한 바람이 불고 늦가을이 되면 서리가 내린다. 이른 가을날, 가볍고 부드럽게 건들건들 부는 서늘한 바람을 '건들바람'이라고 한다. 이 무렵, 비가 쏟아져 내리다가 번쩍 개고 또 오다가 개는 장마를 '건들장마'라고 한다. 늦가을, 수증기가 땅이나 물체 표면에 얼어붙은 것을 '서리'라고 한다.

12 ㉠과 ㉡에 공통으로 들어갈 알맞은 말을 쓰시오.

(   )

13 가을 날씨를 나타내는 토박이말로 알맞은 것을 모두 고르시오. (   )

① 된서리　　　　② 올서리
③ 무더위　　　　④ 꽃샘바람
⑤ 건들바람

서술형

14 문단 ㉢의 중심 문장을 정리하여 쓰시오.

_____

_____

[15~16] 다음 글을 읽고, 물음에 답하시오.

쉰 마리가 훨씬 넘는 참새 떼가 그려진 이 그림은 지금은 한 폭만 전해지지만, 원래는 이어지는 폭이 더 있었던 듯합니다. 그렇다면 참새가 거의 1백여 마리 있는 커다란 병풍일 테니, 마치 가을 들녘 수수밭을 마주하고 있는 듯한 착각을 일으킬 만한 멋진 장면이었을 것입니다. 이 그림만으로도 그 모습을 상상할 수 있으니 말입니다.

▲ 「참새 무리」

그림에 좀 더 가까이 다가가 참새들을 하나씩 들여다보세요. 눈동자가 그려진 눈, 숨구멍이 그려진 부리, 깃털색의 작은 변화까지 표현돼 모두가 살아 있는 듯합니다. 또한 참새가 ㉠앉거나 날거나 하는 모습이 일정한 규칙으로 반복되어 리듬감이 느껴지는데, 이렇게 구성한 데에는 그림에 많은 참새를 알맞게 그려 넣으려는 화가의 숨은 뜻이 담겨 있는 듯합니다.

15 「참새 무리」 그림에 대한 설명으로 알맞지 <u>않은</u> 것은 무엇입니까? (   )

① 쉰 마리가 훨씬 넘는 참새 떼가 그려져 있다.
② 참새의 모습이 일정한 규칙으로 반복되어 리듬감이 느껴진다.
③ 지금은 한 폭만 전해지지만, 원래는 이어지는 폭이 더 있었을 것이다.
④ 눈동자가 그려진 눈, 숨구멍이 그려진 부리 등 참새가 살아 있는 듯하다.
⑤ 그림에 많은 참새를 복잡하게 그려 넣고 싶어 하는 화가의 뜻이 담겨 있다.

16 ㉠과 뜻이 반대되는 낱말을 | 보기 |에서 찾아 쓰시오.

> **보기**
>
> 접거나,　　서거나,　　숨거나,　　자거나

(   )

[17~20] 다음 글을 읽고, 물음에 답하시오.

㉮ 지금부터 사람들이 입는 옷차림이 옛날과 오늘날에 어떻게 다른지 신분과 성별, 옷감 종류에 따라 나누어 알아보자.

㉯ 먼저, 옛날에는 신분에 따라 옷차림이 달랐지만 오늘날에는 직업이나 유행에 따라 다른 경우가 많다. 옛날에는 양반과 평민의 신분에 따라 옷차림이 달랐다. 양반 가운데에서 남자는 소매가 넓은 저고리와 폭이 큰 바지를 입었고, 여자는 폭이 넓고 긴 치마를 입었다. 평민 가운데에서 남자는 비교적 폭이 좁은 저고리와 바지를 입었고, 여자는 폭이 좁은 치마를 입었다. 그리고 평민이 입는 치마 길이는 양반보다 짧은 편이었다. 하지만 오늘날에는 직업이나 유행에 따라 옷을 입는 경우가 많다. 또 사람들이 입는 옷 종류도 옛날보다 더 다양해졌다.

㉰ 다음으로, 옛날에는 사람들이 성별에 따라 다른 옷을 입었지만 오늘날에는 자신이 좋아하는 옷을 입는다. 옛날에 남자는 아래에 바지를 입고 위에는 저고리와 조끼, 마고자를 입었다. 그리고 춥거나 나들이를 갈 때에는 겉에 두루마기를 입었다. 여자는 아래에 속바지와 치마를 입고 위에는 저고리를 입었다. 여자도 두루마기를 입지만 남자가 입는 두루마기와 모양이 달랐다. 오늘날에는 남자와 여자의 옷차림을 엄격하게 구분하지 않는다. 대신 각자 좋아하는 옷을 입기 때문에 옷차림이 사람에 따라 다르다.

㉱ 마지막으로, 옛날에는 자연에서 얻은 실로 짠 옷감으로 옷을 만들었지만 오늘날에는 합성 섬유로 옷을 만드는 경우가 많다. 우리 조상은 식물이나 누에고치에서 실을 뽑아 옷감을 얻었다. 식물에서 뽑은 실로 짠 옷감으로는 삼베·모시·무명 따위가 있고, 누에고치에서 뽑은 실로 짠 옷감으로는 비단이 있다. 오늘날에는 옛날처럼 자연에서 얻은 실로 옷감을 짜기도 하지만 공장에서 만든 합성 섬유에서 옷감을 더 많이 얻는다.

17 이 글에 있는 그림을 보고 알 수 있는 글쓴이의 생각에 ○표 하시오.

⑴ 옛날 사람들은 남녀가 입는 옷이 서로 비슷했다.
( )

⑵ 요즘 사람들도 신분에 따라 서로 다른 한복을 입는다. ( )

⑶ 여자는 옛날에는 치마를 입었는데 오늘날에는 바지도 입는다. ( )

18 옛날 사람들이 입던 옷차림에 대한 설명으로 알맞지 <u>않은</u> 것은 무엇입니까? ( )

① 신분에 따라 옷차림이 달랐다.
② 남자와 여자가 입는 옷차림이 달랐다.
③ 평민이 입는 치마 길이는 양반보다 짧은 편이다.
④ 남자 양반들은 폭이 좁은 저고리와 바지를 입었다.
⑤ 자연에서 얻은 실로 짠 옷감으로 옷을 만들어 입었다.

19 오늘날 옷을 만드는 데 많이 사용하는 재료는 무엇입니까? ( )

① 삼베   ② 모시   ③ 무명
④ 비단   ⑤ 합성 섬유

20 이 글의 중심 생각은 무엇입니까? ( )

① 옛날에는 각자 좋아하는 옷을 입었다.
② 옛날에 즐겨 입던 한복을 지금은 입지 않는다.
③ 옛날에는 옷차림만으로도 신분을 구별할 수 있었다.
④ 옛날에는 자연에서 얻은 실로 짠 옷감으로 옷을 만들었다.
⑤ 옛날은 신분, 성별 등에 따라 옷차림이 달랐지만 오늘날은 이런 구분이 많이 없어지고 있다.

2
단원

● 정답 및 풀이 38쪽

학습 주제	아는 내용이나 겪은 일과 관련지어 글 읽기
학습 목표	아는 내용이나 겪은 일을 떠올리며 글을 읽을 수 있다.

㉮ 안전하게 과학 실험을 하려면 과학 실험 안전 수칙을 확인하고 실천해 안전사고의 위험을 줄여야겠습니다. 지금부터 과학 실험 안전 수칙을 알아보겠습니다.

㉯ 첫째, 선생님께서 계시지 않을 때에는 과학 실험을 하지 않습니다. 과학실에는 조심히 다루어야 할 실험 기구와 위험한 화학 약품이 많습니다. 선생님의 말씀에 따라 실험 기구나 화학 약품을 다루어야 사고가 나는 것을 예방할 수 있습니다. 그러므로 선생님께서 계시지 않을 때에는 과학 실험을 해서는 안 됩니다.

㉰ 둘째, 과학실에서는 절대 장난을 치면 안 됩니다. 과학실에는 깨지기 쉽거나 위험한 실험 기구가 많습니다. 장난을 치다가 유리로 만든 실험 기구가 깨지면 날카로운 유리 조각이 생겨 이 유리 조각에 사람이 다칠 수 있습니다.

㉱ 셋째, 실험할 때 책상에 바짝 다가가지 않습니다. 실험하다가 만약 실험 기구가 넘어지면 깨진 기구의 조각이나 기구 속 화학 약품이 주변에 튈 수 있습니다. 이때 책상에 바짝 다가가 앉아 있으면 다칠 수가 있습니다. 그러므로 실험을 할 때에는 책상에 너무 바짝 다가가 앉지 않고 실험 기구와 어느 정도 거리를 유지하는 것이 안전합니다.

1단계

이 글에서 설명하고 있는 것은 무엇인지 다음 빈칸에 알맞은 말을 쓰시오.

· ☐☐ 하게 ☐☐☐☐ 을/를 하는 방법

2단계

문단 ㉯~㉱의 중심 문장을 정리하여 쓰시오.

문단 ㉯	(1)
문단 ㉰	(2)
문단 ㉱	(3)

3단계

이 글을 읽고 자신이 알고 있는 내용이나 글의 내용과 관련하여 겪은 일을 쓰시오.

_____

_____

학습 주제	글을 읽고 중심 생각 찾기
학습 목표	글을 읽고 중심 생각을 찾을 수 있다.

날씨를 나타내는 토박이말

㉮ 계절별로 날씨와 관련이 있는 토박이말을 알아보자. 토박이말은 우리말에 본디부터 있던 말이나 그 것에 더해 새로 만들어진 말이다. 다른 말로 순우리말, 고유어라고도 한다. 옛날부터 우리 할아버지, 할 머니께서 만들어 써 오신 말이 토박이말이다. 이 가운데에는 봄, 여름, 가을, 겨울의 날씨를 나타내는 말도 많은데 어떤 말들이 있는지 알아보자.

㉯ 봄 날씨를 나타내는 토박이말에는 '꽃샘추위', '꽃샘바람', '소소리바람' 같은 말이 있다. 이른 봄, 꽃이 필 무렵에 찾아오는 추위를 '꽃샘추위'라고 한다.

㉰ 여름 날씨를 나타내는 토박이말에는 '마른장마', '무더위', '불볕더위' 같은 말이 있다.

㉱ 가을 날씨를 나타내는 토박이말에는 '건들바람', '건들장마', '무서리', '올서리', '된서리' 같은 말이 있다.

㉲ 겨울 날씨를 나타내는 토박이말에는 '가랑눈', '진눈깨비', '함박눈', '도둑눈' 같은 말이 있다.

㉳ 이처럼 계절에 따라 알고 쓰면 좋은 토박이말이 많다. 우리가 우리말의 말뜻을 배우고 익혀 제대로 쓰는 일에 더욱 힘을 쏟을 때, 더 아름답고 넉넉한 우리말과 우리글을 쓸 수 있게 될 것이다.

1 다음은 이 글의 중심 생각을 찾는 방법입니다. 빈칸에 들어갈 알맞은 말을 각각 쓰시오.

- 글의 (1)(　　　　　　　　　　)을/를 보고 무엇에 대해 쓴 글인지 생각한다.
- 문단의 (2)(　　　　　　　　　　)을/를 찾아보고 중심 생각을 간추린다.

2 다음은 친구들이 이 글의 제목과 관련해 이야기한 것입니다. 빈칸에 자신의 생각을 쓰시오.

날씨를 나타내는 토박이말이 많다는 것이야.

3 문제 1번과 2번에서 답한 것을 바탕으로 이 글의 중심 생각을 한 문장으로 쓰시오.

_____

_____

[1~3] 다음 표를 보고, 물음에 답하시오.

언제: 5월	어디에서: 학교 운동장

친구들과 함께한 운동회

있었던 일: 친구들과 공 굴리기, 장애물 달리기와 같은 운동을 했다.	생각이나 느낌: 친구들과 함께 여러 가지 운동을 해서 즐거웠다.

1 어떤 기억에 남는 일을 정리한 것입니까? (   )

① 친구들과 함께한 운동회
② 친구들과 함께 갔던 소풍
③ 반 대표로 악기 연주를 한 일
④ 가족들과 바닷가로 갔던 여행
⑤ 친구들과 함께 예방 주사를 맞은 일

2 이 표에서 정리한 내용으로 알맞지 <u>않은</u> 것은 무엇입니까? (   )

① 5월, 학교 운동장에서 한 일이다.
② 가족들이 응원을 하러 와 주어서 기뻤다.
③ 친구들과 함께한 운동회에 대해 정리하였다.
④ 친구들과 공 굴리기, 장애물 달리기를 하였다.
⑤ 친구들과 함께 여러 가지 운동을 해서 즐거웠다.

3 이와 같이 기억에 남는 일을 정리하면 좋은 점을 모두 찾아 ○표 하시오.

⑴ 친구가 잘못한 일을 따질 수 있다. (   )
⑵ 자신이 한 일을 되돌아볼 수 있다. (   )
⑶ 기억에 남는 일을 글로 자세히 쓸 수 있다. (   )

서술형
4 자신이 겪은 일 중에서 기억에 남는 일을 한 가지 떠올려 쓰시오.

_____

_____

[5~7] 다음 그림을 보고, 물음에 답하시오.

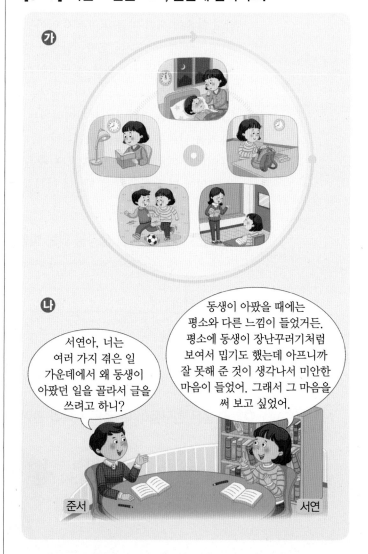

5 그림 ㉮에서 서연이가 하루 동안 겪은 일이 <u>아닌</u> 것은 무엇입니까? (   )

① 집에서 책을 읽었다.
② 학교에서 공부를 했다.
③ 학교에 갈 준비를 했다.
④ 친구와 축구를 하며 놀았다.
⑤ 할아버지의 어깨를 주물러 드렸다.

6 그림 ❹에서 서연이는 동생이 아플 때 마음이 어떻게 달라졌다고 했습니까? ( )

① 밉다. → 미안하다.
② 밉다. → 쌤통이다.
③ 즐겁다. → 슬프다.
④ 속상하다. → 밉다.
⑤ 미안하다. → 쓸쓸하다.

7 서연이가 겪은 일 중에서 글로 쓰려고 하는 것은 무엇인지 쓰시오.

( )

[8~10] 다음 글을 읽고, 물음에 답하시오.

"㉠아이고, 배야."
동생 주혁이가 끙끙 앓는 소리에 잠에서 깼다.
"열이 39도가 넘잖아! 배도 많이 아파하고, 큰일이네."
걱정스럽게 말씀하시는 아빠의 목소리도 들렸다. 나는 눈을 비비고 자리에서 일어났다.
"아빠, ㉡무슨 일이에요?"
나는 주혁이 머리맡에 앉아 계신 아빠 옆으로 다가갔다.
"주혁이가 열이 많이 나는구나. 아무래도 장염에 걸린 것 같다. 이번 가을에만 ㉢두번째네."
아빠께서 걱정스럽게 말씀하셨다. 주혁이는 얼굴을 찡그리며 힘들어했다. 아빠께서 병원에 갈 채비를 하시는 동안 나는 주혁이 옆에 앉아 있었다.
"누나, 나 아파."
㉣주혁이가눈물이 그렁그렁한 얼굴로 말했다.
"병원 다녀오면 금방 나을 거야."
나는 주혁이의 이마에 차가운 물수건을 얹어 주었다. 마음이 ㉤아팠다.동생이 얼른 나았으면 좋겠다.

8 이 글의 내용으로 알맞지 <u>않은</u> 것에 ×표 하시오.

⑴ 동생 주혁이가 아팠다. ( )
⑵ 아빠께서 아픈 동생을 돌보셨다. ( )
⑶ '나'도 장염에 걸려 동생과 함께 병원에 갔다.

( )

9 '내'가 이 글을 쓴 까닭은 무엇일지 알맞은 것을 모두 고르시오. ( )

① 동생과 화해하고 싶어서
② 동생을 걱정하는 마음이 기억에 남아서
③ 앞으로 동생을 잘 챙겨야겠다는 마음이 들어서
④ 동생이 아픈 일은 평소와 달리 특별히 일어난 일이어서
⑤ 가을에는 장염을 조심해야 한다는 사실을 널리 알리기 위해서

10 ㉠~㉤ 중에서 띄어쓰기가 바른 것의 기호를 쓰시오.

( )

11 띄어쓰기를 하는 방법으로 바른 것은 무엇입니까?

( )

① 낱말과 낱말 사이는 띄어 쓴다.
② 쉼표(,) 뒤에 오는 말은 붙여 쓴다.
③ 마침표(.) 뒤에 오는 말은 붙여 쓴다.
④ '이/가, 을/를, 은/는, 의'와 같은 말은 앞말과 띄어 쓴다.
⑤ 수를 나타내는 말과 단위를 나타내는 말 사이는 붙여 쓴다.

12 다음은 인상 깊은 일을 글로 쓰는 방법을 나타낸 것입니다. 빈칸에 들어갈 알맞은 말을 쓰시오.

> ① 겪은 일 가운데에서 어떤 일을 글로 쓸지 정한다.
> ② 쓸 내용을 정리한다.
> ③ 글을 쓴다.
> ④ [   ]을/를 한다.

(   )

[13~14] 다음 그림을 보고, 물음에 답하시오.

13 그림 속 여자아이에게 인상 깊었던 일로 알맞지 <u>않은</u> 것을 두 가지 고르시오. (   )

① 도자기를 만든 일
② 과수원에서 과일을 딴 일
③ 운동회에서 줄다리기를 한 일
④ 가족과 함께 바닷가에 놀러 간 일
⑤ 할머니 댁에서 밤하늘의 별을 본 일

14 그림에서 인상 깊었던 일을 한 가지 골라 정리할 때 생각할 내용으로 알맞지 <u>않은</u> 것은 무엇입니까?
(   )

① 무슨 일이 있었나요?
② 어떤 마음이 들었나요?
③ 그런 마음이 왜 생겼나요?
④ 친구도 비슷한 일을 겪은 적이 있나요?
⑤ 언제, 어디에서, 누구와 있었던 일인가요?

[15~16] 다음 글을 읽고, 물음에 답하시오.

현장 체험학습 가는 날

지난주 월요일에 우리 반은 희망 목장으로 현장 체험학습을 갔다. 희망 목장에서는 내가 좋아하는 피자와 치즈를 만들 수 있다. 학교에서 출발해 시간이 흘러 드디어 목장에 도착했다. 도착하자마자 피자 만들기 체험장에 들어갔다. 우리는 모둠별로 의자에 앉았다. 먼저, 밀가루 반죽을 동그랗게 만들고 여러 가지 재료를 그 위에 올려놓았다. 피자가 구워질 동안 우리는 치즈 만들기 체험장에 갔다.

치즈 만들기 체험장에서는 치즈와 관련된 영상을 보았다. 영상을 보고 나서 본격적으로 치즈 만들기를 시작했다. 조몰락조몰락하며 치즈를 만드는 모습이 체험장을 가득 채웠다. 친구들은 모두 밝은 표정으로 신바람이 나 있었다. 현장 체험학습은 새로운 것을 체험할 수 있어서 좋다. 다음에 또 오고 싶다.

15 이 글의 내용에 알맞은 설명을 찾아 선으로 이으시오.

(1) 희망 목장으로 ・　　　・ ㉮ 언제

(2) 우리 반은 ・　　　・ ㉯ 어디에서

(3) 지난주 월요일에 ・　　　・ ㉰ 누가

(4) 현장 체험학습을 ・　　　・ ㉱ 무엇을

(5) 현장 체험학습은 새로운 것을 체험할 수 있어서 좋다. ・　　　・ ㉲ 생각이나 느낌

16 다음은 이 글에서 일어난 일을 정리한 것입니다. 가장 먼저 일어난 일의 기호를 쓰시오.

> ㉮ 우리는 치즈 만들기 체험장에 갔다.
> ㉯ 도착하자마자 피자 만들기 체험장에 들어갔다.
> ㉰ 영상을 보고 나서 본격적으로 치즈 만들기를 시작했다.
> ㉱ 학교에서 출발해 시간이 흘러 드디어 목장에 도착했다.

(　　　　　　　)

17 글을 쓴 뒤에 고쳐쓰기를 하면 좋은 점을 두 가지 고르시오. (　　　)

① 문장을 더 길게 쓸 수 있다.
② 어려운 낱말을 더 많이 쓸 수 있다.
③ 잘못된 띄어쓰기나 표현을 고칠 수 있다.
④ 친구가 쓴 글과 자세하게 비교할 수 있다.
⑤ 내가 전하고자 한 내용을 효과적으로 표현했는지 확인할 수 있다.

18 다음 그림의 상황에 알맞게 띄어쓰기를 바르게 한 문장을 찾아 선으로 이으시오.

・ ㉮ 예쁜 손 수건으로 닦아.

・ ㉯ 예쁜 손수건으로 닦아

[19~20] 다음 글을 읽고, 물음에 답하시오.

> ㉮ 다섯 가지 사건으로 모둠별 소식지를 만든다.
> ㉯ 지금까지 우리 반에서 있었던 일을 떠올려 본다.
> ㉰ 모둠별 소식지를 모아 우리 반 소식지를 만든다.
> ㉱ 지금까지 우리 반에서 있었던 일과 관련된 사진을 모으거나 그림을 그린다.
> ㉲ 지금까지 우리 반에서 있었던 일 가운데에서 기억에 남는 일 다섯 가지를 투표로 정한다.

19 우리 반에서 있었던 일을 떠올린 내용으로 알맞지 않은 것은 무엇입니까? (　　　)

① 개학식에서 새 친구를 만난 일
② 소풍을 가서 즐겁게 게임을 한 일
③ 할머니께서 편찮으셔서 간호를 한 일
④ 과수원으로 반 전체가 체험학습을 간 일
⑤ 체육 대회에서 우리 반이 이어달리기를 잘한 일

20 ㉮～㉲를 읽고, 우리 반 소식지를 만드는 차례에 맞게 기호를 쓰시오.

(　　) → (　　) → (　　) → (　　) → (　　)

학습 주제	자신의 경험에서 인상 깊은 일을 글로 쓰기
학습 목표	자신의 경험에서 인상 깊은 일을 글로 쓸 수 있다.

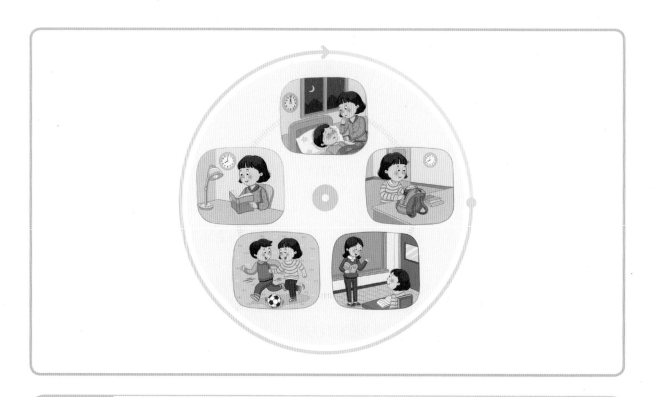

1단계

서연이가 겪은 일 중에서 자신이 겪은 일과 다른 일 한 가지를 찾아 쓰시오.

(   )

2단계

그림과 같이 자신이 하루 동안 겪은 일을 떠올리고, 어떤 일을 글로 쓰고 싶은지 쓰시오.

_____

_____

3단계

2단계에서 정한 일을 바탕으로 하여 다음 빈칸에 쓸 내용을 자세하게 정리해 쓰시오.

언제, 어디에서, 누구와 있었던 일인가요?	(1)
무슨 일이 있었나요?	(2)
어떤 마음이 들었나요?	(3)

학습 주제	띄어쓰기 바르게 하기
학습 목표	바르게 띄어 쓸 수 있다.

> "㉠아이고, 배야."
> 동생 주혁이가 끙끙 앓는 소리에 잠에서 깼다.
> "열이 39도가 넘잖아! 배도 많이 아파하고, 큰일이네."
> 걱정스럽게 말씀하시는 아빠의 목소리도 들렸다. ㉡나는 눈을 비비고 자리에서 일어났다.
> "아빠, 무슨 일이에요?"
> 나는 주혁이 머리맡에 앉아 계신 아빠 옆으로 다가갔다.
> "주혁이가 열이 많이 나는구나. 아무래도 장염에 걸린 것 같다. ㉢이번 가을에만 두번째네."
> 아빠께서 걱정스럽게 말씀하셨다. 주혁이는 얼굴을 찡그리며 힘들어했다. 아빠께서 병원에 갈 채비를 하시는 동안 나는 주혁이 옆에 앉아 있었다.
> "누나, 나 아파."
> ㉣주혁이가 눈물이 그렁그렁한 얼굴로 말했다.
> "병원 다녀오면 금방 나을 거야."
> ㉤나는 주혁이의 이마에 차가운 물수건을 얹어 주었다.
> 마음이 아팠다. 동생이 얼른 나았으면 좋겠다.

1 ㉠~㉤ 중 띄어쓰기가 잘못된 문장을 두 가지 찾아 기호를 쓰시오.

(   )

2 문제 **1**번에서 답한 부분을 바르게 고쳐 쓰고, 고쳐 써야 하는 까닭을 함께 쓰시오.

기호	고쳐 쓰기	고쳐 써야 하는 까닭
(1)	(2)	(3)
(4)	(5)	(6)

3 문제 **2**번에서와 같이 띄어쓰기를 바르게 하면 좋은 점을 한 가지 이상 쓰시오.

1 다음 대상에 어울리는 표현을 보기 에서 모두 찾아 쓰시오.

보기
> 동글동글 　와자지껄 　매끈매끈
> 물렁물렁 　푹신푹신 　아삭아삭 　꼬불꼬불

2 대상을 감각적 표현으로 나타내면 좋은 점을 모두 고르시오. (　　　　)

① 내 생각을 논리적으로 정리할 수 있다.
② 대상의 느낌을 생생하게 표현할 수 있다.
③ 대상의 느낌을 재미있게 나타낼 수 있다.
④ 주장에 대한 까닭을 자세하게 말할 수 있다.
⑤ 감각적 표현을 말하려고 대상을 더 자세히 관찰할 수 있다.

[3~6] 다음 시를 읽고, 물음에 답하시오.

> 내 몸에
> 불덩이가 들어왔다.
> ―뜨끈뜨끈.
> 불덩이를 따라
> 몹시 추운 사람도 들어왔다.
> ―오들오들.
>
> 약을 먹고 나니
> 느릿느릿,
> 거북이도 들어오고
> 까무룩,
> ㉠잠꾸러기도 들어왔다.
>
> 내 몸에
> 너무 많은 것들이 들어왔다.
> 그래서
> 내 몸이 아주 무거워졌다.

3 말하는 이는 지금 어떤 상태입니까? (　　　　)

① 감기에 걸렸다.
② 축구를 하다 다리를 다쳤다.
③ 숙제가 많아서 힘들어하고 있다.
④ 친구와 싸워서 속상해하고 있다.
⑤ 책을 읽으며 주인공의 모습을 상상하고 있다.

4 '내' 몸에 무엇무엇이 들어왔다고 했는지 모두 쓰시오.
(　　　　　　　　　　　　　　　　　)

5 ㉠과 같이 표현한 까닭은 무엇입니까? (　　　　)

① 감기약이 매우 쓰기 때문에
② 감기약의 양이 매우 많았기 때문에
③ 감기약을 먹고 몹시 졸렸기 때문에
④ 감기약을 먹고 몸이 무거워졌기 때문에
⑤ 감기약을 먹지 않고 잠이 들었기 때문에

서술형
6 파란색으로 쓰인 낱말을 빼고 읽을 때와 넣고 읽을 때 느낌이 어떻게 다른지 쓰시오.

_____

_____

[7~8] 다음 시를 읽고, 물음에 답하시오.

초승달아

초승달아 초승달아 무엇이 되련?
풀 베는 아저씨 낫이 되련다

초승달아 초승달아 무엇이 되련?
어여쁜 언니 머리빗이 되련다

초승달아 초승달아 무엇이 되련?
귀여운 아가 꼬까신이 되련다

7 초승달이 되겠다고 대답한 것을 모두 고르시오.
( )

① 풀 베는 아저씨 낫
② 바느질하는 엄마 실
③ 어여쁜 언니 머리빗
④ 귀여운 아가 꼬까신
⑤ 동생이 자주 읽는 동화책

8 이 시가 감각적으로 느껴진다면 그 까닭은 무엇이겠습니까? ( )

① 초승달과 보름달의 차이점을 재미있게 설명했다.
② 초승달의 모습을 사진을 넣어 생생하게 설명했다.
③ 달의 모양이 계속 변하는 까닭을 알기 쉽게 설명했다.
④ 글쓴이가 좋아하는 장난감의 특징을 다른 사물과 비교하여 재미있게 나타냈다.
⑤ 초승달이 되려고 하는 사물이 초승달을 닮아서 눈으로 보는 것처럼 생생하게 떠오른다.

[9~11] 다음 시를 읽고, 물음에 답하시오.

지구도 대답해 주는구나

강가 고운 모래밭에서
발가락 옴지락거려
두더지처럼 파고들었다.

지구가 간지러운지
굼질굼질 움직였다.

아, 내 작은 신호에도
지구는 대답해 주는구나.

그 큰 몸짓에
이 조그마한 발짓
그래도 지구는 대답해 주는구나.

9 말하는 이는 무엇을 하고 있습니까? ( )

① 두더지를 관찰하고 있다.
② 강가에서 수영을 하고 있다.
③ 산에 올라가 소리치고 있다.
④ 과학실에서 실험을 하고 있다.
⑤ 강가 모래밭에 발을 대 보았다.

10 지구가 대답해 준다고 표현한 까닭으로 알맞은 것에 ◯표 하시오.

⑴ '내' 키가 점점 커지고 있어서 ( )

⑵ '내' 발가락에 모래가 잔뜩 묻어서 ( )

⑶ 모래의 움직임을 지구가 천천히 움직이는 것으로 생각해서 ( )

11 이 시에 나타난 감각적 표현을 한 가지 찾아 쓰시오.
( )

[12~13] 다음 글을 읽고, 물음에 답하시오.

나는 블링크 아저씨 집에 가서 초인종을 눌렀어요.

"안녕, 에밀. 들어오너라."

나는 아직 인사도 안 했는데 아저씨는 이미 나란 것을 알았어요.

"비(b) 플랫이 여전히 이상해서 왔어요."

"그래? 내일 가 보마. 주스 마실래?"

아저씨는 손끝으로 벽을 더듬어 주방에 들어갔다가 큰 유리잔을 들고 나왔어요. 주스를 한 방울도 흘리지 않았어요.

"질문 하나 해도 돼요?" / "물론이지, 에밀."

"조금 전에 어떻게 저란 걸 아셨어요? 앞이 보이지 않으시면서요."

아저씨는 웃으며 말했어요.

"그래, 난 태어날 때부터 앞을 보지 못했지. 그 대신 어릴 적부터 다른 감각들이 아주 발달되어 있단다. 촉각, 후각, 미각, 청각 이런 것들 말이야. 아까 네가 현관문을 열 때 너희 집 냄새와 네 바지가 구겨지는 소리, 그 밖에 설명하기 애매한 것들로 너란 걸 알았어."

12 블링크 아저씨는 집에 온 사람이 에밀이라는 것을 어떻게 알 수 있었는지 알맞은 것을 두 가지 고르시오.
( )

① 에밀의 집 냄새가 나서
② 에밀이 큰 소리로 인사를 해서
③ 에밀이 오고 있다는 전화를 받아서
④ 에밀의 피아노 연주 소리가 들려서
⑤ 에밀의 바지 구겨지는 소리가 들려서

서술형

13 이 글에서 다음의 사건이 어떻게 연결되었는지 빈칸에 알맞은 내용을 쓰시오.

원인	결과
블링크 아저씨는 태어날 때부터 앞을 보지 못했다.	블링크 아저씨는 _____ _____ _____

[14~16] 다음 글을 읽고, 물음에 답하시오.

나는 간식을 먹다가 결심했어요.

아저씨에게 색깔을 가르쳐 주기로요.

블링크 아저씨에게 알려 주기 위해 나는 색깔을 떠올리는 것을 찾아봤어요.

㉠가장 초록색인 것은 맨발로 걸을 때 발가락 사이로 살살 삐져나오는 촉촉한 풀잎이에요.

㉡가장 붉은색인 것은 할아버지 밭에서 나는 토마토 맛이에요.

㉢가장 푸른색인 것은 옆집 수영장에서 헤엄치는 것이에요.

㉣가장 흰 것은 여름에 푹 자고 열 시쯤에 일어났을 때예요.

㉤난 할아버지네 토마토를 블링크 아저씨 집에 가져갔어요.

아저씨는 맛있게 먹었어요.

"이건 붉은색이에요."

내가 말했어요. 그러자 아저씨는 피아노 한 곡을 쳤어요.

"나한테는 이게 붉은색이란다!"

진짜였어요. 왜 그런지 설명하기는 어렵지만 딱 붉은색인 곡이었어요.

14 '내'가 간식을 먹다가 결심한 것은 무엇입니까?
( )

① 블링크 아저씨와 친해지는 것
② 블링크 아저씨와 함께 노는 것
③ 블링크 아저씨와 그림을 그리는 것
④ 블링크 아저씨에게 피아노를 배우는 것
⑤ 블링크 아저씨에게 색깔을 가르쳐 주는 것

15 ㉠~㉤ 중에서 감각적 표현과 거리가 먼 것의 기호를 쓰시오.
( )

16 이 글에 대한 생각이나 느낌을 알맞게 말한 친구의 이름을 쓰시오.

> 현수: 블링크 아저씨가 피아노로 색깔을 표현하는 장면이 감동적이야.
> 소정: 에밀이 블링크 아저씨에게 잘난 척하는 모습이 보기에 불편했어.
> 선혁: 에밀과 블링크 아저씨가 서로 피아노 연주로 대결하는 모습이 흥미진진해.

(   )

[17~18] 다음 글을 읽고, 물음에 답하시오.

가 그리고 엿새가 되자 드디어 먹을 물도 다 떨어지고 말았지요.

덩치 큰 공 비장이 말했어요.

"뵈는 게 다 물인데, 물 한가운데에서 목말라 바짝 타서 죽게 생겼네!"

나 바로 그때였어요. 뒷짐 지고 있던 이 선달이 "에헴." 하고 나섰습니다.

선달은 가마솥을 들고 성큼성큼 걸어 나왔어요. 그러고는 가마솥에 바닷물을 채우고, 솥 안에 그릇을 띄운 다음 솥뚜껑을 거꾸로 덮고 불을 지피는 것이었습니다.

다 한참 있으니, 솥뚜껑에 물방울이 맺히더니 손잡이에서 물이 똑똑 떨어졌습니다. 이 모습을 보고는 모두 신기해했어요. 사람들은 그릇에 받은 물로 홀짝홀짝 입술만 축이었는데도, 죽다 살아난 듯 좋아하며 한마디씩 했습니다.

17 이 글에서 일어난 중요한 사건에 ○표 하시오.

(1) 배가 높은 파도를 만남. (   )

(2) 사람들이 물개를 타고 뭍에 도착함. (   )

(3) 이 선달이 사람들에게 지구가 둥글다고 설명함.
(   )

(4) 이 선달이 가마솥으로 바닷물을 끓여 마실 물을 마련함. (   )

서술형

18 이 글을 읽고 떠오른 생각이나 느낌을 쓰시오.

_____

_____

[19~20] 다음 시를 읽고, 물음에 답하시오.

> **천둥소리**
>
> 하늘에 사는 아이들도
> 체육 시간이 있나 보다
>
> 우르르 쿵쾅,
> 운동장으로
> 뛰쳐나가는 소리

19 천둥소리가 마치 무엇과 같다고 표현했습니까?
(   )

① 아이들이 운동장을 청소하는 소리
② 아이들이 선생님께 혼이 날 때의 마음
③ 체육 시간에 친구들이 공을 튀기는 소리
④ 지각을 한 아이들이 교실로 뛰어오는 소리
⑤ 하늘에 사는 아이들이 운동장으로 뛰쳐나가는 소리

20 이 시의 표현 방법으로 알맞은 것을 모두 고르시오.
(   )

① 감각적 표현을 사용했다.
② 소리를 흉내 내는 말을 사용했다.
③ 지루한 체육 시간을 재미있게 표현했다.
④ 말하고 싶은 내용을 짧은 글에 담아 전달했다.
⑤ 비 오는 날의 쓸쓸함을 반복되는 말로 표현했다.

학습 주제 〉	시를 읽고 여러 가지 감각적 표현 말하기
학습 목표 〉	시를 읽고 여러 가지 감각적 표현을 말할 수 있다.

내 몸에
불덩이가 들어왔다.
─뜨끈뜨끈.
불덩이를 따라
몹시 추운 사람도 들어왔다.

─오들오들.
약을 먹고 나니
느릿느릿,
거북이도 들어오고   ㉮
까무룩,
잠꾸러기도 들어왔다.

내 몸에
너무 많은 것들이 들어왔다.
그래서
내 몸이 아주 무거워졌다.

1단계

이 시에서 말하는 이의 상태는 어떠한지 다음 빈칸에 알맞은 말을 쓰시오

· ☐ ☐ 때문에 힘들어하고 있다.

2단계

파란색으로 쓰인 낱말들이 '내' 몸에 들어왔다고 한 까닭을 다음 [보기] 와 같이 정리하여 쓰시오.

보기 불덩이	감기에 걸려 열이 많이 나기 때문이다.

몹시 추운 사람	(1)
거북이	(2)
잠꾸러기	(3)

3단계

자신이 이 시의 말하는 이라면 몸에 무엇이 들어왔다고 표현할지 ㉮ 부분을 알맞게 바꾸어 쓰시오.

_____

_____

학습 주제	이야기에서 감각적 표현을 찾고, 생각이나 느낌 말하기
학습 목표	이야기에서 감각적 표현을 찾고, 생각이나 느낌을 말할 수 있다.

❶ 아저씨가 일을 마치고 일어나자 엄마는 아저씨의 소매를 잡고 현관까지 안내했어요.

길에 나온 아저씨는 흰 지팡이를 펼치며 말했어요.

"됐습니다, 됐어요. 집이 코앞인걸요. 길도 잘 압니다."

나는 조율사를 본 게 처음이었어요. / 시각 장애인을 본 것도 처음이었어요.

❷ 블링크 아저씨에게 알려 주기 위해 나는 색깔을 떠올리는 것을 찾아봤어요.

가장 초록색인 것은 맨발로 걸을 때 발가락 사이로 살살 삐져나오는 촉촉한 풀잎이에요.

가장 붉은색인 것은 할아버지 밭에서 나는 토마토 맛이에요.

가장 푸른색인 것은 옆집 수영장에서 헤엄치는 것이에요.

❸ 아저씨는 아코디언을 가져와 즉석에서 딱 초록색인 곡을 연주했어요.

이건 우리 사이의 놀이가 되었어요.

나는 아저씨에게 색깔을 알려 주려고 애를 썼고, 아저씨는 내게 색깔을 연주해 주려고 애를 썼어요.

1 에밀은 아저씨에게 색을 알려 주기 위해 각각의 색을 무엇이라고 표현했는지 쓰시오.

초록색	(1)
붉은색	(2)
푸른색	(3)

2 자신이 에밀이라면 블링크 아저씨에게 다음 색깔을 알려 주기 위해 어떻게 표현할지 생각하여 쓰시오.

갈색	

3 문제 2번에서 답한 내용을 바탕으로 블링크 아저씨에게 전하는 편지를 조건 에 알맞게 쓰시오.

조건

1. 갈색을 감각적 표현을 사용하여 알려 준다.

2. 글을 읽고 느낀 자신의 생각이나 느낌을 넣어 쓴다.

[1~2] 다음 대화를 읽고, 물음에 답하시오.

> ㉮ 엄마: 진수야, 몸은 좀 괜찮니?
>
> 진수: 엄마, 어제보다 많이 좋아졌어. 내일은 학교에 갈 거야.
>
> 엄마: 그래.
>
> ㉯ 수정: 여보세요?
>
> 진수: 수정이니? 나, 진수야. 수정아, 내일 준비물이 뭐야?
>
> 수정: 풀이랑 가위야.
>
> 진수: 그리고…….
>
> 수정: (전화를 뚝 끊는다.)
>
> ㉰ (문구점 안. 남녀 학생이 시끄럽게 떠드는 소리가 들린다.)
>
> 진수: 아저씨, 이 풀 얼마예요?
>
> 문구점 주인아저씨: 뭐라고? 시끄러워서 잘 안 들리는데 다시 한번 말해 줄래?
>
> ㉱ 여자아이: 진수야, 내가 가위를 깜빡하고 안 가져왔어. 가위 좀 빌려줄래?
>
> 진수: 안 돼. 내가 쓸 거야. 나도 가위가 계속 필요하거든.

1 대화 ㉮~㉱ 중에서 다음 상황을 찾아 번호를 쓰시오.

> 전화로 준비물을 물어보는 상황

대화 (   )

2 대화 ㉮에서 진수가 잘못한 점은 무엇인지 다음 빈칸에 알맞은 말을 쓰시오.

• (   )을/를 사용해서 말하지 않았다.

3 다른 사람과 대화할 때 고려해야 할 점으로 알맞지 <u>않은</u> 것은 무엇입니까? (   )

① 상대가 누구인지 생각한다.
② 어떤 대화 상황인지 생각한다.
③ 자신의 기분만 생각해서 말한다.
④ 대화하는 목적이 무엇인지 생각한다.
⑤ 상대가 웃어른일 때에는 높임 표현을 사용한다.

[4~5] 다음 대화를 읽고, 물음에 답하시오.

4 대화 ㉯에서 할머니께서 궁금해하신 것은 무엇인지 쓰시오.

(   )

5 대화 ㉮, ㉯에서 승민이의 대화 태도로 알맞지 <u>않은</u> 것은 무엇입니까? (   )

① '-해.'로 문장을 끝맺고 있다.
② 공손한 태도로 대화하고 있다.
③ 높임 표현을 사용해 말하고 있다.
④ 할머니의 눈을 바라보며 대화하고 있다.
⑤ 할머니의 말씀을 잘 들으며 대화하고 있다.

[6~8] 다음 대화를 읽고, 물음에 답하시오.

6 승민이는 지난 주말에 무엇을 했습니까? (   )

① 청소를 깨끗하게 했다.
② 책을 사러 서점에 갔다.
③ 친구를 만나 게임을 했다.
④ 가족들과 함께 여행을 갔다.
⑤ 도서관에서 재미있는 동화책을 빌렸다.

 서술형

7 대화 ㉮, ㉯는 서로 어떤 점이 다른지 쓰시오.

_____

_____

8 ㉠에 들어갈 알맞은 대답에 ○표 하시오.

(1) 책을 사러 서점에 갔어.   (   )

(2) 책을 사러 서점에 갔습니다.   (   )

(3) 책을 사러 서점에 가셨습니다.   (   )

[9~11] 다음 대화를 읽고, 물음에 답하시오.

❶ 민지: 여보세요?
지원: 여보세요, 민지 있나요?
민지: ㉠제가 민지인데, 누구신가요?
지원: 나, 지원이야.
❷ 지원: 나, 아까 학교 앞 문구점에서 미술 준비물을 샀는데 망가져 있어.
민지: 뭐가? 물감에 구멍이 났니? 아니면 물통?
지원: 아니, 물통에 물이 샌다고.
민지: 아, 물통을 말하는 거구나.

9 전화를 건 사람은 누구인지 쓰시오.

                    (   )

10 민지가 ㉠과 같이 말한 까닭은 무엇입니까?

                    (   )

① 전화가 자꾸 끊기는 상황이어서
② 지원이에게 장난을 치기 위해서
③ 지원이의 목소리가 잘 안 들려서
④ 지원이가 누구인지 기억이 나지 않아서
⑤ 전화를 건 사람이 누구인지 밝히지 않아서

11 대화 ❶, ❷를 통해 알 수 있는 전화 대화 예절을 두 가지 고르시오. (   )

① 짧게 이야기한다.
② 높임 표현을 쓴다.
③ 자신이 누구인지 밝힌다.
④ 정확하고 구체적으로 표현한다.
⑤ 자신이 하고 싶은 말을 먼저 한다.

[12~15] 다음 대화를 읽고, 물음에 답하시오.

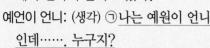

⑦ 예원이 언니: 여보세요?

나는 예원이 언니인데…….

수진: 예원아! 우리 내일 어디에서 만나서 놀기로 했지?

예언이 언니: (생각) ㉠나는 예원이 언니인데……. 누구지?

⑭ 지수: 정아야, 어제 우리 반 회의에서 책 당번을 정하기로 했잖아. 내 생각에는 책 당번을 일주일에 한 번씩 바꾸는 건 잘못된 것 같아. 각자 맡고 있는 역할도 있는데 일주일 동안 책을 관리하는 건 너무 힘들어.

정아: 응. 그런데…….

지수: 내 생각에는 하루에 한 번씩 책 당번을 바꾸는 게 맞아. 회의 시간에 강력하게 말했어야 하는데, 내가 괜히 의견을 말 안 했나 봐. 내일 선생님께 다시 한번 말씀드려 볼까?

정아: (생각) 내 생각에는 하루에 한 번씩 바꾸면 친구들도 헷갈리고, 책 관리가 안 될 수도 있다고 말하고 싶었는데. 지수는 계속 자기 말만 하네. 지수에게 내 생각을 언제 말하지?

지수에게 내 생각을 언제 말하지?

⑮ 할머니: 네 엄마는?

유진: 시장에 장 보러 가셨어요.

할머니: 엄마 오시면 할머니가 이번 토요일에 한국에 간다고 전해 다오.

유진: 네. (전화를 끊는다. 전화 끊는 소리 "찰칵 뚜 뚜뚜…….")

할머니: 세 시까지 공항에 데리러 오라고 말해야 하는데…….

세 시까지 공항에 데리러 오라고 말해야 하는데…….

⑯ 남자아이: (큰 목소리로) 하하! 그래. 너 이번 주에 뭐 하니? 우리 이번 주에 축구할래? 지난주에 비가 와서 축구를 하지 못했잖아.

우리 이번 주에 축구할래?

12 대화 ⑦에서 예원이 언니가 ㉠과 같이 생각한 까닭을 두 가지 고르시오. (   )

① 수진이가 높임 표현을 쓰지 않아서
② 수진이가 "여보세요?"를 작게 말해서
③ 수진이가 너무 늦은 시간에 전화를 해서
④ 수진이가 자신이 누구인지 밝히지 않아서
⑤ 수진이가 전화를 받는 상대가 누구인지 확인하지 않아서

서술형

13 대화 ⑭에서 지수가 지켜야 할 전화 대화 예절은 무엇인지 쓰시오.

_____

_____

14 대화 ⑮에서 유진이가 고칠 점을 바르게 말한 친구의 이름을 쓰시오.

> 민희: 할머니가 잘 들으실 수 있도록 더 크게 말해야 해.
> 현우: 할머니의 말씀을 끝까지 듣고 공손하게 말해야 해.
> 가영: 만나서 이야기하면 되니까 내용을 구체적으로 말하면 안 돼.

(   )

15 대화 ⑦~⑯에서 알 수 있는 전화로 대화할 때 지켜야 할 예절로 알맞지 <u>않은</u> 것은 무엇입니까? (   )

① 상대의 상황을 헤아린다.
② 상대가 하는 말을 앞부분만 잘 듣는다.
③ 공공장소에서는 작은 목소리로 말한다.
④ 자신이 누구인지 밝히고 상대가 누구인지 확인한다.
⑤ 상대 얼굴을 보지 않고 이야기하므로 더 공손하게 말한다.

16 대화 ⑰와 비교할 때 대화 ⑭에서 은미가 지키지 않은 대화 예절은 무엇입니까? (   )

① 상대의 상황을 헤아린다.
② 상대의 말을 끝까지 듣는다.
③ 공공장소에서는 작은 목소리로 말한다.
④ 자신이 누구인지 밝히고 상대가 누구인지 확인한다.
⑤ 상대의 얼굴을 보지 않고 이야기하므로 공손하게 말한다.

17 다음 전화 대화에서 바른 것에 ○표 하시오.

18 다음 상황에 어울리는 표정, 몸짓, 말투를 떠올려 빈칸에 들어갈 알맞은 내용을 쓰시오.

(   )

[19~20] 다음 대화를 읽고, 물음에 답하시오.

❶ 선생님: 이번 주 금요일까지 우리 주위 사람들이 좋아하는 음식을 조사해 오세요.
미나: 선생님, 주위 사람이면 누구를 말하는 건가요?
선생님: 가족, 친척, 이웃처럼 가까운 사람을 말한단다.
❷ 미나: 할아버지, 가장 좋아하시는 음식이 뭐예요?
할아버지: 음식? 어떤 음식?
미나: 불고기, 김밥 같은 음식요.
할아버지: 응, 할아버지는 된장찌개가 최고야.
❸ 남동생: 누나, 뭐 해? 나랑 놀자.
미나: 참, 민철아! 너, 가장 좋아하는 음식이 뭐야?
남동생: 에이, 누난 그것도 몰라?
미나: 하하, 맞아. 우리 민철이는 통닭을 가장 좋아하지!

19 대화 ❷, ❸에서 미나는 각각 누구와 대화를 하고 있는지 쓰시오.

⑴ 대화 ❷: (   )

⑵ 대화 ❸: (   )

20 친구들과 함께 대화 ❷, ❸으로 역할놀이를 할 때 주의할 점이 아닌 것은 무엇입니까? (   )

① 대화 상대가 누구인지 생각한다.
② 말할 때의 예절을 지키며 대화한다.
③ 대상에 따라 알맞은 높임 표현을 사용한다.
④ 상황에 어울리는 표정, 몸짓, 말투로 대화한다.
⑤ 가장 좋아하는 음식에 대한 대답만 듣고 바로 대화를 마친다.

● 정답 및 풀이 42쪽

학습 주제	상황에 어울리는 표정, 몸짓, 말투로 대화하기
학습 목표	상황에 어울리는 표정, 몸짓, 말투로 대화할 수 있다.

※ 다음은 「나는야, 안전 멋쟁이」의 내용을 간추린 것입니다.

❶ 강이는 훈이가 노란 우산에 노란 옷을 입은 자신을 보고 유치원생 같다고 놀려서 속이 상했습니다.

❷ 아침에 강이의 엄마께서는 강이에게 비가 와서 날이 어두우니 밝은색 옷을 입고 가라고 하셨습니다.

❸ 강이는 유치원생처럼 보이는 옷을 입고 가는 것이 마음에 들지 않았지만 어쩔 수 없이 입었습니다.

❹ 엄마께서는 학교에 가는 강이에게 우산으로 얼굴을 가리지 말고, 땅을 쳐다보며 걷지 말라고 당부하셨습니다.

❺ 차가 오는지 잘 보지 않고 횡단보도로 뛰어가던 훈이는 교통사고가 날 뻔했습니다. 이 모습을 본 강이는 깜짝 놀라고 당황했습니다.

❻ 강이와 훈이는 비가 오는 날에는 밝은색 옷을 입어야 하며, 우산으로 앞을 가리지 않고 조심해서 길을 건너야 한다는 것을 깨달았습니다.

1단계	❶에서 강이가 훈이를 만나고 속상해한 까닭은 무엇인지 쓰시오
	( )

2단계	다음 상황에서 강이에게 어울리는 표정, 몸짓, 말투를 쓰시오.
	상황 훈이가 차가 오는지 보지 않고 횡단보도로 뛰어가는 것을 보고 강이가 놀라는 상황
	_____
	_____

3단계	이 만화 영화에서 강이와 훈이가 깨닫게 된 것은 무엇일지 쓰시오.
	_____
	_____

학습 주제	대상에 따라 알맞은 높임 표현 사용하기
학습 목표	대상에 따라 알맞은 높임 표현을 사용해 말할 수 있다.

1 ㉠과 ㉡에 들어갈 알맞은 말을 쓰시오.

㉠	(1)
㉡	(2)

2 문제 1번에서 답한 ㉠과 ㉡에 들어갈 말은 같은 뜻이지만 형태가 달라야 합니다. 그 까닭은 무엇인지 쓰시오.

3 다음 조건 에 알맞게 대화를 완성하여 쓰시오.

> 조건
> 1. 대화 상대에 따라 알맞은 높임 표현을 생각한다.
> 2. 물건에는 높임 표현을 사용하지 않는다.

손님: 안녕하세요?
가게 주인: 안녕하세요.
손님: 사과주스 한 잔 주세요.

가게 주인: _____

손님: _____

[1~3] 다음 그림을 보고, 물음에 답하시오.

1 그림 **②**~**④**에 나타난 상황으로 알맞지 **않은** 것은 무엇입니까? (   )

① 아픈 친구를 걱정하는 상황
② 약속 시간에 늦어서 뛰어가는 상황
③ 가을 현장 체험학습을 기뻐하는 상황
④ 숙제를 하기 위해 백과사전을 찾아보는 상황
⑤ 이웃집 아주머니께서 주시는 음식을 받는 상황

2 그림 **②**에서 아이가 전하는 마음으로 알맞은 것은 무엇입니까? (   )

① 고마운 마음   ② 속상한 마음
③ 걱정하는 마음   ④ 위로하는 마음
⑤ 안타까운 마음

3 ㉠에 들어갈 알맞은 말을 쓰시오.

(   )

[4~8] 다음 글을 읽고, 물음에 답하시오.

❶ "규리야, 얼른 일어나. 학교 가야지!"
엄마 목소리가 귀에 울려 퍼졌다.
"5분만요."
"지금 안 일어나면 지각이야."
엄마 손이 이불을 걷어 냈다.
"아이참! 엄마, 알았다고요."
나는 눈을 비비며 부스스 자리에서 일어났다. 차가운 물로 세수를 하자, 졸음이 싹 달아났다. 아침밥을 먹는 둥 마는 둥 하고 서둘러 집을 나섰다.
마음이 바빠져서 거의 뛰다시피 걸었다. 덕분에 1교시 시작하기 직전에 교실에 들어갈 수 있었다.
"규리야, 왜 이렇게 늦었어? 걱정했잖아."
짝 민호가 핀잔 투로 말했다.
"그랬어? 늦잠 자는 바람에……."
곧 수업 시작을 알리는 종이 울렸다.

❷ 1교시는 사회 시간이었다. 우리 지역의 자랑거리를 조사해서 발표하는 시간이었다.
우리 모둠 발표자는 나였다. 앞 모둠 발표가 거의 끝나 가자 나는 가슴이 콩닥콩닥 뛰기 시작했다.
'어쩌지? 실수하면 안 되는데…….'
발표 내용이 갑자기 뒤죽박죽되는 느낌이었다.
우리 모둠 차례가 되었고 겨우겨우 발표를 끝내고 자리로 돌아왔다. 얼른 이 시간이 지나가면 좋겠다고 생각했다.

❸ 3교시는 내가 가장 좋아하는 음악 시간이었다. 나는 여러 가지 악기를 잘 다루고 노래도 잘 부르는 편이다. 오늘 음악 시간에는 리코더를 연주했다. 내 짝 민호는 리코더 연주가 서툴다. 선생님께서는 민호가 리코더를 연주하는 것을 보시더니 내게 말씀하셨다.
"규리야, 네가 민호 좀 도와주렴."
나는 음악 시간 내내 민호의 리코더 선생님이 되었다.
"규리야, '솔' 음은 어떻게 소리 내니?"
"응, 내가 가르쳐 줄게."
민호는 가르쳐 주는 대로 잘 따라 했다.
"아, 이렇게 하는 거구나. 고마워, 규리야."
민호가 잘하자 나도 덩달아 기분이 좋아졌다.

4 누가 겪은 일인지 인물의 이름을 쓰시오.

(   )

5 규리가 1교시를 시작하기 직전에 교실에 들어간 까닭은 무엇입니까? ( )

① 아침에 늦게 일어나서
② 아침밥을 오랫동안 먹어서
③ 사회 발표를 준비해야 해서
④ 리코더를 챙기는 것을 잊어서
⑤ 선생님께서 시키신 심부름을 해야 해서

서술형

6 규리가 사회 시간에 가슴이 콩닥콩닥 뛴 까닭은 무엇인지 쓰시오.

_____
_____

7 규리가 민호에게 리코더 연주 방법을 가르쳐 줄 때의 마음으로 알맞은 것은 무엇입니까? ( )

① 화난다.　　　② 지루하다.
③ 불안하다.　　④ 자랑스럽다.
⑤ 빨리 끝내고 싶다.

8 다음은 시간 흐름에 따라 변하는 규리의 마음을 표시한 것입니다. 빈칸에 들어갈 말을 쓰시오.

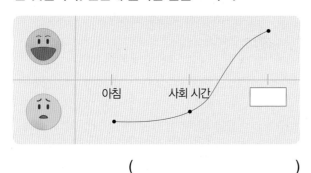

（　　　　　　）

[9~10] 다음 글을 읽고, 물음에 답하시오.

운동회가 코앞으로 다가왔지만 기찬이는 멀찍이 앉아 물끄러미 친구들을 쳐다보았어요.
'치, 하나도 재미없어!'
기찬이는 운동에 자신이 없었거든요. 심술이 나 돌멩이를 발로 뻥 차 버렸어요. 그런데 기찬이가 찬 돌멩이가 그만 책가방을 맞혀 버렸어요.
"으악!"
공책과 연필이 친구들의 머리 위로 우수수 쏟아졌어요.
"나기찬, 방해하지 말고 집에나 가!"
머리에 혹이 난 친구들이 화가 나서 한마디씩 거들었어요. 기찬이는 사과를 하려고 했지만 할 말이 생각나지 않았어요.
"난 운동회가 정말 싫어!"
기찬이는 교문 밖으로 후다닥 달려 나갔어요. 그때 이호가 소리쳤어요.
"저것 봐. 달리기도 엄청 느려!"
친구들이 손뼉을 치며 깔깔 웃었어요.

서술형

9 기찬이가 돌멩이를 발로 뻥 차 버린 까닭은 무엇인지 쓰시오.

_____
_____

10 친구들이 기찬이를 놀릴 때 기찬이의 마음으로 알맞지 <u>않은</u> 것은 무엇입니까? ( )

① 화가 난다.
② 가슴이 답답하다.
③ 슬프고 쓸쓸하다.
④ 속상하고 외롭다.
⑤ 뿌듯하고 자랑스럽다.

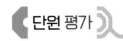

[11~15] 다음 글을 읽고, 물음에 답하시오.

⑦ 기찬이의 제비뽑기 순서가 다가왔어요. 기찬이는 '이어달리기'가 쓰인 쪽지를 뽑았어요. 울상이 된 기찬이를 보고 친구들이 몰려들었어요.

㉠"안 봐도 질 게 뻔해!"

㉡"어떡해! 이어달리기가 가장 점수가 높은데!"

⑭ 출발 신호가 떨어졌어요. 백군 친구들은 쌩쌩 잘도 달렸어요. 기찬이네 반 친구들은 걱정이 앞섰어요. 청군은 이미 반 바퀴나 뒤처지고 있었어요.

㉢"진 거나 마찬가지야! 다음엔 거북이 나기찬인걸!"

㉣아무도 기찬이를 응원하지 않고 딴전을 부렸어요. 기찬이는 이를 악물고 뛰었어요. 하지만 점점 뒤처지기만 할 뿐이었어요. 이미 백군의 마지막 선수가 달리고 있었어요. 하지만 기찬이는 반 바퀴도 채 뛰지 못하고 있었어요. / "빨리! 더 빨리!"

다음 선수인 이호는 손을 뒤로 뻗어 기찬이를 재촉했어요.

"꾸르르륵······!" / 그때 이호의 배 속에서 천둥처럼 큰 소리가 났어요. 이호는 갑자기 가로질러 뛰쳐나갔어요. 더 이상 참을 수가 없었던 거예요!

백군의 마지막 선수와 청군의 세 번째 선수 기찬이가 같은 자리를 뛰고 있었어요. 이호가 화장실에 가 버리는 바람에 기찬이의 다음에는 아무도 없었어요. 그런데 누군가 기찬이를 가리키며 소리쳤어요.

"어? 나기찬이 이기고 있어!"

백군의 마지막 선수와 같이 달리고 있는 기찬이를 보고 친구들이 착각을 한 거예요. / ㉺"뛰어라, 나기찬!"

⑭ 그런데 기찬이가 한 바퀴를 더 도는 게 아니겠어요? 그때 ㉻이호가 휴지를 들고 헐레벌떡 뛰어왔어요. 친구들은 그제야 이마를 탁 쳤어요.

"뭐야, 이긴 게 아니야?"

"그것도 한 바퀴나 차이 나게 진 거야?"

이호는 머리를 긁적이며 멋쩍게 웃었어요.

"어디 갔다 왔어!"

기찬이는 이호에게 배턴을 넘겨주었어요.

"너만 믿다가 졌잖아."

기찬이는 괜히 웃음이 나왔어요.

11 기찬이는 무엇이 쓰인 쪽지를 뽑았는지 쓰시오.

( )

12 글 ⑭에서 이호에게 일어난 일은 무엇입니까?

( )

① 다리를 다쳤다.
② 깜빡 잠이 들었다.
③ 선생님께 꾸중을 들었다.
④ 배탈이 나서 화장실에 갔다.
⑤ 긴장이 되어 온몸을 떨었다.

13 친구들이 ㉺와 같이 기찬이를 응원한 까닭은 무엇입니까? ( )

① 이호가 기권을 했기 때문에
② 기찬이가 힘들어했기 때문에
③ 기찬이가 인기가 많기 때문에
④ 선생님께서 응원하라고 말씀하셨기 때문에
⑤ 기찬이가 백군을 이기고 있다고 착각했기 때문에

14 ㉠~㉺ 중 기찬이를 속상하게 하는 말이나 행동이 <u>아닌</u> 것의 기호를 쓰시오.

( )

15 이호에게 배턴을 넘겨주는 기찬이의 마음을 알맞게 짐작한 친구의 이름을 쓰시오.

소희: 이호가 자신을 탓해서 화가 났을 거야.
현아: 더 달리고 싶어서 멈추고 싶지 않았을 거야.
진수: 최선을 다해서 결과와 상관없이 뿌듯한 마음일 것 같아.

( )

[16~17] 다음 그림을 보고, 물음에 답하시오.

주은이의 행동에 화가 난 원호

주은이가 딱지치기를 하다가 마음대로 되지 않자 원호에게 "다시 해!", "집에 갈 거야!"와 같은 예의 없는 말과 행동을 했습니다.

미안해, 미안하다고. 됐냐?

주은이가 사과했지만 원호는 주은이의 사과를 받지 않았습니다.

16 주은이가 원호에게 사과하려고 한 까닭은 무엇입니까? (   )

① 원호의 딱지를 잃어버렸기 때문에
② 원호의 물건을 망가뜨렸기 때문에
③ 원호와의 약속을 지키지 못했기 때문에
④ 친구들에게 원호의 흉을 보았기 때문에
⑤ 예의 없는 말로 원호를 화나게 했기 때문에

서술형
17 원호가 주은이의 사과를 받지 않고 가 버린 까닭은 무엇일지 쓰시오.

_____

_____

18 보기 와 같이 다른 사람의 마음을 생각하며 자신의 마음을 전하는 말로 고쳐 쓰시오.

보기

네가 물통을 건드려서 그림을 망쳤잖아! ➡ 네가 물통을 건드리는 바람에 그림을 망쳐서 내가 많이 속상해.

너는 왜 그렇게 준비물을 안 가져오니? ➡ _____

_____

[19~20] 다음 글을 읽고, 물음에 답하시오.

대한초등학교	대한통신	20○○년 10월

'마음을 전하는 우리 반' 행사에 많이 참여해 주세요

우리 학교 전교 어린이회에서는 2학기를 맞이해 10월에 어떤 행사를 하면 좋을지 의논했습니다. 회의 시간에 각 학년 학생들은 각자 하고 싶은 행사를 많이 추천해 주었습니다. 그 가운데에서 전교 어린이회에서는 '마음을 전하는 우리 반' 행사를 함께하기로 결정했습니다.

10월 넷째 주에 '마음을 전하는 우리 반'이라는 이름으로 각 반에서 행사를 합니다. '마음을 전하는 우리 반'은 자신의 마음을 다른 사람에게 전하는 행사입니다. 이때에는 친구들뿐만 아니라 주위 사람들에게 고마운 마음, 존경하는 마음, 미안한 마음 따위를 전할 수 있습니다. 전하는 방법은 다양하지만 예쁜 종이에 마음을 담아 손 편지를 써서 전하자는 의견이 많았습니다.

19 '마음을 전하는 우리 반' 행사에 대한 설명으로 알맞지 않은 것은 무엇입니까? (   )

① 10월 넷째 주에 각 반에서 행사를 한다.
② 대한초등학교 전교 어린이회 학생들이 정했다.
③ 예쁜 종이에 손 편지를 써서 전하자는 의견이 많았다.
④ 손 편지를 쓴 뒤 글의 내용을 학교 누리집에 올린다.
⑤ 친구들뿐만 아니라 주위 사람들에게 고마운 마음 등을 전할 수 있다.

서술형
20 자신이 '마음을 전하는 우리 반' 행사에 참여한다면 누구에게 어떤 마음을 전하고 싶은지 쓰시오.

_____

_____

6단원

학습 주제	인물의 마음 정리하기
학습 목표	일어난 일과 그때의 마음을 정리하여 쓸 수 있다.

"규리야, 얼른 일어나. 학교 가야지!" / 엄마 목소리가 귀에 울려 퍼졌다.

"5분만요." / "지금 안 일어나면 지각이야."

엄마 손이 이불을 걷어 냈다.

"아이참! 엄마, 알았다고요."

나는 눈을 비비며 부스스 자리에서 일어났다. 차가운 물로 세수를 하자, 졸음이 싹 달아났다. 아침밥을 먹는 둥 마는 둥 하고 서둘러 집을 나섰다.

마음이 바빠져서 거의 뛰다시피 걸었다. 덕분에 1교시 시작하기 직전에 교실에 들어갈 수 있었다.

"규리야, 왜 이렇게 늦었어? 걱정했잖아." / 짝 민호가 핀잔 투로 말했다.

"그랬어? 늦잠 자는 바람에……."

곧 수업 시작을 알리는 종이 울렸다.

1교시는 사회 시간이었다. 우리 지역의 자랑거리를 조사해서 발표하는 시간이었다.

우리 모둠 발표자는 나였다. 앞 모둠 발표가 거의 끝나 가자 나는 가슴이 콩닥콩닥 뛰기 시작했다.

'어쩌지? 실수하면 안 되는데…….'

발표 내용이 갑자기 뒤죽박죽되는 느낌이었다.

우리 모둠 차례가 되었고 겨우겨우 발표를 끝내고 자리로 돌아왔다.

1단계 사회 시간에 규리는 무엇에 대해 발표했는지 쓰시오.

(   )

2단계 규리가 한 일이나 겪은 일과 그때의 마음을 정리해 빈칸에 알맞게 쓰시오.

규리가 한 일이나 겪은 일	그때의 마음
(1)	(2)
발표할 차례가 다가옴.	(3)

3단계 2단계에서 정리한 것처럼 자신의 하루를 되돌아보고 일어난 일과 그때의 마음을 쓰시오.

언제	일어난 일	그때의 마음
(1)	(2)	(3)

학습 주제	다른 사람에게 마음을 전하는 글 쓰기
학습 목표	마음을 전하는 표현이 드러나는 편지를 쓸 수 있다.

'마음을 전하는 우리 반' 행사에 많이 참여해 주세요

우리 학교 전교 어린이회에서는 2학기를 맞이해 10월에 어떤 행사를 하면 좋을지 의논했습니다. 회의 시간에 각 학년 학생들은 각자 하고 싶은 행사를 많이 추천해 주었습니다. 그 가운데에서 전교 어린이회에서는 '마음을 전하는 우리 반' 행사를 함께하기로 결정했습니다.

10월 넷째 주에 '마음을 전하는 우리 반'이라는 이름으로 각 반에서 행사를 합니다. '마음을 전하는 우리 반'은 자신의 마음을 다른 사람에게 전하는 행사입니다. 이때에는 친구들뿐만 아니라 주위 사람들에게 고마운 마음, 존경하는 마음, 미안한 마음 따위를 전할 수 있습니다. 전하는 방법은 다양하지만 예쁜 종이에 마음을 담아 손 편지를 써서 전하자는 의견이 많았습니다.

1 '마음을 전하는 우리 반' 행사에 대해 정리하여 쓰시오.

행사를 하는 때	(1)
행사 내용	(2)

2 자신이 이 글에 나온 행사에 참여한다면 누구에게 어떤 마음을 전하고 싶은지 정리하여 쓰시오.

마음을 전하고 싶은 사람	(1)
있었던 일	(2)
전하고 싶은 마음	(3)

3 문제 **2**번에서 정리한 내용을 바탕으로 마음을 전하는 조건 에 알맞게 편지를 쓰시오.

> 조건
> 1. 편지의 형식으로 쓴다.
> 2. 마음을 나타내는 표현이 들어가도록 쓴다.

[1~4] 다음 글을 읽고, 물음에 답하시오.

'앉아서 하는 피구'는 공 하나로 교실에서 쉽게 즐길 수 있는 놀이이다. 먼저 교실에 있는 책상을 모두 뒤로 밀어 가로로 긴 네모 모양으로 피구장을 만든다. 그다음에는 학급 친구 전체를 두 편으로 나누고 두 편 대표가 가위바위보를 해서 먼저 공격할 쪽을 정한다.

규칙은 피구와 같지만 앉은 자세로 하는 것이 특징이다. 공을 굴리는 사람이나 피하는 사람 모두 앉은 자세로 해야 한다. 앉은 자세에서 무릎을 한쪽이라도 펴서 일어나는 자세가 되면 누구든 피구장 밖으로 나가야 한다. 상대를 맞힐 때에는 공을 바닥에 굴려서 맞혀야 한다. 공을 튀기거나 던져서 맞히면 맞은 사람은 밖으로 나가지 않는다. 공을 피할 때에는 옆으로 이동해 피하거나, 무릎을 가슴에 붙여 앉은 자세로 뜀을 뛰어 피할 수 있다.

굴린 공이 아무도 맞히지 못하고 벽에 닿으면, 수비하던 친구가 공을 잡아 공격할 기회를 얻는다. 그러나 굴린 공이 벽에 닿기도 전에 잡으면 공에 맞은 것과 똑같이 밖으로 나가야 한다.

결국 공에 맞거나, 일어서거나, 공이 벽에 닿기 전에 잡으면 밖으로 나가야 하는 것이다. 밖으로 나간 친구들은 놀이가 끝날 때까지 지켜본다. 어느 한 편의 친구 모두가 밖으로 나가면 놀이가 끝난다.

1 이 글에서 소개한 놀이의 이름을 쓰시오.

( )

2 이 글에서 소개한 내용을 모두 고르시오.

( )

① 놀이 이름
② 놀이 규칙
③ 준비할 내용
④ 공을 잘 튀기는 방법
⑤ 피구를 하면 좋은 점

3 글쓴이가 소개한 놀이의 규칙으로 알맞지 <u>않은</u> 것을 찾아 기호를 쓰시오.

㉮ 상대를 맞힐 때에는 공을 튀겨서 맞힌다.
㉯ 공을 굴리는 사람이나 피하는 사람 모두 앉은 자세로 한다.
㉰ 앉은 자세에서 무릎을 한쪽이라도 펴서 일어나는 자세가 되면 피구장 밖으로 나간다.
㉱ 굴린 공이 아무도 맞히지 못하고 벽에 닿으면, 수비하던 친구가 공을 잡아 공격할 기회를 얻는다.

( )

서술형
4 글쓴이가 소개한 놀이가 끝나는 때는 언제인지 쓰시오.

_____

_____

[5~8] 다음 글을 읽고, 물음에 답하시오.

㉮ 두근두근, 두근두근!
드디어 월드컵 개막식이 시작되었어.
㉠각 나라를 대표하는 선수들이 운동장으로 줄지어 들어오고 있어.
커다란 국기를 펼쳐 들고서 말이야.
갖가지 무늬와 색깔의 국기들이 물결처럼 출렁거려.
그런데 왜 국기를 들고 입장하냐고?
국기는 그 나라를 나타내는 깃발이거든.
㉯ ㉡국기에는 그 나라의 자연이 담겨 있어.
캐나다에는 설탕단풍 나무가 많이 자라.
설탕단풍 나무는 캐나다처럼 추운 날씨에 잘 자라거든.
가을에 붉은색으로 단풍이 들면 얼마나 고운지 몰라.
캐나다 사람들은 설탕단풍 나무에서 나오는 즙으로 달콤한 메이플시럽을 만들어 먹기도 해.
그래서 캐나다 사람들은 국기에 빨간 단풍잎을 그려 넣었어.

5 나라를 나타내는 깃발을 무엇이라고 하는지 이 글에서 찾아 쓰시오.

( )

서술형

6 ㉠과 같은 행동이 뜻하는 것을 쓰시오.

_____

_____

7 ㉡의 예로 설명한 나라의 국기를 찾아 기호를 쓰시오.

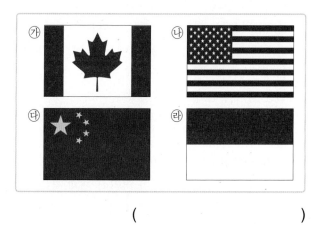

( )

8 캐나다에 대한 설명으로 알맞은 것을 모두 고르시오.
( )

① 국기에 빨간 단풍잎이 있다.
② 설탕단풍 나무가 많이 자란다.
③ 따뜻한 날씨에 잘 자라는 나무가 많다.
④ 설탕단풍 나무에 대한 전설이 유명하다.
⑤ 사람들이 설탕단풍 나무에서 나오는 즙으로 메이플시럽을 만들어 먹는다.

[9~11] 다음 글을 읽고, 물음에 답하시오.

㉮ 국기에는 그 나라의 전설이 담겨 있어.
멕시코 국기 이야기를 들어 볼래?
어느 날, 아즈텍족이 신의 계시를 받았어.
"독사를 물고 날아가는 독수리가 선인장 위에 앉으면 그곳에 도시를 세워라!"
계시대로 독수리가 내려앉은 곳에 도시를 세웠더니 점점 강해져 아즈텍 제국으로 발전했고, 오늘날의 멕시코가 되었대.
그래서 나라를 세운 이야기를 국기에 그려 넣은 거야.
㉯ 국기에는 그 나라의 땅이 담겨 있어.
미국 국기에는 줄과 별이 참 많지? 도대체 몇 개인지 한번 세어 볼까? 줄이 열세 개, 별이 오십 개야. 미국이 처음 나라를 세울 때에는 주가 열세 개였대. 열세 개의 줄은 그걸 기념하는 거야. 미국 땅이 점점 커져 주가 생길 때마다 국기의 별이 하나씩 늘어났는데 지금은 주가 오십 개라서 별도 오십 개가 된 거야. ㉠ 와/과 함께 국기도 변한 거지.

9 멕시코 국기에 대한 설명으로 알맞은 것에 ○표 하시오.

⑴ 그 나라의 땅이 담겨 있다. ( )
⑵ 독수리와 뱀, 선인장이 그려져 있다. ( )
⑶ 아즈텍족이 믿던 여러 신의 모습이 담겨 있다. ( )

10 미국 국기에서 다음이 의미하는 것을 찾아 선으로 이으시오.

⑴ 열세 개의 줄 · · ㉮ 현재 미국의 주 수

⑵ 오십 개의 별 · · ㉯ 미국이 처음 나라를 세울 때의 주 수

11 ㉠에 들어갈 알맞은 낱말을 쓰시오.

( )

7
단원

[12~13] 다음 글을 읽고, 물음에 답하시오.

> 우리나라 국기인 태극기도 궁금하지?
>
> 일본에 나라를 빼앗긴 시대에는 태극기를 마음대로 사용하지 못했어.
>
> 일본이 태극기 사용을 금지했거든.
>
> 하지만 우리는 독립하려고 열심히 싸울 때마다 태극기를 힘차게 휘날렸어.
>
> 마침내 1945년에 나라를 되찾았고, 그동안 무늬가 조금씩 달랐던 태극기는 1949년에 지금의 태극기 모습으로 정해졌어.
>
> 우리나라 사람들의 평화를 사랑하는 마음은 태극기의 흰색에 담겨 있어.
>
> 태극 문양은 조화로운 우주를 뜻하고, 네 모서리의 사괘는 하늘, 땅, 물, 불을 나타낸 거야.
>
>
>
> ◀ 대한민국 태극기

12. 태극기에 대한 설명으로 알맞은 것을 모두 고르시오.

( )

① 우리나라 국기이다.
② 1945년에 지금의 태극기 모습으로 정해졌다.
③ 독립하려고 싸울 때마다 태극기를 힘차게 휘날렸다.
④ 우리나라 사람들의 열정이 태극기의 흰색에 담겨 있다.
⑤ 일본에 나라를 빼앗겼을 때에는 일본이 태극기 사용을 금지했다.

13 이 글을 '책 보여 주며 말하기'로 소개할 때의 방법으로 알맞지 <u>않은</u> 것에 ×표 하시오.

⑴ 인상 깊은 부분과 까닭을 말한다. ( )

⑵ 책 표지를 보여 주며 제목을 말한다. ( )

⑶ 내가 만들고 싶은 태극기 문양을 자세히 소개한다. ( )

14 책을 소개하는 여러 가지 방법으로 알맞지 <u>않은</u> 것은 무엇입니까? ( )

① 책을 친구들 앞에서 처음부터 끝까지 읽는다.
② 노랫말을 책을 소개하는 내용으로 바꾸어 부른다.
③ 책을 읽고 새롭게 안 내용을 정리해 그림으로 보여 주며 소개한다.
④ 책 내용과 관련된 물건을 보물 상자에 넣고 하나씩 꺼내면서 소개한다.
⑤ 책을 읽고 기억에 남는 문장을 책갈피 앞쪽에 쓰고 그 까닭을 뒤쪽에 써서 소개한다.

[15~18] 다음 글을 읽고, 물음에 답하시오.

> ㉮ 오늘은 학교에서 『바위나리와 아기별』이라는 책을 읽었다. 앞표지에 있는 바위나리와 아기별 그림이 무척 예뻐서 내용이 궁금했기 때문이다. 이 책은 바위나리와 아기별의 우정 이야기이다.
>
> ㉯ 바위나리는 바닷가에 핀 아름다운 꽃이었다. 하지만 친구가 없어 늘 외로웠다. 어느 날 밤, 아기별이 하늘에서 내려와 둘은 친구가 되었고, 바위나리와 아기별은 밤마다 만나 즐겁게 놀았다.
>
> 그러던 어느 날, 병이 든 바위나리를 간호하던 아기별은 너무 늦게 하늘 나라로 올라가 그 벌로 다시는 바닷가에 내려오지 못했다. 아기별을 기다리던 바위나리는 점점 시들다가 그만 바람이 세게 불어 바다로 날려 갔다. 아기별은 밤마다 울다가 빛을 잃어 바다로 떨어졌다. 바위나리가 날려 간 바로 그 바다였다.
>
> ㉰ 나는 이 책에서 바위나리를 그리워하며 울다가 빛을 잃은 아기별이 하늘 나라에서 쫓겨나 바다로 떨어진 장면이 가장 기억에 남는다. 왜냐하면 살아 있을 때에는 만나지 못하다가 죽은 뒤에야 같이 있을 수 있게 된 것이 너무 슬펐기 때문이다. 바위나리는 몸이 아파 아기별을 만나지 못해 너무 슬펐다. 얼마나 슬펐으면 가슴이 ㉠미어졌을까?
>
> ㉱ 이 책을 읽고 주위에 바위나리처럼 외로운 친구가 있는지 생각해 보았다. 그리고 그 친구에게 아기별과 같은 친구가 되어야겠다는 생각이 들었다. 나는 바위나리와 아기별의 우정이 아름다우면서도 안타깝고 슬펐다.

15 글쓴이가 읽은 책의 제목을 쓰시오.

( )

16 글 **나**는 독서 감상문의 특징 중 무엇에 해당합니까?

( )

① 책 내용
② 글쓴이 소개
③ 인상 깊은 부분
④ 책을 읽게 된 까닭
⑤ 책을 읽은 뒤에 든 생각이나 느낌

17 글쓴이가 책에서 가장 기억에 남는다고 한 부분과 그 까닭을 쓰시오.

(1) 가장 기억에 남는 부분: ＿＿＿＿＿＿＿＿

＿＿＿＿＿＿＿＿＿＿＿＿＿＿＿＿

(2) 그 까닭: ＿＿＿＿＿＿＿＿＿＿＿

＿＿＿＿＿＿＿＿＿＿＿＿＿＿＿＿

18 ㉠'미어지다'의 짐작한 뜻과 국어사전에서 찾은 뜻을 알맞게 말한 친구의 이름을 쓰시오.

이름	짐작한 뜻	국어사전에서 찾은 뜻
유나	매우 슬프다.	가슴이 찢어지는 듯이 심한 고통이나 슬픔을 느끼다.
서현	매우 귀찮다.	팽팽한 가죽이나 종이 따위가 해어져서 구멍이 나다.
근우	매우 기쁘다.	가득 차서 터질 듯하다.

( )

[19~20] 다음 글을 읽고, 물음에 답하시오.

여러 가지 타악기

가 나는 음악을 좋아한다. 그래서 도서관에 가면 음악에 대한 책을 자주 찾는다. 이번에는 악기에 대한 책을 읽고 독서 감상문을 썼다.

나 책에는 여러 가지 타악기가 나와 있었다. 트라이앵글, 탬버린, 북, 심벌즈는 내가 이미 알고 있는 타악기였다. 내가 모르는 팀파니와 비브라폰도 있었다. 팀파니는 밑이 좁은 통에 막을 씌운 것인데 두드리면 일정한 소리를 낸다. 비브라폰은 실로폰처럼 생긴 쇠막대를 두드려서 연주하는 악기이다.

다 책에서 읽은 타악기 가운데에서 마라카스가 가장 기억에 남는다. 마라카스는 '마라카'라는 열매를 말려서 그 속에 말린 씨를 넣고 흔들어서 소리를 낸다.

19 글쓴이가 읽은 책의 내용으로 알맞지 **않은** 것은 무엇입니까? ( )

① 여러 가지 관악기를 소개했다.
② 팀파니와 비브라폰을 소개했다.
③ 비브라폰은 실로폰처럼 생긴 쇠막대를 두드려서 연주한다.
④ 팀파니는 밑이 좁은 통에 막을 씌운 것인데 두드리면 일정한 소리를 낸다.
⑤ 마라카스는 '마라카'라는 열매를 말려서 그 속에 말린 씨를 넣고 흔들어서 소리를 낸다.

20 독서 감상문의 특징 가운데 이 글에서 빠진 것을 찾아 ○표 하시오.

(1) 책 내용 ( )
(2) 인상 깊은 부분 ( )
(3) 책을 읽게 된 까닭 ( )
(4) 책을 읽은 뒤에 든 생각이나 느낌 ( )

학습 주제	여러 가지 방법으로 책 소개하기
학습 목표	책의 내용을 정리하고 친구들에게 소개할 수 있다.

국기에는 그 나라의 자연이 담겨 있어.

캐나다에는 설탕단풍 나무가 많이 자라.

설탕단풍 나무는 캐나다처럼 추운 날씨에 잘 자라거든.

가을에 붉은색으로 단풍이 들면 얼마나 고운지 몰라.

캐나다 사람들은 설탕단풍 나무에서 나오는 즙으로 달콤한 메이플시럽을 만들어 먹기도 해.

그래서 캐나다 사람들은 국기에 빨간 단풍잎을 그려 넣었어.

국기에는 그 나라의 전설이 담겨 있어.

멕시코 국기 이야기를 들어 볼래?

어느 날, 아즈텍족이 신의 계시를 받았어.

"독사를 물고 날아가는 독수리가 선인장 위에 앉으면 그곳에 도시를 세워라!"

계시대로 독수리가 내려앉은 곳에 도시를 세웠더니 점점 강해져 아즈텍 제국으로 발전했고, 오늘날의 멕시코가 되었대.

그래서 나라를 세운 이야기를 국기에 그려 넣은 거야.

▲ 캐나다 국기

▲ 멕시코 국기

1단계

이 글에서 설명하고 있는 것은 무엇인지 쓰시오.

(   )

2단계

캐나다 국기와 멕시코 국기에 담긴 뜻을 각각 정리하여 쓰시오.

국기	담긴 뜻
캐나다 국기	(1)
멕시코 국기	(2)

3단계

이 글의 내용을 친구들에게 소개하려고 합니다. 보기 에서 책을 소개하는 방법을 한 가지 골라 어떤 내용을 소개할지 쓰시오.

보기
• 책갈피를 만들어 소개하기   • 책 보물 상자를 만들어 소개하기
• 노랫말을 바꾸어 소개하기   • 새롭게 안 내용을 그림으로 보여 주며 소개하기

(1) 소개하는 방법: (   )

(2) 소개하는 내용: _____

학습 주제	독서 감상문에 대하여 알기
학습 목표	독서 감상문의 특징을 알고 이어질 내용을 쓸 수 있다.

> 오늘은 학교에서 『바위나리와 아기별』이라는 책을 읽었다. 앞표지에 있는 바위나리와 아기별 그림이 무척 예뻐서 내용이 궁금했기 때문이다. 이 책은 바위나리와 아기별의 우정 이야기이다.
>
> 바위나리는 바닷가에 핀 아름다운 꽃이었다. 하지만 친구가 없어 늘 외로웠다. 어느 날 밤, 아기별이 하늘에서 내려와 둘은 친구가 되었고, 바위나리와 아기별은 밤마다 만나 즐겁게 놀았다.
>
> 그러던 어느 날, 병이 든 바위나리를 간호하던 아기별은 너무 늦게 하늘 나라로 올라가 그 벌로 다시는 바닷가에 내려오지 못했다. 아기별을 기다리던 바위나리는 점점 시들다가 그만 바람이 세게 불어 바다로 날려 갔다. 아기별은 밤마다 울다가 빛을 잃어 바다로 떨어졌다. 바위나리가 날려 간 바로 그 바다였다.
>
> 나는 이 책에서 바위나리를 그리워하며 울다가 빛을 잃은 아기별이 하늘 나라에서 쫓겨나 바다로 떨어진 장면이 가장 기억에 남는다. 왜냐하면 살아 있을 때에는 만나지 못하다가 죽은 뒤에야 같이 있을 수 있게 된 것이 너무 슬펐기 때문이다. 바위나리는 몸이 아파 아기별을 만나지 못해 너무 슬펐다. 얼마나 슬펐으면 가슴이 미어졌을까?

1 이 글에 대해 정리할 때, 빈칸에 알맞은 말을 쓰시오.

• 이 글은 (   )을/를 읽고 쓴 (   )(이)다.

2 이 글에서 알 수 있는 책의 내용과 글쓴이가 인상 깊게 읽은 장면을 정리하시오.

책의 내용	(1)
인상 깊은 장면	(2)

3 문제 **2**번에서 정리한 내용을 바탕으로 하여 이 글의 뒷부분에 이어질 내용을 조건 에 알맞게 쓰시오.

> **조건**
> 1. 이 글의 글쓴이의 입장에서 쓴다.
> 2. 독서 감상문의 특징 중 '책을 읽은 뒤에 든 생각이나 느낌'이 드러나도록 쓴다.

[1~2] 다음 글을 읽고, 물음에 답하시오.

⑦ "어, 이야기 할아버지 아니세요? 어쩌다 이렇게 작아지셨어요?"

할아버지만큼 커다란 베짱이가 말을 건넸습니다. 할아버지는 그제야 세상이 크게 변한 게 아니라 할아버지가 작게 줄어들었음을 알았습니다.

"글쎄, 나도 잘 모르겠다. 마당에 처음 보는 작은 열매가 있기에 먹어 보았을 뿐인데……."

베짱이는 할아버지 말을 듣고 이마를 '탁' 치며 말했습니다.

"그건 아마 '커졌다 작아졌다' 마법 열매였을 거예요! 그걸 한 알 더 먹어야 본래 크기로 돌아올 수 있어요."

⑭ 베짱이는 별빛으로 날을 날고, 꽃빛으로 씨를 삼아 부지런히 베를 짰습니다. 베짱베짱 베틀이 분주히 움직일 때마다 베는 한 자 한 자 길어졌습니다.

마침내 베가 완성되었을 때, 할아버지는 감탄을 금치 못했습니다. 베짱이가 너무도 빠르게 베 한 필을 짜 내었을 뿐 아니라, 솜씨 또한 기가 막혔기 때문이죠.

"자, 할아버지. 이 베를 가지고 쥐들을 찾아가세요. 그러고는 '커졌다 작아졌다' 마법 열매와 바꾸자고 하세요."

1 할아버지가 작아진 까닭은 무엇인지 쓰시오.

(   )

2 시간을 나타내는 말을 넣어 이야기를 간추릴 때, 빈칸에 들어갈 알맞은 내용은 무엇입니까? (   )

> 이야기 할아버지가 마법 열매를 먹고 작아진 것을 안 뒤, 베짱이는 [   ]

① 쥐들을 찾아갔어요.
② 베틀로 베를 짰어요.
③ 할아버지를 놀렸어요.
④ 마법 열매를 찾으러 갔어요.
⑤ 할아버지에게 마법 열매를 주었어요.

[3~5] 다음 글을 읽고, 물음에 답하시오.

⑦ 실 팔찌 만들기의 준비물은 매우 간단합니다. 서로 다른 색깔 털실 세 줄, 셀로판테이프만 있으면 됩니다. 실은 굵을수록 엮기 쉬우므로 굵은 실을 준비하고 길이는 손목 둘레의 서너 배 정도로 자릅니다.

첫 번째, 서로 다른 색깔 실 세 가닥을 함께 잡고 매듭을 짓습니다. 실의 3~4센티미터를 남겨 두고 실 세 가닥을 한꺼번에 잡아 작은 원을 만듭니다. 그 뒤 짧은 쪽 실 세 가닥을 아까 만든 원 쪽으로 집어넣고 당기면 쉽게 매듭을 지을 수 있습니다.

⑭ 두 번째, 셀로판테이프로 매듭 위쪽을 책상에 붙입니다. 셀로판테이프는 실 팔찌를 만드는 동안 실이 움직이거나 꼬이지 않게 고정하는 역할을 합니다.

3 실 팔찌 만들기의 준비물을 모두 쓰시오.

(   )

4 글 ⑭에서 차례를 나타내는 말을 찾아 쓰시오.

(   )

5 이와 같은 글을 간추리는 방법으로 알맞은 것은 무엇입니까? (   )

① 원인과 결과가 무엇인지 생각한다.
② 글쓴이의 주장을 중심으로 간추린다.
③ 장소 변화에 따라 글의 내용을 간추린다.
④ 문단별로 가장 마지막에 나오는 문장을 정리한다.
⑤ 차례를 나타내는 말과 그 차례와 관련되는 중요한 내용을 찾아 정리한다.

[6~8] 다음 글을 읽고, 물음에 답하시오.

감기약을 먹는 방법

먼저, 병원에서 의사와 충분하게 상담한 뒤 자신의 증세에 맞는 감기약을 처방받습니다. 어른들이 먹는 감기약이나 언제 샀는지 모르는 감기약을 먹으면 오히려 더 큰 병에 걸릴 수도 있습니다. 어린이들이 감기약을 먹을 때에는 꼭 의사의 지시에 따릅니다.

감기약은 끝까지 먹는 게 좋습니다. 감기약을 먹다가 몸이 나았다고 생각해 그만 먹으면 안 됩니다. 중간에 마음대로 감기약을 먹지 않으면 감기가 더 심해지거나 나중에 감기약을 먹어도 낫지 않을 수 있으므로, 의사가 처방한 날짜만큼 먹어야 합니다.

감기약을 먹을 때에는 물과 함께 먹어야 합니다. 우유나 녹차, 주스와 같은 다른 음료와 함께 먹어서는 안 됩니다. 또 물 이외에 밥이나 빵을 같이 먹어서도 안 됩니다.

6 감기약을 중간에 그만 먹으면 안 되는 까닭을 두 가지 고르시오. (   )

① 감기가 더 심해질 수 있다.
② 더 비싼 감기약을 먹어야 한다.
③ 밥을 제대로 먹지 못할 수도 있다.
④ 감기약의 효과가 두 배가 될 수 있다.
⑤ 나중에 감기약을 먹어도 낫지 않을 수 있다.

서술형

7 이 글에 나온 감기약을 먹는 방법을 간추려 쓰시오.

_____

_____

8 이 글의 특징으로 알맞은 것에 ○표 하시오.

(1) 차례가 정해져 있다.   (   )
(2) 일할 때 주의할 점을 알려 준다.   (   )
(3) 물건을 만드는 차례를 알려 준다.   (   )

9 다음 ㉠, ㉡에 들어갈 알맞은 말을 보기 에서 골라 차례대로 쓰시오.

술래잡기하는 방법

첫 번째, 술래잡기할 공간과 술래를 정한다. ㉠ , 술래가 숫자를 세는 동안 다른 친구들은 술래를 피한다. 세 번째, 술래가 다른 친구들을 잡으러 간다. ㉡ , 술래에게 잡힌 친구가 다음 술래가 된다.

보기

먼저,   두 번째,   처음에는,   마지막으로

(1) ㉠: (   )   (2) ㉡: (   )

10 다음 글의 흐름에 맞도록 그림을 차례대로 정리해 기호를 쓰시오.

❶ 먼저, 소화기의 손잡이를 잡고 불이 난 곳으로 가져갑니다.
❷ 두 번째, 소화기 안전핀을 뽑습니다. 이때 손잡이를 누르면 안전핀이 빠지지 않으니 손잡이를 누르지 않습니다.
❸ 세 번째, 바람을 뒤로하고 소화기 호스를 불이 난 곳으로 향하게 잡습니다.
❹ 끝으로, 손잡이를 꽉 잡고 불을 향해 빗자루로 쓸듯이 소화제를 뿌립니다.

(   ) → (   ) → (   ) → (   )

[11~14] 다음 글을 읽고, 물음에 답하시오.

㉮ 토요일 아침 일찍 출발해서, 맨 처음 도착한 고창 관광지는 고인돌 박물관이었다. 고인돌 박물관에서는 영화와 유물들을 보면서 고인돌의 역사를 알 수 있었다.
㉯ 다음으로 간 곳은 동림 저수지 야생 동식물 보호 구역이었다. 동림 저수지는 겨울 철새가 많이 찾는 곳으로 우리 가족도 혹시 철새 떼의 춤을 볼 수 있을까 하는 기대로 방문해 보았다. 그곳에서 여러 가지 설명을 읽어 보았는데, 고창군 전 지역은 2013년부터 유네스코 생물권 보존 지역으로 지정되어 환경을 해치는 행위를 해서는 안 된다는 안내도 있었다. 아주 많은 수의 철새는 아니었지만 간간이 물 위로 날아오르는 가창오리들을 구경할 수 있었다.

마지막으로 고창의 유명한 절인 선운사를 방문했다. 선운사는 삼국 시대 때부터 지어진 오래된 절이다. 오래된 절답게 웅장한 건물과 많은 관광객이 있었다. 선운사에서 가장 인상 깊었던 것은 선운사 뒤편의 동백나무 숲이었다. 푸른 동백나무잎 위로 하얀 눈이 소복이 쌓여 아름다운 풍경을 만들어 내고 있었다. 내가 본 가장 아름다운 숲이었다.

11 '내'가 고창에서 방문한 곳을 차례대로 쓰시오.

(   ) → (   ) → (   )

12 '내'가 동림 저수지에서 본 것은 무엇입니까?

(   )

① 많은 관광객
② 양식하는 물고기 떼
③ 고인돌과 관련된 여러 유물
④ 삼국 시대 때부터 지어진 오래된 절
⑤ 간간이 물 위로 날아오르는 가창오리들

서술형
13 '내'가 선운사에서 한 일을 간추려 쓰시오.

_____

_____

14 이 글의 내용을 간추릴 때 주의할 부분을 보기 에서 찾아 쓰시오.

보기
> 장소 변화,   일 차례,   원인과 결과

(   )

[15~16] 다음 글을 읽고, 물음에 답하시오.

동물원 입구를 지나 가장 먼저 간 곳은 '곤충관'이었다. 곤충관에는 여러 지역의 곤충들이 전시되어 있었는데, 날개가 있는 동물로 나비와 벌, 메뚜기와 같은 곤충들이 있었다. 곤충관에서 가장 관심이 갔던 곤충은 톱사슴벌레이다. 톱사슴벌레는 몸 색깔이 갈색이고 톱날 모양의 큰턱이 있다. 원래 밤에 활동하는 곤충이지만 참나무 수액을 먹으려고 낮에도 돌아다니기 때문에, 먹이를 먹는 톱사슴벌레를 볼 수 있었다. 톱사슴벌레가 나뭇가지 꼭대기에 올라가서 날개를 펴고 날아가는 모습이 멋있었다.

곤충관 바로 옆은 '야행관'이었는데 주로 밤에 활동하는 동물들이 있는 곳이었다. 야행관에도 날개가 있는 동물들이 있었다. 바로 박쥐와 올빼미였다. 외국에서 산다는 과일박쥐도 인상 깊었지만, 내 눈길을 끈 것은 수리부엉이이다. 수리부엉이는 천연기념물로 몸길이가 70센티미터나 될 정도로 큰 새이다. 날개를 접고 나뭇가지에 앉아 있는 것을 관찰했는데, 붉은 눈과 앞뒤로 자유롭게 움직이는 목이 신기했다.

15 다음은 어떤 곳을 관찰하면서 쓴 내용일지 살펴보고, 지도에서 알맞은 장소를 찾아 기호를 쓰시오.

> 톱사슴벌레,   갈색,   톱날 모양의 큰턱

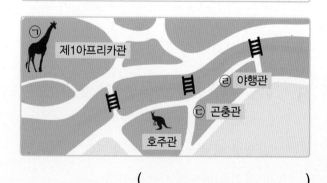

(   )

서술형

16 글쓴이가 다음 장소에서 관찰한 내용을 간추려 쓰시오.

야행관

[17~20] 다음 글을 읽고, 물음에 답하시오.

즐거운 직업 체험

가 우리 모둠은 가장 먼저 소품 설계관으로 출발했다. 소품 설계관은 작은 소품을 설계하고 직접 만들 수 있는 곳이다. 체험학습 계획을 세울 때 민기가 "집안 어른들께 선물로 드릴 만한 물건을 만들면 좋겠어."라고 의견을 냈기 때문에 소품 설계관을 첫 번째 체험활동 장소로 정했다.

나 디자이너 체험을 끝내자 거의 ㉠열한 시가 되었다. 우리는 제빵사 체험을 하려고 제빵 학원으로 갔다. 제빵 학원 앞에는 크게 '크림빵'이라고 적혀 있었다. 체험관 안으로 들어가자 체험관 선생님께서 밀가루를 나누어 주셨다. 체험관 선생님께서 알려 주시는 차례를 그대로 따라 해서 크림빵을 완성했다.

다 제빵사 체험을 마치고 나오니 거의 ㉡열두 시가 되었다. 우리 모둠은 ㉢중앙 광장에서 아까 만든 크림빵과 각자 싸 온 점심을 먹으며 다른 모둠 친구들과 체험활동 이야기를 나누었다.

라 점심시간이 끝난 ㉣오후 한 시, 소방서에서 병주가 가장 기대하던 소방관 체험으로 활동을 시작했다. 소방관 복장을 하고, 소방차를 타고 출동하고, 불이 난 곳에 물도 뿌렸다. 원래 소방관에는 관심이 없었는데, 체험해 보니 내 적성에도 잘 맞고 보람도 있어서 미래에 소방관이 되어도 좋겠다고 생각했다.

마 소방관 체험을 마치고 나서 시계를 보니 ㉤두 시가 조금 넘었다. 두 시 반까지 버스에 타기로 우리 반 선생님과 약속했기 때문에 아쉽지만 체험활동을 끝낼 수밖에 없었다.

17 우리 모둠이 가장 먼저 소품 설계관으로 출발한 까닭은 무엇입니까? ( )

① 귀여운 소품을 사고 싶어서
② 소품 설계관에 사람이 가장 적어서
③ 어떤 소품들이 있는지 알아보고 싶어서
④ 선물로 드릴 만한 물건을 만들기 위해서
⑤ 선생님께서 소품 설계관부터 가라고 하셔서

18 '내'가 소방관이 되어도 좋겠다고 생각한 까닭을 알맞게 말한 친구의 이름을 쓰시오.

( )

19 ㉠~㉤ 중에서 시간 흐름을 알 수 있는 부분이 아닌 것은 무엇입니까? ( )

① ㉠   ② ㉡   ③ ㉢
④ ㉣   ⑤ ㉤

20 글 **나**와 **라**에서 알 수 있는 체험 장소와 체험한 내용을 알맞게 선으로 이으시오.

(1) 글 **나** · · ① 소방서 · · ㉮ 불이 난 곳에 물을 뿌림.

(2) 글 **라** · · ② 제빵 학원 · · ㉯ 크림빵을 완성함.

8 단원

학습 주제	글의 흐름에 따라 내용 간추리기
학습 목표	장소 변화에 따라 글의 내용을 간추릴 수 있다.

주말여행

㉮ 토요일 아침 일찍 출발해서, 맨 처음 도착한 고창 관광지는 고인돌 박물관이었다. 고인돌 박물관에서는 영화와 유물들을 보면서 고인돌의 역사를 알 수 있었다. 박물관 일 층에서는 고인돌 영화를 봤고 이 층에서는 고인돌과 관련된 여러 유물을 봤다.

㉯ 다음으로 간 곳은 동림 저수지 야생 동식물 보호 구역이었다. 동림 저수지는 겨울 철새가 많이 찾는 곳으로 우리 가족도 혹시 철새 떼의 춤을 볼 수 있을까 하는 기대로 방문해 보았다. 그곳에서 여러 가지 설명을 읽어 보았는데, 고창군 전 지역은 2013년부터 유네스코 생물권 보존 지역으로 지정되어 환경을 해치는 행위를 해서는 안 된다는 안내도 있었다. 아주 많은 수의 철새는 아니었지만 간간이 물 위로 날아오르는 가창오리들을 구경할 수 있었다.

㉰ 마지막으로 고창의 유명한 절인 선운사를 방문했다. 선운사는 삼국 시대 때부터 지어진 오래된 절이다. 오래된 절답게 웅장한 건물과 많은 관광객이 있었다. 선운사에서 가장 인상 깊었던 것은 선운사 뒤편의 동백나무 숲이었다. 푸른 동백나무잎 위로 하얀 눈이 소복이 쌓여 아름다운 풍경을 만들어 내고 있었다. 내가 본 가장 아름다운 숲이었다.

㉱ 고창에서 아주 오래전 역사인 고인돌에서 삼국 시대의 선운사, 앞으로 보호해야 할 철새 떼까지 한 번에 보고 나니 마치 시간을 거슬러 가는 기분이었다.

1단계

'나'는 어디에서 어디로 이동했는지 쓰시오.

• 고인돌 박물관 → (   ) → (   )

2단계

장소 변화에 따라 '내'가 한 일을 간추려 쓰시오.

장소	고인돌 박물관	(1)	(3)
한 일	고인돌의 역사를 알게 됨.	(2)	(4)

3단계

2단계에서 간추린 내용을 바탕으로 하여 이 글의 내용을 간단히 정리하여 쓰시오.

_____

_____

_____

학습 주제	우리 지역을 소개하는 글 쓰기
학습 목표	우리 지역을 소개하는 글을 쓸 계획을 짤 수 있다.

괴산 특산물, 한지

한지는 닥나무 껍질로 만든 우리 종이입니다. 괴산에서 만든 한지는 질기고 보관하기 좋아 외국으로 많이 수출한다고 합니다. 그럼 옛날 사람들은 한지를 어떻게 만들었을까요?

한지를 만드는 방법
① 닥나무 자르기　　② 닥나무 껍질 벗기기　③ 껍질 삶기　　④ 껍질 씻기
⑤ 껍질 두드리기　　⑥ 닥풀 풀기　　　　⑦ 발로 한지 뜨기　⑧ 한지 말리기

1 이 글의 주요 소재는 무엇인지 쓰시오.

(　　　　　　　　　　　)

2 다음은 글쓴이가 이 글을 쓴 과정입니다. 빈칸에 알맞은 말을 쓰시오.

조사 계획 세우기	한지 박물관 견학, 인터넷 찾아보기
글의 흐름 정하기	(1)
글에 넣을 그림이나 사진 계획하기	(2)

3 문제 **2**번의 내용을 참고하여 우리 지역을 소개할 계획을 정리하여 쓰시오.

주제 정하기	(1)
조사 계획 세우기	(2)
글의 흐름 정하기	(3)
글에 넣을 그림이나 사진 계획하기	(4)

8
단원

[1~3] 다음 글을 읽고, 물음에 답하시오.

옛날옛날, 산토끼 무툴라가 코로로 언덕의 굴속에서 살고 있었어요. 어느 날 아침, 무툴라는 코가 따끔거려서 잠에서 깼어요. 무툴라는 코로로 언덕 아래로 깡충 뛰어갔어요.

그런데 갑자기 뭔가가 "우두둑, 뚝, 쿵!" 하고 부러지는 소리가 들렸어요. 코끼리 투루가 나타난 거예요.

"안녕, 투루."

투루는 질겅질겅 풀을 씹기만 할 뿐 아무 말도 하지 않았어요.

"안녕이라고 말했잖아. 투루!"

투루는 꼬리를 한 번 실룩 움직일 뿐 여전히 아무 말도 하지 않았어요.

"안녕이라고 말했잖아. 투루!"

무툴라는 이번에는 아주 크게 소리쳤어요.

"그래서 어쩌라고? 이 꼬맹이야! 감히 아침 식사 하는 나를 귀찮게 해?"

"투루, 그렇게 거만하게 굴 것까진 없잖아! 너는 몸집이 가장 크다고 네가 가장 힘이 센 줄 알지? 난 줄다리기를 하면 널 언제든 이길 수 있어!"

"네가? 너 같은 꼬맹이가? 흥, 푸우하하하!"

"내일 아침, 내가 밧줄을 가져올게. ⊙그럼 내가 얼마나 힘이 센지 알게 될 거야!"

무툴라가 자신만만하게 말했어요.

1 이 글에 나오는 인물은 누구누구인지 쓰시오.

( ), ( )

2 코끼리 투루의 성격으로 알맞은 것을 두 가지 고르시오. ( )

① 거만하다.
② 용기가 있다.
③ 인사를 잘한다.
④ 밝고 명랑하다.
⑤ 다른 사람을 무시한다.

3 ⊙에 알맞은 표정, 몸짓, 말투는 무엇입니까?

( )

① 울먹이는 목소리로 작게
② 겁을 먹고 몸을 벌벌 떨며
③ 두 손을 모으고 고개를 숙이며
④ 고개를 뒤로 젖히고 얼굴을 찡그리며
⑤ 손을 허리에 얹고 자신만만한 표정으로

[4~8] 다음 글을 읽고, 물음에 답하시오.

㈎
• 때: 옛날 옛적, 호랑이 담배 피우던 때
• 곳: 산속
• 등장인물: 호랑이, 사냥꾼 1, 사냥꾼 2, 나그네, 소나무, 길, 토끼

㈏ 커다란 호랑이를 넣은 궤짝이 놓여 있고, 나무 밑에서 사냥꾼들이 땀을 씻으며 이야기를 하고 있다. 바람 부는 소리와 나무 흔들리는 소리가 들린다.

사냥꾼 1: 여보게, 목이 마른데 근처에 샘이 없을까?
사냥꾼 2: 나도 목이 마른데 같이 찾아볼까?
사냥꾼 1: 얼른 갔다 오세.

두 사람은 아래로 내려간다.

㈐ 호랑이: 나그네님, 제발 문고리를 따고 문짝을 좀 열어 주십시오.
나그네: ⊙뭐요? 문을 열어 달라고? 열어 주면 뛰쳐나와서 나를 잡아먹을 것이 아니오?
호랑이: 아닙니다. 제가 은혜를 모르고 그런 짓을 할 리가 있겠습니까? (앞발을 비비며 자꾸 절을 한다.)
나그네: ⊙허허, 알았소. 설마 거짓말이야 하겠소? 내가 이 궤짝 문을 열어 주리다. 그 대신 약속을 꼭 지키시오.
호랑이: 네, 얼른 좀 열어 주십시오. 배가 고파서 눈이 빠질 지경입니다.

나그네가 문을 열자, 호랑이가 뛰쳐나와서 나그네를 잡아먹으려고 덤빈다.

4 이 글에서 사건이 일어난 때와 곳을 찾아 쓰시오.

(1) 때: (   )

(2) 곳: (   )

5 이 글에서 가장 먼저 일어난 일은 무엇입니까?
(   )

① 나그네가 궤짝 문을 열어 준 일
② 호랑이가 나그네를 잡아먹으려고 덤빈 일
③ 호랑이가 나그네에게 구해 달라고 부탁한 일
④ 호랑이가 나그네를 잡아먹지 않겠다고 약속한 일
⑤ 사냥꾼이 호랑이를 궤짝에 넣어 두고 물을 마시러 간 일

6 호랑이의 말과 행동을 바탕으로 하여 호랑이의 성격을 알맞게 짐작한 친구의 이름을 쓰시오.

> 지연: 자신을 구해 준 나그네를 잡아먹으려고 했으므로 고마움을 모르는 성격이야.
> 정수: 나그네의 부탁을 들어주는 행동으로 보아, 남을 잘 돕는 성격이야.
> 경호: 나그네의 말을 다 믿는 것으로 보아 순진한 성격이야.

(   )

7 ㉠과 ㉡을 나그네의 성격과 상황에 알맞은 말투로 읽은 것을 찾아 선으로 이으시오.

(1) ㉠ •   • ㉮ 놀라고 당황한 말투

(2) ㉡ •   • ㉯ 인자하고 상냥한 말투

8 호랑이가 나그네를 잡아먹으려고 덤빌 때, 자신이 나그네라면 어떤 마음이 들었을지 쓰시오.

_____

_____

[9~10] 다음 글을 읽고, 물음에 답하시오.

> 농부: (궁금한 듯이) 여보시오, 그 많은 개구리를 다 어디에 쓰려고 잡아 가시오?
> 마을 사람: (한숨을 쉬며) 집에 먹을 것이 하나도 없어 개구리라도 구워 먹으려고 그럽니다.
>
> 이때 갑자기 개구리들이 모두 개굴개굴 슬픈 듯이 운다.
>
> 농부: (혼잣말로) 갑자기 개구리가 불쌍한 생각이 들어. (마을 사람이 가려고 하자 그 사람을 잡으며) 여보시오, 내가…… 그 개구리를 사겠소. (쌀자루를 들어 보이며) 이 쌀과 바꾸면 어떻겠소?
>
> 마을 사람은 재빨리 개구리를 농부에게 넘겨주고 쌀을 받아 간다. 농부는 개구리가 든 함지박을 들고 개울가로 걸어간다.
>
> 농부: (개울가에 개구리들을 풀어 주며) 어서 들어가거라. 잘 살거라.
> 개구리들: (합창하며) ㉠농부님, 고맙습니다! 농부님, 고맙습니다!

9 이 글에서 농부의 성격으로 알맞은 것을 두 가지 고르시오. (   )

① 착하다.   ② 뻔뻔하다.
③ 잘 속는다.   ④ 동정심이 많다.
⑤ 거짓말을 잘한다.

10 ㉠에 알맞은 말투를 다음 보기 에서 골라 쓰시오.

> **보기**
> 밝고 희망적인 말투, 슬프고 속상한 말투

(   )

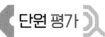

[11~15] 다음 글을 읽고, 물음에 답하시오.

하얀 토끼가 지나간다.

나그네: 토끼님, 토끼님! 재판 좀 해 주세요. 이 궤짝 속에 갇힌 호랑이를 살려 준 나하고, 살려 준 나를 잡아먹으려는 호랑이하고 누가 옳습니까?

토끼: (귀를 기울이고 한참 생각하다) 누가 누구를 살려 주었어요? 누가 누구를 잡아먹으려 해요? 아, 당신이 이 호랑이를 잡아먹으려고 해요?

나그네: 아니지요. 내가 호랑이를 잡아먹으려 하는 게 아니라, 이 호랑이가 궤짝에 갇혀 있었는데 내가 살려 주었어요.

토끼: 네, 알았습니다. 그러니까 이 호랑이하고 당신이 궤짝 속에 갇혀 있었다고요?

나그네: 아니지요. 호랑이가……

ㅡ호랑이: (답답하다는 듯이 화를 내며) 왜 이렇게 말귀를 못 알아듣지? (궤짝 속으로 들어가며) 이 궤짝 속에 내가 이렇게 있었어. 내가 이렇게 갇혀 있었단 말이야. 알았지?

㉠

㉡토끼가 얼른 달려들어 문고리를 걸어 잠근다.

토끼: (웃으면서) 이제야 알았습니다. 설명하시지 않아도 잘 알겠습니다. 호랑이님이 어떻게 이 궤짝 속에 들어갔는지 잘 알았습니다. 그럼 저는 바빠서 이만 가 보겠습니다.

나그네: (토끼를 쫓아가며) 토끼님, 대단히 고맙습니다. 이 은혜를 어떻게 갚아야 할지……

11 나그네와 호랑이는 누구에게 재판을 해 달라고 하였는지 쓰시오.

( )

12 ㉠을 읽을 때 알맞은 표정, 몸짓, 말투를 두 가지 고르시오. ( )

① 기뻐서 깡충깡충 뛰며
② 온몸을 떨며 작게 속삭이듯이
③ 크고 호통을 치는 듯한 말투로
④ 슬퍼서 눈에 눈물이 가득 고이며
⑤ 답답하다는 듯이 가슴을 두드리며

13 ㉡의 상황에서 토끼의 마음으로 알맞은 것을 두 가지 고르시오. ( )

① 멍청한 나그네는 벌을 받아야 한다.
② 자신의 꾀에 속은 호랑이가 불쌍하다.
③ 자신의 꾀로 호랑이를 벌주어 통쾌하다.
④ 호랑이가 나오기 전에 빨리 문을 잠가야겠다.
⑤ 호랑이가 나그네를 잡아먹을 수 있어 다행이다.

14 토끼의 성격은 어떠한지 쓰시오.

( )

15 이와 같은 극본을 실감 나게 읽는 방법으로 알맞지 않은 것에 ×표 하시오.

⑴ 항상 크고 또렷하게 읽는다. ( )

⑵ 말과 행동을 바탕으로 인물의 성격을 바르게 짐작한다. ( )

⑶ 주변에서 비슷한 성격의 인물의 표정이나 말투 등을 떠올린다. ( )

⑷ 자신이 그 인물이라면 어떤 표정이나 말투를 사용할지 생각한다. ( )

[16~18] 다음 글을 읽고, 물음에 답하시오.

"친구야, 미안하지만 잠깐 멈춰 주렴. 착한 토끼가 친구들에게 갖다줄 홍당무를 나르고 있단다. 눈이 너무 많이 오면 힘들잖니."
눈은 달님 얘기에 깜짝 놀랐습니다.
"그럴 리가 없어요, 달님! 이 세상에 나를 싫어하는 건 없어요. ㉠이 세상에 나보다 예쁜 건 없단 말이에요!"
눈은 화가 나서 마구 소리쳤어요.
"물론 모두 너를 좋아하지. 네가 예쁜 것도 사실이야. 하지만 친구야! 언제나 너만 좋고 예쁠 수는 없단다. 때로는 시원한 바람이 좋을 수도 있고, 때로는 촉촉한 비가 예쁠 수도 있거든. 그러니까 가끔은 가장 예쁜 자리를 남에게 양보할 줄도 알아야 해."
눈은 곰곰이 생각해 봤어요.
'달님 얘기가 맞아. 모두 나를 좋아하긴 하지만 바람이 더 좋을 때도 있고, 비가 더 예쁠 때도 있어…….
그래, 어느 누구보다 내가 예쁘고 모두가 나만 좋아한다고 생각하는 건 잘못이야!'
그때부터 눈은 노래를 부르지 않고 소리 없이 내렸어요. 혹시 자기 때문에 힘들어하는 친구들이 있을까 봐서, 또 노랫소리 때문에 잠 못 자는 친구들이 있을까 봐서요.

서술형

16 달님이 눈에게 잠깐 멈춰 달라고 말한 까닭을 쓰시오.

_____

_____

17 ㉠을 말할 때 눈의 표정으로 알맞은 것을 찾아 기호를 쓰시오.

( )

18 이 글에 대한 생각이나 느낌으로 알맞지 <u>않은</u> 것은 무엇입니까? ( )
① 이 세상에서 나만 항상 옳고 예쁜 것은 아님을 깨달았다.
② 철이 없던 눈이 달님의 말을 듣고 깨닫는 모습이 감동적이다.
③ 눈이 소리 없이 세상에 내려오는 까닭을 재미있게 나타냈다.
④ 화가 난 눈에게 상냥하게 잘못을 말해 주는 달님의 모습이 인상적이다.
⑤ 눈을 질투하는 달님의 모습을 보며 친구를 자주 질투하는 내 모습이 떠올랐다.

19 「토끼의 재판」 연극 발표회를 준비할 때 할 일로 알맞은 것을 모두 고르시오. (   )
① 어떤 모둠이 어느 부분을 공연할지 정한다.
② 더 필요하거나 빠진 소품은 없는지 확인한다.
③ 발표회에 필요한 소품은 전부 사서 준비한다.
④ 역할에 어울리는 표정, 몸짓, 말투 등을 연습한다.
⑤ 호랑이, 나그네, 토끼 등의 역할을 모두 함께 맡는다.

20 연극을 볼 때 지켜야 할 예절로 알맞지 <u>않은</u> 것은 무엇입니까? ( )
① 집중해서 본다.
② 이야기를 하지 않는다.
③ 발표를 끝낸 친구에게 박수를 쳐 준다.
④ 선생님께 궁금한 점을 여쭈어보며 본다.
⑤ 다른 친구들이 발표할 때 연습하지 않는다.

학습 주제	인물의 성격을 생각하며 극본 읽기
학습 목표	극본의 내용을 파악하고 인물의 마음을 짐작할 수 있다.

㉮ 나그네가 문을 열자, 호랑이가 뛰쳐나와서 나그네를 잡아먹으려고 덤빈다.

나그네: 이게 무슨 짓이오? 약속을 지키지 않고…….
호랑이: 하하, 궤짝 속에서 한 약속을 궤짝 밖에 나와서도 지키라는 법이 어디 있어?
㉯ 나그네: 소나무님, 소나무님! 당신도 보셨으니까 사정을 아시지요? 호랑이가 옳습니까, 제가 옳습니까?
소나무: 물론 호랑이가 옳지. 왜냐하면 사람은 내가 맑은 공기를 마시게 해 주는데도 나를 마구 꺾고 베어 버리기 때문이야. 호랑이야, 얼른 잡아먹어 버려라.
호랑이: 자, 어때? 내가 옳지?
나그네: (머리를 긁으며) 길한테 한 번 더 물어보세. 길님, 길님! 다 보고 들으셨지요? 호랑이가 옳습니까, 제가 옳습니까?
길: 물론 호랑이가 옳지. 왜냐하면 사람들은 날마다 나를 밟고 다니면서도 고맙다는 말 한마디를 하지 않기 때문이야. 코나 흥흥 풀어 팽개치고, 침이나 탁탁 뱉잖아? 호랑이야, 얼른 잡아먹어 버려라.

호랑이가 입을 쩍 벌리고 나그네를 잡아먹으려고 한다.

나그네: (기운 없는 목소리로) 잠깐, 한 번 더 물어봐야지. 재판도 세 번은 해야 하지 않소?
호랑이: (자신만만하게) 그래? 그러면 이번이 마지막이다.

1단계

호랑이를 궤짝에서 꺼내 준 인물은 누구인지 쓰시오.

(   )

2단계

이 글에서 일어난 일을 차례대로 정리하여 쓰시오.

나그네가 궤짝의 문을 열자 호랑이는 나그네를 잡아먹겠다고 위협함.	➡	(1)	➡	(2)

3단계

2단계에서 정리한 내용을 바탕으로 하여 자신이 나그네라면 어떤 마음이 들었을지 쓰시오.

_____

_____

학습 주제	알맞은 표정, 몸짓, 말투를 생각하며 극본 읽기
학습 목표	상황에 알맞은 표정, 몸짓, 말투를 떠올릴 수 있다.

> 나그네: 토끼님, 토끼님! 재판 좀 해 주세요. 이 궤짝 속에 갇힌 호랑이를 살려 준 나하고, 살려 준 나를 잡아먹으려는 호랑이하고 누가 옳습니까?
>
> 토끼: (귀를 기울이고 한참 생각하다) 누가 누구를 살려 주었어요? 누가 누구를 잡아먹으려 해요? 아, 당신이 이 호랑이를 잡아먹으려고 해요?
>
> 나그네: 아니지요. 내가 호랑이를 잡아먹으려 하는 게 아니라, 이 호랑이가 궤짝에 갇혀 있었는데 내가 살려 주었어요.
>
> 토끼: 네, 알았습니다. 그러니까 이 호랑이하고 당신이 궤짝 속에 갇혀 있었다고요?
>
> 나그네: 아니지요. 호랑이가…….
>
> 호랑이: (답답하다는 듯이 화를 내며) 왜 이렇게 말귀를 못 알아듣지? (궤짝 속으로 들어가며) 이 궤짝 속에 내가 이렇게 있었어. 내가 이렇게 갇혀 있었단 말이야. 알았지?
>
> 토끼가 얼른 달려들어 문고리를 걸어 잠근다.
>
> 토끼: (웃으면서) 이제야 알았습니다. 설명하시지 않아도 잘 알겠습니다. 호랑이님이 어떻게 이 궤짝 속에 들어갔는지 잘 알았습니다. 그럼 저는 바빠서 이만 가 보겠습니다.

1 이 글의 등장인물을 모두 쓰시오.

(   )

2 호랑이가 답답해한 까닭을 쓰시오.

3 다음 상황에서 토끼의 마음을 짐작해 보고, 알맞은 표정, 몸짓, 말투를 떠올려 쓰시오.

상황	토끼의 마음
	(1)
표정, 몸짓, 말투	(2)

[1~2] 다음 글을 읽고, 물음에 답하시오.

> **㉮** 부벨라는 정원사에게 걱정거리를 솔직히 털어놓았어요.
>
> "지렁이가 저희 집에 차를 마시러 오기로 했어요. 그런데 저는 지렁이가 무얼 먹고 사는지, 무슨 음식을 좋아하는지 모르겠어요. 바나나케이크를 좋아할 것 같지는 않은데……."
>
> 정원사는 가만히 생각에 잠겼어요.
>
> "지렁이들은 멀리 다니지 않으니까 어쩌면 다른 집 정원의 흙을 좋아할 것 같구나. 진흙파이를 만들어 주면 어떻겠니?"
>
> **㉯** 부벨라는 손을 들어 정원사를 가리켰어요. 그러자 손이 점점 더 간지러워지고 따뜻해졌어요. 그리고 깜짝 놀랄 만한 일이 벌어졌어요. 갑자기 정원사가 허리를 꼿꼿하게 펴더니 똑바로 선 거예요. 정원사는 한 발자국 한 발자국 내디디며 보다가 덩실덩실 춤을 추었어요.
>
> 정원사가 웃으며 큰 소리로 외쳤어요.
>
> ㉠"이제 하나도 아프지가 않아!"

1. 작품을 보고 느낌을 나누어요

1 정원사가 부벨라에게 추천해 준 음식은 무엇입니까?

(   )

① 차   ② 빵
③ 자갈   ④ 진흙파이
⑤ 바나나케이크

1. 작품을 보고 느낌을 나누어요

2 ㉠에 알맞은 표정, 몸짓, 말투를 바르게 말한 친구의 이름을 쓰시오.

> 승아: 활짝 웃으며 덩실덩실 춤을 추고 큰 소리로 외치는 것이 좋겠어.
> 윤지: 시무룩한 표정으로 손을 주무르면서 작은 목소리로 말하는 것이 어울려.
> 형준: 깜짝 놀란 얼굴로 두 손을 번쩍 들고 작은 소리로 말하는 것이 어울려.

(   )

[3~5] 다음 글을 읽고, 물음에 답하시오.

> **㉮** 계절별로 날씨와 관련이 있는 토박이말을 알아보자. 토박이말은 우리말에 본디부터 있던 말이나 그것에 더해 새로 만들어진 말이다. 다른 말로 순우리말, 고유어라고도 한다. 옛날부터 우리 할아버지, 할머니께서 만들어 써 오신 말이 토박이말이다.
>
> **㉯** 봄 날씨를 나타내는 토박이말에는 '꽃샘추위', '꽃샘바람', '소소리바람' 같은 말이 있다. 이른 봄, 꽃이 필 무렵에 찾아오는 ㉠추위를 '꽃샘추위'라고 한다. 여기서 '샘'은 시기, 질투라는 뜻이다. 그래서 '꽃샘추위'는 꽃이 피는 것을 시샘하듯 몰아닥친 추위라는 뜻이 된다. 꽃샘추위 때 부는 바람은 '꽃샘바람'인데, 이보다 차고 매서운 바람은 '소소리바람'이다.
>
> **㉰** 여름 날씨를 나타내는 토박이말에는 '마른장마', '무더위', '불볕더위' 같은 말이 있다. 여름이면 어김없이 장마와 더위가 찾아온다. 장마 때에는 비가 많이 오는데, 장마인데도 비가 오지 않거나 적게 오면 '마른장마'라고 한다. 더위는 크게 '무더위'와 '불볕더위'로 나눌 수 있다.

2. 중심 생각을 찾아요

3 이 글은 무엇에 대해 설명하는지 빈칸에 알맞은 낱말을 쓰시오.

• 날씨와 관련이 있는 (   )

2. 중심 생각을 찾아요

4 봄과 관련이 있는 토박이말을 두 가지 고르시오.

(   )

① 무더위   ② 꽃샘추위
③ 마른장마   ④ 불볕더위
⑤ 소소리바람

2. 중심 생각을 찾아요

5 ㉠과 뜻이 반대인 낱말을 이 글에서 찾아 두 글자로 쓰시오.

(   )

[6~8] 다음 글을 읽고, 물음에 답하시오.

⊙"아이고, 배야."

동생 주혁이가 끙끙 앓는 소리에 잠에서 깼다.

"열이 39도가 넘잖아! 배도 많이 아파하고, 큰일이네."

걱정스럽게 말씀하시는 아빠의 목소리도 들렸다. 나는 눈을 비비고 자리에서 일어났다.

"아빠, 무슨 일이에요?"

나는 주혁이 머리맡에 앉아 계신 아빠 옆으로 다가갔다.

"주혁이가 열이 많이 나는구나. 아무래도 장염에 걸린 것 같다. 이번 가을에만 ⓒ두번째네."

아빠께서 걱정스럽게 말씀하셨다. 주혁이는 얼굴을 찡그리며 힘들어했다. 아빠께서 병원에 갈 채비를 하시는 동안 나는 주혁이 옆에 앉아 있었다.

ⓒ"누나, 나아파."

주혁이가 눈물이 그렁그렁한 얼굴로 말했다.

"병원 다녀오면 금방 나을 거야."

나는 ②주혁이의이마에 차가운 물수건을 얹어 주었다.

ⓜ마음이아팠다. 동생이 얼른 나았으면 좋겠다.

6 이 글에서 글쓴이가 겪은 인상 깊은 일은 무엇입니까? (   )

① 동생과 다툰 일
② 동생이 아팠던 일
③ 엄마께서 편찮으셨던 일
④ 아빠께서 '나'를 꾸중하신 일
⑤ '내'가 자다가 무서운 꿈을 꾼 일

7 이 글에는 글쓴이의 어떤 마음이 나타나 있습니까?

(   )

① 아빠께 감사한 마음
② 아빠께 죄송한 마음
③ 동생이 얄미운 마음
④ 동생이 걱정되는 마음
⑤ 자신의 잘못을 후회하는 마음

8 ⊙~ⓜ을 바르게 띄어쓰기를 하여 고쳐 쓴 것을 모두 고르시오. (   )

① ⊙ "아이고, 배야."
② ⓒ 두번 째네.
③ ⓒ "누나, 나 아파."
④ ② 주혁이의 이마에
⑤ ⓜ 마음이 아팠다.동생이

[9~10] 다음 글을 읽고, 물음에 답하시오.

내 몸에 불덩이가 들어왔다. ―뜨끈뜨끈. 불덩이를 따라 몹시 추운 사람도 들어왔다. ―오들오들.	약을 먹고 나니 느릿느릿, 거북이도 들어오고 까무룩, 잠꾸러기도 들어왔다.

9 이 시에서 약을 먹고 몹시 졸린 상태를 나타내는 감각적 표현을 찾아 쓰시오.

(   )

10 이 시를 알맞은 방법으로 읽은 친구는 누구인지 쓰시오.

소진: 힘없는 목소리로 읽었어.

재민: 빠르게 달리는 몸짓을 하며 읽었어.

유리: 친구와 한 글자씩 번갈아 가며 읽었어.

(   )

[11~12] 다음 글을 읽고, 물음에 답하시오.

5. 바르게 대화해요

11 대화 ㉮의 ㉠에 들어갈 말로 알맞은 것에 ○표 하시오.

(1) 나왔습니다. ( )

(2) 나오셨습니다. ( )

5. 바르게 대화해요

12 ㉡을 알맞게 고쳐 쓰시오.

( )

6. 마음을 담아 글을 써요

13 달리기를 하다가 넘어진 친구에게 할 말로 알맞지 않은 것은 무엇입니까? ( )

① 괜찮니?

② 다친 데는 없니?

③ 넘어질 줄 알았어.

④ 넘어져서 아프겠다.

⑤ 많이 아프면 내가 가방을 들어 줄게.

[14~15] 다음 글을 읽고, 물음에 답하시오.

㉮ 두근두근, 두근두근!

드디어 월드컵 개막식이 시작되었어.

각 나라를 대표하는 선수들이 운동장으로 줄지어 들어오고 있어.

커다란 국기를 펼쳐 들고서 말이야.

갖가지 무늬와 색깔의 국기들이 물결처럼 출렁거려.

그런데 왜 국기를 들고 입장하냐고?

국기는 그 나라를 나타내는 깃발이거든.

㉯ 국기에는 그 나라의 자연이 담겨 있어.

캐나다에는 설탕단풍 나무가 많이 자라.

설탕단풍 나무는 캐나다처럼 추운 날씨에 잘 자라거든.

가을에 붉은색으로 단풍이 들면 얼마나 고운지 몰라.

캐나다 사람들은 설탕단풍 나무에서 나오는 즙으로 달콤한 메이플시럽을 만들어 먹기도 해.

그래서 캐나다 사람들은 국기에 빨간 단풍잎을 그려 넣었어.

서술형

7. 글을 읽고 소개해요

14 월드컵 개막식에서 각 나라를 대표하는 선수들이 국기를 들고 입장하는 까닭을 쓰시오.

_____

_____

7. 글을 읽고 소개해요

15 캐나다 국기에는 무엇이 담겨 있습니까? ( )

① 땅 ② 전설

③ 역사 ④ 자연

⑤ 음식

[16~17] 다음 글을 읽고, 물음에 답하시오.

우리 가족은 할머니 생신을 맞아 주말에 여행을 다녀왔다. 여행지는 전라북도 고창으로 예전에 텔레비전 여행 방송에서 본 기억이 있어서, 가기 전부터 많이 설레었다.

토요일 아침 일찍 출발해서, 맨 처음 도착한 고창 관광지는 고인돌 박물관이었다. 고인돌 박물관에서는 영화와 유물들을 보면서 고인돌의 역사를 알 수 있었다. 박물관 일 층에서는 고인돌 영화를 봤고 이 층에서는 고인돌과 관련된 여러 유물을 봤다. 박물관을 다 둘러보고 나니 고인돌 박사가 된 것 같은 기분이었다.

다음으로 간 곳은 동림 저수지 야생 동식물 보호 구역이었다. 동림 저수지는 겨울 철새가 많이 찾는 곳으로 우리 가족도 혹시 철새 떼의 춤을 볼 수 있을까 하는 기대로 방문해 보았다.

8. 글의 흐름을 생각해요

16 이 글은 어떤 흐름에 따라 쓴 글인지 알맞은 것을 찾아 쓰시오.

일 차례, 장소 변화, 원인과 결과

( )

8. 글의 흐름을 생각해요

17 글쓴이가 고인돌 박물관에서 한 일을 두 가지 고르시오. ( )

① 고인돌 영화를 봤다.
② 고인돌 만들기 체험을 했다.
③ 고인돌 옆에서 점심을 먹었다.
④ 고인돌의 모습을 그림으로 그렸다.
⑤ 고인돌과 관련된 여러 유물을 봤다.

[18~20] 다음 글을 읽고, 물음에 답하시오.

㉮ 호랑이: ㉠나그네님, 제발 문고리를 따고 문짝을 좀 열어 주십시오.

나그네: 뭐요? 문을 열어 달라고? 열어 주면 뛰쳐나와서 나를 잡아먹을 것이 아니오?

호랑이: 아닙니다. 제가 은혜를 모르고 그런 짓을 할 리가 있겠습니까? (앞발을 비비며 자꾸 절을 한다.)

㉯ 나그네가 문을 열자, 호랑이가 뛰쳐나와서 나그네를 잡아먹으려고 덤빈다.

나그네: 이게 무슨 짓이오? 약속을 지키지 않고……

호랑이: 하하, 궤짝 속에서 한 약속을 궤짝 밖에 나와서도 지키라는 법이 어디 있어?

서술형

9. 작품 속 인물이 되어

18 ㉠은 어떤 말투로 읽어야 할지 쓰시오.

_____

_____

9. 작품 속 인물이 되어

19 호랑이의 성격으로 알맞은 것은 무엇입니까?

( )

① 게으르다.　　② 뻔뻔하다.
③ 겁이 많다.　　④ 남을 잘 돕는다.
⑤ 수줍음이 많다.

9. 작품 속 인물이 되어

20 인물에게 물어보기 놀이를 할 때, 호랑이의 입장에서 다음 질문에 답할 내용으로 알맞은 것의 기호를 쓰시오.

궤짝에서 나오자마자 그렇게 마음을 바꾸는 것은 너무하지 않나요?

㉮ 나오자마자 배가 너무 고파서 어쩔 수가 없었습니다. ㉯ 나그네가 먼저 약속을 지키지 않았으니 나만 잘못한 것은 아닙니다.

( )

[1~2] 다음 그림을 보고, 물음에 답하시오.

장금이와 동이가 처음으로 수라간 상궁을 보게 됩니다.

1. 작품을 보고 느낌을 나누어요

1 이 장면에서 알 수 있는 장금이의 마음은 무엇입니까? (   )

① 놀라고 궁금한 마음
② 슬프고 허전한 마음
③ 즐겁고 신나는 마음
④ 어둡고 무거운 마음
⑤ 미안하고 후회하는 마음

1. 작품을 보고 느낌을 나누어요

2 장금이의 상황에 어울리는 말투는 무엇입니까?

(   )

① 거친 목소리
② 흐느끼는 목소리
③ 부드러운 목소리
④ 작고 느린 목소리
⑤ 높고 빠른 목소리

[3~5] 다음 글을 읽고, 물음에 답하시오.

㉮ 어민들은 갯벌에서 수산물을 키우고 거두어 돈을 법니다. 어민들은 갯벌에서 조개나 물고기, 낙지 따위를 잡아 ㉠팝니다. 또 갯벌은 생물이 살기에 좋은 환경이므로 어민들이 바다 생물들을 직접 키우기도 합니다. 이것을 양식이라고 하는데, 양식은 농민들이 밭이나 논에서 농작물을 키워 파는 것과 비슷합니다.

㉯ 갯벌은 기후를 조절하고 홍수를 줄여 주는 역할을 합니다. 갯벌 흙은 물을 많이 흡수해 저장했다가 내보내는 기능을 합니다. 그러므로 갯벌은 비가 많이 오면 빗물을 저장해 갑작스러운 홍수를 막아 줍니다.

㉰ 갯벌은 쓸모없는 땅이 아니라 우리와 함께 살아가는 소중한 장소입니다. 소중한 갯벌을 잘 보존해야겠습니다.

2. 중심 생각을 찾아요

3 문단 ㉮의 중심 문장을 찾아 쓰시오.

(   )

2. 중심 생각을 찾아요

4 이 글 전체의 중심 생각을 찾아 기호를 쓰시오.

> ㉮ 갯벌의 좋은 점을 찾아보자.
> ㉯ 갯벌의 좋은 점을 살려 갯벌을 개발하자.
> ㉰ 갯벌이 주는 좋은 점을 알고 갯벌을 잘 보존하자.

(   )

2. 중심 생각을 찾아요

5 ㉠과 뜻이 반대인 낱말은 무엇입니까? (   )

① 폅니다
② 삽니다
③ 압니다
④ 쉽습니다
⑤ 잡습니다

3. 자신의 경험을 글로 써요

6 자신의 경험에서 인상 깊은 일을 글로 쓰는 방법으로 알맞지 <u>않은</u> 것은 무엇입니까? (   )

① 있었던 일을 자세히 쓴다.

② 띄어쓰기를 바르게 하여 쓴다.

③ 글을 다 쓴 뒤에는 다시 읽지 않는다.

④ 어떤 생각이나 느낌이 들었는지 쓴다.

⑤ 친구들이 이해하기 쉽고 재미있는 표현으로 쓴다.

3. 자신의 경험을 글로 써요

7 다음 문장을 알맞게 띄어 쓰시오.

> 마음이아팠다. 동생이얼른나았으면좋겠다.

(   )

[8~9] 다음 시를 읽고, 물음에 답하시오.

> 강가 고운 모래밭에서
> 발가락 옴지락거려
> ㉠두더지처럼 파고들었다.
>
> 지구가 간지러운지
> ㉡굼질굼질 움직였다.
>
> 아, 내 작은 신호에도
> 지구는 대답해 주는구나.
>
> 그 큰 몸짓에
> 이 조그마한 발짓
> 그래도 지구는 대답해 주는구나.

4. 감동을 나타내요

8 이 시에서 ㉠과 같이 표현한 것은 어떤 모습입니까?

(   )

① 땅이 가라앉는 모습

② 갯벌에서 발이 움푹 빠지는 모습

③ 모래밭에 열심히 모래성을 만드는 모습

④ 강가 모래밭에 나무가 뿌리를 내리는 모습

⑤ 발가락을 구부려서 모래밭에 파고드는 모습

4. 감동을 나타내요

9 ㉡이 나타내는 모습으로 가장 알맞은 것은 무엇입니까? (   )

① 매우 빠르게 움직이는 모습

② 느리게 조금씩 움직이는 모습

③ 움직이지 않고 가만히 있는 모습

④ 이리저리 정신없이 움직이는 모습

⑤ 매우 커다란 몸짓을 하며 움직이는 모습

5. 바르게 대화해요

10 다음을 웃어른께 하는 말로 고쳐 쓰시오.

> "응. 이 책이 재미있어."

(   )

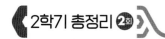

5. 바르게 대화해요

11 전화로 대화할 때 주의할 점이 <u>아닌</u> 것은 어느 것입니까? (   )

① 상대의 상황을 헤아린다.
② 전화를 걸면 하고 싶은 말부터 한다.
③ 공공장소에서는 작은 목소리로 대화한다.
④ 말할 내용은 정확하고 구체적으로 표현한다.
⑤ 상대의 얼굴을 보지 않고 이야기하므로 더 공손하게 말한다.

[12~13] 다음 글을 읽고, 물음에 답하시오.

친구들이 책가방을 향해 얌체공을 던졌어요. 박 터뜨리기 연습을 하고 있는 거예요. 운동회가 코앞으로 다가왔지만 기찬이는 멀찍이 앉아 물끄러미 친구들을 쳐다보았어요.
'치, 하나도 재미없어!'
기찬이는 운동에 자신이 없었거든요. 심술이 나 돌멩이를 발로 뻥 차 버렸어요. 그런데 기찬이가 찬 돌멩이가 그만 책가방을 맞혀 버렸어요.
"으악!"
공책과 연필이 친구들의 머리 위로 우수수 쏟아졌어요.
"나기찬, 방해하지 말고 집에나 가!"
머리에 혹이 난 친구들이 화가 나서 한마디씩 거들었어요. 기찬이는 사과를 하려고 했지만 할 말이 생각나지 않았어요.
"난 운동회가 정말 싫어!"
기찬이는 교문 밖으로 후다닥 달려 나갔어요.

6. 마음을 담아 글을 써요

12 기찬이의 마음으로 알맞은 것을 두 가지 찾아 기호를 쓰시오.

⑦ 운동을 잘 못해서 속상하다.
④ 운동회가 코앞으로 다가와 설렌다.
⑤ 친구들에게 사과를 제대로 못 해서 당황스럽다.

(   )

6. 마음을 담아 글을 써요

13 기찬이의 입장에서 친구들에게 마음을 전하는 말을 쓰시오.

_____

_____

7. 글을 읽고 소개해요

14 다음 글에서 설명하는 놀이를 할 때 준비해야 할 일로 알맞은 것을 찾아 ○표 하시오.

'앉아서 하는 피구'는 공 하나로 교실에서 쉽게 즐길 수 있는 놀이이다. 먼저 교실에 있는 책상을 모두 뒤로 밀어 가로로 긴 네모 모양으로 피구장을 만든다. 그다음에는 학급 친구 전체를 두 편으로 나누고 두 편 대표가 가위바위보를 해서 먼저 공격할 쪽을 정한다.

(1) 공 두 개 준비하기   (   )
(2) 동그란 모양의 피구장 만들기   (   )
(3) 학급 친구 전체를 두 편으로 나누기   (   )

7. 글을 읽고 소개해요

15 독서 감상문을 쓰는 방법으로 알맞지 <u>않은</u> 것은 무엇입니까? (   )

① 책 제목을 소개한다.
② 책 내용과 인상 깊은 부분만 쓴다.
③ 책을 쓴 사람을 반드시 소개할 필요는 없다.
④ 중요한 내용이나 사건을 골라 책 내용을 쓴다.
⑤ 책에서 가장 기억에 남는 부분을 떠올려 인상 깊은 부분을 쓴다.

[16~18] 다음 글을 읽고, 물음에 답하시오.

㉮ 어제 과학 관찰 보고서를 쓰려고 동물원에 갔다. 내 보고서 주제는 '날개가 있는 동물'로, 동물원의 많은 동물 가운데에서도 날개가 있는 동물을 찾아 관찰하는 것이다.

㉯ 동물원 입구를 지나 가장 먼저 간 곳은 '곤충관'이었다. 곤충관에는 여러 지역의 곤충들이 전시되어 있었는데, 날개가 있는 동물로 나비와 벌, 메뚜기와 같은 곤충들이 있었다.

㉰ 곤충관 바로 옆은 '야행관'이었는데 주로 밤에 활동하는 동물들이 있는 곳이었다. 야행관에도 날개가 있는 동물들이 있었다. 바로 박쥐와 올빼미였다. 외국에서 산다는 과일박쥐도 인상 깊었지만, 내 눈길을 끈 것은 수리부엉이이다. 수리부엉이는 천연기념물로 몸길이가 70센티미터나 될 정도로 큰 새이다. 날개를 접고 나뭇가지에 앉아 있는 것을 관찰했는데, 붉은 눈과 앞뒤로 자유롭게 움직이는 목이 신기했다. 가끔 날개를 펴고 앉은 자세를 고치기도 했는데, 날개를 퍼덕이는 모습에 큰 바람이 일 것 같았다.

서술형

16 8. 글의 흐름을 생각해요
'내'가 동물원에 간 까닭은 무엇인지 쓰시오.

_____

_____

17 8. 글의 흐름을 생각해요
이 글은 무엇에 따라 간추리는 것이 좋은지 알맞은 것을 골라 쓰시오.

| 일 차례, | 시간 흐름, | 장소 변화 |

(   )

18 8. 글의 흐름을 생각해요
내가 야행관에서 관찰한 동물이 **아닌** 것은 무엇입니까? (   )

① 박쥐   ② 올빼미   ③ 메뚜기
④ 과일박쥐   ⑤ 수리부엉이

[19~20] 다음 글을 읽고, 물음에 답하시오.

㉮ 호랑이: 나그네님, 저를 좀 구해 주십시오.
나그네: (궤짝을 들여다보고) 이크, 호랑이구려! 무슨 일이오?
호랑이: 나그네님, 제발 문고리를 따고 문짝을 좀 열어 주십시오.
나그네: 뭐요? 문을 열어 달라고? 열어 주면 뛰쳐나와서 나를 잡아먹을 것이 아니오?
호랑이: 아닙니다. 제가 은혜를 모르고 그런 짓을 할 리가 있겠습니까? (앞발을 비비며 자꾸 절을 한다.)
나그네: 허허, 알았소. 설마 거짓말이야 하겠소? 내가 이 궤짝 문을 열어 주리다. 그 대신 약속을 꼭 지키시오.

㉯ 나그네가 문을 열자, 호랑이가 뛰쳐나와서 나그네를 잡아먹으려고 덤빈다.

나그네: ㉠이게 무슨 짓이오? 약속을 지키지 않고…….
호랑이: 하하, 궤짝 속에서 한 약속을 궤짝 밖에 나와서도 지키라는 법이 어디 있어?

19 9. 작품 속 인물이 되어
나그네의 성격을 알맞게 짐작한 친구는 누구인지 쓰시오.

> 지호: 호랑이에게 쉽게 속는 것으로 보아, 지혜로운 성격이야.
> 원우: 약속을 지키지 않고도 당당한 것으로 보아, 뻔뻔한 성격이야.
> 라엘: 호랑이의 부탁을 무시하지 못하는 것으로 보아, 남을 걱정하고 잘 돕는 성격이야.

(   )

20 9. 작품 속 인물이 되어
㉠에 어울리는 말투는 무엇입니까? (   )

① 억울한 듯이
② 즐거운 듯이
③ 호통을 치듯이
④ 크고 당당하게
⑤ 느리고 여유롭게

총정리

여기까지 온 너,
이미 넌 백점이야

탄탄한 개념의 시작
큐브수학!

큐브
수학
개념

새 교과서 완벽 반영
NEW

새 교과서
개념을
쉽게

반복
학습으로
탄탄하게

무료
강의로
빠짐없이

수학 1등 되는 **큐브수학**

2022 NEW

큐브
수학
개념

개념 완성

큐브
수학
응용

개념+응용 완성

큐브
수학
실력

유형 정복

큐브
수학
심화

심화 공략

동아출판

평가북

백점 국어 **3·2**

강의가 더해진, 교과서 맞춤 학습

백점

국어 3·2

친절한 해설북

- 한눈에 보이는 **정확한 답**
- 한번에 이해되는 **자세한 풀이**

동아출판

차례

백점 국어 빠른 정답

QR코드를 찍으면 **정답과 해설**을
쉽고 빠르게 확인할 수 있습니다.

모바일
빠른 정답

1. 작품을 보고 느낌을 나누어요

8쪽 개념 확인 문제

1 몸짓 **2** 생생하게 **3** (2) ○ **4** 시완

1 표정, 몸짓, 말투에 주의하며 말하면 듣는 사람에게 자신의 마음을 더 잘 전할 수 있습니다.

2 표정, 몸짓, 말투에 주의하며 말하면 듣는 사람에게 자신의 생각을 더 생생하게 전달할 수 있습니다.

3 인물의 표정, 몸짓, 말투에 주의하며 만화 영화를 보고, 만화 영화에서 재미있거나 감동받은 부분을 찾아봅니다. 또, 인물의 말과 행동을 보고 자신이라면 어떻게 했을지 이야기해 봅니다.

4 인물에게 알맞은 표정, 몸짓, 말투를 생각하며 작품을 읽고 대화를 나눌 때에는 표현할 장면의 상황에 어울리는 표정으로 표현해야 합니다.

9쪽 어휘·문법 확인 문제

1 (1) ㉲ (2) ㉮ (3) ㉯ **2** 물끄러미 **3** (1) 예외 (2) 초조하게 **4** 무르페

1 표정은 마음속에 품은 감정이나 정서 따위의 심리 상태가 겉으로 드러남. 또는 그런 모습을 뜻하고, 몸짓은 몸을 놀리는 모양, 말투는 말을 하는 버릇이나 본새를 뜻합니다.

2 '우두커니 한곳만 바라보는 모양.'은 '물끄러미'의 뜻입니다.

3 환경 문제에 대해서는 선진국이나 후진국이나 벗어날 수 없단 것이므로 '예외'가 들어가는 것이 알맞고, 친구가 대기실에서 자기 순서를 기다릴 때의 마음은 애가 타서 조마조마할 것이므로 '초조하게'가 들어가는 것이 알맞습니다.

4 '무릎에'는 [무르페]라고 발음하는 것이 알맞습니다.

10~15쪽 교과서 독해

장금이의 꿈 10쪽 **1** (1) ○ **2** 이안 **3** 생각시 **4** ⓐ 고개를 숙이며
미미 언니 자두 11쪽 **5** ④, ⑤ **6** ㉯ **7** 활짝 웃으며, 다정한 **8** ⓐ 미미의 마음을 알게 된 자두는 미미를 위해 자신의 무대를 망침.

거인 부벨라와 지렁이 친구 12~15쪽 **9** ⓐ 부벨라가 거인이기 때문에 **10** ①, ② **11** (1) ○ **12** ⓐ 이 세상 모든 것이 다 자신보다 크기 때문에 큰 것들에게 말 붙이기를 겁냈다면 자신은 계속 입을 다물고 살아야 했을 것이라고 말했습니다. **13** (2) ○ **14** 물끄러미 **15** 재경 **16** ③, ⑤ **17** ④ **18** ⑤ **19** ㉮, ㉯ **20** (1) ○ (2) ○ **21** ⑤ **22** (1) ⓐ 몸을 앞뒤로 흔들며 (2) ⓐ 크고 환하게 웃음을 지으며 **23** 과장된 **24** (1) 진흙파이 (2) 이야기꽃

1 장면 ❸에서 장금이는 국수를 쏟은 것에 대해 사과하고 있으므로 죄송한 마음이 담긴 표정을 짓는 것이 알맞습니다.

2 장면 ❹에서 장금이는 궁에 갈 수 있게 되어 기쁜 마음에 눈물을 글썽이고 있으므로 화난 목소리로 소리를 지르며 말하는 것은 알맞지 않습니다.

3 조선 시대에 궁궐에 소속된 궁녀 중, 관례를 치르지 않은 어린 궁녀를 '생각시'라고 하였습니다.

4 장면 ❸에서는 장금이가 죄송한 마음을 표현해야 하는 상황이 나타나 있습니다. 따라서 '고개를 숙이며'와 같은 몸짓이 알맞습니다.

장면	❷	❸	❹
마음	놀라움	죄송함.	기쁨
몸짓	몸을 앞으로 기울이며	ⓐ 고개를 숙이며	두 손에 힘을 꼭 주며

5 미미는 자신이 아니라 언니에게만 관심이 쏠리고, 엄마가 자신의 이름이 아니라 언니의 이름만 넣어서 '자두 엄마'라고 불리는 것을 듣고 속상하고 섭섭하였을 것입니다.

6 ㉠은 자두가 동생 미미가 자신보다 더 유명해지고 싶어서 몰래 발레를 배웠다는 사실을 알게 되어 놀라고 당황한 상황이므로 더듬거리는 목소리가 알맞습니다.

7 장면 ❺에서 미미와 자두는 화해를 하였으므로 활짝 웃으며 다정한 목소리로 말하는 것이 알맞습니다.

8 장면 ❸과 ❹에는 미미의 마음을 알게 된 자두가 미미를 위해 자신의 무대를 망쳤던 이야기가 나타나 있습니다.

장면 ❶, ❷	미미는 사람들이 언니에게만 관심을 기울여 화가 남.
장면 ❸, ❹	**예** 미미의 마음을 알게 된 자두는 미미를 위해 자신의 무대를 망침.
장면 ❺	학예회에서 인기상을 탄 미미는 자두와 화해를 하게 됨.

9 부벨라는 거인이어서 모든 사람이 부벨라를 무서워했습니다.

10 ㉠은 자신을 보고 무서워하지 않는 지렁이를 본 부벨라가 놀라서 묻는 장면이므로 놀란 표정으로 목소리를 높이며 말하는 것이 알맞습니다.

> **왜 답이 아닐까?**
> ③ 슬플 때 짓는 표정입니다.
> ④ 조용히 말해야 할 때 쓰는 목소리입니다.
> ⑤ 화가 났을 때 짓는 표정입니다.

11 부벨라는 거인이고 지렁이는 아주 작으므로 쪼그리고 앉아서 말하는 몸짓이 알맞습니다.

12 지렁이는 이 세상 모든 것이 다 자신보다 크기 때문에 큰 것들에게 말 붙이기를 겁냈다면 자신은 계속 입을 다물고 살아야 했을 것이라고 말했습니다.

> **채점 tip** 지렁이 자신보다 세상 모든 것이 다 크기 때문에 큰 것들에게 말 붙이기를 겁냈다면 계속 입을 다물고 살아야 했을 것이라는 내용을 썼으면 정답으로 합니다.

13 부벨라는 지렁이가 바나나케이크를 싫어할지도 모른다는 생각이 들어서 초조하고 당황스러웠습니다.

14 두 문장에 나타난 빈칸의 앞뒤에는 모두 우두커니 얼굴을 바라보는 상황이 나타나 있으므로 '물끄러미'가 들어가는 것이 알맞습니다.

15 정원사가 아파 보인다고 하였으므로 정원사에게는 얼굴을 찌푸리는 표정과 아픈 곳을 손으로 짚는 몸짓이 알맞습니다.

16 부벨라는 정원사에게 지렁이가 집에 차를 마시러 오기로 했는데 무얼 먹고 사는지, 무슨 음식을 좋아하는지 모르겠다며 걱정거리를 털어놓았습니다.

17 정원사는 지렁이들은 멀리 다니지 않으니까 다른 집 정원의 흙을 좋아할 것이라며 진흙파이를 만들어 주라고 추천했습니다.

18 부벨라는 오랜만에 누군가가 자신에게 친절을 베풀어 준 것에 기뻐서 눈물이 나올 것만 같았습니다.

19 부벨라가 손을 들어 정원사를 가리키자 손이 점점 더 간지러워지고 따뜻해지더니 정원사의 허리가 꼿꼿하게 펴져 똑바로 서게 되었습니다.

20 아프지 않게 된 정원사가 기쁜 마음에 춤을 추는 장면이므로 활짝 웃으며 덩실덩실 춤을 추고 큰 소리로 외치는 것이 알맞습니다.

21 지렁이는 부벨라의 정원을 둘러보며 만족스러운 표정을 지었다고 했습니다.

22 ㉠은 지렁이가 크게 웃는 장면이므로 몸을 앞뒤로 흔들며 크고 환한 웃음을 짓는 것이 알맞습니다.

> **채점 tip** 몸이 흔들릴 정도로 크게 웃는 상황에 알맞은 몸짓과 표정을 생각하여 알맞게 썼으면 정답으로 합니다.

23 '사실보다 지나치게 불려서 나타낸.'이라는 뜻을 가진 낱말은 '과장된'으로, 이 글에도 나타나 있습니다.

24 부벨라는 지렁이를 기다리는 동안 집 안 곳곳을 청소하고, 예쁜 옷을 입고 진흙파이를 만들었으며 지렁이가 집에 온 후에는 함께 즐거운 시간을 보내며 이야기꽃을 피웠습니다.

지렁이를 기다리는 동안	부벨라는 집을 청소하고, 예쁜 옷을 입고, ⑴(진흙파이)을/를 만듦.
▼	
지렁이가 집에 온 후	부벨라는 지렁이와 함께 즐거운 시간을 보내며 ⑵(이야기꽃)을/를 피움.

> **16~17쪽 단원 평가 ❶회**
>
> **1** ⑴ ㉮ ⑵ ㉰ ⑶ ㉯ ⑷ ㉯ **2** ⑵ ○ **3** ㉱ **4** ①
> **5** ②, ⑤ **6** ①, ⑤ **7** 진흙파이 **8** ①, ④ **9** 민아 **10** ⑴ 비치 ⑵ 서녀케 ⑶ 느페 ⑷ 무르피

1 각 그림의 상황을 생각하며 빈칸에 들어갈 알맞은 말을 생각해 봅니다.

2 그림 ㉮에서 여자아이는 문을 잡아 준 남자아이에게 고마운 마음일 것이므로 웃으며 기쁜 표정으로 말하는 것이 알맞습니다.

3 친구의 발을 밟은 것에 대해 미안한 마음을 전해야 하는 상황이 나타난 것은 그림 ㉱입니다.

4 준서는 친구의 잘못을 너그럽게 용서해 주고 있으므로 다정하게 웃으며 말하는 것이 알맞습니다.

5 장금이가 처음으로 수라간 상궁을 보고 놀라움과 호기심을 느낀 상황이므로 눈을 크게 뜨고 입을 벌리며 높고 빠른 목소리로 말하는 것이 알맞습니다.

6 미미는 언니 자두에게만 관심을 기울이는 학교 친구와 선생님 때문에 화를 내며 울고 있으므로, 화를 내며 울먹이는 목소리로 높고 크게 말하는 것이 알맞습니다.

7 부벨라는 정원사가 준 흙으로 진흙파이를 만들었습니다.

8 부벨라는 자신이 만든 진흙파이를 지렁이에게 보여 주게 되어서 기쁘고 신이 났을 것입니다.

9 앞말의 받침 'ㅍ'이 모음으로 시작하는 말과 만나면 이어서 발음되므로 '늪이'는 [느피]라고 발음하는 것이 알맞습니다.

10 '빛이'는 [비치], '서녘에'는 [서녀케], '늪에'는 [느페], '무릎이'는 [무르피]라고 발음하는 것이 알맞습니다.

문법 문제 tip 앞말의 받침 'ㅍ', 'ㅋ', 'ㅊ'이 'ㅣ', 'ㅔ'와 같은 모음으로 시작하는 말과 만나면 [피], [페], [키], [케], [치], [체]처럼 이어서 발음됩니다.

18~20쪽 단원 평가 ②회

1 (1) ㉣ (2) ㉮ **2** ④ **3** ④ **4** ⑤ **5 예** 눈물을 글썽이면서도 웃는 표정을 하고, 가늘고 떨리는 목소리로 말합니다. **6** ①, ④, ⑤ **7** 다온 **8** 거인 **9** (1) ○ **10 예** 쪼그리고 앉아서 놀란 표정을 지으며 말합니다. **11** 정원사 **12** ㉮, ㉣ **13** ①, ②, ③ **14** ②, ③, ④ **15** (1) **예** 부벨라와 지렁이가 서로에게 친구가 되어 주기로 하는 장면 (2) **예** 부벨라와 지렁이가 환하게 웃는 즐거운 모습을 그리고 싶기 때문입니다.

1 그림 ㉮는 문을 잡아 준 친구에게 고마운 마음을, 그림 ㉯는 발을 밟힌 친구에게 미안한 마음을 전해야 합니다.

2 그림 ㉯에서 여자아이는 자신이 발을 밟은 남자아이에게 사과하는 말을 해야 하므로 진심을 담아 웃지 않고 진지하게 말해야 합니다.

3 표정, 몸짓, 말투에 주의하며 말하면 듣는 사람에게 자신의 생각을 더 정확하고 생생하게 그리고 분명하고 실감 나게 전달할 수 있습니다.

---

4 장면 ㉮에서 장금이는 놀라고 호기심 어린 마음으로 몸을 앞으로 기울이며 처음 본 수라간 상궁을 바라보고 있습니다.

5 장면 ㉯는 장금이가 궁에 들어갈 수 있게 되어 기뻐하며 혼잣말을 하는 장면이므로 눈물을 글썽이면서도 웃는 표정과 가늘고 떨리는 목소리로 말하는 것이 알맞습니다.

채점 tip 기쁘고 감격한 장금이의 마음이 잘 나타날 수 있는 표정과 말투를 썼으면 정답으로 합니다.

6 장면 ㉮에서 미미는 사람들이 모두 언니 자두에게만 관심이 있는 것에 화를 내고 있습니다. 따라서 얼굴을 찡그리고 인상을 쓰면서 입을 크게 벌리고 말하는 것이 알맞습니다.

7 장면 ㉯에는 자두가 동생을 돋보이게 하기 위해 자신의 무대를 망치는 내용이 나타나 있으므로 다온이의 생각은 알맞지 않습니다.

8 부벨라가 거인이어서 모든 사람이 부벨라를 무서워했습니다.

9 지렁이를 처음 만나서 인사를 하는 장면이므로 다정하고 따뜻한 목소리가 알맞습니다.

10 ㉡은 거인인 부벨라가 자신을 무서워하지 않는 작은 지렁이를 보고 놀라서 한 말이므로 쪼그리고 앉아서 놀란 표정을 지으며 말하는 것이 알맞습니다.

채점 tip 놀란 표정과 자신보다 훨씬 작은 지렁이를 들여다보는 몸짓을 알맞게 썼으면 정답으로 합니다.

11 정원사는 부벨라에게 진흙파이를 만들어 주면 지렁이가 좋아할 것이라고 추천했습니다.

12 ㉠은 부벨라가 흙을 담아 준 정원사에게 고마운 마음을 담아 한 말이므로, 밝은 표정과 큰 목소리로 여러 번 허리를 굽히며 말할 수 있습니다

13 글 ㉰에서 지렁이는 신이 나서 진흙파이 속으로 파고들어 갔다고 하였으므로 매우 기쁘고 즐거웠을 것입니다.

14 친구가 생겨서 뿌듯한 마음을 담아 하는 말이므로 활짝 웃으며 뿌듯한 표정을 짓고 부드러운 목소리를 내는 것이 알맞습니다.

15 이 글의 내용 중 그림으로 표현하고 싶은 장면을 고르고, 그 까닭을 함께 씁니다.

채점 tip (1)에는 글의 내용 중 한 장면을 쓰고, (2)에는 그 장면을 선택한 까닭을 알맞게 썼으면 정답으로 합니다.

수행 평가

1 예 정원사가 허리를 꼿꼿하게 펴더니 똑바로 서게 되었습니다.　2 기쁘고 행복한 마음　3 (1) 예 활짝 웃습니다. (2) 예 덩실덩실 춤을 춥니다. (3) 예 큰 소리로 외칩니다.

1 부벨라가 손을 들어 정원사를 가리키자 손이 점점 더 간지러워지고 따뜻해지더니 정원사가 허리를 꼿꼿하게 펴고 똑바로 섰습니다.

2 정원사는 아팠던 허리가 펴지고 아프지 않게 되었기 때문에 매우 기쁘고 행복한 마음이 들었을 것입니다.

3 허리가 펴지고 아프지 않아서 매우 기쁘고 행복한 정원사의 마음에 알맞은 표정, 몸짓, 말투를 생각하여 씁니다.

채점 기준	잘함	기쁘고 행복한 마음이 잘 드러나는 표정, 몸짓, 말투를 알맞게 썼습니다.
	보통	기쁘고 행복한 마음이 잘 드러나는 표정, 몸짓, 말투 중 두 가지만 알맞게 썼습니다.
	노력 요함	기쁘고 행복한 마음이 잘 드러나는 표정, 몸짓, 말투를 한 가지만 썼거나 모두 알맞게 쓰지 못했습니다.

쉬어가기

2. 중심 생각을 찾아요

개념 확인 문제

1 ②　2 (1) 더 알고 싶은 내용 (2) 새롭게 안 내용 (3) 글의 내용　3 ㉮, ㉱

1 아는 내용이나 겪은 일과 관련지어 글을 읽으면 글 내용이 쉽게 기억에 남고, 글 내용을 더 쉽게 이해할 수 있으며 더 흥미를 느낄 수 있습니다. 또 글을 읽으면서 그 모습을 잘 상상할 수 있습니다.

2 아는 내용이나 겪은 일과 관련지어 글을 읽을 때에는 자신이 이미 알고 있는 내용이나 겪은 일과 글의 내용을 비교하고, 새롭게 안 내용이나 더 알고 싶은 내용을 생각해야 합니다.

3 글을 읽고 중심 생각을 찾을 때에는 문단의 중심 문장을 찾고, 글의 제목과 글에 있는 사진이나 그림을 살펴보아야 합니다.

어휘·문법 확인 문제

1 (1) ㉯ (2) ㉮　2 (1) 유행 (2) 균형　3 겨루게
4 췄다니

1 사물이나 행동에서 매우 중요하고 기본이 되는 부분을 '중심'이라고 하고, 사물을 헤아리고 판단하는 작용을 '생각'이라고 합니다.

2 초등학생들 사이에 딱지치기 놀이가 퍼져 있다는 것이므로 '유행'이 알맞고, 도현이가 철봉 위에 올라갔다가 떨어질 뻔한 것은 균형을 잃었기 때문이므로 '균형'이 들어가는 것이 알맞습니다.

3 서로 버티어 승부를 다툰다는 뜻의 '겨루다'가 들어가야 합니다. '겨루게'는 '겨루다'의 활용형입니다.

4 '추었다니'는 '췄다니'로 줄여 쓸 수 있습니다.

교과서 독해

줄넘기 26쪽 1 전통 놀이　2 ①　3 예 혼자 하는 줄넘기의 종류에는 앞으로 뛰기, 손 엇걸어 뛰기, 이단 뛰기 등이 있다는 것을 알게 되었습니다.　4 (1) 예 앞으로 뛰기, 손 엇걸어 뛰기, 이단 뛰기 등이 있음. (2) 줄 뛰어 넘기

닭싸움 놀이 27쪽 **5** ① **6** ⑤ **7** 청소년 **8** (1) 넘어뜨리는 (2) 닭

안전하게 과학 실험을 해요 28쪽 **9** ④ **10** (3) ○ **11** 예 여러 가지 실험 기구를 안전하게 다루는 방법을 더 알고 싶습니다. **12** (1) 선생님 (2) 장난

갯벌을 보존해야 하는 까닭 29쪽 **13** ④ **14** (2) ○ **15** 적합한, 알맞은 **16** (1) 생물 (2) 어민 (3) 기후

날씨를 나타내는 토박이말 30~31쪽 **17** (1) 꽃샘추위, 소소리바람 (2) 마른장마, 무더위 **18** (1) 예 봄 날씨를 나타내는 토박이말에는 '꽃샘추위', '꽃샘바람', '소소리바람' 같은 말이 있다. (2) 예 여름 날씨를 나타내는 토박이말에는 '마른장마', '무더위', '불볕더위' 같은 말이 있다. **19** 끈끈한 **20** (1) 물, 더위 (2) 불볕, 더위 **21** ② **22** ①, ②, ⑤ **23** ㉠ **24** (1) 예 꽃샘바람, 소소리바람 (2) 예 무더위, 불볕더위 (3) 예 올서리, 된서리 (4) 예 가랑눈, 진눈깨비

옷차림이 바뀌었어요 32~33쪽 **25** (1) 한복 (2) 양복 **26** (3) ○ **27** ⑤ **28** 예 옛날과 오늘날 사람들의 옷차림에 차이가 많이 있다는 것을 말하기 위해서입니다. **29** ⑤ **30** ②, ③, ④ **31** (2) ○ **32** (1) 한복 (2) 예 직업

1 줄넘기는 전통 놀이 가운데에서 지금까지도 잘 보존된 놀이라고 하였습니다.

2 줄넘기에는 혼자 하는 줄넘기와 여러 사람이 하는 긴 줄 넘기, 줄 뛰어넘는 놀이가 있다고 하였습니다. 따라서 혼자서만 할 수 있는 놀이가 아닙니다.

3 이 글을 읽고 줄넘기에 대해 새롭게 안 내용을 생각하여 씁니다.

채점 tip 줄넘기의 종류, 줄넘기의 종류에 따른 놀이 방법 등 이 글에 나온 줄넘기에 대한 설명 중 새롭게 안 것을 알맞게 썼으면 정답으로 합니다.

4 이 글에서 설명하고 있는 줄넘기의 종류에 대한 내용을 찾아 빈칸에 들어갈 알맞은 말을 씁니다.

줄넘기의 종류	혼자 하는 줄넘기	(1) 예 앞으로 뛰기, 손 엇걸어 뛰기, 이단 뛰기 등이 있음.
	긴 줄 넘기	다양한 방법으로 하며, 노래에 맞추어 함.
	(2) 줄 뛰어 넘기	발목 높이에서 시작해 두 팔을 든 높이까지 함.

5 닭싸움 놀이에는 준비물이 필요하지 않다고 하였습니다.

6 '닭싸움'은 두 사람이 겨루는 모습이 닭이 싸우는 것과 비슷하다고 해서 지어진 이름입니다.

7 '청년과 소년을 아울러 이르는 말.'은 '청소년'입니다.

8 이 글에서 설명하고 있는 닭싸움 놀이의 방법과 이름에 대해 설명한 부분을 찾아 빈칸에 들어갈 알맞은 말을 씁니다.

닭싸움 놀이	
방법	이름
한쪽 다리를 들어 올려 두 손으로 잡고, 다른 다리로 뛰면서 상대를 밀어 (1)(넘어뜨리는) 놀이	두 사람이 겨루는 모습이 (2)(닭)이/가 싸우는 것과 비슷하다고 해서 지어짐.

9 이 글은 과학 실험 안전 수칙을 설명하는 글이므로 과학 실험이나 과학 실험 안전사고와 관련하여 아는 내용이나 경험을 관련지어 읽으면 좋습니다.

10 실험하다가 만약 실험 기구가 넘어지면 깨진 기구의 조각이나 기구 속 화학 약품이 주변에 튀어서 다칠 수가 있다고 하였습니다.

11 과학 실험 안전 수칙과 관련하여 더 알고 싶은 내용을 생각하여 씁니다.

채점 tip 글의 내용과 관련하여 더 알고 싶은 내용을 생각해 한 가지 이상 썼으면 정답으로 합니다.

이런 답도 가능해!
예 화상 같은 실험 안전사고가 났을 때 어떻게 해야 하는지를 알고 싶습니다.

12 이 글에서 과학 실험을 할 때 지켜야 할 안전 수칙으로 무엇을 말하고 있는지 정리하여 빈칸에 들어갈 알맞은 말을 씁니다.

과학 실험을 할 때 지켜야 할 안전 수칙
• (1)(선생님)께서 계시지 않을 때에는 과학 실험을 하지 않아야 함.
• 과학실에서는 절대 (2)(장난)을/를 치지 않아야 함.
• 실험할 때에는 책상에 바짝 다가가지 않아야 함.

13 갯벌은 생물이 살기에 좋은 환경이므로 어민들이 바다 생물들을 직접 키우는 양식이 가능하다고 하였습니다.

14 문단 ❹의 중심 문장은 첫 번째 문장입니다.

15 생물이 잘 살 수 있는 환경을 만들어 준다는 내용이므로 '적합한'이나 '알맞은'이 들어가는 것이 적절합니다.

16 이 글은 갯벌을 보존해야 하는 까닭을 네 가지로 정리하여 설명하고 있습니다.

> **갯벌을 보존해야 하는 까닭**
>
> • 다양한 (1)(생물)이/가 살 수 있는 장소이기 때문임.
> • (2)(어민)들이 돈을 벌 수 있는 곳이기 때문임.
> • 오염 물질을 분해해 좋은 환경을 만들기 때문임.
> • (3)(기후)을/를 조절하고 홍수를 줄여 주는 역할을 하기 때문임.

17 '꽃샘추위, 소소리바람'은 봄, '마른장마, 무더위'는 여름과 관련 있는 낱말입니다.

18 각 문단의 중심 문장은 모두 문단의 첫 번째 문장입니다.

> **채점 tip** 각 문단의 중심 문장을 알맞게 찾아 썼으면 정답으로 합니다.

19 '습기가 어느 정도 있어서 산뜻하지 못함.'이라는 뜻을 가진 낱말은 '끈끈한'입니다.

20 여름 날씨를 나타내는 토박이말 중 '무더위'는 '물'+'더위'로 나눌 수 있고, '불볕더위'는 '불볕'+'더위'로 나눌 수 있습니다.

21 처음 생기는 묽은 서리는 '무서리'라고 한다고 하였습니다.

22 '일찍'과 뜻이 통하는 비슷한 말은 '진작, 일찍이, 일찌감치' 등입니다. '느직이, 느지막이' 등은 시간이나 기한이 매우 늦다는 뜻을 담고 있습니다.

> **왜 답이 아닐까?**
> ③ '느직이'는 '일정한 때보다 좀 늦게.'라는 뜻입니다.
> ④ '느지막이'는 '시간이나 기한이 매우 늦게.'라는 뜻입니다.

23 문단 ❺의 중심 문장은 ㉠입니다.

24 각 계절에 알맞은 날씨를 나타내는 토박이말을 각각 한 가지 이상 알맞게 씁니다.

날씨를 나타내는 토박이말	봄	(1) ⓓ 꽃샘바람, 소소리바람
	여름	(2) ⓓ 무더위, 불볕더위
	가을	(3) ⓓ 올서리, 된서리
	겨울	(4) ⓓ 가랑눈, 진눈깨비

25 글 ❶에서는 옛날과 오늘날 사람들의 옷차림에는 차이가 많다고 하며, 사람들이 옛날에는 우리나라 고유한 옷인 한복을 입었고 오늘날에는 서양 사람들이 입던 차림의 옷인 양복을 주로 입는다고 하였습니다.

26 문단 ❷의 중심 문장은 '옛날에는 신분에 따라 옷차림이 달랐지만 오늘날에는 직업이나 유행에 따라 다른 경우가 많다.'입니다.

27 평민이 입는 치마 길이는 양반보다 짧은 편이라고 하였습니다.

28 「옷차림이 바뀌었어요」라는 제목을 통해 알 수 있는 글쓴이의 생각을 짐작해 봅니다.

> **채점 tip** 옛날과 오늘날 사람들의 옷차림에 차이가 있다는 것을 말하고자 했다는 내용으로 썼으면 정답으로 합니다.

29 남녀 모두 두루마기를 입었다고 하였습니다.

30 합성 섬유로 옷을 만들어 입거나 자신이 좋아하는 옷을 자유롭게 입는 것은 오늘날 옷차림에 대한 설명입니다.

31 '춥다'와 뜻이 비슷한 말에는 '싸늘하다, 쌀쌀하다' 등이 있습니다.

32 옛날에는 한복을 입었으며, 오늘날에는 직업, 유행 등에 따라 옷차림이 다르다고 하였습니다.

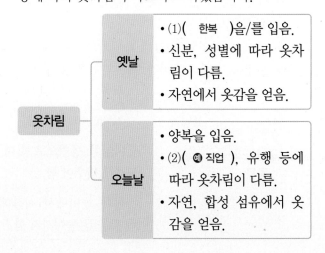

| 옷차림 | 옛날 | • (1)(한복)을/를 입음.
• 신분, 성별에 따라 옷차림이 다름.
• 자연에서 옷감을 얻음. |
| | 오늘날 | • 양복을 입음.
• (2)(ⓓ 직업), 유행 등에 따라 옷차림이 다름.
• 자연, 합성 섬유에서 옷감을 얻음. |

단원 평가 ❶회

1 ②, ③, ④ **2** 소은 **3** 과학 실험 안전 수칙 **4**
④ **5** 선생님 **6** (1) ⊕ (2) ㉮ **7** (1) 맛 (2) 영양
8 (2) ○ (3) ○ **9** (1) 줘 (2) 낮춰 (3) 맞췄다 **10**
(1) 가뒀다 (2) 나눠 (3) 줬다

1 닭싸움 놀이는 '외발 싸움', '깨금발 싸움', '무릎 싸움'이라고도 부른다고 하였습니다.

2 이 글은 '닭싸움 놀이'에 대한 글인데 소은이는 글의 내용과 관련이 없는 경험을 말하였습니다.

3 과학 실험 안전 수칙을 확인하고 실천해 안전사고의 위험을 줄여야 한다고 하였습니다.

4 과학실에는 조심히 다루어야 할 실험 기구와 위험한 화학 약품이 많기 때문에 다치지 않고 안전하게 과학 실험을 하기 위해서 안전 수칙을 지켜야 합니다.

5 글 ❹에서는 선생님께서 계시지 않을 때에는 과학 실험을 하지 않아야 한다는 점을 알려 주고 있습니다.

6 (1)의 친구는 글을 읽고 새롭게 안 내용을 말하였고, (2)의 친구는 글의 내용과 관련하여 자신이 알고 있는 내용을 말하였습니다.

7 제철에 나는 과일이 맛도 좋고 영양도 많다고 하였습니다.

8 예지는 글을 읽으면서 새롭게 안 내용과 더 알고 싶은 내용을 생각하며 읽었습니다.

9 '줘', '낮춰', '맞췄다'라고 쓰는 것이 알맞습니다.

10 '가뒀다', '나눠', '줬다'와 같이 써야 합니다.

> **문법 문제 tip** 'ㅜ'와 'ㅓ'를 준말로 표현할 때에는 'ㅝ'라고 써야 합니다.

단원 평가 ❷회

1 ①, ②, ④ **2** 서연 **3** 예 겪은 일과 관련지어 글을 읽으면 내용을 기억하기가 쉽습니다. **4** (1) 선생님 (2) 장난 (3) 책상 **5** ㉮ **6** ④ **7** (2) ○ **8** 갯벌 **9** 예 갯벌에 여러 가지 생명체가 살고 있다는 것을 새로 알게 되었습니다. **10** ㉮ **11** ⑤ **12** (1) ㉠ (2) ㉢ (3) ㉡ **13** 예 갯벌을 보존해야 하는 까닭을 알고 소중한 갯벌을 보존해야 합니다. **14** (1) 다른 (2) 모르고 **15** ④, ⑤

1 앞으로 뛰기, 손 엇걸어 뛰기, 이단 뛰기 같은 여러 놀이 방법이 있다고 하였습니다.

2 이 글은 줄넘기에 대해 설명하는 글로, 서연이는 이 글의 내용을 아는 내용이나 겪은 일과 관련지어 말했습니다.

3 아는 내용이나 겪은 일과 관련지어 글을 읽으면 좋은 점을 생각하여 씁니다.

> **채점 tip** 아는 내용이나 겪은 일과 관련지어 글을 읽으면 좋은 점을 한 가지 알맞게 썼으면 정답으로 합니다.

4 이 글에 나타난 과학 실험 안전 수칙의 내용을 정리하여 빈칸에 들어갈 알맞은 말을 씁니다.

5 이 글은 안전하게 과학 실험을 하기 위해 지켜야 할 안전 수칙을 설명하고 있으므로 제목으로 알맞은 것은 '안전하게 과학 실험을 해요.'입니다.

6 실험을 할 때에는 책상에 바짝 다가가지 않아야 한다고 하였으므로 ④의 내용은 알맞지 않습니다.

7 (1)은 새롭게 안 내용을 말한 것이고, (2)는 더 알고 싶은 내용을 말한 것입니다.

8 썰물 때에 육지로 드러나는 바닷가의 편평한 곳을 갯벌이라고 부른다고 하였습니다.

9 글의 내용과 관련지어 자신이 이미 알고 있는 내용이나 새롭게 안 내용을 생각해 씁니다.

> **채점 tip** 글의 내용과 관련 있는 내용으로 자신이 이미 알고 있는 내용이나 새롭게 안 내용을 썼으면 정답으로 합니다.

10 이 글에는 갯벌을 보존해야 하는 까닭에 대해 설명하는 내용이 있으므로 ⊕는 알맞지 않습니다.

11 문단 ㉮에서 갯벌은 육지에서 나오는 오염 물질을 분해해 좋은 환경을 만든다고 하였습니다.

12 문단 ㉮의 중심 문장은 ㉠, 문단 ❶의 중심 문장은 ㉢, 문단 ❷의 중심 문장은 ㉡입니다.

13 각 문단의 중심 문장을 바탕으로 이 글 전체의 중심 생각이 무엇인지 파악해 한 문장으로 씁니다.

> **채점 tip** 이 글 전체에서 글쓴이가 말하고자 하는 중심 생각을 알맞게 썼으면 정답으로 합니다.

14 '같다'와 뜻이 서로 반대되는 낱말은 '다르다', '알다'와 뜻이 서로 반대되는 낱말은 '모르다'입니다.

15 이 글에서 글쓴이가 말하고자 하는 중심 생각은 날씨를 나타내는 토박이말이 많이 있으니 알고 사용하자는 것입니다.

39쪽 수행 평가

1 갯벌을 보존해야 하는 까닭   2 (1) 갯벌은 다양한 생물이 살 수 있는 장소입니다.   (2) 어민들은 갯벌에서 수산물을 키우고 거두어 돈을 법니다.   3 ⓔ 갯벌이 주는 좋은 점을 알고 갯벌을 잘 보존해야 합니다. / 갯벌을 보존해야 하는 까닭을 알고 소중한 갯벌을 보존해야 합니다.

1 이 글의 제목은 '갯벌을 보존해야 하는 까닭'입니다.

2 이 글은 각 문단의 앞부분이나 뒷부분에서 중심 문장을 찾을 수 있습니다. 문단 ❹와 ❸의 중심 문장은 각 문단의 앞부분에 나타나 있습니다.

3 이 글의 제목과 각 문단의 중심 문장을 통해 이 글에 나타난 중심 생각을 정리해 씁니다.

채점 기준	잘함	제목과 각 문단의 중심 문장을 통해 알 수 있는 이 글의 중심 생각을 알맞게 썼습니다.
	보통	이 글의 중심 생각을 썼으나, 글의 제목이나 각 문단의 중심 문장의 내용이 잘 나타나지 않았습니다.
	노력 요함	이 글의 중심 생각을 쓰지 못했습니다.

40쪽 쉬어가기

3. 자신의 경험을 글로 써요

42쪽   개념 확인 문제

1 (1) ○ (2) ○ (3) ○   2 ㉒ → ㉓ → ㉮ → ㉯   3 하림

1 기억에 남는 일에 대해 이야기를 나눌 때에는 자신이 겪은 일 가운데 기억에 남는 일을 정하고, 있었던 일을 구체적으로 떠올려야 하며 있었던 일에 대한 생각이나 느낌, 그렇게 생각한 까닭을 생각해야 합니다.

2 인상 깊은 일을 글로 쓸 때에는 먼저 겪은 일 가운데에서 어떤 일을 글로 쓸지 정하고, 쓸 내용을 정리한 뒤 글을 쓰고 고쳐쓰기를 해야 합니다.

3 '이/가, 을/를, 은/는, 의'와 같은 말은 앞말에 붙여 씁니다.

43쪽   어휘·문법 확인 문제

1 (1) ○   2 장애물   3 (1) 목장 (2) 신바람   4 (2) ○

1 '자신이 실제로 해 보거나 겪어 봄. 또는 거기서 얻은 지식이나 기능.'이라는 뜻을 가진 낱말은 '경험'입니다.

2 '방해물'은 '방해가 되는 사물이나 현상.'이라는 뜻으로 '장애물'과 비슷한말입니다.

3 초원에서 가축이 자라는 곳은 '목장'이고, 풍물놀이 소리가 들리면 '신바람'이 납니다.

4 '아버지가∨방에∨들어가셨어요.'라고 띄어 쓰는 것이 알맞습니다.

44~47쪽   교과서 독해

기억에 남는 일을 정리하기 |44쪽| 1 ⑤   2 (1) ㉒ (2) ㉓ (3) ㉮ (4) ㉯   3 ㉮, ㉯, ㉒   4 (1) ⓔ 가족들과 공원에 갔던 일 (2) ⓔ 가족과 함께 공원에서 산책을 하며 행복하고 즐거웠기 때문입니다.

동생이 아파요 |45쪽| 5 ③, ⑤   6 (1) ○   7 그렁그렁   8 (1) 언제 (2) ⓔ 마음이 아팠고, 얼른 나았으면 좋겠다고 생각함.

인상 깊은 일로 글 쓰기 |46쪽| 9 ②, ③, ④ 10 ㉣ → ㉢ → ㉮ → ㉯ 11 ④ 12 (1) 예 지난여름 (2) 예 수영장 (3) 예 가족들과 수영했던 일 (4) 예 즐겁고 재미있었음.

현장 체험학습 가는 날 |47쪽| 13 (1) ㉯ (2) ㉢ (3) ㉮ 14 ⑤ 15 신바람 16 (1) 피자 (2) 영상 (3) 치즈

1 이 표는 친구들과 함께한 운동회에 대한 일을 정리한 것입니다.

2 ㉠은 일이 언제 일어났는지 정리한 것이므로 '언제', ㉡은 일이 일어난 장소를 정리한 것이므로 '어디에서', ㉢은 어떤 일을 했는지 정리한 것이므로 '있었던 일', ㉣은 그 일을 했을 때의 생각이나 느낌을 정리한 것이므로 '생각이나 느낌'이 들어가는 것이 알맞습니다.

3 자신이 한 일을 되돌아볼 수 있고, 기억에 남는 일을 자세히 떠올릴 수 있으며 기억에 남는 일을 글로 자세히 쓸 수도 있습니다.

4 자신이 최근에 겪은 일 중 가장 기억에 남는 일을 그 까닭과 함께 씁니다.

채점 tip (1)에는 기억에 남는 일을 쓰고, (2)에는 그 일이 기억에 남는 까닭을 구체적으로 알맞게 썼으면 정답으로 합니다.

5 아픈 동생을 본 '나'는 동생이 안쓰럽고 마음이 아팠을 것입니다.

6 ㉡에서는 '아팠다.'와 '동생이' 사이를 띄어 쓰지 않았으므로, 마침표(.)나 쉼표(,) 뒤에 오는 말은 띄어 써야 한다는 띄어쓰기 방법을 알아야 합니다.

7 글 ❷의 '주혁이가 눈물이 그렁그렁한 얼굴로 말했다.'에서 찾아볼 수 있습니다.

8 이 글에서 글쓴이가 겪은 인상 깊은 일이 언제, 어디에서, 누구와 있었던 일인지, 생각이나 느낌은 어떠했는지 찾아봅니다.

동생이 아팠던 일	
(1) 언제	지난밤
어디에서	집
있었던 일	동생 주혁이가 아팠음.
생각이나 느낌	(2) 예 마음이 아팠고, 얼른 나았으면 좋겠다고 생각함.

9 유나는 봄에 도자기를 직접 만들어 본 일, 여름에 가족들과 바닷가에 놀러 간 일, 가을에 나무에서 직접 사과를 따 본 일을 떠올리고 있습니다.

10 경험한 일 중 한 가지를 골라 글로 쓸 때에는 어떤 일을 글로 쓸지 정하고 쓸 내용을 정리한 뒤에 글을 쓰고 고쳐쓰기를 해야 합니다.

11 인상 깊었던 일을 글로 쓸 때에는 언제, 어디에서, 누구와 있었던 일인지, 무슨 일이 있었는지, 어떤 마음이 들었는지, 그런 마음이 왜 들었는지 생각해야 합니다.

12 자신이 경험한 일 중 글로 쓰고 싶은 인상 깊은 일을 한 가지 골라 언제, 어디에서, 누구와 무슨 일이 있었는지, 어떤 마음이 들었는지 씁니다.

채점 tip 자신이 고른 인상 깊은 일을 떠올려 (1)에는 그 일이 언제 있었던 일인지, (2)에는 어디에서 있었던 일인지, (3)에는 어떤 일을 겪었는지, (4)에는 그 일을 겪을 때 생각이나 느낌이 어떠했는지를 알맞게 썼으면 정답으로 합니다.

13 '우리 반은'은 '누가'를, '희망 목장으로'는 '어디에서'를, '지난주 월요일에'는 '언제'를 설명하는 것입니다.

14 ㉠~㉤ 중 글쓴이의 생각이나 느낌을 쓴 부분은 ㉤입니다.

15 동생이 노래를 듣고 신이 나서 우쭐우쭐하여지는 기운이 난 상태이므로 '신바람'이 들어가는 것이 알맞습니다.

16 피자 만들기 체험장에서는 모둠별로 앉아서 피자를 만들고, 치즈 만들기 체험장에서는 친구들과 치즈와 관련된 영상을 보고 치즈도 만들었습니다.

피자 만들기 체험장	치즈 만들기 체험장
•모둠별로 앉음.	•치즈와 관련된 (2) (영상)을/를 봄.
•밀가루 반죽을 만들고 재료를 올려 (1) (피자)을/를 만듦.	•친구들과 함께 (3) (치즈)을/를 만듦.

48~49쪽 단원 평가 ❶회

1 ② 2 ①, ②, ⑤ 3 ③ 4 (1) ○ 5 ㉮ 6 (1) ㉯ (2) ㉮ (3) ㉮ 7 ③ 8 하준 9 (1) ① ○ (2) ② ○ 10 ⑤

1 '나'는 자신이 겪은 일 중 '동생이 아팠던 일'에 대해 글로 썼습니다.

2 동생이 누구와 병원에 갔는지, 다녀온 후에도 열이 났는지는 이 글에 나타나 있지 않습니다.

3 '이번 가을에만 두 번째네.'라고 띄어 쓰는 것이 알맞습니다.

4 '마음이 아팠다.'와 '동생이' 사이를 띄어 써야 하므로, 마침표(.) 뒤에 오는 말은 띄어 써야 한다는 것을 알아야 합니다.

5 띄어쓰기를 하면 전하고자 하는 뜻을 정확히 전달할 수 있고, 글을 읽는 사람도 편하게 읽을 수 있습니다.

6 (1)에서는 아기가 아빠와 함께 오리를 보고 있으므로 '아기가 오리를 보았다.'라고 띄어 쓰는 것이 알맞고, (2)에서는 만 원짜리 지폐를 한 장 들고 있으므로 '용돈이 만 원이 있다.'라고 띄어 쓰는 것이 알맞습니다. (3)에서는 친구에게 물을 달라고 하고 있으므로 '나 물 좀 줘.'라고 띄어 쓰는 것이 알맞습니다.

7 가족 여행을 갔던 일은 우리 반 소식지에 실릴 일로 알맞지 않습니다.

8 다른 모둠의 소식지를 평가할 때에는 있었던 일을 구체적으로 나타냈는지 확인해야 합니다.

9 낱말과 낱말 사이는 띄어 쓰되, '이/가, 을/를, 은/는, 의'와 같은 말은 앞말에 붙여 써야 합니다.

10 '하늘은 높고, 단풍은 붉게 물든다.'와 같이 띄어 써야 합니다.

문법 문제 tip 낱말과 낱말 사이는 띄어 쓰고, 쉼표(,) 뒤에 오는 말은 띄어 써야 합니다.

50~52쪽 **단원 평가 2회**

1 친구들과 함께한 운동회 **2** (1) 언제 (2) 생각이나 느낌 **3** ② **4** ⑤ **5** ㉮, ㉯ **6** ⑤ **7** ⑤ **8** ㉮ **9** ⑤ **10** (1) 주혁이가∨눈물이 그렁그렁한 얼굴로 말했다. / 주혁이가 눈물이 그렁그렁한 얼굴로 말했다. (2) 마음이 아팠다.∨동생이 얼른 나았으면 좋겠다. / 마음이 아팠다. 동생이 얼른 나았으면 좋겠다. **11** ④ **12** 책을 읽으면 지식이 쌓인다. **13** (1) ㉯ (2) ㉰ (3) ㉮ (4) ㉭ (5) ㉱ **14** (1) ㉲ 도착하자마자 피자 만들기 체험장에 들어갔다. (2) ㉲ 영상을 보고 나서 본격적으로 치즈 만들기를 시작했다. **15** 승민

---

1 기억에 남는 일로 친구들과 함께한 운동회를 떠올려 정리한 것입니다.

2 ㉠에는 언제, ㉡에는 생각이나 느낌이 들어가는 것이 알맞습니다.

3 기억에 남는 일을 정리하면 자신이 한 일을 되돌아볼 수 있어서 기억하기 쉽습니다.

4 ⑤와 같은 일은 나타나 있지 않습니다.

5 서연이는 동생이 아팠을 때에는 평소와 다른 느낌이 들었고, 동생에게 미안한 마음이 들어서 그 마음을 써 보고 싶었다고 했습니다.

6 '나'는 동생 주혁이가 끙끙 앓는 소리에 잠에서 깼다고 했습니다.

7 '나'는 아픈 동생이 안쓰럽고 걱정되었을 것입니다.

8 제목은 글쓴이가 글에서 가장 하고 싶은 말로, 어떤 마음을 표현하고 싶은지 드러냅니다. 이 글은 '내'가 동생이 아팠던 일에 대해 쓴 것이므로 제목으로는 ㉮가 알맞습니다.

9 ㉠에서는 '두번째네'를 '두 번째네'라고 띄어 써야 하므로, 수를 나타내는 말과 단위를 나타내는 말 사이를 띄어 써야 한다는 것을 알아야 합니다.

10 ㉡에서는 '주혁이가'와 '눈물이' 사이를 띄어 써야 하고, ㉢에서는 '마음이 아팠다.'와 '동생이' 사이를 띄어 써야 합니다.

채점 tip (1)과 (2)에서 띄어쓰기가 잘못된 부분을 각각 알맞게 찾아 고쳐 썼으면 정답으로 합니다.

11 '우정은∨예쁘게∨가꿀수록∨좋다.'라고 띄어 써야 합니다.

12 '책을∨읽으면∨지식이∨쌓인다.'로 띄어 써야 합니다.

채점 tip 낱말과 낱말 사이를 띄어 써야 한다는 점을 기억하며 알맞게 띄어 썼으면 정답으로 합니다.

13 이 글의 내용을 '언제, 어디에서, 누가, 무엇을, 생각이나 느낌'으로 나누어 생각해 봅니다.

14 이 글에서 일어난 일의 순서대로 빈칸에 들어갈 말을 정리해 씁니다.

채점 tip (1)에는 피자 만들기 체험장에 들어간 일을, (2)에는 관련된 영상을 본 뒤 치즈를 만든 일을 썼으면 정답으로 합니다.

15 준건이가 기억에 남는 일로 말한 봄맞이 가족 대청소는 우리 반 소식지를 만들기 위해 떠올릴 내용으로 알맞지 않습니다.

53쪽 수행 평가

1 예 친구와 놀이터에서 놀았던 일, 예 가족 여행을 간 일, 예 국어 시험에서 백 점을 맞은 일　2 (1) 예 가족 여행을 간 일　(2) 예 지난주 토요일　(3) 예 제주 도　(4) 예 가족과 한라산에 오르고, 맛있는 것을 사 먹음.　(5) 예 가슴이 탁 트이는 것 같았고, 매우 즐거 웠음.　3 예 신나는 가족 여행, 지난주 토요일에 저 는 가족과 함께 제주도로 여행을 갔습니다. 제주도에 도착하여 처음 찾아간 곳은 한라산이었습니다. 한라 산에 올라 보니 가슴이 탁 트이는 것 같았습니다. 한 라산에서 내려온 뒤에는 저녁으로 맛있는 갈치조림 을 먹었습니다. 여행이 참 즐거웠습니다.

1 인상 깊은 일을 세 가지 떠올려 간단히 씁니다.

2 언제, 어디에서, 있었던 일인지 그때 생각이나 느낌 은 어떠했는지 간단히 정리해 씁니다.

3 조건 에 알맞게 글을 씁니다.

채점 기준	잘함	인상 깊은 일에 대해 다섯 문장 이상으로 글을 썼 고, 글의 제목도 썼습니다.
	보통	인상 깊은 일에 대해 썼지만 다섯 문장이 넘지 않 거나 글의 제목을 쓰지 않았습니다.
	노력 요함	인상 깊은 일에 대해 썼지만 다섯 문장이 넘지 않 고, 글의 제목도 쓰지 않았습니다.

54쪽 쉬어가기

4. 감동을 나타내요

56쪽 개념 확인 문제

1 ①　2 (3) ○　3 하율

1 감각적 표현은 대상의 느낌을 생생하게 표현한 것으 로, 대상의 느낌을 생생하고 재미있게 나타낼 수 있 으며 감각적 표현을 말하기 위해 대상을 더 자세히 관찰할 수 있습니다.

2 시를 읽을 때 글자 수를 셀 필요는 없고, 시에서 감 각적 표현은 정해진 부분이 아니라 모든 부분에 있 을 수 있습니다.

3 이야기를 읽고 생각이나 느낌을 표현할 때에는 이야 기에 나타난 감각적 표현을 찾고, 이야기에서 재미 있거나 감동적인 부분을 친구들과 이야기합니다.

57쪽 어휘·문법 확인 문제

1 감각적　2 (1) 오들오들　(2) 시각　3 (1) 파고들다 (2) 애매하다　4 ⑤

1 '보고, 듣고, 냄새 맡고, 맛보고, 느끼는 다섯 가지 능력을 자극하는 것.'이라는 뜻을 가진 세 글자의 낱 말은 '감각적'입니다.

2 춥거나 무서워서 몸을 심하게 떠는 것은 '오들오들', 멀리 있는 것도 잘 보는 감각은 '시각'이 알맞습니다.

3 (1)은 '파고들다', (2)는 '애매하다'의 뜻입니다.

4 '이뿌다'는 표준어가 아닙니다. '이쁘다', '예쁘다'로 써야 알맞습니다.

58~63쪽 교과서 독해

감기 58쪽 1 ⑤　2 ③　3 (2) ○　4 (1) 불덩이　(2) 거북이　(3) 감기
지구도 대답해 주는구나 59쪽 5 ③　6 재현　7 궁 질궁질　8 (1) 두더지　(2) 지구　(3) 예 '내'가 한 작은 행동에도 지구는 대답해 줌.
진짜 투명 인간 60~63쪽 9 예 투명 인간이 되고 싶은 아이가 진짜 투명 인간이 되는 과정을 그린 이야기일 것 같습니다.　10 ③　11 (2) ○　12 ⑤　13 ⑤

14 ④　**15** 〈예〉 블링크 아저씨는 다른 사람보다 촉각, 후각, 미각, 청각이 발달했다.　**16** ②, ⑤　**17** ③
18 도연　**19** 〈예〉 블링크 아저씨에게 색깔을 가르쳐 주기로 결심하였습니다.　**20** (1) ○ (3) ○　**21** (1) ④ (2) ㉔　**22** ①, ③　**23** ③, ⑤　**24** (1) 촉각 (2) 색깔

1 시에서 말하는 이는 '내' 몸에 불덩이, 몹시 추운 사람, 거북이, 잠꾸러기가 들어왔다고 했습니다.

> **왜 답이 아닐까?**
> ① 1연의 2행에 나타나 있습니다.
> ② 2연의 3행에 나타나 있습니다.
> ③ 2연의 5행에 나타나 있습니다.
> ④ 1연의 5행에 나타나 있습니다.

2 감기약을 먹고 몹시 졸렸기 때문에 몸에 잠꾸러기가 들어왔다고 표현했습니다.

3 '뜨끈뜨끈, 오들오들, 느릿느릿, 까무룩'을 넣고 읽을 때 더 재미있고 느낌이 생생하게 살아납니다.

4 이 시의 1연에는 감기에 걸려서 '나'의 몸이 불덩이, 몹시 추운 사람이 들어온 것처럼 뜨겁고 춥다는 것이 나타나 있고, 2연에는 감기약을 먹고 난 뒤 '나'의 몸이 거북이, 잠꾸러기가 들어온 것처럼 무겁고 졸리다는 것이 나타나 있습니다. 또한 3연에는 감기에 걸려서 '나'의 몸이 아주 무겁게 느껴진다는 것이 나타나 있습니다.

> **1연** 감기에 걸려서 몸에 (1)(불덩이), 몹시 추운 사람이 들어온 것처럼 몸이 뜨겁고 춥다.
> ▼
> **2연** 감기약을 먹고 나니 몸에 (2)(거북이), 잠꾸러기가 들어온 것처럼 무겁고 졸리다.
> ▼
> **3연** (3)(감기)에 걸려서 몸이 아주 무겁게 느껴진다.

5 말하는 이는 강가 모래밭에 발을 대 보았습니다.

6 ㉠'작은 신호'는 발가락으로 모래밭을 파고든 것을 말합니다.

7 '굼질굼질'은 몸을 계속 천천히 굼뜨게 움직이는 모양인 '굼지럭굼지럭'의 준말입니다.

8 1연에서 '나'는 모래밭에 발을 두더지처럼 파고들었고, 2~4연에서 모래가 천천히 움직이는 모습을 지구가 천천히 움직이며 자신의 행동에 대답해 주는 것이라고 표현하였습니다.

> **1연** '나'는 강가 모래밭에 발을 (1)(두더지)처럼 파고들음.
> ▼
> **2연** 모래가 천천히 움직이는 모습이 (2)(지구)이/가 천천히 움직이는 모습 같음.
> ▼
> **3연** 모래밭을 파고든 발짓을 지구가 모래의 움직임으로 대답해 줌.
> ▼
> **4연** (3)(〈예〉 '내'가 한 작은 행동에도 지구는 대답해 줌.)

9 이 글의 제목인 「진짜 투명 인간」을 보고 어떤 이야기일지 짐작하여 씁니다.

> **채점 tip** '투명 인간'과 관련된 내용을 짐작하여 썼으면 정답으로 합니다.

10 피아노 조율사인 블링크 아저씨는 시각 장애인으로 검은 선글라스를 끼고 있고, 흰 지팡이를 가지고 있습니다.

11 '시각'은 눈을 통해 빛의 자극을 받아들이는 감각 작용입니다.

12 ⑤가 아저씨의 웃음소리를 감각적으로 표현한 부분입니다.

13 ㉠에 공통으로 들어갈, '한 가지 일에 모든 힘을 쏟아부음.'이라는 뜻을 가진 낱말은 '집중'입니다.

14 엄마는 피아노의 비(b) 플랫 건반이 이상해서 조율을 부탁하기 위해 에밀에게 블링크 아저씨 댁에 갔다 오라고 하였습니다.

15 블링크 아저씨는 태어날 때부터 앞을 보지 못했기 때문에 어릴 적부터 촉각, 후각, 미각, 청각 등의 다른 감각들이 아주 발달되어 있다고 했습니다.

> **채점 tip** 촉각, 후각, 미각, 청각 등의 시각을 제외한 다른 감각이 발달했다는 내용으로 썼으면 정답으로 합니다.

16 블링크 아저씨는 에밀이 현관문을 열 때 에밀의 집 냄새와 에밀의 바지가 구겨지는 소리, 그 밖에 설명하기 애매한 것들로 에밀이라는 것을 알았다고 했습니다.

17 ㉠은 아저씨가 아무것도 볼 수 없다는 것을 뜻합니다.

18 에밀은 블링크 아저씨를 만나고 집에 돌아오는 길에 아름다운 색깔들을 보고 슬펐다고 하였으므로 아름다운 색깔들을 보지 못하는 블링크 아저씨를 떠올렸을 것입니다.

19 에밀은 블링크 아저씨에게 색깔을 가르쳐 주기로 결심했습니다.

> **채점 tip** 블링크 아저씨에게 색깔을 가르쳐 주기로 했다는 내용으로 썼으면 정답으로 합니다.

20 '삐져나오다'는 '속에 있는 것이 겉으로 불거져 나오다.'라는 뜻입니다. (2)의 문장에서는 벽에 있던 액자가 흔들릴 정도의 지진이 발생했다고 하였으므로 '삐져나온'이 아니라 '고정된', '걸린' 등의 낱말이 들어가는 것이 알맞습니다.

21 에밀은 '흰색'은 여름에 푹 자고 열 시쯤에 일어났을 때를 떠올렸고, '푸른색'은 옆집 수영장에서 헤엄치는 것을 떠올렸습니다.

22 에밀은 블링크 아저씨에게 붉은색을 알려 주기 위해 토마토 맛을 느낄 수 있게 했고, 초록색을 알려 주기 위해 풀밭을 걸을 때의 느낌을 느낄 수 있게 했습니다.

23 '훨씬'은 '정도 이상으로 차이가 나게.'라는 뜻으로, '월등히', '한결' 등과 같은 낱말로 바꾸어 쓸 수 있습니다.

24 에밀은 아저씨에게 미각과 촉각을 이용하여 색깔을 설명했고, 아저씨는 악기로 색깔의 느낌을 연주하였습니다.

에밀이 아저씨에게 색깔을 알려 준 방법	아저씨가 에밀이 알려 준 색깔을 표현한 방법
미각과 (1)(촉각) 을/를 이용하여 색깔을 설명함.	악기로 (2)(색깔)의 느낌을 연주함.

64~65쪽　**단원 평가 ❶회**

1 감각적　**2** (1) 매끈매끈, 아삭아삭 (2) 뻥, 왁자지껄　**3** 예지　**4** 점자책　**5** ⑤　**6** (2) ○　**7** 천둥소리　**8** ③　**9** (1) 삐쳐서(삐져서) (2) 예쁜(이쁜) (3) 맨날(만날)　**10** (1) ① ○ (2) ② ○ (3) ② ○

1 대상을 눈으로 보고, 귀로 듣고, 입으로 맛보고, 코로 냄새 맡고, 손으로 만지면서 알게 된 느낌을 생생하게 표현한 것을 감각적 표현이라고 합니다.

2 보기 중 사과에 어울리는 표현은 '매끈매끈', '아삭아삭', 축구에 어울리는 표현은 '뻥', '왁자지껄'입니다.

3 대상을 감각적 표현으로 나타내면 대상의 느낌을 생생하고 재미있게 나타낼 수 있고, 감각적 표현을 말하려고 대상을 더 자세히 관찰할 수 있습니다.

4 블링크 아저씨는 에밀에게 점자책을 보여 주며 시각 장애인들은 오톨도톨 나 있는 작은 점으로 된 글씨를 손가락으로 만지면서 읽는다고 하였습니다.

5 에밀은 블링크 아저씨에게 세상 모든 색을 들려주기 위해서 피아노 연습을 많이 했습니다.

6 블링크 아저씨는 에밀에게 한 달 뒤에 붕대를 풀면 네가 어떻게 생겼는지 볼 수 있게 되었다고 했습니다.

> **왜 답이 아닐까?**
> (1) 에밀이 지금보다 피아노를 더 잘 칠 수 없게 될 것이라는 내용은 글에 나타나지 않았습니다.

7 이 시는 천둥소리에 대해 쓴 시입니다.

8 이 시에서는 대상을 감각적으로 표현했고, 소리를 흉내 내는 말을 사용했으며 말하고 싶은 내용을 짧은 글에 담아 노래하듯이 표현했습니다.

9 '삐쳐서, 삐져서', '예쁜, 이쁜', '맨날, 만날'이 표준어입니다.

10 '짜장면, 자장면', '찰지다, 차지다', '간지럽히다, 간질이다'가 표준어입니다.

> **문법 문제 tip** 두 낱말 모두 표준어로 인정되는 낱말을 복수 표준어라고 합니다.

66~68쪽　**단원 평가 ❷회**

1 ③　**2** 예 달걀처럼 매끈매끈한 사과　**3** ①, ②, ④　**4** ③　**5** (1) ㉯ (2) ㉮　**6** ①, ③, ④　**7** ②, ⑤　**8** 준서　**9** ②　**10** 예 추석날 밤에 할머니 댁에서 풀벌레 소리를 들으니 그 소리가 마치 지구가 숨 쉬는 소리 같았습니다.　**11** ④　**12** (1) 냄새 (2) 소리　**13** ⑤　**14** (1) 예 에밀 (2) 예 안녕? 에밀. 나는 네가 블링크 아저씨에게 색깔을 알려 준 것을 칭찬하고 싶어. 나도 너처럼 다른 사람을 돕는 일을 생각해 볼게.　**15** 우르르 쿵쾅

1 '거칠거칠'은 사진 속 곰 인형에 어울리는 표현이 아닙니다.

2 사과에 대한 느낌을 떠올려 보고, 그 느낌을 보기 와 같이 감각적 표현을 넣어 씁니다.

채점 tip 감각적 표현을 한 가지 이상 넣어 사과에 대한 느낌을 표현하였으면 정답으로 합니다.

3 대상을 감각적 표현으로 나타내면 대상의 느낌을 생생하고 재미있게 나타낼 수 있고, 감각적 표현을 말하려고 대상을 더 자세히 관찰할 수 있습니다.

4 시에서 말하는 이는 감기에 걸려 열이 많이 나는 자신의 상황을 '내' 몸에 불덩이가 들어왔다고 감각적으로 표현했습니다.

5 ㉠은 감기약을 먹고 몸이 무거워진 상황, ㉡은 감기약을 먹고 몹시 졸린 상황을 감각적 표현으로 나타낸 것입니다.

6 감각적 표현을 넣어 읽을 때의 느낌으로 알맞은 것을 찾아봅니다.

7 이 시에서는 초승달이 풀 베는 아저씨 낫, 어여쁜 언니 머리빗, 귀여운 아가 꼬까신이 되려 한다고 표현했습니다.

8 이 시에서는 초승달을 비슷한 모양을 가진 대상에 빗대어 감각적으로 표현했습니다.

9 이 시에서는 지구가 천천히 움직이는 모습을 '굼질굼질'이라는 흉내 내는 말로 표현했습니다.

10 언제, 어디에서, 무엇을 보고 지구가 살아 있다고 생각했는지 자신의 경험을 떠올려 씁니다.

채점 tip 지구가 살아 있다고 생각한 경험이 언제, 어디에서, 무엇을 보고 있었던 일인지 잘 드러나게 썼으면 정답으로 합니다.

11 블링크 아저씨는 앞을 보지 못하는 대신 촉각, 후각, 미각, 청각이 아주 발달되어 있다고 했습니다.

12 블링크 아저씨는 앞이 안 보이지만 에밀의 집 냄새가 났고, 에밀의 바지가 구겨지는 소리를 들어서 집에 온 사람이 에밀이라는 것을 알았다고 했습니다.

13 맨발로 걸을 때 발가락 사이로 살살 삐져나오는 촉촉한 풀잎을 떠올렸습니다.

14 에밀과 블링크 아저씨 중에서 한 인물을 정하고, 그 인물에게 하고 싶은 말을 씁니다.

채점 tip (1)에는 에밀과 블링크 아저씨 중 한 사람을, (2)에는 그 사람에게 하고 싶은 말을 잘 정리해서 썼으면 정답으로 합니다.

15 '우르르 쿵쾅'이라는 흉내 내는 말로 나타냈습니다.

---

1 예 동화책, 예 밤송이, 예 곰인형   **2** (1) 예 밤송이 (2) 예 고슴도치처럼 가시가 많이 있어서 신기합니다. (3) 예 따갑고 바늘에 찔린 것 같습니다.   (4) 예 냄새 맡은 느낌 (5) 예 나무 냄새가 납니다.   **3** 예 고슴도치 밤송이, 콕콕! / 고슴도치처럼 / 가시가 박혀 있는 밤송이 / 따끔! / 내 손을 찌를 땐 / 눈물이 찔끔 나게 하는 밤송이

1 시로 쓰고 싶은 물건을 떠올려 세 가지를 씁니다.

2 문제 1번에서 답한 물건 중 가장 시로 쓰고 싶은 물건을 떠올리고, 대상을 본 느낌, 만져 본 느낌, 냄새를 맡거나 소리를 들은 느낌 등을 정리해 봅니다.

3 문제 2번에서 정리한 내용을 바탕으로 하여 감각적 표현이 잘 드러나게 시를 씁니다.

채점 기준	잘함	시의 제목을 썼고, 대상에 대한 감각적 표현이 잘 드러나게 시를 썼습니다.
	보통	시의 제목을 쓰지 않았거나, 대상에 대한 감각적 표현이 잘 드러나게 시를 쓰지 못했습니다.
	노력 요함	시의 제목도 쓰지 않았고, 대상에 대한 감각적 표현이 드러나게 시를 쓰지 못했습니다.

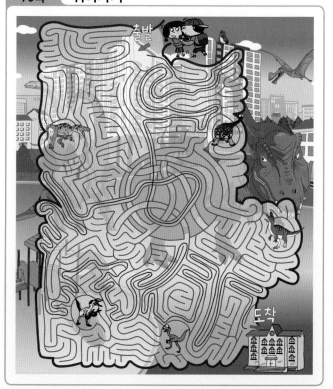

---

5. 바르게 대화해요

72쪽 **개념 확인 문제**

1 (1) ○ (3) ○ **2** (1) 할머니 (2) 친구 **3** 대민

1 상대가 누구인지, 대화하는 목적이 무엇인지, 어떤 대화 상황인지, 상대의 기분이 어떠한지 등을 생각해야 합니다.

2 웃어른과 대화할 때에는 높임 표현을 사용해 말해야 하고, 친구나 동생과 대화할 때나 사물에는 높임 표현을 사용하지 않습니다.

3 전화할 때에는 자신이 누구인지 밝히고 상대가 누구인지 확인해야 합니다.

73쪽 **어휘·문법 확인 문제**

1 (1) ○ **2** (1) 조사 (2) 역할 **3** (1) ㉯ (2) ㉮ **4** 답따파다

1 '대화'는 '마주 대하여 이야기를 주고받음. 또는 그 이야기.'라는 뜻의 낱말입니다.

2 사투리를 위해 해당 지역으로 갔다고 하였으므로 '조사'가 들어가는 것이 알맞고, 선생님께서 학생들에게 각자가 최선을 다할 것을 강조하셨으므로 '역할'이 들어가는 것이 알맞습니다.

3 '새다'는 '기체, 액체 따위가 틈이나 구멍으로 빠져나가거나 나오다.'라는 뜻이며, '당부하다'는 '말로 단단히 부탁하다.'라는 뜻입니다.

4 '답답하다'는 [답따파다]라고 발음해야 합니다.

74~79쪽 **교과서 독해**

[진수의 대화 |74쪽] **1** ⑤ **2** 예 그래, 같이 쓰자. 먼저 쓰고 나한테 줘. **3** ③ **4** (1) 높임 (2) 예 기분
[대상에 따라 알맞은 높임 표현을 사용하기 |75쪽] **5** ②, ④, ⑤ **6** ①, ②, ③ **7** ③ **8** (1) 할머니 (2) 할아버지
[민지와 지원이의 대화 |76쪽] **9** ⑤ **10** (1) 물통(물감), 물감(물통) (2) 예 전화로는 상황을 볼 수 없는데 지원이가 무엇을 말하는지 정확하게 말하지 않았기 때문입니다. **11** 샌다고 **12** (1) 예 자신이 누구인지 밝혀야 함. (2) 예 정확하고 구체적으로

[전화 대화 |77쪽] **13** (1) 수진 (2) 예원이 언니 **14** 예 수진이가 자신이 누구인지를 밝히지 않고 상대가 누구인지도 확인하지 않았기 때문입니다. **15** (3) ○ **16** (1) 예 상대 (2) 예 상황
[나는야, 안전 멋쟁이 |78쪽] **17** (1) 우산 (2) 땅 **18** 예 놀라면서 당황하는 표정을 짓고, 훈이를 말리려고 뛰어가며 잡으려는 몸짓으로, "안 돼!"라고 외치며 다급한 말투로 말합니다. **19** (3) ○ **20** (1) 비 (2) 훈이 (3) 밝은색
[미나의 대화 |79쪽] **21** ④ **22** (1) ㉯ (2) ㉮ **23** 된장찌개 **24** (1) 선생님 (2) 높임 표현

1 대화 ㉯에서 수정이는 진수에게 준비물이 무엇인지 알려 준 뒤에 진수의 말을 더 듣지 않고 전화를 끊었습니다.

2 가위를 빌려 달라고 부탁하는 친구의 마음을 고려해서 알맞은 대답을 씁니다.

> **채점 tip** 친구의 마음을 고려하여 흔쾌히 함께 사용하자고 말하는 내용으로 썼으면 정답으로 합니다.

3 다른 사람과 대화할 때에는 자신의 기분만 생각하며 말하면 안 되고, 상대의 기분을 생각하며 말해야 합니다.

4 대화 ㉮에서는 진수가 높임 표현을 사용하지 않았습니다. 대화 ㉣에서는 진수가 가위를 빌려 달라고 말하는 친구의 기분을 생각하지 않고 말했습니다.

각 대화에서 잘못한 점	
대화 ㉮ 진수가 웃어른에게 (1)(높임) 표현을 사용하지 않음.	**대화 ㉯** 수정이가 전화 대화에서 자신의 말만 하고 끊음.
대화 ㉣ 문구점 안에서 남녀 학생이 시끄럽게 떠듦.	**대화 ㉣** 진수가 상대의 (2)(예 기분)을/를 생각하지 않고 말함.

5 승민이는 할머니의 눈을 바라보며 공손한 태도로 대화하고 있습니다.

6 '즐겁게'는 '마음에 거슬림이 없이 흐뭇하고 기쁘게.'라는 뜻이므로, '기쁘게, 재미있게, 유쾌하게' 등과 바꾸어 쓸 수 있습니다.

7 사과주스가 사물이라 높임 표현을 사용할 수 없으므로 '나왔습니다'와 같이 말해야 합니다.

8 그림 ㉮와 ㉯의 대화에서는 할머니를 높여야 하고, ㉰의 대화에서는 가게 주인, ㉱의 대화에서는 할아버지와 어머니를 높여야 합니다.

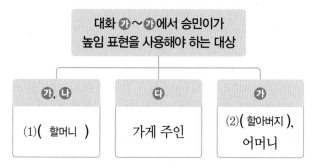

대화 ㉮~㉱에서 승민이가
높임 표현을 사용해야 하는 대상

가, 나	다	가
(1)(**할머니**)	가게 주인	(2)(**할아버지**), 어머니

9 전화를 건 사람이 누구인지 밝히지 않아서 민지는 "누구신가요?"라고 물었습니다.

10 전화로는 상황을 볼 수가 없는데, 지원이가 무엇을 말하는 것인지 정확하게 말하지 않아서 민지는 물통과 물감을 모두 떠올렸습니다.

> **채점 tip** (1)에는 물통과 물감을, (2)에는 전화로는 상황을 볼 수 없는데 지원이가 무엇을 말하는 것인지 정확하게 말하지 않았기 때문이라는 내용이 들어가게 썼으면 정답으로 합니다.

11 빗물이 천장에서 조금씩 빠져 나오는 상황이므로 '샌다고'가 들어가는 것이 알맞습니다.

12 지원이는 대화 ❶에서는 전화를 걸고 자신이 누구인지 밝히지 않았고, 대화 ❷에서는 말하고자 하는 것을 정확하고 구체적으로 말하지 않았습니다.

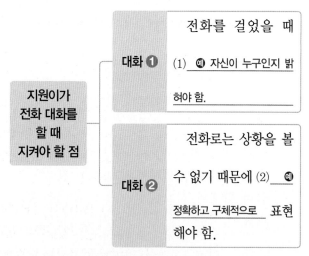

		전화를 걸었을 때
지원이가 전화 대화를 할 때 지켜야 할 점	대화 ❶	(1) **예 자신이 누구인지 밝혀야 함.**
	대화 ❷	전화로는 상황을 볼 수 없기 때문에 (2) **예 정확하고 구체적으로** 표현해야 함.

13 대화 ㉮에서 전화를 건 사람은 수진이고, 전화를 받은 사람은 예원이의 언니입니다.

14 수진이가 자신이 누구인지를 밝히지 않고 상대가 예원인지 아닌지도 확인하지 않았기 때문에 예원이 언니는 ㉠과 같이 생각했습니다.

> **채점 tip** 수진이가 자신이 누구인지 밝히지 않고, 상대가 누구인지 확인하지 않았다는 내용이 들어가게 썼으면 정답으로 합니다.

15 정아도 할 말이 있는데 지수가 계속 자신이 할 말만 했습니다.

16 대화 ㉮에서는 전화를 건 사람이 자신이 누구인지 밝히고, 상대가 누구인지도 확인해야 한다는 점을 알 수 있고, 대화 ㉯에서는 상대의 상황을 헤아리고 상대의 말을 귀 기울여 들어야 한다는 점을 알 수 있습니다.

대화 ㉮와 ㉯에서 알 수 있는 전화 대화 예절

대화 ㉮	대화 ㉮
전화를 건 사람이 자신이 누구인지 밝히고, (1)(**예 상대**)이/가 누구인지도 확인해야 함.	상대의 (2)(**예 상황**)을/를 헤아리고 상대의 말을 귀 기울여 들어야 함.

17 비 오는 날에 우산으로 얼굴을 가리지 말고, 땅을 쳐다보며 걷지 말라고 하셨습니다.

18 훈이의 행동에 놀란 상황이므로 그에 맞는 표정과 몸짓, 말투를 생각하여 씁니다.

> **채점 tip** 훈이의 행동에 깜짝 놀란 마음이 담긴 표정과 말투를 썼거나 훈이를 말리기 위한 몸짓을 썼으면 정답으로 합니다.

> **이런 답도 가능해!**
> 예 눈을 크게 뜨고 입을 벌리며, 훈이를 향해 다가가며, 큰 목소리로 "안 돼!"라고 외칩니다.

19 ㉠은 엄마께서 강이에게 하지 말아야 할 행동을 말씀하시는 상황에서 하신 말로, '말로 단단히 부탁하셨습니다.'라는 뜻입니다.

20 비오는 날 훈이는 앞을 잘 보지 않고 뛰다가 교통사고가 날 뻔하였고, 강이와 훈이는 비가 오는 날에는 밝은색 옷을 입어야 하며, 조심해서 길을 건너야 한다는 것을 깨닫게 되었습니다.

언제	(1)(**비**) 오는 날
누가	강이와 (2)(**훈이**)
겪은 일	훈이가 앞을 잘 보지 않고 뛰다가 교통사고가 날 뻔함.
깨달은 점	비가 오는 날에는 (3)(**밝은색**) 옷을 입어야 하며, 조심해서 길을 건너야 한다는 것.

21 선생님께서는 우리 주위 사람들이 좋아하는 음식을 조사해 오라고 하셨습니다.

22 대화 ❷는 미나와 할아버지, 대화 ❸은 미나와 남동생이 대화를 나누는 상황입니다.

23 할아버지께서는 미나에게 된장찌개가 최고라고 말씀하셨습니다.

24 미나는 대화 ❶에서는 선생님께 높임 표현을 사용하여 대화하였고, 대화 ❷에서는 할아버지께 높임 표현을 사용하여 대화하였으며, 대화 ❸에서는 남동생에게 반말로 대화하였습니다.

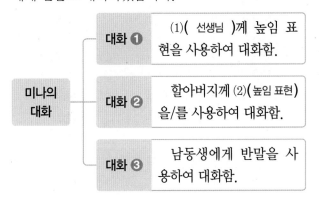

미나의 대화

대화 ❶ (1)(선생님)께 높임 표현을 사용하여 대화함.

대화 ❷ 할아버지께 (2)(높임 표현)을/를 사용하여 대화함.

대화 ❸ 남동생에게 반말을 사용하여 대화함.

80~81쪽 단원 평가 ❶회

1 (1) 엄마 (2) 수정 (3) 문구점 주인아저씨 **2** (1) ○ (2) ○ **3** 서점 **4** ③ **5** 하율 **6** 정환 **7** (1) 예 공공장소 (2) 예 작은 목소리 **8** ② **9** (1) ② ○ (2) ① ○ (3) ② ○ **10** (1) 섭써파다 (2) 솔찌키

1 진수는 대화 ㉮에서는 엄마, 대화 ㉯에서는 수정이, 대화 ㉰에서는 문구점 주인아저씨와 대화를 나누고 있습니다.

2 대화의 상대가 웃어른일 때에는 높임 표현을 사용해야 하고, 전화 대화에서는 자신이 할 말만 하고 끊지 말고 상대의 말도 들어야 하며 대화 상황을 고려하여 말해야 합니다.

3 승민이는 지난 주말에 책을 사러 서점에 갔다고 했습니다.

4 ㉠은 선생님과 대화하는 상황이므로 알맞은 높임 표현을 사용해야 합니다.

5 책은 사물이기 때문에 높임 표현을 사용할 수 없습니다. '재미있으세요.'를 '재미있습니다.', '재미있어요.' 등으로 고쳐 써야 합니다.

---

6 할머니께서 하실 말씀이 남아 있는데 유진이가 그것을 듣지 않고 갑자기 전화를 끊었습니다.

7 공공장소에서는 작은 목소리로 말해야 하는데 남자아이가 큰 목소리로 통화를 해서 주변 사람들의 표정이 좋지 않은 것입니다.

8 전화로는 상황을 볼 수 없기 때문에 구체적으로 말해야 합니다.

9 (1)은 [화모카다], (2)는 [만타], (3)은 [야칸]이라고 발음하는 것이 알맞습니다.

10 '섭섭하다'는 [섭써파다], '솔직히'는 [솔찌키]라고 발음해야 합니다.

문법 문제 tip 예사소리인 'ㄱ', 'ㄷ', 'ㅂ', 'ㅈ'이 'ㅎ'을 만나면 거센소리인 'ㅋ', 'ㅌ', 'ㅍ', 'ㅊ'로 발음이 됩니다.

82~84쪽 단원 평가 ❷회

1 (2) ○ **2** ② **3** ③ **4** (2) ○ **5** 예 할아버지께서는 웃어른이시니까 높임 표현을 사용해서 "할아버지께서 사과주스를 드시고 계세요."라고 말해야 해. **6** ②, ④, ⑤ **7** ⑤ **8** 예 전화로는 상황을 볼 수 없기 때문에 정확하고 구체적으로 표현해야 합니다. **9** ①, ③ **10** ㉯ **11** (1) ○ **12** ④ **13** ㉲ **14** ㉮ **15** (1) 예 미나 (2) 예 궁금한 듯한 표정과 두 손을 가지런히 모은 몸짓, 공손한 말투입니다.

1 진수는 여자아이의 기분을 생각하지 않고 말했습니다.

2 그림 ㉮와 ㉯에서 칭찬을 들은 진영이는 고마운 마음이 들었을 것입니다.

3 ㉠은 듣는 사람이 친구이므로 높임 표현을 사용하지 않고, ㉡은 선생님이므로 높임 표현을 사용해야 합니다.

4 사과주스는 사물이기 때문에 높임 표현을 사용할 수 없습니다.

5 승민이는 할아버지께 높임 표현을 사용하지 않고 "먹고 있어요."라고 말했습니다.

채점 tip '먹고 있어요'를 '드시고 계세요'라고 고쳐 써야 한다는 내용을 넣어서 썼으면 정답으로 합니다.

6 승민이가 높임 표현을 사용해 대답하고 있으므로 대화 상대는 웃어른이어야 알맞습니다.

BOOK ❶ 개념북

5 단원

7 지원이는 물통을 들고 학교 앞 문구점에서 미술 준비물로 산 것인데 망가져 있다고 말했지만, 전화 통화에서는 상황을 볼 수가 없기 때문에 민지는 지원이가 무엇을 말하는지 몰랐습니다.

8 민지가 이해하기 쉽게 하기 위해 지원이가 어떻게 말해야 하는지 생각해 봅니다.

채점 tip 말하고자 하는 내용을 정확하고 구체적으로 표현해야 한다는 내용으로 썼으면 정답으로 합니다.

9 예원이 언니의 말을 통해 수진이가 자신이 누구인지를 밝히지 않고 상대가 누구인지도 확인하지 않고 대화하였음을 알 수 있습니다.

10 할머니께서 하실 말씀이 남아 있는 상황이므로 높임 표현을 사용해 더 하실 말씀이 있는지를 여쭈어야 합니다.

11 친구가 숙제 때문에 바쁜 상황을 헤아리지 않고 자기 할 말만 하고 있으므로 상대의 상황을 헤아리며 대화해야 한다는 것을 알아야 합니다.

12 강이는 비가 오늘 날에는 조심해서 길을 건너야 한다는 것을 깨달았습니다.

13 깜짝 놀라면서 당황하는 표정은 훈이가 교통사고가 날 뻔한 장면인 ㉰에 어울리는 표정입니다.

14 아들이 학교에서 칭찬을 받았다는 이야기를 들은 엄마가 말할 때의 표정과 몸짓으로는 ㉮가 알맞습니다.

15 주어진 상황과 자신이 고른 인물에 어울리는 표정, 몸짓, 말투를 생각해 봅니다.

채점 tip (1)에는 미나와 할아버지 중 한 사람을 쓰고, (2)에는 고른 인물에 알맞은 표정, 몸짓, 말투를 썼으면 정답으로 합니다.

85쪽 수행 평가

1 (1) 예 자신이 누구인지를 밝히지 않았습니다. (2) 예 자신이 누구인지 밝히지 않았고, 상대가 누구인지도 확인하지 않았습니다. **2** (1) 예 여보세요? 저는 지원이인데요. 혹시 민지 있나요? (2) 예 여보세요? 안녕하세요. 저는 예원이 친구 수진이예요. 혹시 누구신가요? 예원이를 바꿔 주실 수 있을까요? **3** (1) 예 안녕하세요? 전 소민이라고 합니다. 혹시 이안이 있나요? (2) 예 응, 이안아, 안녕? 내일 학교에 가져갈 준비물이 무엇이니? 적어둔 것을 놓고 와서 물어보려고 전화를 했어.

---

1 대화 ㉮에서 지원이는 전화를 건 자신이 누구인지를 먼저 밝히지 않았습니다. 그리고 대화 ㉯에서 수진이는 전화를 건 자신이 누구인지도 밝히지 않았고, 대화를 시작하기 전에 상대가 누구인지 확인하지도 않았습니다.

2 ㉠은 자신이 누구인지를 밝히는 내용으로, ㉡은 자신이 누구인지를 밝히고 상대가 누구인지도 확인하는 내용으로 바꿔야 합니다.

3 전화를 받은 친구에게 자신이 누구인지 밝히고, 학교에 가져갈 준비물을 묻는 내용을 전화 대화 예절에 알맞게 씁니다.

채점 기준		
	잘함	(1)에서 인사를 하며 자신이 누구인지 소개하고 이안이가 있는지 확인하였고, (2)에서 학교에 가져갈 준비물이 무엇인지 묻는 내용을 알맞게 썼습니다.
	보통	(1)에서 인사를 했지만 자신이 누구인지 소개하지 않았고, (2)에서는 학교에 가져갈 준비물이 무엇인지 묻는 내용을 알맞게 썼습니다.
	노력 요함	(1)에서 인사를 하거나 자신이 누구인지 소개하지 않았고, (2)에서 학교에 가져갈 준비물이 무엇인지 묻는 내용을 알맞게 쓰지 못했습니다.

86쪽 쉬어가기

6. 마음을 담아 글을 써요

개념 확인 문제

1 시간 **2** ㉢ **3** (1) ○

1 인물이 한 일이나 겪은 일, 그때의 마음을 생각한 뒤 시간 흐름에 따라 변하는 인물의 마음을 정리합니다.

2 글의 내용에서 인물이 처한 상황을 떠올려 보고 그 때 인물이 느꼈을 마음을 헤아립니다.

3 마음을 전하는 글을 쓸 때는 자신의 감정을 솔직하 게 쓰고 앞으로 바라는 점도 쓰는 것이 좋습니다.

어휘·문법 확인 문제

1 (2) ○ **2** (1) 안절부절 (2) 핀잔 (3) 직전 **3** ㉮
3 (1) 한대 (2) 가져왔는데

1 '몸을 움직여 동작을 하거나 어떤 일을 함.'은 '행동' 의 뜻풀이입니다.

2 낱말의 뜻을 생각하면서 문장에 알맞은 낱말을 넣어 봅니다.

3 '물끄러미'는 '우두커니 한 곳만 바라보는 모양.'입 니다.

4 '-(ㄴ/는)대'는 다른 사람에게 들은 말을 전할 때, '- ㄴ데/-는데'는 뒤에 나오는 일을 설명하기 위하여 그와 상관된 일을 미리 말할 때 씁니다.

교과서 독해

마음을 전하는 상황 |90쪽| **1** ⑤ **2** (1) ㉯ (2) ㉮ **3**
③ **4** 대영
규리의 하루 |91~92쪽| **5** ⑤ **6** ② **7** 예 규리에게
무슨 일이 생겼을까 봐 걱정하는 마음이 들었을 것입
니다. **8** ①, ③, ④ **9** 콩닥콩닥 **10** ④ **11** 예
구름을 만지는 기분 **12** (1) 예 속상함. (2) 예 걱정
스러움. (3) 예 자랑스러움. (4) 강아지
꼴찌라도 괜찮아! |93~95쪽| **13** (2) ○ **14** ⑤ **15**
①, ⑤ **16** 예 누구나 한 경기씩 나갈 수 있도록 하
기 위해서입니다. **17** ① **18** ③ **19** 수연 **20**
② **21** ① **22** 예 최선을 다했기 때문에 결과와

상관없이 뿌듯한 마음이 들었습니다. **23** (1) 달리
기 (2) 이어달리기 (3) 예 당황스러움
화해하기 |96쪽| **24** ④ **25** ② **26** ③, ④ **27** (1)
마음 (2) 사과
'마음을 전하는 우리 반' 행사에 많이 참여해 주세요 |97쪽|
28 ③ **29** 은영, 현주 **30** 예 미안한 마음을 전하
고 싶을 것입니다. **31** (1) 마음을 전하는 우리 반
(2) 마음

1 아이가 "고맙습니다."라고 말하는 것으로 보아 아주 머니께서 주시는 음식을 받는 상황인 것을 알 수 있 습니다.

2 그림 ㉯는 약속 시간에 늦어서 뛰어가는 상황이고, 그림 ㉱는 가을 현장 체험학습을 가게 되어 기뻐하 는 상황입니다.

3 그림 ㉲는 아픈 친구를 걱정하는 상황입니다.

4 지수가 동생에게 청소를 잘하는 방법을 알려 준 것 과 기분이 좋아서 일기를 쓴 것은 자신의 마음을 다 른 사람에게 전한 경험이 아닙니다.

5 잠을 더 자고 싶었던 규리는 엄마가 깨우셔서 억지 로 일어났습니다.

6 규리는 학교 수업에 지각할 뻔해서 속상한 마음이 들었을 것입니다.

7 민호가 한 말과 행동을 통해 마음을 짐작할 수 있습 니다.
채점 tip 규리가 늦어서 걱정했다는 내용으로 썼으면 정답으로 합니다.

8 규리네 모둠의 발표자는 규리였고, 규리는 걱정을 했지만 겨우겨우 발표를 끝냈습니다.

9 '가슴이 콩닥콩닥 뛰기 시작했다.'는 부분을 통해 규 리의 걱정스러운 마음을 알 수 있습니다.

10 선생님께서는 규리에게 민호를 도와주라고 하셨고, 규리는 음악 시간 내내 민호의 리코더 선생님이 되 었습니다.

11 '구름을 만지는 기분이 이런 기분일까?'라고 하였습 니다.

12 일어난 일에 따라 규리의 마음이 어떻게 변했는지 정리합니다.

시간 흐름	일어난 일	규리의 마음
아침	늦잠을 잠.	(1)(**예** 속상함.)
1교시 (사회 시간)	발표 차례가 다가옴.	(2)(**예** 걱정스러움.)
3교시 (음악 시간)	민호에게 리코더 연주하는 방법을 가르쳐 줌.	(3)(**예** 자랑스러움.)
방과 후	하얗고 조그만 수호네 (4)(강아지)을/를 만나 쓰다듬어 줌.	구름을 만지는 것 같이 행복함.

13 '코앞'은 '곧 닥칠 미래'를 비유적으로 이르는 말이므로 '코앞으로 다가왔다'는 것은 '얼마 남지 않았다'는 뜻입니다.

14 운동에 자신이 없는 기찬이는 운동회가 다가와서 심술이 나 돌멩이를 발로 뻥 찼습니다.

15 기찬이는 운동을 잘하지 못해서 속상하고, 사과도 제대로 하지 못해서 당황했을 것입니다.

16 선생님이 "누구나 한 경기씩 나갈 수 있도록 말이야."라고 말씀하신 부분을 통해 알 수 있습니다.
채점 tip 누구나 한 경기씩 나갈 수 있게 한다는 내용이 들어가게 썼으면 정답으로 합니다.

17 '아, 어제 떡을 너무 많이 먹었나 봐.'라는 말을 통해 이호가 떡을 먹고 배탈이 났음을 알 수 있습니다.

18 '안절부절못하다'는 '마음이 초조하고 불안하여 어찌할 바를 모르다.'라는 뜻으로 '불안하다'와 비슷한 말입니다.

왜 답이 아닐까?
① '마음이 가라앉지 않고 들떠서 두근거리다.'라는 뜻입니다.
② '마음에 기쁨을 느끼다.'라는 뜻입니다.
④ '소원 따위를 들어 달라고 애처롭게 사정하며 간절히 빌다.'라는 뜻입니다.
⑤ '소리 내어 야단스럽게 부르짖으며 울다.'라는 뜻입니다.

19 청군이 지고 있는 상황이지만 기찬이는 최선을 다해 뛰고 있으므로 친구들이 응원도 하지 않고 딴전을 피우는 것은 바르지 않습니다.

20 백군의 마지막 선수와 같이 달리는 기찬이를 보고 친구들은 기찬이가 이기고 있다고 착각했습니다.

21 이호는 배탈이 나서 화장실에 간 것에 대해 미안한 마음이 들어서 멋쩍게 웃었습니다.

22 기찬이는 경기에는 졌지만 최선을 다했기 때문에 뿌듯한 마음이 들었을 것입니다.
채점 tip '최선을 다했다.', '뿌듯하다.'와 같은 마음이 드러나는 말을 썼으면 정답으로 합니다.

23 이야기에서 일어난 일에 따라 기찬이의 마음이 어떠했는지 정리해 봅니다.

일어난 일	기찬이의 마음
(1)(달리기)을/를 못한다며 이호와 친구들이 놀림.	속상하고 외로움.
운동회 선수 제비뽑기에서 (2)(이어달리기)을/를 뽑음.	달리기를 잘하지 못해서 마음이 무거움.
친구들이 기찬이가 이긴다고 착각하여 응원함.	최선을 다해 달렸지만 졌는데도 친구들이 응원해서 (3)(**예** 당황스러움).

24 주은이가 딱지치기를 하다가 자기 마음대로 되지 않자 "다시 해!", "집에 갈 거야!"와 같은 예의 없는 말과 행동을 해서 원호는 화가 났습니다.

25 '결심'은 '할 일에 대하여 어떻게 하기로 마음을 굳게 정함.'의 뜻으로, '결정'과 비슷한 뜻입니다.

26 주은이는 원호를 생각하며 자신의 마음을 솔직하게 전하는 글을 썼을 것입니다.

27 주은이는 원호의 마음을 생각하며 사과하는 마음을 담은 쪽지를 전하였고, 원호는 사과를 받아 주었습니다.

주은이가 사과하는 (1)(마음)을/를 담은 쪽지를 씀.	▶	원호가 주은이의 (2)(사과)을/를 받아 줌.

28 친구들뿐만 아니라 주위 사람들에게 마음을 전할 수 있습니다.

29 친구에게 문제 풀이 방법을 알려 주는 것은 '마음을 전하는 우리 반' 행사에 참여하는 것과 관련이 없습니다.

30 친구와 말다툼을 하며 싸울 때 한 말과 행동을 볼 때, 미안한 마음을 전해야 합니다.

> 채점 tip '미안한 마음', '미안함'이라는 말이 들어가게 썼으면 정답으로 합니다.

31 기사에서 '마음을 전하는 우리 반' 행사에 대한 정보를 찾아봅니다.

행사 이름	행사 시기	행사 내용
(1) 마음을 전하는 우리 반	10월 넷째 주	자신의 (2) (마음)을/를 손 편지 등으로 써서 전함.

---

1 (1) ④ (2) ④ (3) ② (4) ④ **2** ②, ③, ⑤ **3** ②
4 ① **5** (1) ○ (3) ○ **6** ③ **7** 지수 **8** ⑤ **9**
(1) 한대 (2) 가져왔는데 **10** ④

1 ㉠에서는 고마운 마음, ㉡에서는 미안한 마음, ㉢에서는 기쁜 마음, ㉣에서는 걱정하는 마음을 전해야 합니다.

2 태호는 약속 시간에 늦어서 뛰어가고 있으므로 미안한 마음을 전해야 합니다.

> **왜 답이 아닐까?**
> ① 친구가 전학을 가는 상황에는 아쉬운 마음을 전해야 합니다.
> ④ 동생이 청소를 도와주는 상황에는 고마운 마음을 전해야 합니다.

3 친구가 걱정하는 마음을 전하고 있으므로 그에 대해 고마운 마음을 표현합니다.

4 규리는 더 자고 싶은데 억지로 일어나서 속상한 마음이 들었을 것입니다.

5 규리는 아침에 늦잠을 자서 아침밥을 먹는 둥 마는 둥 하고 뛰다시피 학교에 가서 1교시 시작하기 직전에 교실에 들어갔습니다.

6 친구들이 마지막 선수와 같이 달리고 있는 기찬이를 보고 기찬이가 이기고 있다고 착각했습니다.

7 이호는 배가 아파서 다리를 배배 꼬며 안절부절못했습니다.

8 기찬이는 자신이 지고 있는데도 친구들이 자신을 응

원하는 까닭을 알 수 없어서 어리둥절했습니다.

9 (1) 다른 사람에게 들은 말을 전하는 것이므로 '한대'가 알맞습니다.
(2) 우산을 가져온 일, 즉 뒤에 나오는 비가 오지 않는 일과 상관된 일을 말하는 것이므로 '가져왔는데'로 써야 합니다.

10 약속 장소에 가는 길인 것은 뒤에 나오는 일과 상관된 일이고 친구가 길을 잃은 것은 들은 일이므로 '약속 장소에 가는 길인데 친구가 오다가 길을 잃어버렸대.'와 같이 씁니다.

> 문법 문제 tip '-(ㄴ/는)대'는 다른 사람에게 들은 말을 전할 때 쓰고, '-ㄴ데/-는데'는 뒤에 나오는 일을 설명하기 위하여 그와 상관된 일을 미리 말할 때 씁니다.

---

1 ①, ③, ④ **2** ①, ② **3** 예 1교시 사회 시간에는 발표할 차례가 다가와서 걱정하였고, 3교시 음악 시간에는 민호에게 리코더 연주 방법을 가르쳐 주었습니다. **4** ④ **5** 효주, 서준 **6** 행복한 마음 **7** (2) ○ (3) ○ **8** 이어달리기 **9** ④ **10** (1) 예 너무 속상하고 외로웠을 것입니다. (2) 예 이어달리기가 가장 점수가 높은데 달리기를 잘하지 못해서 마음이 무거웠을 것입니다. **11** ③, ④ **12** 건하 **13** (1) ○
14 마음을 전하는 우리 반 **15** (1) 예 지난주에 다툰 친구 (2) 예 미안한 마음을 전하고 싶습니다.

1 달리기하는 도중에 넘어진 친구에게 위로하는 마음을 전해야 하므로 친구를 비난하는 듯한 표현은 알맞지 않습니다.

2 발표 차례가 다가와서 걱정하고 불안해하였으므로 발표하는 것을 좋아한다고 보기 어렵고, 리코더 연주를 잘해서 음악 시간에 민호의 리코더 선생님이 되었습니다.

3 규리가 1교시와 3교시에 한 일이나 겪은 일을 살펴봅니다.

> 채점 tip 1교시 사회 시간에 발표한 내용과 3교시 음악 시간에 민호에게 리코더 연주를 가르쳐 주었다는 내용이 들어가게 썼으면 정답으로 합니다.

4 사회 시간에는 발표 때문에 걱정스럽고 불안한 마음이었다가 음악 시간에는 민호의 리코더 선생님이 되어 기분이 좋아졌습니다.

5 친구에게 고마운 마음을 느꼈던 경험은 규리의 경험과는 관련이 없습니다.

6 "야호, 신난다!"라고 말하며 뛰는 행동을 통해 행복한 마음을 알 수 있습니다.

7 인물이 한 일이나 겪은 일을 찾아보고, 인물의 생각, 말이나 행동을 살펴보면 인물의 마음을 알 수 있습니다.

8 기찬이는 '이어달리기'가 적힌 쪽지를 뽑았습니다.

9 친구들은 기찬이가 이어달리기 선수로 뽑히자 경기에서 질 것이라고 생각했습니다.

10 자신이 기찬이와 같은 상황이었다면 어떤 마음이 들었을지 생각해 마음을 헤아려 봅니다.

> **채점 tip** (1)에는 속상하고 외로운 마음이, (2)에는 달리기를 잘하지 못해서 부담스럽고 무거운 마음이 드러나는 내용으로 썼으면 정답으로 합니다.

11 주은이가 예의 없는 말과 행동을 해서 원호는 화가 나고 기분이 나빴을 것입니다.

12 자신의 마음을 전할 때에는 전하고 싶은 마음이 장난스럽게 보이지 않도록 해야 합니다.

13 (1)은 다른 사람의 마음을 생각하면서도 자신의 마음을 전할 수 있는 말입니다.

14 10월 넷째 주에 '마음을 전하는 우리 반' 행사를 함께 하기로 결정했습니다.

15 마음을 전하고 싶은 사람과 어떤 마음을 전하고 싶은지를 떠올려 씁니다.

> **채점 tip** 마음을 전하고 싶은 사람을 구체적으로 쓰고 그와 알맞은 전하고 싶은 마음을 썼으면 정답으로 합니다.

103쪽 **수행 평가**

1 (1) **예** 딱지치기를 하다가 주은이가 원호에게 예의 없는 말과 행동을 했고, 사과도 제대로 하지 않았습니다. (2) **예** 주은이에게 화가 납니다. **2 예** 원호에게 성의 없게 사과했습니다. **3 예** 원호야, 안녕. 나 주은이야. / 딱지치기를 할 때 네게 예의 없이 행동하고서는 제대로 사과하지 못했어. / 그리고 사과할 때 툭툭 치면서 말해서 많이 기분 나빴지? / 미안한 마음에 네게 미안하다는 말을 하려고 했는데, 쑥스러운 마음이 많이 들어서 그런 행동을 했나 봐. 미안해. / 예의 있게 행동하고 용기를 내서 제대로 사과할게. 앞으로 친하게 지내자. / 주은이가

---

1 주은이는 "다시 해!", "집에 갈 거야!"와 같이 예의 없는 말과 행동을 했고, 원호에게 사과도 제대로 하지 않았습니다.

2 주은이는 말로는 사과한다고 했지만, 표정이나 분위기, 말한 내용이나 행동이 사과하는 것처럼 느껴지지 않습니다.

3 예의 없는 말과 행동을 하고 사과할 때에도 자신의 마음을 제대로 전하지 못한 주은이가 어떻게 마음을 전하면 좋을지 생각해 씁니다.

채점 기준	잘함	주은이의 입장에서 원호에게 잘못한 일을 구체적으로 쓰고, 미안한 마음을 전하는 말을 썼습니다.
	보통	주은이의 입장에서 원호에게 미안한 마음만 드러나도록 간단하게 썼습니다.
	노력 요함	원호에게 미안한 마음이 드러나지 않습니다.

104쪽 **쉬어가기**

7. 글을 읽고 소개해요

106쪽 개념 확인 문제

1 (2) ○ **2** 표지 **3** ㉠, ㉡, ㉢ **4** (2) ○

1 글을 읽고 친구에게 소개하면서 새로운 사실을 알려 줄 수 있고, 소개하면서 친구들과 많은 이야기를 나눌 수 있습니다.

2 책 표지를 보여 주며 제목을 말하고, 책 내용 가운데에서 소개하고 싶은 부분, 인상 깊은 부분과 그 까닭을 말합니다.

3 독서 감상문에는 책을 읽게 된 까닭, 책 내용, 인상 깊은 부분, 책을 읽은 뒤에 든 생각이나 느낌을 씁니다.

4 가장 먼저 독서 감상문을 쓰고 싶은 책을 생각해야 합니다.

107쪽 어휘·문법 확인 문제

1 감상문 **2** (1) 국기 (2) 주위 (3) 전설 (4) 간호
3 (1) 올게요 (2) 할게요 (3) 색칠할게

1 '어떤 사물이나 현상을 보고 느낀 바를 쓴 글.'은 '감상문'입니다.

2 각 낱말의 뜻을 생각하면서 문장에 알맞은 낱말을 넣어 봅니다.

3 [게]로 소리 나더라도 '게'로 적는 것이 바른 표기이므로 '올게요', '할게요', '색칠할게'처럼 써야 합니다.

108~113쪽 교과서 독해

[재미있는 교실 놀이 '앉아서 하는 피구' | 108쪽] **1** 앉아서 하는 피구 **2** ① **3** 예 어느 한 편의 친구 모두가 밖으로 나가면 놀이가 끝납니다. **4** (1) 피구 (2) 앉은 (3) 공격(할)
[온 세상 국기가 펄럭펄럭 | 109~111쪽] **5** ② **6** ① **7** ㉡ **8** ②, ④ **9** ④ **10** ③ **11** 예 처음에는 별이 열세 개였지만 지금은 오십 개로 늘었습니다. **12** 1949년 **13** ㉮ **14** ②, ③, ④ **15** (1) 자연 (2) 멕시코 (3) 주 (4) 조화로운 우주

[바위나리와 아기별의 우정 | 112~113쪽] **16** ①, ④ **17** ④ **18** ⑤ **19** ①, ③ **20** 예 바위나리를 그리워하며 울다가 빛을 잃은 아기별이 하늘 나라에서 쫓겨나 바다로 떨어진 장면입니다. **21** ④ **22** (3) ○ **23** (1) 책을 읽게 된 까닭 (2) 친구 (3) 생각이나 느낌 (4) 아기별

1 이 글에서는 공 하나로 교실에서 쉽게 즐길 수 있는 놀이인 '앉아서 하는 피구'에 대하여 소개하고 있습니다.

2 앉아서 하는 피구는 교실 바닥에 앉아서 공 하나를 가지고 편을 나누어 하는 놀이로, 피구와 규칙이 비슷하지만 앉아서 한다는 특징이 있습니다.

3 어느 한 편의 친구 모두가 밖으로 나가면 놀이가 끝난다고 했습니다.

> **채점 tip** 규칙을 쓰는 문제이므로 한 편의 친구 모두가 밖으로 나간다는 내용이 다 들어가게 써야 정답입니다.

4 글 ❷에 나온 앉아서 하는 피구의 규칙을 정리합니다.

> **앉아서 하는 (1)(피구)의 규칙**
> • 모두 (2)(앉은) 자세로 한다.
> • 일어나는 자세가 되면 피구장 밖으로 나간다.
> • 상대를 맞힐 때에는 공을 바닥에 굴려서 맞힌다.
> • 굴린 공이 아무도 못 맞히면, 수비하던 친구가 (3)(공격(할)) 기회를 얻는다.

5 이 글은 국기에 대한 다양한 정보를 알려 주는 글입니다.

6 '그 나라를 나타내는 깃발'을 '국기'라고 합니다.

> **왜 답이 아닐까?**
> ② '국가'는 나라를 대표·상징하는 노래입니다.
> ③ '국화'는 한 나라를 상징하는 꽃입니다.
> ④ '국조'는 나라를 대표하는 새입니다.
> ⑤ '국보'는 나라에서 지정하여 법률로 보호하는 문화재입니다.

7 캐나다 사람들은 국기에 빨간 단풍잎을 그려 넣었습니다.

8 '책 보여 주며 말하기'를 할 때는 책 표지를 보여 주며 제목을 말하고, 책 내용 가운데에서 친구들에게 소개하고 싶은 부분을 말합니다. ③은 노랫말을 바꾸어 소개하기, ⑤는 새롭게 안 내용을 그림으로 보여 주며 소개하기입니다.

9 멕시코 국기에는 독수리와 독사와 선인장이 나오는 아즈텍족의 전설이 담겨 있습니다.

10 열세 개의 줄은 미국이 처음 나라를 세울 때의 열세 개 주를 기념하는 것입니다.

11 처음 미국 국기에는 별이 열 세 개였지만 미국 땅이 점점 커져 주가 생길때마다 국기의 별이 하나씩 늘어나 지금은 별이 오십 개가 되었습니다.

> **채점 tip** 별이 열세 개인 예전 국기와 별이 오십 개인 현재 국기를 비교하는 내용으로 썼으면 정답으로 합니다.

12 그동안 무늬가 조금씩 달랐던 태극기는 1949년에 지금의 태극기 모습으로 정해졌습니다.

13 우리나라 사람들의 평화를 사랑하는 마음은 태극기의 흰색에 담겨 있다고 했습니다. ㉮'태극 문양'에는 조화로운 우주, ㉯'네 모서리의 사괘'에는 하늘, 땅, 물, 불의 뜻이 담겨 있습니다.

14 '산 위의 맨 꼭대기.'의 뜻으로 쓰인 것은 ②, ③, ④입니다.

> **왜 답이 아닐까?**
> ① '그 이상 더없는 최고의 상태.'의 뜻으로 쓰였습니다.
> ⑤ '한 나라의 최고 수뇌.'의 뜻으로 쓰였습니다.

15 각 문단에 나타난 국기의 의미를 살펴봅니다.

국기	담고 있는 의미
캐나다 국기	• 설탕단풍 나무의 빨간 단풍잎: 캐나다의 (1)(자연)이/가 담겨 있음.
(2)(멕시코) 국기	• 선인장, 독사, 독수리: 멕시코를 세운 전설이 담겨 있음.
미국 국기	• 열세 개의 줄: 미국이 처음 나라를 세울 때의 열세 개 주 • 오십 개의 별: 지금의 오십 개 (3)(주)
우리나라 태극기	• 흰색 바탕: 평화를 사랑하는 마음 • 태극 문양: (4)(조화로운 우주) • 네 모서리의 사괘: 하늘, 땅, 물, 불

16 글 ❶에는 책 제목과 책을 읽게 된 까닭이 나타나 있습니다.

17 바위나리가 바람이 세게 불어 바다로 날려 간 뒤 아기별은 밤마다 울다가 빛을 잃어 바다로 떨어지게 되었습니다.

18 병이 든 바위나리를 간호하던 아기별은 너무 늦게 하늘 나라로 올라가 그 벌로 다시는 바닷가에 내려오지 못했습니다.

19 '간호하다'는 '다쳤거나 앓고 있는 환자나 노약자를 보살피고 돌보다.'의 뜻입니다. 이와 비슷한 낱말은 '정성을 기울여 보호하며 도움.'이라는 뜻의 '보살피다'와 '관심을 가지고 보살핌.'의 뜻을 가진 '돌보다'입니다.

> **왜 답이 아닐까?**
> ② '치료하다'는 '병이나 상처 따위를 잘 다스려 낫게 함.'입니다.
> ④ '안내하다'는 '어떤 내용을 소개하여 알려 줌.'입니다.
> ⑤ '꾸중하다'는 '아랫사람의 잘못을 꾸짖음.'의 뜻입니다.

20 아기별이 하늘 나라에서 쫓겨나 바다로 떨어진 장면이 가장 인상 깊었다고 했습니다.

> **채점 tip** 아기별이 하늘 나라에서 쫓겨나 바다로 떨어진 장면이라는 내용이 나타나게 썼으면 정답으로 합니다.

21 '미어지다'는 '가슴이 찢어질 듯이 심한 고통이나 슬픔을 느끼다.'라는 뜻입니다.

22 글 ❹는 글쓴이가 책을 읽은 뒤에 든 생각이나 느낌을 쓴 부분입니다.

23 독서 감상문의 특징을 생각하면서 내용을 정리합니다.

(1)(책을 읽게 된 까닭)	앞표지에 있는 그림이 예뻐서 읽게 됨.
책 내용	바위나리와 아기별은 (2)(친구)이/가 되었는데, 아기별이 바위나리를 간호하느라 너무 늦게 하늘 나라로 가서 그 벌로 다시는 바닷가에 내려오지 못하게 됨.
인상 깊은 부분	바위나리를 그리워하다 빛을 잃은 아기별이 바다로 떨어진 장면
책을 읽고 든 (3)(생각이나 느낌)	바위나리처럼 외로운 친구에게 (4)(아기별)와/과 같은 친구가 되어야겠음.

114~115쪽 **단원 평가 ❶회**

1 ③ **2** 앉아서 하는 피구 **3** ④ **4** (3) ○ **5** ①
6 ① **7** ⑭ **8** (2) ○ **9** 게요 **10** ③

---

1 글을 읽고 친구에게 소개하면 관심 있는 분야를 더 다양하게 생각할 수 있습니다.

2 '앉아서 하는 피구'에 대하여 소개하는 글입니다.

3 앉아서 하는 피구는 반 전체가 할 수 있는 놀이입니다. 책상을 모두 뒤로 밀어 가로로 긴 네모 모양의 피구장을 만들어야 하지만 각자 자리에 앉는 것은 알맞지 않습니다.

4 앉아서 하는 피구를 할 때에는 앉은 자세에서 무릎을 한쪽이라도 펴서 일어나는 자세가 되면 누구든 피구장 밖으로 나가야 합니다.

5 오십 개의 별은 현재 미국 주의 수를 나타냅니다.

6 미국 국기에는 미국 땅이 변화한 모습이 담겨 있습니다.

7 나뭇잎 모양으로 책 나무 환경판을 만들어 꾸민 것입니다.

8 친구들이 쓴 독서 감상문을 읽으면 같은 책을 읽어도 인상 깊은 부분이나 느낌이 서로 다르다는 것을 알 수 있습니다.

9 '맛있게 잘 먹을게요.'가 알맞은 표기입니다.

10 '할께요'는 '할게요'로 적어야 합니다.
문법 문제 tip '-ㄹ게'는 [께]로 소리 나더라도 '게'로 적는 것이 바른 표기입니다.

116~118쪽 **단원 평가 ❷회**

1 건우 **2** (1) 예 『아낌없이 주는 나무』를 친구에게 소개했습니다. (2) 예 아낌없이 주는 나무의 마음이 정말 착하다고 생각했고 나도 그런 친구가 있으면 좋겠다고 소개했습니다. **3** ⑤ **4** 예 일본이 태극기 사용을 금지했기 때문입니다. **5** (1) 조화로운 우주 (2) 하늘, 땅, 물, 불 **6** ③ **7** ② **8** 예 영롱이는 검은 물체를 보고 깜짝 놀라 도망쳤다가, 다음 날 다시 가서 증기 기관차인 것을 확인했습니다. **9** ⑤
10 ①, ③, ④ **11** ⑭ **12** (1) ⑭ (2) ㉮ (3) ⑭
13 ②, ④ **14** (2) ○ **15** ⑭ → ⑭ → ㉮ → ⑭

---

1 장난감 조립 설명서를 읽고 장난감을 조립한 것은 다른 사람에게 소개한 경험이 아닙니다.

2 자신이 읽은 글이나 책의 내용을 누구에게 소개해 보았는지 생각합니다.
채점 tip 글이나 책의 제목이 드러나게 쓰고 글이나 책의 내용, 인상 깊은 부분, 생각이나 느낌 등이 드러나게 소개한 내용을 썼으면 정답으로 합니다.

3 멕시코 국기에는 독수리와 독사와 선인장이 나오는 아즈텍족의 전설이 담겨 있습니다.

4 일본이 태극기 사용을 금지해 태극기를 마음대로 사용하지 못했지만 우리는 독립하려고 열심히 싸울 때마다 태극기를 힘차게 휘날렸습니다.
채점 tip 일본이 태극기 사용을 금지했다는 내용이 들어가게 썼으면 정답으로 합니다.

5 태극기의 태극 문양은 조화로운 우주, 네 모서리의 사괘는 하늘, 땅, 물, 불을 나타냅니다.

6 글 ⑭를 통해 태극기에 우리나라 사람들의 평화를 사랑하는 마음이 담겨 있다는 것을 알 수 있습니다.

7 영롱이가 날이 밝아 다시 갔을 때 빈터에는 열차가 한 대 서 있었습니다.

8 영롱이가 글 ㉮와 ⑭에서 겪은 일을 살펴봅니다.
채점 tip 영롱이가 검은 물체를 보고 도망친 일, 다음 날 다시 가서 검은 물체가 열차임을 확인한 일이 드러나게 썼으면 정답으로 합니다.

9 앞표지에 있는 바위나리와 아기별 그림이 무척 예뻐서 내용이 궁금했기 때문입니다.

10 글쓴이는 바위나리와 아기별의 우정이 아름다우면서도 안타깝고 슬펐다고 했습니다.

11 글 ㉮는 책을 읽게 된 까닭, 글 ⑭는 인상 깊은 부분, 글 ⑭는 책을 읽은 뒤에 든 생각이나 느낌에 해당합니다.

12 글 ❶은 책을 읽게 된 까닭, 글 ❷는 책 내용, 글 ❸은 인상 깊은 부분에 해당합니다.

13 글쓴이는 책에 자신이 이미 알고 있는 트라이앵글, 탬버린, 북, 심벌즈뿐만 아니라 자신이 모르는 팀파니와 비브라폰도 있었다고 했습니다.

14 컵라면 그릇 두 개를 준비하고 윗면에 두꺼운 종이로 뚜껑을 만들어 붙인 뒤 바닥을 서로 붙인다고 했으므로 (2)와 같은 모양일 것입니다.

15 독서 감상문을 쓰고 싶은 책을 생각한 뒤에 교실을 꾸미는 방법을 정하고, 독서 감상문을 씁니다. 그런 다음 자신이 쓴 독서 감상문을 친구들과 바꾸어 읽고 느낀 점을 말해 봅니다.

3 정리한 내용을 바탕으로 자연스럽게 연결하여 씁니다.

채점 기준	잘함	책 제목, 책을 읽게 된 까닭, 책 내용, 인상 깊은 부분, 책을 읽은 뒤에 든 생각이나 느낌이 모두 드러나게 썼습니다.
	보통	책 제목, 책을 읽게 된 까닭, 책 내용, 인상 깊은 부분, 생각이나 느낌을 썼으나 구체적이지 않습니다.
	노력 요함	제시된 조건을 지켜 쓰지 못했습니다.

119쪽 수행 평가

1 예 『아낌없이 주는 나무』, 『견우와 직녀』, 『미래의 집』 2 (1) 예 『견우와 직녀』 (2) 예 견우와 직녀라는 이름이 특이해서 내용이 궁금해졌기 때문입니다. (3) 예 하늘 나라에 살던 견우와 직녀는 놀기만 하다가 임금님에게 벌을 받고 헤어지게 되었습니다. 둘이 슬퍼하며 흘린 눈물 때문에 땅에서 홍수가 나자 까치와 까마귀가 다리를 놓아 둘을 만나게 해 주었습니다. (4) 예 까치와 까마귀가 자신들의 몸으로 다리를 놓아 주는 부분입니다. (5) 예 비록 견우와 직녀가 잘못했지만 심한 벌을 내린 임금님이 너무하다고 생각했고, 견우와 직녀가 행복했으면 좋겠다고 생각했습니다. 3 예 저는 『견우와 직녀』라는 책을 읽었습니다. 견우, 직녀라는 이름이 특이해서 내용이 궁금해졌기 때문입니다. / 견우와 직녀는 등장인물의 이름입니다. 하늘 나라에 살던 견우와 직녀는 놀기만 하다가 임금님에게 벌을 받고 헤어지게 되었는데, 둘이 슬퍼하며 흘린 눈물 때문에 땅에서 홍수가 나자 까치와 까마귀가 다리를 놓아 둘을 만나게 해 주었다는 이야기입니다. / 수많은 까치와 까마귀가 다리를 놓아 주는 부분이 특히 인상적이었습니다. 까치와 까마귀들이 모여서 다리를 만들어 준 덕분에 견우와 직녀가 드디어 만날 수 있게 되어 감동적이었기 때문입니다. 비록 견우와 직녀가 잘못했지만 심한 벌을 내려 견우와 직녀를 힘들게 한 임금님이 너무하다는 생각이 들었고, 앞으로 견우와 직녀가 행복했으면 좋겠다고 생각했습니다.

1 읽은 책 제목을 자유롭게 떠올려 씁니다.
2 책 제목, 책을 읽게 된 까닭, 책 내용, 인상 깊은 부분과 생각이나 느낌 등을 정리합니다.

120쪽 쉬어가기

8. 글의 흐름을 생각해요

122쪽 개념 확인 문제

1 (2) ○ **2** ㉠, ㉣ **3** 한 일 **4** 열 시, 직업 체험관

1 시간 흐름에 따라 이야기를 읽으면 전체 내용을 잘 이해할 수 있고 사건의 원인과 결과도 잘 파악할 수 있습니다.

2 일하는 방법에 따라 내용을 파악하며 글을 읽을 때에는 '첫 번째', '마지막으로' 등과 같은 차례를 나타내는 말을 찾아야 합니다.

3 장소 변화에 따라 각 장소에서 한 일을 간추려야 합니다.

4 '열 시'는 시간을 나타내는 말, '직업 체험관'은 장소를 나타내는 말입니다.

123쪽 어휘·문법 확인 문제

1 장소 **2** (1) ○ **3** 증세 **4** ⑤

1 어떤 일이 일어나는 곳을 '장소'라고 합니다.

2 멸종은 '생물의 한 종류가 아주 없어지는 것.'입니다.

3 병을 앓을 때 나타나는 상태를 설명하고 있으므로 '증세'가 알맞습니다.

4 '끝내다, 시작하다'는 뜻이 서로 반대인 관계의 낱말입니다.

124~135쪽 교과서 독해

베짱베짱 베 짜는 베짱이 **124~126쪽** **1** ⑤ **2** (3) ○
3 ① **4** ⑤ **5** ② **6** (1) 개미 (2) 베짱이 **7** 예 베짱이가 놀기만 하는 곤충이 아니라는 것을 글로 써 달라고 하였습니다. **8** ② **9** ②, ④ **10** 예 베짱이가 부지런하다는 내용일 것입니다. **11** ⑤ **12** (1) 베짱이 (2) 쥐들 (3) 다음 날 밤
실 팔찌 만들기 **127~128쪽** **13** ① **14** 선민 **15** ①, ②, ⑤ **16** ① **17** ④ **18** 예 땋은 실 끝 쪽에 매듭을 짓습니다. **19** ③ **20** (1) 첫 번째 (2) 셀로판테이프 (3) 매듭

감기약을 먹는 방법 **129쪽** **21** ② **22** (3) ○ **23** 증세 **24** (1) 감기약 (2) 의사 (3) 물
주말여행 **130~131쪽** **25** ① **26** (3) ○ **27** (1) 고인돌 영화 (2) 고인돌과 관련된 여러 유물 **28** ④
29 ② **30** ② **31** 예 고창에서 아주 오래전 역사인 고인돌에서 삼국 시대의 선운사, 앞으로 보호해야 할 철새 떼까지 한꺼번에 볼 수 있었기 때문입니다. **32** ①, ⑤ **33** (1) 고인돌 (2) 가창오리 (3) 선운사
동물원에서 **132~133쪽** **34** ③ **35** 곤충관 **36** ㉯
37 ③ **38** 멸종 **39** ⑤ **40** 예 키가 더 크고 머리가 붉은색이고 목과 다리가 까만색인 새가 두루미, 다리가 붉은색인 새가 황새라는 사실을 알게 되었습니다. **41**

42 (1) 야행관 (2) 수리부엉이 (3) 열대 (4) 황새
즐거운 직업 체험 **134~135쪽** **43** ⑤ **44** ④ **45** (1) ㉯ (2) ㉮ **46** (1) 시 (2) 시 (3) 장 (4) 장 **47** ④
48 ④ **49** 예 방송국에서 아나운서가 되어 뉴스를 전하는 체험을 해 보고 싶습니다. **50** (1) 열 시 (2) 제빵 학원 (3) 점심 (4) 소방서

1 이야기 할아버지와 베짱이가 나오는 동화입니다.

2 이야기 할아버지는 '커졌다 작아졌다' 마법 열매를 먹어서 몸이 작아졌습니다.

3 마법 열매를 먹으면 예전의 크기로 돌아갈 수 있다는 내용이므로 '본래'가 들어가야 합니다.

4 베짱이는 할아버지에게 '커졌다 작아졌다' 마법 열매를 한 알 더 먹어야 본래 크기로 돌아올 수 있다고 하였습니다.

5 베짱이는 별빛과 꽃빛으로 베를 짜서 할아버지에게 주었습니다.

6 「개미와 베짱이」 이야기는 여름에 개미가 열심히 일하는 동안 베짱이는 놀기만 했다는 내용입니다.

7 베짱이는 이야기 할아버지에게 자신이 놀기만 하는 곤충이 아니라는 것을 글로 써 달라는 부탁을 했습니다.

채점 tip 베짱이가 놀기만 하는 동물이 아니라는 것을 써 달라는 내용으로 썼으면 정답으로 합니다.

8 이야기 할아버지는 마루 밑으로 들어가 쥐들을 만났습니다.

9 쥐들은 베를 보고 놀라워하면서 반쯤 갉아먹은 비누와 썩은 사과랑 바꾸자고 하였습니다.

10 베짱이가 이야기 할아버지에게 부탁한 내용을 생각하면서 시 「베짱이」의 내용을 짐작해 봅니다.

> **채점 tip** 베짱이가 부지런하다는 내용이 들어가게 썼으면 정답으로 합니다.

11 '다음 날 밤'은 시간을 나타내는 말입니다.

12 일이 일어난 순서를 생각하며 정리해 봅니다.

시간 흐름	이야기 내용
어느 날 밤	할아버지의 몸이 작아짐.
(1)(베짱이) 을/를 만나서	'커졌다 작아졌다' 마법 열매를 먹고 몸이 작아진 것을 알게 됨.
베짱이가 베를 다 짠 뒤	할아버지는 베를 (2)(쥐들) 이/가 가진 '커졌다 작아졌다' 열매와 바꿈.
마법 열매를 먹은 뒤	이야기 할아버지가 원래대로 커짐.
(3)(다음 날 밤)	동네 아이들에게 시 「베짱이」를 들려주기로 함.

13 일의 차례를 알려 주는 글입니다.

14 서로 다른 색깔 털실 세 줄, 셀로판테이프를 준비하고, 실은 굵은 실로, 길이는 손목 둘레의 서너 배 정도로 자릅니다.

15 ㉠은 '노, 실, 끈 따위를 잡아매어 마디를 이룬 것.'의 뜻입니다.

> **왜 답이 아닐까?**
>
> ③, ④의 '매듭'은 '일의 순서에 따른 결말.'의 뜻으로 쓰였습니다.

16 '첫 번째, 두 번째' 등이 차례를 나타내는 말입니다.

17 세 가닥 땋기에 대해 설명하고 있는 글이므로 ❹ 문단의 내용과 관련이 있습니다.

18 차례와 관련되는 중요한 내용을 찾아봅니다.

> **채점 tip** 땋은 실 끝 쪽에 매듭을 짓는다는 내용으로 썼으면 정답으로 합니다.

19 '연결하다'는 '사물과 사물 또는 현상과 현상이 서로 이어지거나 관계를 맺다.'라는 뜻으로, '두 끝을 맞대어 붙이다.'의 뜻을 가진 '잇다'와 비슷합니다.

20 차례를 나타내는 말과 그 차례와 관련된 중요한 내용을 정리합니다.

먼저	준비물을 준비한다.

▼

(1)(첫 번째)	서로 다른 색깔 실 세 가닥을 함께 잡고 매듭을 짓는다.

▼

두 번째	(2)(셀로판테이프)(으)로 매듭 위쪽을 책상에 붙인다.

▼

세 번째	실 세 가닥을 잡고 세 가닥 땋기를 한다.

▼

네 번째	땋은 실 끝 쪽에 (3)(매듭)을/를 짓는다.

▼

마지막으로	양쪽 끝을 연결한다.

21 이 글은 감기약을 먹는 방법을 설명하고 있습니다.

22 어른들이 먹는 감기약이나 언제 샀는지 모르는 감기약을 먹으면 오히려 더 큰 병에 걸릴 수 있다고 했습니다.

23 '증세'의 뜻입니다.

24 각 문단의 중요한 내용을 간추려 정리합니다.

(1)(감기약) 먹는 방법
• (2)(의사)와/과 상담한 뒤 증세에 맞는 감기약을 처방받는다.
• 감기약은 끝까지 먹는 게 좋다.
• 감기약은 (3)(물)와/과 함께 먹는다.
• 감기약을 먹는 시간을 놓쳤다고 다음에 두 배로 먹으면 안 된다.

25 이 글은 기행문으로, 여행한 장소 변화에 따라 쓴 글입니다.

26 '나'는 예전에 텔레비전 여행 방송에서 본 기억이 있어서, 여행을 가기 전부터 많이 설레었습니다.

27 박물관 일 층에서는 고인돌 영화를, 이 층에서는 고인돌과 관련된 여러 유물을 봤습니다.

28 '떼'는 '목적이나 행동을 같이하는 무리.'의 뜻으로 '무리'와 비슷한 말입니다.

29 '나'의 가족은 철새 떼의 춤을 볼 수 있지 않을까 기대했으나 많은 수의 철새를 보지는 못했습니다.

30 선운사는 삼국 시대 때부터 지어진 오래된 절로, 웅장한 건물과 많은 관광객이 있으며 동백나무 숲이 아름답다고 했습니다.

31 '나'는 고인돌에서 선운사, 철새 떼까지 한 번에 보고 나니 마치 시간을 거슬러 가는 기분이었다고 하였습니다.

  채점 tip 글쓴이가 고창에서 본 것들을 포함한 내용으로 썼으면 정답으로 합니다.

32 장소 변화와 각 장소에서 한 일에 주의하며 간추려야 합니다.

33 '내'가 간 장소의 변화에 따라 한 일을 정리합니다.

장소	한 일	느낀 점
(1)(고인돌) 박물관	고인돌의 역사를 알았다.	고인돌 박사가 된 것 같은 기분이었다.
동림 저수지	물 위로 날아오르는 (2)(가창오리)들을 구경했다.	철새 떼를 볼 수 있지 않을까 기대했다.
(3)(선운사)	아름다운 동백나무 숲을 보았다.	내가 본 가장 아름다운 숲이었다.

▼

여행을 마치고 느낀 점

시간을 거슬러 가는 기분이었다.

34 '나'는 어제 과학 관찰 보고서를 쓰려고 동물원에 갔습니다.

35 '내'가 동물원 입구를 지나 가장 먼저 간 곳은 '곤충관'입니다.

36 톱사슴벌레의 몸은 갈색이고, 낮에도 수액을 먹으러 돌아다닌다고 했습니다.

37 야행관은 주로 밤에 활동하는 동물들이 있는 곳이라고 했습니다.

38 '멸종'은 '생물의 한 종류가 아주 없어짐.'을 뜻하는 낱말입니다.

39 '나'는 말을 할 수 있는 앵무새를 찾지 못해서 아쉬웠다고 했습니다.

40 두루미와 황새를 구별하지 못했던 '나'는 큰물새장에 있는 설명을 읽고 두루미와 황새를 구별하는 방법을 알게 되었습니다.

  채점 tip 두루미와 황새를 구별하는 방법을 구체적으로 썼으면 정답으로 합니다.

41 '곤충관 → 야행관 → 열대 조류관 → 큰물새장'의 순서대로 방문했습니다.

42 장소의 변화에 따라 관찰한 동물과 관찰한 내용을 정리합니다.

장소	관찰한 내용
곤충관	• 톱사슴벌레는 몸 색깔이 갈색이고 톱날 모양의 큰턱이 있음. • 먹이를 먹는 톱사슴벌레를 봄.
(1)(야행관)	(2)(수리부엉이)은/는 몸길이가 70센티미터나 될 정도로 큰 새로, 눈이 붉고 목이 앞뒤로 자유롭게 움직이며, 멸종 위기 동물임.
(3)(열대) 조류관	왕관앵무, 장미앵무, 회색앵무 등 색과 크기도 다양한 앵무새를 관찰함.
큰물새장	머리가 붉은색, 목과 다리가 까만색인 새가 두루미, 다리가 붉은색인 새가 (4)(황새)임.

43 집안 어른들께 선물로 드릴 만한 물건을 만들면 좋겠다는 민기의 의견에 따라 소품 설계관을 첫 번째 체험활동 장소로 정했습니다.

44 제빵 학원에서는 선생님께서 알려 주시는 차례를 따라 해서 크림빵을 완성했습니다.

45 효지는 공항에서 한 비행기 조종사 체험, 준우는 문화재 발굴 현장에서 문화재를 찾는 체험이 가장 재미있었다고 했습니다.

BOOK ❶ 개념북

8 단원

46 이 글에서 시간 흐름을 알 수 있는 부분은 '열 시', '열한 시', '열두 시', 장소 변화를 알 수 있는 부분은 '학교', '직업 체험관', '소품 설계관', '제빵 학원', '중앙 광장'입니다.

47 '나'는 소방관 체험을 해 보니 자신의 적성에도 잘 맞고 보람도 있어서 소방관이 되어도 좋겠다고 생각했습니다.

48 '소방서'는 직업이 아니고 소방관이 일하는 장소입니다.

49 관심 있는 직업과 체험하고 싶은 내용을 씁니다.

> 채점 tip 직업과 그 직업에 어울리는 활동을 썼으면 정답으로 합니다.

> **이런 답도 가능해!**
> 병원에서 일하는 의사가 되어 환자를 진찰하고 치료하는 체험을 해 보고 싶습니다.

50 직업 체험관에서 한 일을 시간 흐름과 장소 변화에 따라 정리합니다.

시간	장소	체험한 내용
(1)(열 시)	소품 설계관	할아버지께 드릴 손수건을 만듦.
열한 시	(2)(제빵 학원)	크림빵을 만듦.
열두 시	중앙 시장	(3)(점심)을/를 먹음.
한 시	(4)(소방서)	소방관 체험을 함.

136~137쪽 **단원 평가 ❶회**

1 베짱이 **2** (1) 1 (2) 3 (3) 2 **3** ①, ②, ③ **4** 선영 **5** ㉮ → ㉰ → ㉯ **6** ② **7** (2) ○ **8** ③ **9** ② **10** 예 끊다

1 이야기 할아버지는 베짱이가 짠 베와 마법 열매를 바꾸어 본래 크기로 돌아올 수 있었습니다.

2 (1) → (3) → (2)의 차례대로 사건이 일어났습니다.

3 먼저, 두 번째, 세 번째 같은 말을 보면서 일의 차례를 알 수 있습니다.

4 세 가닥 실 중 왼쪽 실을 먼저 가운데로 옮기라고 했고, 실을 땋는 동안 실 세 가닥을 단단히 잡으라고 했습니다.

5 '열두 시, 두 시, 한 시'와 같은 시간 흐름을 나타내는 부분으로 차례를 알 수 있습니다.

6 소방관 체험을 마치고 나니 버스에 탈 시간이 되어서 '나'는 체험활동을 끝낼 수밖에 없었습니다.

7 이 글은 지명 변화를 소개하는 글로 시간 차례대로 썼습니다.

8 괴산은 조선 태종 때부터 지금의 이름인 '괴산'이라는 지명으로 불렸습니다.

9 '사물과 사물을 서로 잇거나 현상과 현상이 관계를 맺게 하다.'를 뜻하는 '연결하다'는 '두 끝을 맞대어 붙이다.'의 뜻인 '잇다'와 뜻이 서로 비슷한 관계의 낱말입니다.

10 '다른 것과의 관계나 접촉을 끊다.'의 뜻을 가진 '차단하다'와 뜻이 비슷한 낱말은 '관계를 이어지지 않게 하다.'의 뜻인 '끊다', '통하지 못하게 하다.'의 뜻인 '막다' 등이 있습니다.

> 문법 문제 tip 뜻이 서로 비슷한 관계에 있는 낱말은 서로 바꾸어 써도 뜻이 통합니다.

138~140쪽 **단원 평가 ❷회**

1 예 실 팔찌를 만드는 동안 실이 움직이거나 꼬이지 않게 고정하기 위해서입니다. **2** 네 번째 **3** ⑤ **4** ⑤ **5** 예 중간에 마음대로 감기약을 먹지 않으면 감기가 더 심해지거나 나중에 감기약을 먹어도 낫지 않을 수 있으니까 의사 선생님께서 처방해 주신 날짜만큼 먹어야 해. **6** ㉮ → ㉭ → ㉯ → ㉰ **7** ⑤ **8** ③, ④ **9** 예 웅장한 건물과 많은 관광객을 보고, 동백나무 숲을 인상적으로 보았습니다. **10** (1) 열 시 (2) 학교, 직업 체험관, 소품 설계관 **11** (1) ㉯ (2) ㉮ **12** ② **13** ㉱ → ㉯ → ㉰ → ㉭ **14** ㉮ **15** (1) 예 경기도 이천 특산물, 도자기 (2) 예 일 차례 (3) 예 도자기를 만드는 차례가 나온 사진

1 매듭 위쪽에 붙이는 셀로판테이프는 실 팔찌를 만드는 동안 실이 움직이거나 꼬이지 않게 고정하는 역할을 합니다.

> 채점 tip 글 ㉯에 나타나 있는 내용을 바탕으로 하여 셀로판테이프의 역할을 썼으면 정답으로 합니다.

2 앞 문단에 '세 번째', 뒷문단에 '마지막으로'라는 차례를 나타내는 말이 있으므로 ㉠에는 '네 번째'가 들어가야 합니다.

3 양쪽 끝이 연결되어 있는 그림이므로 글 **마**와 관련이 있습니다.

4 글 **2**에서 가장 중요한 내용을 찾습니다.

5 감기약은 끝까지 먹는 것이 좋다는 충고를 해 줄 수 있습니다.

> **채점 tip** 감기약은 끝까지 먹어야 한다는 내용을 근거와 함께 썼으면 정답으로 합니다.

6 차례를 나타내는 말과 차례와 관련된 중요한 내용을 보고 차례를 정리할 수 있습니다.

7 맨 처음 도착한 고창의 관광지는 고인돌 박물관이라고 하였습니다.

8 동림 저수지는 야생 동식물 보호 구역으로, 겨울 철새가 많이 찾는 곳이라고 했습니다.

9 선운사에서 웅장한 건물과 관광객을 보고, 동백나무숲에 큰 인상을 받았습니다.

> **채점 tip** '웅장한 건물', '관광객', '동백나무 숲' 등을 포함하여 썼으면 정답으로 합니다.

10 '열 시'는 시간 흐름을, '학교', '직업 체험관', '소품 설계관'은 장소 변화를 알 수 있게 합니다.

11 환이는 시청 청사 밖을 혼자서 거닐었고, 시청 앞 거리에서는 아빠와 함께 벽화들을 구경하였습니다.

12 괴산 지역은 고려 시대에 '괴주'라고 불렸습니다.

13 주차장에서 출발해 산막이 마을에 도착하기까지 지나게 되는 장소를 차례대로 찾습니다.

14 지역의 지명 변화를 시간 차례대로 정리한 글은 글 **가**입니다.

15 우리 지역에서 소개하고 싶은 자랑거리를 떠올려 주제로 정하고, 그 주제를 소개하기에 알맞은 글의 흐름과 글에 넣을 사진, 그림을 생각합니다.

> **채점 tip** 지역에서 소개하고 싶은 주제를 골라 그에 어울리는 글의 흐름과 그림, 사진 등을 계획하는 내용으로 썼으면 정답으로 합니다.

> **이런 답도 가능해!**
> (1) 서울의 궁궐들
> (2) 장소 변화
> (3) 궁궐의 모습이 잘 드러나는 사진

141쪽 **수행 평가**

1 **예** 키가 더 크고 머리가 붉은색이고 목과 다리가 까만색인 두루미와 다리가 붉은색인 황새를 구별하는 방법을 알게 되었습니다.

2

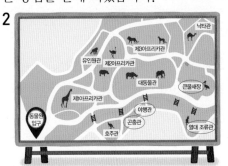

3 (1) **예** 호주관 (2) **예** 평소 호주에 가 보고 싶었는데 호주관에 가면 호주에만 사는 캥거루, 코알라 등의 동물을 볼 수 있을 것 같기 때문입니다.

1 글쓴이가 알게 되었다고 한 내용을 찾아 씁니다.

2 글쓴이가 간 장소의 이름을 찾아 표시합니다.

3 동물원 지도를 살펴보면서 가고 싶은 곳을 고릅니다.

채점 기준	잘함	가고 싶은 곳과 그 까닭을 구체적으로 썼습니다.
	보통	가고 싶은 까닭을 구체적으로 쓰지 않았습니다.
	노력 요함	가고 싶은 곳과 그 까닭 중 한 가지만 썼습니다.

142쪽 **쉬어가기**

9. 작품 속 인물이 되어

144쪽 **개념 확인 문제**

1 인물의 마음 **2** (1) 상황 (2) 말투 **3** (1) ○ (3) ○
4 ㉢

1 인물의 마음을 생각하며 글을 읽습니다.

2 인물의 성격과 상황에 알맞은 말투로 극본을 읽어야
합니다.

3 인물과 생김새가 비슷한 친구가 아니라 인물과 비슷
한 말과 행동을 하는 친구를 떠올리면 좋습니다.

4 친구와 역할을 바꾸어 연습할 필요는 없습니다. 자신
이 맡은 역할의 인물에 대해 생각하여 연습합니다.

145쪽 **어휘·문법 확인 문제**

1 성격 **2** (2) ○ **3** 막 **4** (1) 가려고 (2) 일어나
려고

1 개인이 가지고 있는 고유의 성질이나 품성을 '성격'
이라고 합니다.

2 '말이 뜻하는 내용.'은 '말귀'입니다.

3 '막'은 칸을 막거나 어떤 곳을 가리기도 하는 천으로
된 물건으로, 주로 무대 앞을 가립니다.

4 어떤 행동을 할 목적으로 드러낼 때 쓰는 말의 올바
른 표기는 '-(으)려고'입니다.

146~153쪽 **교과서 독해**

대단한 줄다리기 146~148쪽 **1** ⑤ **2** (3) ○ **3** ④
4 진경 **5** ②, ⑤ **6** ① **7** 예 밧줄의 반대쪽 끝을
쿠부에게 주어 투루와 쿠부가 줄다리기를 하도록 하
기 위해서일 것입니다. **8** ③ **9** 예 무툴라의 꾀에
넘어가서 줄다리기를 하게 되었습니다. **10** ④ **11**
(1) 무툴라 (2) 예 거만함 (3) 무시함 (4) 예 손을 허리
에 얹는 몸짓, 또렷한 말투, 자신감 있는 표정
「토끼의 재판」 앞부분 149~151쪽 **12** ⑤ **13** ①, ⑤
14 (3) ○ **15** ④ **16** 예 문을 열어 주면 나와서
나그네를 잡아먹지 않겠다는 약속입니다. **17** (1)
㉮ (2) ㉯ **18** ② **19** ⑤ **20** ①, ③, ④ **21** (1)
㉯ (2) ㉮ **22** (1) 나그네 (2) 뻔뻔함 (3) 호랑이

「토끼의 재판」 뒷부분 152쪽 **23** (2) ○ **24** ② **25**
(1) 답답해함 (2) 예 꾀를 냄 (3) 즐거운
눈 153쪽 **26** ③ **27** 예 시무룩한 표정과 믿을 수
없다는 듯이 어깨를 으쓱하는 몸짓을 할 것입니다.
28 (1) 최고 (2) 표정 (3) 홍당무(들)

1 무툴라, 투루, 쿠부의 말과 행동을 통해 인물의 성격
을 짐작할 수 있는 이야기입니다.

2 무툴라는 자신의 인사에 대답하지 않는 투루와 쿠부
에게 크게 소리쳤습니다.

3 투루의 말을 들은 무툴라가 "그렇게 거만하게 굴 것
까진 없잖아!"라고 말한 것을 통해 투루의 말투를 짐
작할 수 있습니다.

4 "난 줄다리기를 하면 널 언제든 이길 수 있어!"와 같
이 말한 것으로 보아 자신감 있는 성격임을 알 수 있
습니다.

5 무툴라가 자신만만하게 말하는 부분이므로 자신 있
는 몸짓과 말투가 어울립니다.

6 '조심하거나 삼가도록 주는 주의.'는 '경고'입니다.

> **왜 답이 아닐까?**
> ② '참고'는 '살펴서 생각하는 것.'입니다.
> ③ '양보'는 '길이나 자리, 물건 따위를 사양하여 남에게 미루
>   어 주는 것.'입니다.
> ④ '주목'은 '관심을 가지고 주의 깊게 살피는 것.'입니다.
> ⑤ '인사'는 '마주 대하거나 헤어질 때 예를 표하는 것.'입니다.

7 무툴라는 밧줄의 양쪽 끝을 각각 투루와 쿠부에게
주어 둘이서 줄다리기를 하게 하려고 합니다.

채점 tip 밧줄의 반대쪽 끝을 쿠부에게 줄 것이라는 내용이 들어
가게 썼으면 정답으로 합니다.

8 투루와 쿠부가 줄다리기를 하게 만든 것으로 보아 무
툴라는 꾀가 많고 영리한 성격임을 알 수 있습니다.

9 투루와 쿠부는 무툴라와 줄다리기를 하고 있다고 생
각하면서 서로 줄다리기를 하였습니다.

채점 tip '줄다리기를 했다.'라는 말이 들어가게 썼으면 정답으로
합니다.

10 투루와 쿠부는 해가 뜰 때부터 해가 질 때까지 줄다
리기를 하다가 동시에 밧줄을 놓았습니다.

11 인물이 한 말을 통해 알 수 있는 성격, 어울리는 표
정, 몸짓, 말투를 생각해 봅니다.

인물	투루	(1)(무툴라)	쿠부
한 말	"감히 아침 식사 하는 나를 귀찮게 해?"	"그럼 내가 얼마나 힘이 센지 알게 될 거야!"	"네가? 너 같은 꼬맹이가?"
성격	(2)(⑩ 거만함).	⑩ 자신만만함.	⑩ 거만하고 무툴라를 (3)(무시함).
표정, 몸짓, 말투	⑩ 고개를 뒤로 젖히는 몸짓, 큰 목소리, 거들먹거리는 말투	(4)⑩ 손을 허리에 얹는 몸짓, 또렷한 말투, 자신감 있는 표정	⑩ 가소롭다는 듯이 웃는 표정과 몸짓, 비웃는 말투

12 사냥꾼들이 잡은 호랑이를 궤짝에 넣어 두고 물을 마시러 갔습니다.

13 ㉠은 '칸을 막거나 어떤 곳을 가리기도 하는, 천으로 된 물건.'이라는 뜻입니다.

> **왜 답이 아닐까?**
> ②의 '막'은 '물건의 표면을 덮고 있는 얇은 물질.'입니다.
> ③의 '막'은 '마지막'입니다.
> ④의 '막'은 '마구'의 준말입니다.

14 ㉡은 표정, 몸짓, 말투를 직접 알려 주는 지문입니다.

15 호랑이는 나그네에게 궤짝의 문고리를 따고 문짝을 열어 달라고 부탁했습니다.

16 호랑이는 나그네에게 문을 열어 주면 뛰쳐나와서 잡아먹지 않겠다는 약속을 했습니다.

> **채점 tip** 문을 열어 주면 잡아먹지 않겠다는 내용이 들어가게 썼으면 정답으로 합니다.

17 구해 달라고 사정할 때에는 간절한 말투, 약속을 지키지 않고 뻔뻔하게 말할 때에는 크고 당당한 말투가 어울립니다.

18 제시된 뜻의 낱말은 '애걸복걸'입니다.

> **왜 답이 아닐까?**
> ① '조마조마'는 '마음이 초조하고 불안함.'이라는 뜻입니다.
> ③ '소곤소곤'은 '작은 소리로 자꾸 이야기하는 모양.'입니다.
> ④ '전전긍긍'은 '몹시 두려워서 벌벌 떨며 조심함.'의 뜻입니다.
> ⑤ '희희낙락'은 '매우 기쁘고 즐거워함.'이라는 뜻입니다.

19 호랑이가 자신을 구해 준 나그네를 잡아먹으려고 한 일을 뜻합니다.

20 길은 호랑이가 옳다고 하면서 사람들이 자신을 밟고 다니면서 고마움을 모르므로 얼른 잡아먹으라고 했습니다.

21 호랑이에게 잡아먹히게 된 나그네에게는 기운 없는 목소리가, 재판에서 두 번이나 이긴 호랑이에게는 자신만만한 목소리가 어울립니다.

22 인물이 한 말과 행동을 통해 알 수 있는 성격을 정리합니다.

인물	한 일	성격
호랑이	• (1)(나그네)에게 구해달라고 애원함. • 궤짝에서 나오자마자 나그네를 잡아먹으려고 함.	고마움을 모르고 (2)(뻔뻔함).
나그네	• 궤짝 안에 갇힌 호랑이를 구해 줌. • 누가 옳은지 물어보자고 함.	남의 부탁을 거절하지 못하고 잘 도움.
소나무, 길	호랑이와 나그네 중 (3)(호랑이)가 옳다고 함.	사람들을 싫어함.

23 토끼가 이해를 잘 못 한 듯이 한 말입니다.

24 나그네는 호랑이에게 잡아먹히지 않게 되어 기쁘고, 토끼에게 고마운 마음이 들었을 것입니다.

25 극본에서 인물의 표정, 몸짓, 말투를 알려 주는 부분을 찾아보고, 인물의 성격이나 마음을 짐작해 봅니다.

인물	성격이나 마음	표정, 몸짓, 말투
호랑이	• 토끼의 행동을 (1)(답답해함). • 어리석음.	⑩ 답답한 표정으로 가슴을 치며 큰 소리를 냄.
토끼	나그네를 구해 주기 위해 (2)(⑩ 꾀를 냄).	⑩ (3)(즐거운) 표정으로 빠르게 움직이며 기쁜 말투를 씀.

26 눈은 자신이 최고이고, 세상 모두가 자신을 좋아하고 자신과 함께 놀고 싶어 하며, 자신이 내려가기만 하면 세상이 훨씬 예뻐진다고 생각했습니다.

27 눈의 성격에 알맞은 표정과 몸짓을 생각해 봅니다.

채점 tip 찡그린 표정, 시무룩한 표정, 믿을 수 없다는 듯한 몸짓 등이 나타나도록 썼으면 정답으로 합니다.

28 글 ㉮와 ㉯에서 눈에게 일어난 일과 눈의 마음을 생각해 봅니다.

상황	눈의 생각	어울리는 표정, 몸짓, 말투
땅으로 내려옴.	• 나 는 (1)(최고)야. • 모두 나를 좋아해.	㉠ 웃는 (2)(표정), 으스대는 몸짓, 자랑스러워하는 말투
(3)(홍당무(들)) 의 말을 들음.	어떻게 나를 싫어할 수 있지?	㉠ 찡그린 표정, 고개를 흔드는 몸짓, 토라진 말투

154~155쪽 단원 평가 **❶**회

1 ⑤ **2** ⑤ **3** 소나무, 길 **4** ㉯→㉮→㉰ **5** ③ **6** ㉯ **7** 서준 **8** (2) ○ **9** (1) 먹으려고 (2) 가려고 **10** 자려고

1 무툴라가 한 인사를 듣고 대답을 하지 않는 행동이나 "감히 아침 식사 하는 나를 귀찮게 해?"와 같은 말 등을 통해 투루의 거만한 성격을 짐작할 수 있습니다.

2 자신만만한 태도가 드러나는 몸짓이 어울립니다.

3 소나무와 길은 모두 호랑이의 의견이 옳다고 하였습니다.

4 나그네의 은혜를 모르고 나그네를 잡아먹으려고 한 호랑이는 토끼의 꾀에 넘어가 궤짝에 다시 갇히게 되었습니다.

5 토끼는 지혜를 발휘하여 호랑이를 다시 궤짝 속에 가두었습니다.

6 주어진 내용은 공연할 장면을 정하고 준비할 때에 해야 할 일입니다.

7 무대에 설 때에는 무대 가운데에 서야 하고, 무대에서 말을 주고받을 때에는 상대를 바라보되 연극을 보는 친구들에게도 모습이 잘 보여야 합니다.

8 이야기하지 않고 집중해서 보고, 다른 친구들이 발표할 때에는 연습하지 않아야 합니다.

9 '-(으)려고'가 바른 표기입니다.

10 '자려고'와 같이 써야 합니다. '잘려고'나 '잘라고'는 틀린 표기입니다.

문법 문제 tip '-ㄹ려고'나 '-ㄹ라고'는 잘못된 표기입니다. '-(으)려고'가 바른 표기입니다.

156~158쪽 단원 평가 **❷**회

1 ③ **2** (1) ㉯ (2) ㉮ **3** 태준 **4** ㉠ 쿠부와의 줄다리기를 준비하기 위해서입니다. **5** ㉯ → ㉮ → ㉰ **6** 나그네 **7** ㉠ 사람은 은혜를 모른다고 생각했기 때문입니다. **8** (2) ○ **9** ③ **10** (1) ㉯, ㉰ (2) ㉮, ㉰ **11** (1) 호랑이 (2) 나그네(자신/'내') **12** ② **13** 기화 **14** ㉯ **15** ㉠ 다른 친구들이 발표할 때 연습하지 않아야 해. / ㉠ 발표를 끝낸 친구에게 박수를 보내면 좋을 것 같아.

1 무툴라는 줄다리기를 하면 쿠부를 언제든 이길 수 있다고 했습니다.

2 ㉠은 쿠부가 무툴라가 한 인사를 듣고 대답을 하지 않은 행동이므로 다른 사람이 하는 말을 잘 듣지 않는 성격, ㉡은 무툴라가 자신보다 몸집이 큰 쿠부에게 크게 소리친 것이므로 자신감이 있는 성격을 드러내고 있습니다.

3 쿠부가 무툴라를 무시하며 한 말이므로 가소롭다는 듯이 비웃으며 읽는 것이 어울립니다.

4 무툴라는 쿠부에게 줄다리기를 하면 언제든 이길 수 있다고 말하고 쿠부와의 줄다리기를 준비하기 위해 길고 튼튼한 밧줄을 만들었습니다.

채점 tip '줄다리기'라는 말이 들어가게 썼으면 정답으로 합니다.

5 나그네는 잡아먹지 않을 테니 구해 달라는 호랑이의 부탁을 듣고 호랑이를 궤짝에서 꺼내 주었습니다. 그러나 궤짝에서 나온 호랑이는 나그네를 잡아먹겠다고 위협하였습니다.

6 이 글에서 남을 걱정하고 잘 돕는 성격인 인물은 나그네입니다.

7 호랑이는 은혜를 모르기는 사람이 호랑이보다 더하다며 그러니까 사람은 보는 대로 잡아먹어도 괜찮다고 하였습니다.

> **채점 tip** 사람은 은혜를 모르기 때문이라는 내용으로 썼으면 정답으로 합니다.

8 자신을 잡아먹으려고 하는 호랑이에게 한 말이므로 억울한 듯한 표정과 몸짓이 알맞습니다.

9 농부는 아내에게 쌀을 가져오지 못했다며 미안하다고 하였습니다.

10 ㉠에는 농부에게 고마운 마음이 드러나므로 밝고 희망적인 말투, ㉡에는 바가지를 보고 실망한 마음이 드러나므로 걱정되는 말투가 어울립니다.

11 궤짝 속에 갇혀 있었던 호랑이를 나그네가 살려 주었습니다.

12 호랑이는 답답하다는 듯이 화를 내고 "왜 이렇게 말귀를 못 알아듣지?"라고 하며 직접 궤짝 속으로 들어갔습니다.

13 호랑이가 다시 궤짝으로 들어간 뒤 토끼가 궤짝을 재빨리 잠그고 말하는 상황이므로 문을 활짝 여는 듯한 몸짓을 하는 것은 알맞지 않습니다.

14 가장 먼저 공연할 장면을 정하고 준비를 해야 합니다.

15 연극을 볼 때 지켜야 할 예절 두 가지를 떠올려 친구들에게 충고하듯이 써 봅니다.

> **채점 tip** 다른 친구들이 발표할 때 연습하지 않기, 발표를 끝낸 친구에게 박수 보내기, 다른 친구들이 발표할 때 이야기 나누지 않기 등 중 두 가지를 알맞게 썼으면 정답으로 합니다.

159쪽 **수행 평가**

1 **예** 호랑이를 벌주어 통쾌할 것입니다. / 호랑이가 다시 궤짝에서 나올 수 있으니 얼른 도망가야겠다는 생각을 했을 것입니다. **2** (1) **예** 호랑이 (2) **예** 토끼를 답답해하다가 결국은 토끼의 꾀에 넘어가 궤짝에 갇히는 모습이 우습기 때문입니다. **3** (1) **예** 동물 의상, 커다란 박스, 자물쇠 (2) **예** 나그네, 토끼, 호랑이 (3) **예** 나그네: 손을 내밀며 토끼에게 사정을 설명하는 몸짓, 기쁜 표정 / 토끼: 고개를 갸웃거리는 몸짓, 호랑이를 혼내 주어 기뻐하는 표정, 다급한 말투 / 호랑이: 가슴을 치며 답답해하는 표정, 억울해하는 표정

---

1 꾀를 내어 호랑이를 궤짝 속에 가둘 때의 마음이 어떠할지 짐작하여 봅니다.

2 등장인물 중 연극 공연으로 표현하고 싶은 역할을 생각해 봅니다.

3 공연할 장면을 정하면 소품을 준비하고 역할을 정한 후, 인물에 어울리는 표정, 몸짓, 말투를 생각합니다.

	잘함	필요한 소품, 장면에 등장하는 인물, 인물에 어울리는 표정, 몸짓, 말투를 구체적으로 썼습니다.
채점 기준	보통	필요한 소품, 장면에 등장하는 인물, 인물에 어울리는 표정, 몸짓, 말투를 간단하게 썼습니다.
	노력 요함	필요한 소품, 장면에 등장하는 인물, 인물에 어울리는 표정, 몸짓, 말투 중 어울리지 않는 내용을 쓴 부분이 있습니다.

160쪽 **쉬어가기**

말풍선 안의 눈꽃을 찾아 줘.

1. 작품을 보고 느낌을 나누어요

1 ㉯ **2** ④ **3** ② **4** ⑵ ○ **5** 예 웃지 말고 진지하게 말해야 합니다. / 진심을 담아서 말해야 합니다. / 장난치듯 하면 안 됩니다. **6** ③, ⑤ **7** ⑴ ㉠ ⑵ ㉡ ⑶ ㉢ **8** 가 **9** ①, ③ **10** 예 무척 기쁜 것 같습니다. 눈물을 글썽이고 있으면서도 웃고 있기 때문입니다. **11** 어른들이 엄마를 '자두 엄마'로만 부르기 때문입니다. **12** ⑴ ○ **13** ④ **14** ⑴ 예 라 ⑵ 예 자두가 동생을 돋보이게 하기 위해서 일부러 자신의 무대를 망치는 모습이 감동적입니다. **15** ①, ②, ⑤ **16** 부벨라가 거인이기 때문입니다. **17** 진흙파이 **18** ③ **19** 정민, 선영 **20** 예 여자아이가 웃으면서 장난스러운 표정으로 미안하다고 말했기 때문입니다.

1 그림 ㉯는 상처를 치료해 준 선생님께 고마운 마음을 전하는 상황입니다.

2 그림 ㉰에서 여자아이는 남자아이의 책상에 우유를 쏟았기 때문에 미안한 마음을 전해야 합니다.

3 남자아이가 실수로 친구의 필통을 떨어뜨려서 당황했습니다.

4 그림 ㉰의 남자아이는 빈정거리는 표정으로 고개를 쳐들고 있으므로 그림 ㉰보다 ㉯에서 미안한 마음이 더 잘 느껴집니다.

5 미안해하는 마음이 느껴지도록 진지하게 진심을 담아서 말합니다.

채점 tip 진지하게 마음을 담아 사과한다는 내용을 썼으면 정답으로 합니다.

6 표정, 몸짓, 말투에 주의하며 말하면 듣는 사람에게 자신의 생각을 더 생생하게 전달할 수 있으며 마음도 더 잘 전할 수 있습니다.

7 인물의 표정과 대사를 바탕으로 하여 각 장면에 알맞은 상황을 찾아봅니다.

8 처음으로 수라간 상궁을 보며 놀라움과 호기심을 느끼는 장면인 가가 알맞습니다.

9 장면 ㉯에서 장금이는 꾸중을 듣고 있으므로 고개를 숙이고 죄송하다는 표정과 낮고 작은 목소리가 어울립니다.

10 시험을 볼 수 있다는 소식을 듣고 기뻐하는 장금이의 마음이 잘 드러나 있는 장면입니다.

채점 tip 웃고 있으므로 기쁜 마음이라는 내용이 들어가게 썼으면 정답으로 합니다.

11 미미는 어른들이 엄마를 '자두 엄마'로만 불러서 섭섭했습니다.

12 미미는 학교에서 자신보다 언니 자두에게 관심을 갖는 사람들 때문에 화가 났습니다.

13 자두와 미미의 말과 행동을 바탕으로 하여 어떤 장면인지 알 수 있습니다.

14 재미있거나 감동받은 장면을 고르고 그 장면을 고른 까닭을 알맞게 생각하여 씁니다.

채점 tip 재미있거나 감동받은 장면은 서로 다를 수 있습니다. 장면과 까닭을 어울리게 썼으면 정답으로 합니다.

15 인물의 표정, 몸짓, 말투에 주의하며 만화 영화를 보면 인물의 마음과 내용을 더 잘 이해할 수 있고, 더 재미있게 볼 수 있습니다.

16 글 가에서 부벨라가 거인이기 때문에 모든 사람이 부벨라를 무서워했다고 했습니다.

17 글 ㉰에서 부벨라가 정원사에게 걱정거리를 솔직히 털어놓자, 정원사는 진흙파이를 추천했습니다.

18 부벨라는 지렁이가 거인인 자신을 보고도 무서워하지 않는 모습에 놀라고 있으므로, 놀란 표정으로 목소리를 높여 묻는 것이 어울립니다.

19 지렁이는 부벨라를 보고도 무서워하지 않았으므로 슬기가 말한 내용은 알맞지 않습니다.

20 미안한 마음을 전할 때에는 진지한 표정과 태도로 무엇 때문에 얼마나 미안한지 또박또박 말해야 합니다.

채점 tip 미안한 마음이 잘 느껴지지 않는다, 가볍다 등의 내용이 들어가게 썼으면 정답으로 합니다.

1단계 예 슬프고 속상합니다.

2단계 ⑴ 예 활짝 웃으며 기뻐하는 표정이 어울립니다. ⑵ 예 박수를 칩니다.

3단계 예 장면 ㉯에서 미미는 사람들이 자신을 자두 동생이라고 부르는 게 너무 속상해서 울었습니다. 나라면 울지 않고 "내 이름을 불러 줘."라고 말했을 것입니다.

1단계 미미는 선생님과 친구들도 언니 자두에게만 관심을 기울이자 속상해합니다.

2단계 자두는 동생이 인기상을 받자 기뻐하며 박수를 쳤다고 했습니다.

3단계 장면 **가**~**바** 중 한 장면을 골라 자신이라면 어떻게 말하고 행동했을지 생각하여 씁니다.

7쪽 **수행 평가 실전**

1 예 여자아이가 실수로 남자아이를 쳐서 우유를 엎지른 상황이 나타나 있습니다. **2** (1) **예** 정말 미안해. 내가 덤벙거려서 네 팔을 쳤어. (2) **예** 웃으며 **3 예** 듣는 사람에게 자신의 마음을 더 잘 전할 수 있습니다. / 듣는 사람에게 자신의 생각을 더 생생하게 전달할 수 있습니다.

---

1 그림에서는 여자아이가 실수로 친구를 쳐서 우유를 엎지른 상황이 나와 있습니다.

2 ㉠에는 여자아이가 남자아이에게 할 수 있는 사과하는 말을 쓰고, ㉡에는 사과를 받는 남자아이의 표정을 생각하여 씁니다.

3 표정, 몸짓, 말투에 주의하며 말하면 자신의 마음과 생각을 더 잘 전달할 수 있습니다.

채점 기준	잘함	표정, 몸짓, 말투에 주의하며 말하면 좋은 점 두 가지를 구체적으로 썼습니다.
	노력 요함	표정, 몸짓, 말투에 주의하며 말하면 좋은 점을 한 가지만 썼습니다.

2. 중심 생각을 찾아요

8~11쪽 **단원 평가**

1 닭싸움 놀이 **2** ⑤ **3** 하정 **4** ④ **5** 선생님 **6** ②, ④, ⑤ **7** ② **8** ② **9** (3) ○ **10 예** 갯벌이 주는 좋은 점을 알고 갯벌을 잘 보존해야 합니다. / 갯벌을 보존해야 하는 까닭을 알고 소중한 갯벌을 보존해야 합니다. **11** 수현 **12** 꽃샘추위 **13** ①, ②, ⑤ **14 예** 가을 날씨를 나타내는 토박이말에는 '건들바람', '건들장마', '무서리', '올서리', '된서리' 같은 말이 있다. **15** ⑤ **16** 서거나 **17** (3) ○ **18** ④ **19** ⑤ **20** ⑤

---

1 닭싸움 놀이를 하는 방법과 이름에 대해 설명하는 글입니다.

2 두 사람이 겨루는 모습이 닭이 싸우는 것과 비슷하다고 해서 '닭싸움'이라는 이름이 지어졌습니다.

3 우진이와 선영이는 닭싸움 놀이와 관련이 없는 내용을 말했습니다.

4 아는 내용이나 겪은 일과 관련지어 글을 읽으면 내용이 쉽게 이해되고 기억에 잘 남으며 더 흥미를 가지게 됩니다. 또 글을 읽으며 그 모습을 잘 상상할 수 있습니다.

5 선생님께서 계시지 않을 때에는 과학 실험을 해서는 안 된다고 하였습니다.

6 글에서 설명한 과학 실험 안전 수칙을 모두 찾아봅니다.

7 글쓴이는 글 전체 내용을 가장 잘 전할 수 있는 내용을 제목으로 정하기 때문에 글의 제목을 보면 무엇에 대해 쓴 글인지 미리 알 수 있습니다.

8 갯벌은 어민들이 조개나 물고기, 낙지 따위를 잡기도 하고 양식하기도 하는 곳입니다.

9 각 문단의 내용을 대표하는 중심 문장을 찾아봅니다.

10 중심 생각이란 글쓴이가 글 전체에서 말하고 싶은 생각입니다. 이 글은 소중한 갯벌을 잘 보존해야 한다는 생각을 전하고 있습니다.

채점 tip 소중한 갯벌을 잘 보존하자는 내용이 들어가게 썼으면 정답으로 합니다.

12 봄 날씨를 나타내는 토박이말 중에서 꽃이 피는 것을 시샘하듯 몰아닥친 추위에 어울리는 말을 찾아봅니다.

13 가을 날씨를 나타내는 토박이말에는 '건들바람', '건들장마', '무서리', '올서리', '된서리' 같은 말이 있습니다. '무더위'는 여름 날씨를, '꽃샘바람'은 봄 날씨를 나타내는 토박이말입니다.

14 문단의 전체 내용을 대표하는 중심 문장이 무엇인지 찾아봅니다. 가을 날씨를 나타내는 토박이말을 소개한 첫 번째 문장이 문단 **다**의 중심 문장입니다.

15 그림에서 참새가 앉거나 날거나 하는 모습이 일정한 규칙으로 반복되어 리듬감이 느껴지는데, 이렇게 구성한 데에는 그림에 많은 참새를 알맞게 그려 넣으려는 화가의 숨은 뜻이 담겨 있다고 하였습니다.

16 '앉거나'의 기본형인 '앉다'와 뜻이 반대되는 낱말은 '서다'입니다.

17 그림을 통해 옛날 사람들은 한복을 입었는데 요즘 사람들은 양복을 입고 생활한다는 점, 옛날 사람들은 남녀가 입는 옷이 달랐지만 오늘날은 남녀가 비슷한 옷을 입기도 한다는 점 등을 알 수 있습니다.

18 양반 가운데에서 남자는 소매가 넓은 저고리와 폭이 큰 바지를 입었다고 했습니다.

19 옛날에는 자연에서 얻은 실로 짠 옷감인 삼베·모시·무명·비단 등으로 옷을 만들었지만, 오늘날에는 이러한 옷감들보다 공장에서 만든 합성 섬유로 옷을 만드는 경우가 많습니다.

20 옛날에는 신분, 성별에 따라 옷차림의 구분이 엄격했지만 오늘날은 직업이나 유행에 따라 옷을 입고 남녀의 옷차림을 엄격하게 구분하지 않는다고 했습니다.

12쪽 **수행 평가 연습**

1단계 안전, 과학 실험

2단계 (1) 예 선생님께서 계시지 않을 때에는 과학 실험을 하지 않습니다. (2) 예 과학실에서는 절대 장난을 치면 안 됩니다. (3) 예 실험할 때 책상에 바짝 다가가지 않습니다.

3단계 예 선생님께서 계시지 않을 때에는 과학 실험을 하면 안 된다는 것을 알고 있습니다.

1단계 안전하게 과학 실험을 하는 방법을 설명하고 있습니다.

2단계 각 문단의 처음이나 마지막 부분에 중심 문장이 있습니다.

3단계 이 글에서 설명하는 내용과 각 문단의 중심 문장을 바탕으로 하여 알고 있는 내용이나 겪은 일을 씁니다.

13쪽 **수행 평가 실전**

1 (1) 예 제목 (2) 예 중심 문장 **2** 예 날씨를 나타내는 토박이말을 많이 알고 쓰자는 것이야. **3** 예 날씨를 나타내는 토박이말이 많이 있으니 알고 자주 사용하자는 것입니다.

---

1 글의 중심 생각을 찾을 때에는 문단의 중심 문장을 찾아보고 중심 생각을 간추릴 수 있으며, 글의 제목을 보고 무엇에 대해 쓴 글인지 생각할 수 있습니다.

2 이 글의 제목을 보고 무엇에 대해 쓴 글인지 생각해 봅니다.

3 글의 중심 생각을 찾는 방법을 떠올리며, 이 글의 제목과 내용을 바탕으로 중심 생각을 정리해 씁니다.

채점 기준		
	잘함	날씨를 나타내는 토박이말이 많으니 토박이말을 알고 자주 사용하자는 내용으로 정리했습니다.
	보통	토박이말을 자주 사용하자는 내용만 정리했습니다.
	노력 요함	중심 생각을 한 문장으로 쓰지 못했습니다.

---

3. 자신의 경험을 글로 써요

14~17쪽 **단원 평가**

1 ① **2** ② **3** (2) ○ (3) ○ **4** 예 가족과 주말 농장 체험학습을 갔던 일이 기억에 남습니다. **5** ⑤ **6** ① **7** 동생이 아팠던 일 **8** (3) × **9** ②, ③, ④ **10** ㉠ **11** ① **12** 고쳐쓰기 **13** ③, ⑤ **14** ④ **15** (1) ㉡ (2) ㉢ (3) ㉮ (4) ㉣ (5) ㉤ **16** ㉣ **17** ③, ⑤ **18** ㉡ **19** ③ **20** ㉯→㉣→㉤→㉮→㉢

1 친구들과 함께한 운동회에 대해 정리하였습니다.

2 가족들이 응원을 하러 왔는지는 정리한 표에 나타나 있지 않습니다.

3 기억에 남는 일을 정리하면 기억에 남는 일을 구체적으로 떠올릴 수 있고, 글로 자세히 쓸 수 있으며 자신이 한 일을 되돌아볼 수 있습니다.

4 자신이 겪은 일 가운데에서 기억에 남는 일을 써 봅니다.

> **이런 답도 가능해!**
> 친구의 생일잔치에 갔던 일이 기억에 남습니다.

---

5 서연이는 아침에 학교에 갈 준비를 하고 학교에서 공부를 했으며 친구와 축구를 하였고 집에 와서 책을 읽었습니다.

6 평소에는 장난꾸러기 동생이 밉기도 했는데 아프니까 잘 못해 준 것이 생각나서 미안한 마음이 들었다고 했습니다.

7 ❶에서 서연이는 동생이 아팠던 일을 글로 쓰겠다고 했습니다.

8 주혁이가 아파서 아빠께서 동생을 돌보셨습니다.

9 '나'는 동생이 아픈 일이 평소와 달리 특별히 일어난 일이고, 동생을 걱정하는 마음과 앞으로 동생을 잘 챙겨야겠다는 마음이 들어서 이 글을 썼습니다.

10 낱말과 낱말 사이는 띄어 써야 합니다. ㉠은 '아이고, 배야.'로, ㉢은 '두 번째네'로, ㉣은 '주혁이가 눈물이'로, ㉤은 '아팠다. 동생이'로 띄어 써야 합니다.

11 문장을 쓸 때 낱말과 낱말 사이는 띄어 씁니다.

12 어떤 일을 글로 쓸지 정하고 쓸 내용을 정리한 뒤 글을 씁니다. 글을 쓴 뒤에는 고쳐쓰기를 합니다.

13 그림에서 여자아이는 봄에 도자기를 만든 일, 여름에 바닷가에 놀러 간 일, 가을에 과수원에서 과일을 딴 일을 떠올렸습니다.

14 언제, 어디에서, 누구와 있었던 일인지, 무슨 일이 있었는지, 어떤 마음이 들었고 왜 그런 마음이 생겼는지 등을 떠올려 인상 깊었던 일을 정리합니다.

15 누가, 언제, 어디에서, 무엇을, 생각이나 느낀 점에 맞게 내용을 선으로 이어 봅니다.

16 ㉣ → ㉡ → ㉠ → ㉢의 시간 순서로 일어났습니다.

17 고쳐쓰기를 하면 전하고자 한 내용을 효과적으로 표현했는지 확인할 수 있고, 잘못된 띄어쓰기나 표현을 고칠 수 있습니다.

18 '손수건'은 한 낱말로 붙여 써야 합니다.

> **왜 답이 아닐까?**
> ㉮와 같이 쓰면 '손'을 수건으로 닦으라는 뜻이 됩니다.

19 우리 반에서 있었던 일이 아닌 것을 찾아봅니다.

20 먼저 우리 반에서 있었던 일을 떠올리고 관련 사진을 모으거나 그림을 그린 뒤, 기억에 남는 일 다섯 가지를 투표로 정합니다. 다섯 가지 사건으로 모둠별 소식지를 만든 뒤 모둠별 소식지를 모아 우리 반 소식지를 만듭니다.

18쪽 수행 평가 연습

1단계 예 동생이 아팠던 일입니다.

2단계 예 친구와 피아노를 치며 놀았던 일

3단계 (1) 예 지난 주말 저녁에 우리 집에서 친구 연지와 있었던 일입니다. (2) 예 피아노를 잘 치는 연지가 피아노를 가르쳐 주었습니다. (3) 예 연지에게 고마웠고 연습을 하면서 실력이 늘어서 뿌듯했습니다.

1단계 동생이 아팠던 일, 친구와 축구를 한 일 등이 자신이 겪은 일과 다를 수 있습니다.

2단계 평소에 일어났던 일을 글로 쓸 수도 있고, 평소와 달리 특별하게 생긴 일 또는 자신의 생각이나 느낌이 달라진 일로 글을 쓸 수도 있습니다.

3단계 언제, 어디에서, 누구와 어떤 일이 있었고, 그때의 마음은 어떠했는지 자세하게 씁니다.

19쪽 수행 평가 실전

1 ㉠, ㉢ **2** (1) ㉠ (2) 아이고, 배야. (3) 예 마침표(.)나 쉼표(,) 뒤에 오는 말은 띄어 써야 하기 때문입니다. (4) ㉢ (5) 이번 가을에만 두 번째네. (6) 예 수를 나타내는 말과 단위를 나타내는 말 사이는 띄어 써야 하기 때문입니다. **3** 예 전하고자 하는 뜻을 정확히 전할 수 있습니다. / 글을 읽는 사람도 편하게 읽을 수 있습니다.

1 ㉠과 ㉢의 띄어쓰기가 잘못되었습니다.

2 ㉠은 마침표나 쉼표 뒤에 오는 말은 띄어 써야 하기 때문에 '아이고, 배야.'로 띄어 써야 하고, ㉢은 수를 나타내는 말과 단위를 나타내는 말 사이는 띄어 써야 하므로 '이번 가을에만 두 번째네.'라고 띄어 써야 합니다.

3 띄어쓰기를 바르게 하면 전하고자 하는 뜻을 정확히 전할 수 있고, 글을 읽는 사람도 편하게 읽을 수 있습니다.

채점 기준	잘함	띄어쓰기를 해야 하는 까닭을 두 가지 정도로 정리하여 썼습니다.
	보통	띄어쓰기를 해야 하는 까닭을 한 가지 썼습니다.
	노력 요함	띄어쓰기를 해야 하는 까닭을 한두 단어 정도로 짧게 썼습니다.

4. 감동을 나타내요

1 동글동글, 매끈매끈, 아삭아삭　**2** ②, ③, ⑤　**3** ①　**4** 불덩이, 몹시 추운 사람, 거북이, 잠꾸러기　**5** ③　**6** ⓔ 넣고 읽을 때 더 재미있습니다. / 넣고 읽을 때 느낌이 생생하게 살아납니다.　**7** ①, ③, ④　**8** ⑤　**9** ⑤　**10** ⑶ ○　**11** ⓔ 지구가 간지러운지 / 굼질굼질 움직였다.　**12** ①, ⑤　**13** ⓔ 다른 사람보다 촉각, 후각, 미각, 청각이 발달했다.　**14** ⑤　**15** ⑩　**16** 현수　**17** ⑷ ○　**18** ⓔ 이 선달이 자신의 지식으로 바닷물을 끓여 사람들이 마실 수 있는 물을 만드는 장면이 재미있습니다.　**19** ⑤　**20** ①, ②, ④

1 사과에 어울리는 표현에는 '동글동글', '매끈매끈', '아삭아삭'이 있습니다.

2 대상을 감각적 표현으로 나타내면 대상의 느낌을 생생하고 재미있게 표현할 수 있고, 감각적 표현을 말하려고 대상을 더 자세히 관찰할 수 있습니다.

3 말하는 이는 감기 때문에 힘들어하고 있습니다.

4 1연에서 불덩이와 몹시 추운 사람이, 2연에서 거북이와 잠꾸러기가 들어왔다고 했습니다.

5 약을 먹고 나니 까무룩 잠꾸러기가 들어왔다고 한 것은 감기약을 먹고 몹시 졸린 상태를 표현한 것입니다.

6 '느릿느릿', '까무룩'을 넣고 읽으면 실감 나고 더 재미있습니다. 또한 몸이 무겁고 졸린 상태를 잘 나타냅니다.

> **채점 tip** 넣고 읽을 때가 더 재미있고 생생하다는 내용을 썼으면 정답으로 합니다.

7 각 연에서 초승달이 되겠다고 한 대상을 찾을 수 있습니다.

8 초승달의 모습과 각 연에서 초승달이 되려는 사물들이 닮아서 마치 눈으로 보는 것처럼 생생하게 떠오릅니다.

9 말하는 이는 강가 고운 모래밭에 발을 두더지처럼 파고들었다고 했습니다.

11 이 외에도 "발가락 옴지락거려 / 두더지처럼 파고들었다." 등의 감각적 표현을 찾을 수 있습니다.

12 블링크 아저씨는 에밀이 현관문을 열 때 에밀의 집 냄새와 바지가 구겨지는 소리, 그 밖에 설명하기 애매한 것들로 에밀임을 알았다고 말했습니다.

13 아저씨는 태어날 때부터 앞을 보지 못했습니다. 그 결과 어릴 적부터 다른 감각들이 아주 발달되었다고 했습니다.

> **채점 tip** 다른 감각들이 다른 사람보다 발달했다는 내용을 썼으면 정답으로 합니다.

14 '나'는 간식을 먹다가 블링크 아저씨에게 색깔을 가르쳐 주기로 결심했습니다.

15 에밀은 ㉠~㉣에서 색깔을 피부의 느낌이나 맛으로 설명하며 감각적 표현을 사용했습니다.

16 에밀은 블링크 아저씨에게 색깔에 대하여 설명해 주고 아저씨는 색깔에 대한 자신의 느낌을 피아노로 연주했습니다.

17 이 글에서 이 선달은 가마솥으로 바닷물을 끓여 마실 물을 마련했습니다.

18 글을 읽고 글의 내용이나 이 선달의 행동에 대하여 떠오른 생각이나 느낌을 씁니다.

19 시의 마지막에서 천둥소리가 하늘에 사는 아이들이 운동장으로 뛰쳐나가는 소리 같다고 했습니다.

1단계 감기

2단계 (1) ⓔ 감기에 걸려 추웠기 때문이다.　(2) ⓔ 감기약을 먹고 몸이 무거워졌기 때문이다.　(3) ⓔ 감기약을 먹고 몹시 졸렸기 때문이다.

3단계 ⓔ 약을 먹고 나니 / 끙끙, / 무거운 로봇도 들어오고 / 새근새근, / 잠자는 숲속의 공주도 들어왔다.

1단계 시에서 말하는 이는 감기에 걸렸습니다.

2단계 감기에 걸렸을 때, 감기약을 먹었을 때의 증상으로 정리하여 씁니다.

4단계 감기약을 먹고 나타날 수 있는 증상들을 다양한 감각적 표현을 사용하여 씁니다.

25쪽 수행 평가 실전

1 (1) 📗 맨발로 걸을 때 발가락 사이로 살살 삐져나오는 촉촉한 풀잎 (2) 📗 할아버지 밭에서 나는 토마토 맛 (3) 📗 옆집 수영장에서 헤엄치는 것 **2** 📗 거칠고 딱딱한 나무 기둥을 만지는 느낌입니다. **3** 📗 블링크 아저씨께 / 아저씨 안녕하세요? 전 도율이라고 해요. / 아저씨께 갈색을 알려 드리고 싶어요. 갈색은 거칠고 딱딱한 나무 기둥을 만지는 느낌이에요. / 아저씨께서 에밀에게 색깔을 연주해 주신 것이 굉장히 인상 깊었어요. 아저씨께서 저에게도 갈색을 연주해 주셨으면 좋겠어요. 그럼 / 안녕히 계세요. / 20○○년 7월 7일 / 도율 올림

1 에밀이 아저씨에게 색을 알려 주기 위해 각각의 색을 표현한 방법을 찾아 씁니다.

2 자신이 에밀이라면 앞이 보이지 않는 블링크 아저씨에게 갈색을 어떻게 설명할 수 있을지 생각하여 씁니다.

3 문제 2번에서 답한 색깔을 알려 주는 방법과 이야기에 대한 자신의 생각이나 느낌을 넣어 편지를 씁니다.

채점 기준		
잘함	편지의 형식을 잘 지켜 감각적 표현과 자신의 생각이나 느낌이 잘 드러나게 썼습니다.	
보통	편지의 형식을 잘 지켰지만 감각적 표현이나 자신의 생각이나 느낌이 구체적이지 않습니다.	
노력 요함	감각적 표현과 자신의 생각이나 느낌을 간단하게 썼고, 편지의 형식을 지키지 않았습니다.	

5. 바르게 대화해요

26~29쪽 단원 평가

1 ❹ **2** 높임 표현 **3** ③ **4** 승민이의 학교생활 **5** ① **6** ② **7** 📗 ㉮는 친구와 대화하는 상황이고, ❹는 웃어른과 대화하는 상황입니다. **8** (2) ○ **9** 지원 **10** ⑤ **11** ③, ④ **12** ④, ⑤ **13** 📗 상대의 상황을 헤아리고 상대의 말을 귀 기울여 들어야 합니다. **14** 현우 **15** ② **16** ④ **17** 가셨어요 **18** 📗 미안해하며 걱정하는 목소리로 **19** (1) 할아버지 (2) 남동생 **20** ⑤

1 대화 ❹에서 진수는 수정이에게 전화를 걸어 내일 준비물을 묻고 있습니다.

2 대화 ㉮에서 진수는 엄마와 대화할 때 높임 표현을 사용하지 않았습니다.

3 다른 사람과 대화할 때에는 자신의 기분만 생각해서 말하지 않고 상대의 기분을 생각하며 말해야 합니다.

4 할머니는 승민이에게 학교생활은 어떤지 물어보셨습니다.

5 승민이는 문장을 끝맺는 말로 '–습니다', '–요'를 써서 높임을 나타냈습니다.

6 대화를 통해 승민이가 지난 주말에 책을 사러 서점에 갔음을 알 수 있습니다.

7 대화 ㉮는 친구가 승민이에게 묻는 상황이고, ❹는 웃어른이 승민이에게 물어보는 상황입니다.
  채점 tip 대화의 대상이 다르다는 점이 드러나게 썼으면 정답으로 합니다.

8 "책을 사러 서점에 갔어."를 알맞은 높임 표현을 사용해 바꾸어 씁니다.

10 전화를 건 사람이 자신이 누구인지 밝히지 않아서 민지는 "누구신가요?"라는 말을 했습니다.

11 대화 ❶에서는 전화를 건 사람이 누구인지를 밝혀야 한다는 점을, 대화 ❷에서는 전화로는 상황을 볼 수 없기 때문에 정확하고 구체적으로 표현해야 한다는 점을 알 수 있습니다.

12 수진이가 자신이 누구인지를 밝히지 않고 상대가 누구인지도 확인하지 않았기 때문입니다.

13 정아도 할 말이 있는데 지수는 계속 자신이 할 말만 했습니다.

14 할머니께서 하실 말씀이 남아 있는데 유진이가 갑자기 전화를 끊었습니다.

15 상대가 하는 말을 끝까지 들어야 합니다.

16 ㉮에서는 전화를 받는 사람이 누구인지 확인하고 자신을 밝혔는데 ❹에서는 이를 지키지 않았습니다.

17 할머니께는 높임 표현을 사용해서 대답해야 합니다.

18 복도에서 친구와 부딪친 상황이므로 미안해하며 걱정하는 목소리가 어울립니다.

19 대화 ❷에서 미나는 할아버지께 가장 좋아하시는 음식을 여쭈었고, 대화 ❸에서는 남동생에게 가장 좋아하는 음식을 물었습니다.

20 상대방의 말을 끝까지 듣고 공손하게 전화를 끊어야
합니다.

30쪽 수행 평가 연습

1단계 예 훈이가 유치원생 같다고 놀렸기 때문입니다.

2단계 예 놀라면서 당황하는 표정, 친구를 말리기
위해 뛰어가며 잡으려는 몸짓, "안 돼!"라고 외치며
다급한 말투가 어울립니다.

3단계 예 비가 오는 날에는 밝은색 옷을 입어야 한
다는 것입니다. / 비가 오는 날에는 우산으로 앞을 가
리지 않고 조심해서 길을 건너야 한다는 것입니다.

1단계 강이는 노란 우산에 노란 옷을 입은 자신을 훈이
가 유치원생 같다고 놀려서 속이 상했습니다.

2단계 강이의 마음이 어떨지 생각하고 그에 알맞은 표
정과 몸짓, 말투를 떠올려 씁니다.

3단계 비가 오는 날에는 밝은색 옷을 입어야 하고, 우산
으로 앞을 가리지 않고 조심해서 길을 건너야 한다는 것
을 깨달았을 것입니다.

31쪽 수행 평가 실전

1 (1) 예 고맙다. / 고마워. (2) 예 고맙습니다. **2**
예 대화 상대가 다르기 때문입니다. / 듣는 사람이 친
구인 경우와 선생님인 경우로 다르기 때문입니다.
3 예 사과주스 나왔습니다. / 예 감사합니다.

1 ㉠과 ㉡에는 모두 고맙다는 뜻의 말이 들어가야 하
며, ㉠에는 반말로 ㉡에는 높임 표현으로 써야 합니
다.

2 그림 **가**에서는 친구와 대화를 하고 있고, 그림 **나**에
서는 웃어른과 대화를 나누고 있습니다.

3 물건에는 높임 표현을 쓰지 않는다는 점을 기억하며
대화를 완성해 씁니다.

채점 기준	잘함	물건에는 높임 표현을 쓰지 않고 사람에게는 높임 표현을 썼습니다.
	노력 요함	조건 에 나온 내용 가운데 한 가지를 지키지 못하여 대화를 어색하게 썼습니다.

---

6. 마음을 담아 글을 써요

32~35쪽 단원 평가

1 ④ **2** ① **3** 빨리 나아야 해. **4** 규리 **5** ①
6 예 발표하는 게 겁이 나서입니다. / 발표할 때 실수
할까 봐 걱정되었기 때문입니다. **7** ④ **8** 음악 시
간 **9** 예 운동에 자신이 없는데 운동회가 다가와서
심술이 났기 때문입니다. **10** ⑤ **11** 이어달리기
12 ④ **13** ⑤ **14** ㉤ **15** 진수 **16** ⑤ **17**
예 주은이가 말로는 사과한다고 했지만, 표정이나 분
위기, 말하는 내용이나 행동이 사과하는 것처럼 느껴
지지 않았기 때문입니다. **18** 예 네가 자꾸 준비물
을 안 가져와서 걱정이 되었어. **19** ④ **20** 예 우
리 학교 지킴이 선생님께 고마운 마음을 전하고 싶습
니다.

1 그림 **가**~**라** 중 숙제를 하기 위해 백과사전을 찾아
보는 상황은 나와 있지 않습니다.

2 이웃집 아주머니께서 주시는 음식을 받는 상황이므
로 고마운 마음을 전하고 있습니다.

3 걱정하는 마음을 전해야 하므로 "빨리 나아야 해."
등의 말이 알맞습니다.

4 규리의 하루에 대한 이야기입니다.

5 규리는 아침에 늦게 일어나서 1교시 시작하기 직전
에 교실에 들어갔습니다.

6 규리는 사회 시간에 우리 지역의 자랑거리를 조사해
서 발표하기로 했는데 실수를 할까 봐 걱정했습니다.

채점 tip 규리가 발표에 대해 걱정한 것이 드러나게 썼으면 정답
으로 합니다.

7 규리는 민호에게 리코더 연주 방법을 가르쳐 주면서
자랑스러운 마음이 들었을 것입니다.

8 규리가 겪은 일의 차례에 맞게 그때의 마음을 표시
하면 규리의 마음이 어떻게 변했는지 알 수 있습니
다.

9 기찬이는 운동에 자신이 없는데 운동회가 다가와서
심술이 났습니다.

10 친구들이 기찬이를 놀릴 때 기찬이의 마음은 어떠할
지 생각해 봅니다.

12 이호는 배탈이 나서 이어달리기의 차례를 기다리던

중에 화장실에 가기 위해 운동장을 가로질러 뛰쳐나 갔습니다.

13 친구들은 백군의 마지막 선수와 청군의 세 번째 선수인 기찬이가 나란히 달리는 것을 보고 착각하여 기찬이를 응원했습니다.

14 이어달리기 점수가 가장 높은데 질 게 뻔하다며 기대하지 않는 말과 기찬이를 응원하지 않고 딴전을 부린 행동 등은 기찬이를 속상하게 합니다.

15 기찬이는 최선을 다해 달린 뒤 이호에게 배턴을 넘겨주었습니다.

16 주은이가 딱지치기를 하다가 마음대로 되지 않자 원호에게 "다시 해!", "집에 갈 거야!"와 같은 예의 없는 말과 행동을 했습니다.

17 장면 ❹에서 주은이는 원호에게 진심이 담긴 사과를 하지 않았습니다.

> **채점 tip** 사과를 제대로 하지 않았다는 내용이 들어가게 썼으면 정답으로 합니다.

18 상대방의 마음을 상하게 하지 않으면서 자신의 마음을 전하는 말로 바꾸어 씁니다.

19 손 편지를 쓴 뒤 학교 누리집에 올린다는 내용은 글에서 찾을 수 없습니다.

20 고마운 마음, 미안한 마음, 존경하는 마음, 격려하는 마음 등을 전하고 싶은 사람을 떠올려 간단하게 정리해 씁니다.

| 36쪽 | 수행 평가 연습 |

1단계 우리 지역의 자랑거리

2단계 (1) **예** 더 자고 싶은데 억지로 일어남. (2) **예** 속상한 마음 (3) **예** 걱정스러운 마음, 불안한 마음

3단계 (1) **예** 체육 시간 (2) **예** 피구를 하다가 공에 맞음. (3) **예** 화난 마음, 속상한 마음

1단계 1교시 사회 시간에 우리 지역의 자랑거리를 조사해서 발표했습니다.

2단계 엄마께서 깨우셔서 억지로 일어난 일과 사회 시간에 발표한 일로 나누어서 정리할 수 있습니다.

3단계 언제, 어떤 일이 일어났고 그때 어떤 마음이 들었는지 떠올려 씁니다.

| 37쪽 | 수행 평가 실전 |

1 (1) 10월 넷째 주 (2) **예** 자신의 마음을 손 편지를 써서 전함. **2** (1) **예** 같은 반 친구 송이 (2) **예** 송이의 말을 오해하여 말다툼을 한 적이 있습니다. (3) **예** 송이에게 미안한 마음 **3** **예** 송이에게 / 송아, 안녕? 나 준호야. / 너에게 미안한 마음을 전하려고 편지를 쓰게 되었어. / 어제 내가 너의 말을 오해해서 우리가 말다툼을 하게 되었지. / 그때는 화가 났는데 다시 생각해 보니 내가 마음대로 오해하고 화부터 냈던 것 같아. / 앞으로는 마음대로 오해하고 화내지 않을게. 정말 미안해. / 우리 앞으로도 사이좋게 지내자. / 이만 쓸게. / 준호가

1 기사에 나온 '마음을 전하는 우리 반' 행사에 대한 정보를 정리해 봅니다.

2 마음을 전하고 싶은 사람과 있었던 일을 정리합니다.

3 정리한 내용을 바탕으로 하고 싶은 말을 마음이 잘 드러나게 씁니다.

채점 기준	잘함	편지의 형식을 잘 지켜 전하고 싶은 마음을 구체적으로 표현했습니다.
	보통	편지의 형식을 잘 지켜 전하고 싶은 마음을 썼지만 일어난 일을 구체적으로 쓰지 않았습니다.
	노력 요함	전하고 싶은 마음을 간단하게 표현했고, 편지의 형식을 지키지 못했습니다.

7. 글을 읽고 소개해요

| 38~41쪽 | 단원 평가 |

1 앉아서 하는 피구 **2** ①, ②, ③ **3** ㉮ **4** **예** 공에 맞거나, 일어서거나, 공이 벽에 닿기 전에 잡으면 밖으로 나가야 하는데 어느 한 편의 친구 모두가 밖으로 나가면 놀이가 끝납니다. **5** 국기 **6** **예** 그 나라가 월드컵에 참여한다는 뜻입니다. **7** ㉮ **8** ①, ②, ⑤ **9** (2) ○ **10** (1) ㉯ (2) ㉮ **11** 땅 **12** ①, ③, ⑤ **13** (3) × **14** ① **15** 『바위나리와 아기별』 **16** ① **17** (1) **예** 바위나리를 그리워하며 울다가 빛을 잃은 아기별이 하늘 나라에서 쫓겨나 바다로 떨어진 장면 (2) **예** 살아 있을 때에는 만나지 못하다가 죽은 뒤에야 같이 있을 수 있게 된 것이 너무 슬펐기 때문입니다. **18** 유나 **19** ① **20** (4) ○

2 '앉아서 하는 피구'라는 놀이 이름과 준비할 내용, 여러 규칙들을 소개했습니다.

3 상대를 맞힐 때에는 공을 바닥에 굴려서 맞힙니다.

4 글의 마지막에 언제 놀이가 끝나는지가 나옵니다.

5 국기는 그 나라를 나타내는 깃발이기 때문에 월드컵 개막식에 각 나라를 대표하는 선수들이 국기를 들고 입장한다고 했습니다.

6 나라를 나타내는 깃발인 국기가 월드컵 개막식 때 운동장에 입장한다는 것은 그 나라가 월드컵에 참여함을 뜻합니다.

채점 tip 그 나라가 월드컵에 참가한다는 내용을 썼으면 정답으로 합니다.

8 캐나다에는 국기에 그려져 있는 설탕단풍 나무가 많이 자라고, 캐나다 사람들은 설탕단풍 나무에서 나오는 즙으로 달콤한 메이플시럽을 만들어 먹기도 한다고 했습니다.

9 멕시코 국기에는 독수리와 독사와 선인장이 나오는 아즈텍족의 전설이 담겨 있습니다.

10 미국 국기에서 열세 개의 줄은 미국이 처음 나라를 세울 때 열세 개의 주가 있었음을 뜻하고, 오십 개의 별은 현재 미국의 주가 오십 개임을 뜻합니다.

11 미국 땅이 점점 커져 주가 생길 때마다 국기의 별이 하나씩 늘어났다고 했으므로 '땅과 함께 국기도 변했다.'가 알맞습니다.

12 태극기는 우리나라 국기로, 1949년에 지금의 모습으로 정해졌으며 일본이 태극기 사용을 금지했지만 독립하려고 싸울 때마다 태극기를 힘차게 휘날렸습니다.

13 책 내용 가운데에서 친구들에게 소개하고 싶은 부분을 말해야 합니다.

16 글 ❶에는 책 내용이 잘 드러나 있습니다. 글 ❷에는 책을 읽게 된 까닭, 글 ❸에는 인상 깊은 부분, 글 ❹에는 책을 읽은 뒤에 든 생각이나 느낌이 잘 드러나 있습니다.

17 글 ❸에서 글쓴이가 인상 깊다고 한 부분과 그 까닭을 찾아 씁니다.

18 '미어지다'가 글에서 쓰인 상황을 살펴봅니다. 아기별이 바위나리를 만나러 갈 수 없을 때의 마음이므로 '매우 슬프다.'가 알맞으며 국어사전에 나온 뜻에서도 그와 비슷한 뜻을 골라야 합니다.

19 책에는 여러 가지 타악기가 나와 있었다고 했습니다. 관악기는 입으로 불어서 관 안의 공기를 진동시켜 소리를 내는 악기를 말합니다.

20 이 글에는 책을 읽은 뒤에 든 생각이나 느낌이 빠져 있습니다. 글 ❷에 책을 읽게 된 까닭, 글 ❶에 책 내용, 글 ❸에 인상 깊은 부분이 나타나 있습니다.

42쪽   수행 평가 연습

1단계 예 국기에 담긴 뜻

2단계 (1) 예 캐나다 국기에는 캐나다에 많이 자라는 설탕단풍 나무의 잎과 같은 자연이 담겨 있습니다. (2) 예 멕시코 국기에는 독수리와 뱀, 선인장이 있는데 이는 독수리와 독사와 선인장이 나오는 아즈텍족의 전설이 담긴 것입니다.

3단계 (1) 예 책 보물 상자를 만들어 소개하기 (2) 예 캐나다와 멕시코 국기 사진을 보물 상자에 넣고 하나씩 꺼내면서 소개합니다.

1단계 이 글은 여러 나라 국기와 국기에 담긴 뜻을 설명하고 있습니다.

2단계 캐나다 국기에는 캐나다의 자연이 담겨 있고, 멕시코 국기에는 멕시코의 전설이 담겨 있다고 했습니다.

3단계 보기 에서 소개하는 방법을 한 가지 골라 쓰고, 그에 맞는 내용을 소개합니다.

43쪽   수행 평가 실전

1 『바위나리와 아기별』, 독서 감상문 **2** (1) 예 바위나리와 아기별은 친구였는데 바위나리를 간호하던 아기별이 하늘 나라에서 쫓겨나게 됩니다. 바위나리는 시들다가 날려 가고 슬퍼하던 아기별도 빛을 잃고 날려 간다는 이야기입니다. (2) 예 아기별이 하늘 나라에서 쫓겨나 바다로 떨어진 장면입니다. **3** 예 이 글을 읽고 나에게도 내가 바위나리처럼 아플 때 함께 슬퍼해 줄 아기별 같은 친구가 있는지 생각해 보게 되었다. 그리고 나도 나의 친구들에게 아기별과 같은 친구가 되어야겠다고 생각했다.

1 이 글은 독서 감상문입니다.

2 두 번째와 세 번째 문단에 이야기의 줄거리와 인상 깊은 장면이 나와 있습니다.

3 바위나리와 아기별의 우정에 대한 글 내용에 대하여 어떠한 생각이나 느낌이 들었는지 떠올려 씁니다.

채점 기준	잘함	책을 읽은 뒤에 든 생각이나 느낌이 잘 드러나도록 독서 감상문의 뒷부분을 이어서 썼습니다.
	보통	책을 읽은 뒤에 든 생각이나 느낌을 단순한 표현으로 간단하게 썼습니다.
	노력 요함	책을 읽은 뒤에 든 생각이나 느낌이 잘 드러나지 않습니다.

8. 글의 흐름을 생각해요

44~47쪽   단원 평가

1 '커졌다 작아졌다' 마법 열매를 먹었기 때문입니다. **2** ②   **3** 서로 다른 색깔 털실 세 줄, 셀로판테이프 **4** 두 번째   **5** ⑤   **6** ①, ⑤   **7** 예 병원에서 의사와 상담한 뒤 증세에 맞는 감기약을 처방받습니다. 감기약은 끝까지 먹는 게 좋으며 감기약은 물과 함께 먹어야 합니다.   **8** (2) ○   **9** (1) 두 번째 (2) 마지막으로   **10** ㉣→㉡→㉮→㉢   **11** 고인돌 박물관 → 동림 저수지 → 선운사   **12** ⑤   **13** 예 아름다운 동백나무 숲을 보았습니다.   **14** 장소 변화   **15** ㉢   **16** 예 수리부엉이는 몸길이가 70센티미터인 큰 새입니다. 눈이 붉고 목이 앞뒤로 자유롭게 움직입니다.   **17** ④   **18** 선우   **19** ③   **20** (1) ②, ㉯ (2) ①, ㉮

1 할아버지는 '커졌다 작아졌다' 마법 열매를 먹고 작아졌습니다.

2 할아버지가 작아진 까닭을 안 베짱이는 베틀로 베를 짰습니다.

3 실 팔찌 만들기의 준비물은 매우 간단한데, 서로 다른 색깔 털실 세 줄과 셀로판테이프만 있으면 된다고 하였습니다.

4 차례를 나타내는 말에는 '첫 번째, 두 번째, 먼저, 처음으로, 끝으로'와 같은 말이 있습니다.

5 일 차례를 나타내는 글을 간추릴 때에는 차례를 나타내는 말과 그 차례와 관련되는 중요한 내용을 파악합니다.

6 중간에 마음대로 감기약을 먹지 않으면 감기가 더 심해지거나 나중에 감기약을 먹어도 낫지 않을 수 있습니다.

7 각 문단의 첫 문장에 중요한 내용이 나타나 있습니다.

8 이 글은 차례가 정해져 있지 않으므로 차례를 바꾸어 말해도 틀리지 않습니다.

9 첫 번째 다음이므로 ㉠에는 '두 번째', 마지막 단계이므로 ㉡에는 '마지막으로'라는 시간을 나타내는 말이 들어가는 것이 알맞습니다.

11 우리 가족은 '고인돌 박물관 → 동림 저수지 → 선운사'로 이동했습니다.

12 우리 가족은 혹시 철새 떼의 춤을 볼 수 있을까 하는 기대로 동림 저수지를 방문했는데 간간이 물 위로 날아오르는 가창오리들을 볼 수 있었습니다.

13 선운사에서 한 중요한 일을 간추려 봅니다.
   채점 tip '동백나무 숲'에 대한 내용을 썼으면 정답으로 합니다.

15 곤충관에서 톱사슴벌레를 관찰한 내용입니다. 지도에서 곤충관은 ㉢입니다.

16 글쓴이가 야행관에서 인상 깊게 보았던 내용을 간추려 씁니다.
   채점 tip '수리부엉이'에 대한 내용이 들어가게 썼으면 정답으로 합니다.

17 글 ㉮에서 가장 먼저 소품 설계관으로 간 까닭을 알 수 있습니다. 민기가 집안 어른들께 선물로 드릴 만한 물건을 만들면 좋겠다고 의견을 냈기 때문입니다.

18 '나'는 소방관 체험을 해 보니 적성에 잘 맞고 보람도 있어서 미래에 소방관이 되어도 좋겠다고 생각했습니다.

19 '열한 시, 열두 시, 한 시' 등이 시간 흐름을 알 수 있는 부분입니다. '중앙 광장'은 장소 변화를 알 수 있는 부분입니다.

20 글 ㉯에서는 제빵 학원에서 크림빵을 완성했고, 글 ㉰에서는 소방서에서 소방관 체험을 하였습니다.

1단계 동림 저수지, 선운사

2단계 (1) 동림 저수지 (2) **예** 물 위로 날아오르는 가창오리들을 구경함. (3) 선운사 (4) **예** 아름다운 동백나무 숲을 봄.

3단계 **예** 첫 번째로 간 고창의 고인돌 박물관에서는 고인돌의 역사를 알 수 있었고, 다음으로 동림 저수지에서는 물 위로 날아오르는 가창오리들을 구경했습니다. 마지막으로 선운사에 가서 아름다운 동백나무 숲을 보았습니다. 고창을 여행하며 마치 시간을 거슬러 가는 기분이었습니다.

1단계 토요일 아침 일찍 출발해서 맨 처음 도착한 고창의 관광지는 고인돌 박물관이었습니다. 다음으로 간 곳은 동림 저수지였고, 마지막으로 고창의 유명한 절인 선운사를 방문했습니다.

2단계 장소 변화에 따른 중요한 간추려 씁니다.

3단계 이 글은 여행한 일을 장소 변화에 따라 쓴 글로, 각 장소별로 일어난 중요한 일을 간단히 정리하여 간추릴 수 있습니다.

1 괴산 특산물, 한지 **2** (1) **예** 일 차례 (2) **예** 한지를 만드는 방법이 나온 사진이나 그림 **3** (1) **예** 우리 고장의 이름 변화 (2) **예** 백과사전 찾아보기, 우리 고장 역사 박물관 방문 (3) **예** 시간 차례 (4) **예** 우리 고장의 이름 변천을 시간 흐름에 따라 보여 주는 도표

1 괴산에서 만든 한지와 한지를 만드는 과정을 소개하고 있습니다.

2 한지 만드는 과정을 일 차례의 흐름으로 소개하고 있습니다.

3 문제 **2**번에서 글쓴이가 소개할 내용을 계획한 과정을 참고하여 우리 지역을 소개할 준비를 해 봅니다.

채점 기준	잘함	표의 각 항목에 맞게 우리 지역을 소개할 계획을 썼습니다.
	노력 요함	주제와 조사 계획, 글의 흐름 등이 서로 어울리지 않습니다.

9. 작품 속 인물이 되어

1 (산토끼) 무툴라, (코끼리) 투루 **2** ①, ⑤ **3** ⑤ **4** (1) 옛날 옛적, 호랑이 담배 피우던 때 (2) 산속 **5** ⑤ **6** 지연 **7** (1) ㉮ (2) ㉯ **8** **예** 호랑이를 구해 준 것을 후회했을 것입니다. / 말을 바꾸는 호랑이가 미웠을 것입니다. **9** ①, ④ **10** 밝고 희망적인 말투 **11** 토끼 **12** ③, ⑤ **13** ③, ④ **14** **예** 지혜롭습니다. / 꾀가 많습니다. **15** (1) × **16** **예** 토끼가 친구들에게 갖다줄 홍당무를 나르고 있는데 눈이 많이 오면 힘들기 때문입니다. **17** ㉯ **18** ⑤ **19** ①, ②, ④ **20** ④

1 이 글에는 코로로 언덕의 굴속에서 살고 있는 산토끼 무툴라와 거만한 코끼리 투루가 나옵니다.

3 무툴라는 덩치는 작지만 꾀가 많고 자신만만합니다. 손을 허리에 얹거나 팔짱을 끼는 몸짓, 크고 또렷한 목소리가 어울립니다.

4 이 글은 연극이나 영화를 만들기 위해 쓴 극본으로, 글의 앞부분에 있는 해설에서 시간적·공간적 배경과 등장인물을 소개합니다.

5 이 글에서 가장 먼저 일어난 일은 사냥꾼이 호랑이를 궤짝에 넣어 두고 물을 마시러 간 일입니다. 이 글에서 일이 일어난 차례대로 정리하면 ⑤ → ③ → ④ → ① → ②입니다.

6 호랑이는 나그네를 잡아먹지 않겠다고 한 약속을 어기려고 했습니다.

8 호랑이가 약속을 지키지 않았기 때문에 호랑이가 밉고, 호랑이를 구해 준 것을 후회하는 마음이 들었을 것입니다.

채점 tip 호랑이가 약속을 지키지 않은 상황에 어울리는 마음을 썼으면 정답으로 합니다.

9 개구리들을 지나치지 못하고 구해 준 것으로 보아 농부는 동정심이 많고 착한 성격입니다.

10 농부가 잡아먹힐 뻔한 개구리들을 구해 주었으므로 개구리들은 밝고 희망적인 말투로 농부에게 감사의 인사를 하는 것이 알맞습니다.

12 토끼가 계속 나그네의 말을 이해하지 못하자 호랑이가 답답해하는 상황이므로 가슴을 쿵쿵 두드리며 호

통을 치듯 말하는 것이 어울립니다.

13 토끼는 호랑이를 벌주어 통쾌하고, 나그네를 구할 수 있어서 기뻤을 것입니다. 또는 호랑이가 궤짝에서 다시 나오면 자신도 잡아먹힐 수 있으니 빨리 행동해야겠다는 마음이었을 것입니다.

14 토끼는 말을 못 알아듣는 척하며 호랑이를 다시 궤짝에 가두었습니다.

15 극본을 실감 나게 읽기 위해서는 먼저 인물의 성격을 바르게 파악하고, 그 성격에 맞는 표정, 말투, 몸짓을 생각하여 읽어야 합니다.

16 글의 처음 부분, 달님이 말한 부분에 그 까닭이 나와 있습니다.

> **채점 tip** 눈이 많이 오면 홍당무를 나르기가 힘들다는 내용을 썼으면 정답으로 합니다.

17 ㉠에서 눈은 화가 나서 마구 소리쳤으므로 화가 나서 소리치는 모습에 알맞은 그림을 찾아봅니다.

18 달님은 친절하고 상냥하게 눈의 잘못을 말해 준 인물입니다.

19 각 인물의 역할을 맡을 사람을 정해야 하고, 발표회에 필요한 소품은 평소 사용하는 물건이나 재활용품 등으로 간단히 준비하는 것이 좋습니다.

54쪽 수행 평가 연습

1단계 나그네

2단계 (1) **예** 호랑이와 나그네가 소나무에게 묻자 소나무는 호랑이가 옳다고 함. (2) **예** 호랑이와 나그네가 길에게 묻자 길은 호랑이가 옳다고 함.

3단계 **예** 호랑이 편만 드는 소나무와 길이 야속했을 것입니다. / 호랑이가 자신을 잡아먹지 않게 하기 위해 누구에게 물어야 할지 몰라 애가 탔을 것입니다.

1단계 나그네가 문을 열자 호랑이가 뛰쳐나왔다는 것으로 보아, 나그네가 호랑이를 궤짝에서 꺼내 주었습니다.

2단계 나그네와 호랑이가 소나무와 길에게 누가 옳은지 물어본 일을 정리합니다.

3단계 자신은 호랑이를 구해 주었는데도 소나무와 길이 모두 자신을 잡아먹으려는 호랑이가 옳다고 할 때 어떤 마음이 들지 생각합니다.

55쪽 수행 평가 실전

1 토끼, 나그네, 호랑이 **2 예** 토끼가 계속 설명을 이해하지 못했기 때문입니다. **3** (1) **예** 호랑이를 다시 궤짝에 가두게 되어 통쾌합니다. / 호랑이를 혼내 주기 위해 꾀를 씁니다. (2) **예** 즐거운 표정으로 빠르게 움직이며 기쁜 말투로

1 토끼, 나그네, 호랑이가 등장하는 극본입니다.

2 호랑이는 토끼가 나그네의 말을 계속 이해하지 못하자 답답해했습니다.

3 호랑이가 자신의 꾀에 속은 모습에 통쾌해하며 즐거운 표정으로 빠르게 움직이는 몸짓 등을 떠올릴 수 있습니다.

채점 기준	잘함	토끼의 마음과 그에 어울리는 표정, 몸짓, 말투를 알맞게 썼습니다.
	노력 요함	토끼의 마음은 알맞게 썼지만 표정, 몸짓, 말투가 상황과 어울리지 않습니다.

56~59쪽 2학기 총정리 ❶회

1 ④ **2** 승아 **3** 토박이말 **4** ②, ⑤ **5** 더위 **6** ② **7** ④ **8** ①, ③, ④ **9 예** 까무룩, / 잠꾸러기도 들어왔다. **10** 소진 **11** (1) ○ **12 예** 드시고 계세요. **13** ③ **14 예** 국기는 그 나라를 나타내는 깃발이기 때문입니다. **15** ④ **16** 장소 변화 **17** ①, ⑤ **18 예** 나그네에게 꺼내 달라고 부탁하는 상황이므로 애원하는 말투가 어울립니다. **19** ② **20** ㉮

1 정원사는 진흙파이를 만들어 주면 어떻겠냐고 했습니다.

2 똑바로 선 정원사가 덩실덩실 춤을 추고 웃으며 큰 소리로 외쳤다는 부분을 통해 어울리는 표정, 몸짓, 말투를 짐작할 수 있습니다.

3 계절별로 날씨와 관련이 있는 토박이말에 대해 설명하는 글입니다.

4 봄 날씨를 나타내는 토박이말에는 '꽃샘추위', '꽃샘바람', '소소리바람' 같은 말이 있다고 했습니다.

5 추위의 반대말은 '더위'입니다.

6 동생이 밤에 열이 많이 나고 배도 아파서 걱정이 되었던 일을 쓰고 있습니다.

7 글쓴이는 동생이 아파서 마음이 아팠고 동생이 얼른 나았으면 좋겠다고 생각했습니다.

8 ㉡은 '두 번째네.', ㉢은 '마음이 아팠다. 동생이'와 같이 띄어 써야 합니다.

9 약을 먹고 몹시 졸린 상태를 "까무룩, / 잠꾸러기도 들어왔다."라고 표현했습니다.

10 감기에 걸려서 약을 먹고 힘이 없는 상태이므로 힘없는 목소리가 어울립니다.

11 사과주스는 사물이므로 높여 쓰지 않습니다.

12 할아버지는 웃어른이므로 높임 표현을 사용해야 합니다.

13 상대의 기분을 생각하며 말해야 합니다.

14 '그런데 왜 국기를 들고 입장하냐고? 국기는 그 나라를 나타내는 깃발이거든.'을 통해 알 수 있습니다.

15 캐나다 국기에는 캐나다에서 많이 자라는 설탕단풍나무의 빨간 단풍잎이 그려져 있습니다.

16 장소의 변화에 따라 각 장소에서 한 일을 쓰고 있습니다.

17 글쓴이는 고인돌 박물관에서 영화와 유물들을 보면서 고인돌의 역사를 알 수 있었습니다.

18 호랑이가 나그네에게 간절히 부탁하는 상황입니다.

19 자신을 구해 준 나그네를 잡아먹으려고 하는 것으로 보아 뻔뻔한 성격입니다.

20 나그네는 약속을 지켰고, 약속을 지키지 않은 것은 호랑이입니다.

60~63쪽　　**2학기 총정리 ❷회**

1 ①　2 ⑤　3 어민들은 갯벌에서 수산물을 키우고 거두어 돈을 법니다.　4 ㉺　5 ②　6 ③　7 마음이 아팠다. 동생이 얼른 나았으면 좋겠다.　8 ⑤　9 ②　10 ⓓ 네. 이 책이 재미있어요.　11 ②　12 ㉮, ㉱　13 ⓓ 돌멩이를 차서 미안. 운동을 잘 못해서 속상해서 그랬어.　14 (3) ○　15 ②　16 ⓓ 과학 관찰 보고서를 쓰기 위해서입니다.　17 장소 변화　18 ③　19 라엘　20 ①

1 장금이는 놀란 듯 눈을 크게 뜨고 있습니다.

2 놀라움과 호기심을 느낀 상황이므로 높고 빠른 목소리가 어울립니다.

3 문단의 전체 내용을 대표하는 중심 문장을 찾아봅니다.

4 글의 제목과 각 문단의 중심 문장을 통해 중심 생각을 찾을 수 있습니다.

5 '팔다'의 반대말은 '사다'입니다.

6 글을 다 쓴 뒤에는 고쳐쓰기를 해야 합니다.

7 낱말과 낱말 사이는 띄어 쓰되, '이'와 같은 말은 앞말에 붙여 쓰고, 마침표(.) 뒤에 오는 말은 띄어 씁니다.

8 '발가락을 옴지락거려'라는 부분을 통해 발가락을 구부려 모래밭에 파고드는 모습을 상상할 수 있습니다.

9 '굼질굼질'은 '몸을 계속 천천히 굼뜨게 움직이는 모양.'을 나타내는 말입니다.

10 문장을 끝맺는 말에 '-요' 또는 '-습니다'를 써서 웃어른께 하는 말로 고쳐 씁니다.

11 전화를 걸면 먼저 자신이 누구인지 밝히고 상대가 누구인지 확인해야 합니다.

12 기찬이는 운동에 자신이 없기 때문에 속상한 마음에 돌멩이를 찼고, 친구들에게 사과를 제대로 못 해서 당황스러울 것입니다.

13 친구들의 마음을 고려하며 기찬이의 마음을 표현하기에 알맞은 말을 생각하여 씁니다.

14 '앉아서 하는 피구'를 하려면 공을 하나 준비하고 가로로 긴 네모 모양의 피구장을 만들어야 합니다.

15 독서 감상문에는 책 내용, 인상 깊은 부분뿐만 아니라 읽은 뒤의 생각과 느낌, 책을 읽게 된 까닭도 써야 합니다.

16 과학 관찰 보고서를 쓰려고 동물원에 갔다고 했습니다.

17 장소 변화에 따라 쓴 글이므로 각 장소에서 무엇을 관찰했는지 간추려 쓰는 것이 좋습니다.

18 메뚜기는 곤충관에서 본 것입니다.

19 지호는 행동에 어울리는 성격을 짐작하지 못했고, 원우는 호랑이의 성격을 짐작했습니다.

20 자신이 구해 준 호랑이가 약속을 지키지 않아서 당황스럽고 억울할 것입니다.